普通高等教育“十一五”国家级规划教材
北京高等教育精品教材

装配自动化

第2版

主　编　刘德忠　费仁元　（德）Stefan Hesse
参　编　岳素平　李士良　高学金　杨召凯
主　审　俞圣梅

机 械 工 业 出 版 社

本书系统地介绍了装配自动化的基础知识、装配自动化系统硬件及柔性装配自动化的概念，重点讲解了机器人在自动化装配技术的应用。同时提出了适合自动化装配的机械结构设计、评价标准。本书共十章：第一章为装配技术基础；第二、三、四、五章讲授自动化装配机的结构形式、组成部分及自动化装配中的物流系统；第六、七、八章讲授了装配机器人及以机器人为核心组成的装配工作站和装配系统。其中，第七章微机器人及微装配技术反映了这一领域的最新成果。应汽车行业快速发展的需求增加的第九章——汽车的自动化装配，包括汽车自动化装配技术与装备，装配线的规划与仿真，网络化生产监控与管理等方面的内容。第十章讲述装配系统的可靠性指标及监控方法。除理论知识外，本书还收入了大量生产中应用的实例，以适应先进制造对装配技术的要求。

本书可作为机械工程及自动化和其他相关专业本科生与研究生教材，也可以供机械、汽车、仪器、印刷包装、电子等行业的技术人员参考。

图书在版编目（CIP）数据

装配自动化/刘德忠等主编. —2版. —北京：机械工业出版社，2007.5（2019.1重印）

普通高等教育“十一五”国家级规划教材. 北京高等教育精品教材

ISBN 978-7-111-12042-1

Ⅰ. 装…　Ⅱ. 刘…　Ⅲ. 装配（机械）-自动化-高等学校-教材　Ⅳ. TH16

中国版本图书馆 CIP 数据核字（2007）第 074394 号

机械工业出版社（北京市百万庄大街22号　邮政编码 100037）

策划编辑：邓海平　责任编辑：张敬柱　责任校对：李秋荣

封面设计：张　静　责任印制：常天培

涿州市京南印刷厂印刷

2019年1月第2版第5次印刷

184mm×260mm · 16.75印张 · 410千字

标准书号：ISBN 978-7-111-12042-1

定价：26.00元

凡购本书，如有缺页、倒页、脱页，由本社发行部调换

电话服务

社服务中心：（010）88361066

销售一部：（010）68326294

销售二部：（010）88379649

读者购书热线：（010）88379203

网络服务

门户网：http://www.cmpbook.com

教材网：http://www.cmpedu.com

序

本书是装配自动化的导论。装配技术的发展过程是由手工装配到圆台式自动装配机、自动装配线装配，最后是柔性自动化装配。在许多情况下，从技术经济的观点来看，混合式装配系统是最佳选择。在这种装配系统中既包含自动装配，又包含手工装配，因为自动化装配像加工一样要求人的智慧和经验。

装配自动化之所以成为必然的趋势，原因是不仅通过它可以降低成本、提高质量与可靠性，而且对于有些包含微小零件的产品，由于手工装配无法胜任，只能采用自动装配，即采用适当的技术取代人手的操作。另外一个原因是，那些只允许在洁净空间内进行装配的精密产品所占的比例越来越多。装配自动化的发展水平包含各个不同的历史阶段。

发展装配自动化技术需要解决零件的整理、传送、抓取和装配，以及计算机辅助制定装配计划。当然零件的性能和尺寸必须非常稳定一致。

本书是一本实践性教材，其目的在于，一方面向读者介绍完成一定的装配任务需要的技术方案和设备结构，以及如何构筑装配设备的硬件系统；另一方面作为研究生产技术开展教学活动的教材向读者概括地讲述相关的基础知识和技术。

北京工业大学刘德忠博士倡议由中德专家共同编写这本书，并在中国出版。我们达成了共识，并进行了富有成效的合作。在此，我谨向刘德忠教授及中国机械工业出版社表示衷心的感谢。

工学博士（habil.）Stefan Hesse

于德国普劳恩市

第2版前言

研究和发展新的装配技术，大幅度提高装配质量和装配生产效率是制造业的一项重要任务。现代工业生产中迫切需要解决的一个重要问题就是实现装配过程的自动化。自动化装配的目的是提高生产效率、降低装配成本、稳定与改善产品质量、减轻劳动强度以及取代特殊条件下的人工装配劳动。

近年来，随着科学与技术的发展，特别是计算机科学与技术的迅速发展和广泛应用，自动化技术的发展进入了一个新的时期，自动化装配开始向柔性化发展。尤其是在汽车、电子工业等领域，自动化装配技术被广泛采用。

国内从事装配理论和装配技术研究的人员和研究成果逐渐增多。在新产品的设计中开始考虑适宜自动化装配与拆解的结构工艺性。

在第2版中，应汽车行业快速发展的需求，增加了汽车的自动化装配一章，包括汽车自动化装配技术与装备、装配线的规划与仿真、网络化生产监控与管理等方面的内容。

本书各章编写分工如下：第一章、第二章、第三章、第四章由刘德忠、Stefan Hesse 编写；第五章由费仁元、Stefan Hesse 编写；第六章由 Stefan Hesse、李士良编写；第七章由岳素平、刘德忠编写；第八章由 Stefan Hesse、费仁元、高学金编写；第九章、第十章由刘德忠、杨召凯编写。北京机床研究所俞圣梅教授对全书作了详细的审核。

本书自2003年作为北京市高等教育精品教材出版以来受到广泛关注，修订过程中得到庞思勤、冯之敬、陈五一、傅水根、陈鼎昌、于启勋等各位教授的热情指导和帮助。教育部高教司、北京市教委和北京工业大学的各级领导对本书的出版给予极大支持，使本书得以入选普通高等教育“十一五”国家级规划教材，谨向他们表示衷心的感谢！

限于编者的水平，书中不足之处和错误，恳请读者批评指正。

编　者

第 1 版前言

制造业对于一个国家现代化建设具有不可替代的重要地位和作用。

装配是整个生产系统的一个主要的组成部分，也是机械制造过程的最后环节。装配对产品的成本和生产率也有重要影响。作为最后的生产阶段，还必须在交货时间、批量大小、质量控制、产品更新换代等方面最大限度地适应不断变化的市场要求。

研究和发展新的装配技术，大幅度地提高装配质量和装配生产效率是机械制造工程的一项重要任务。现代工业生产中迫切需要解决的一个重要问题就是实现装配过程的自动化。自动化装配的重要目的是提高生产率、降低装配成本、稳定与改善产品质量、减轻劳动强度以及取代特殊条件下的人工装配劳动。

各发达国家都十分重视装配技术以及装配组织管理的研究。为了保证装配质量，许多著名生产厂家都建立了一套严格有效的技术、管理措施。自动化装配技术的研究在发达国家受到高度重视并取得了巨大成就。自动化装配技术已获得广泛应用，装配自动化水平也有了很大提高。

近 20 年来，随着科学与技术的迅速发展，特别是计算机科学与技术的迅速发展和广泛应用，国外在发展自动化方面也进入了一个新的时期，出现了许多新的工具和软件。自动化装配开始向柔性化发展，进入中小批量生产领域。

中国的装配技术水平与发达国家相比还存在较大差距。一方面表现在装配工作的机械化、自动化的程度与水平上；另一方面表现在装配工作的组织管理、质量保证以及装配工艺性等基础研究方面。目前各种机械产品的装配工作几乎都是人工完成的。像汽车、拖拉机这样一些大量生产的产品，装配都在移动流水线上进行，只是部分装配工作实现了机械化。在一些中外合资的制造业，例如汽车、电子工业部分实现了自动化装配。

当前机械产品质量差的问题也十分突出。根据国家技术监督局公布的数字，装配质量不合格占不合格机床的 11.3%。由于装配质量差，导致装配出的机床油水渗漏、噪声超标、精度低、寿命短、可靠性差等质量问题也相当严重。

国内从事装配理论和装配技术研究的人员较少，装配自动化方面的理论文章和实验研究的结果也不多见。在新产品的设计和老产品的重新设计中，很少考虑到适宜自动化装配，特别是机器人装配的结构工艺性，目前这方面还没有制定相应的标准。

国家自然科学基金委员会 1994 年发布的《自然科学学科发展战略调研报告》提出以下研究方向及奋斗目标：

1）大力开展装配理论，特别是自动化装配的理论和实验研究。

2）大力开展产品及零件的装配工艺性的研究，以及合理配合间隙或过盈量的确定和控制方法的研究。

3）大力开展装配生产的组织与管理的研究。

4）注意开发新的装配工艺和技术。

5）在工业部门广泛推行便于装配的设计准则。

这些对于当前提高装配质量和效率、降低装配成本有着十分重要的意义，并为今后实现装配自动化奠定必要的基础。

本书共九章。第一章介绍了装配工作的组织形式，装配中的联接方法以及如何通过对装配任务的分析确定装配流程和装配工艺。第二章和第三章分别介绍了自动装配机的结构形式及构成自动装配机的部件。第四章讲述了联接各个装配工位的方法及所用的设备。第五章零件的准备，包括给料系统和零件储仓。第六章是关于装配机器人及以机器人为中心构成的装配工作站。第七章微机器人与微装配介绍了近年来发展起来的微机器人技术及其在微机械和微系统中的应用。第八章说明了从装配工位经过装配间、装配站、装配中心直至装配系统的集成过程。第九章讲述了关于自动化装配设备的可靠性及监控系统。

本书各章由下列人员编写：第一章、第二章、第三章、第四章刘德忠、Stefan Hesse；第五章费仁元、Stefan Hesse；第六章 Stefan Hesse、李士良；第七章岳素平、刘德忠；第八章、第九章 Stefan Hesse、费仁元、高学金。北京机床研究所俞圣梅教授对全书作了详细的审核。

北京市教委和北京工业大学的各级领导对本书的编写给予极大支持，使本书得以入选北京市教委精品教材建设项目。本书的编写也得到 Jürgen Hesselbach 教授和 Heinrich Geiger 博士的支持和鼓励，在此谨向他们表示衷心的感谢！

最后还要感谢德国 Vogel 出版社社长 Rainer Brand 博士和 Christine Wunderlich 女士，感谢机械工业出版社的领导和编辑，感谢德国 FESTO 公司 Nagel 先生，感谢他们对这一国际合作项目的大力支持和为此所作出的一切努力。

编　者

目　录

第一章

装配技术基础

第一节 任务及应用范围

所谓装配，就是通过搬送、联接、调整、检查等操作把具有一定几何形状的物体组合到一起。

在装配阶段，整个产品生产过程中各个阶段的工艺和组织的因素相互交织。由于在现代化生产中广泛地使用装配机械，因而装配机械，特别是自动化装配机械得到空前的发展。

装配机械是一种特殊的机械，它区别于通常用于加工的各种机床。装配机械是为特定的产品而设计制造的，具有较高的开发成本。而在使用中只有很少或完全不具有柔性。所以最初的装配机械只是为大批量生产而设计的。自动化的装配系统用于中小批量生产还是近几年的事。这种装配系统一般都由可以自由编程的机器人作为装配机械。除了机器人以外，其他部分也要能够改装和调整。此外还要有具有柔性的外围设备。例如零件储仓，可调的输送设备，联接工具库、抓钳及它们的更换系统。柔性是指一种能够适应生产变化的系统的特性。对于装配系统来说，就是要在同一套设备上同时或者先后装配不同的产品（产品柔性）。柔性装配系统的效率不如高度专用化的装配机械。往复式装配机械可以达到每分钟 10 ~ 60 拍(大多数的节拍时间为 2.5 ~ 4s)；转盘式装配机械最高可以达到每分钟 2 000 拍。当然所装配的产品很简单，例如：链条等；所执行的装配动作也很简单，例如：铆接、充填等。

对于大批量生产（年产量 100 万以上）来说，专用的装配机械是合算的。工件长度可以大于 100mm，质量可以超过 50g。典型的装配对象如电器产品、开关、钟表、圆珠笔、打印机墨盒、剃须刀、刷子等。它们需要各种不同的装配过程。图 1-1 中列出了最重要的装配方法以及它们之间的关系。

从创造产品价值的角度来考虑，装配过程可以按时间分为两部分：主装配和辅装配。联接本身作为主装配只占 35% ~ 55% 的时间。所有其他功能，例如给料，均属于辅装配。设计装配方案必须尽可能压缩这部分时间。按照它们的时间比例关系可以定义一个有效系数

$$\eta = \frac{PM}{PM + SM} \times 100\%$$

式中 PM——主装配时间；

SM——辅装配时间。

在所有联接方法中，螺纹联接占最大比例。

——螺纹联接 68%；

——铆接 16.5%；

——压接 10.5%；

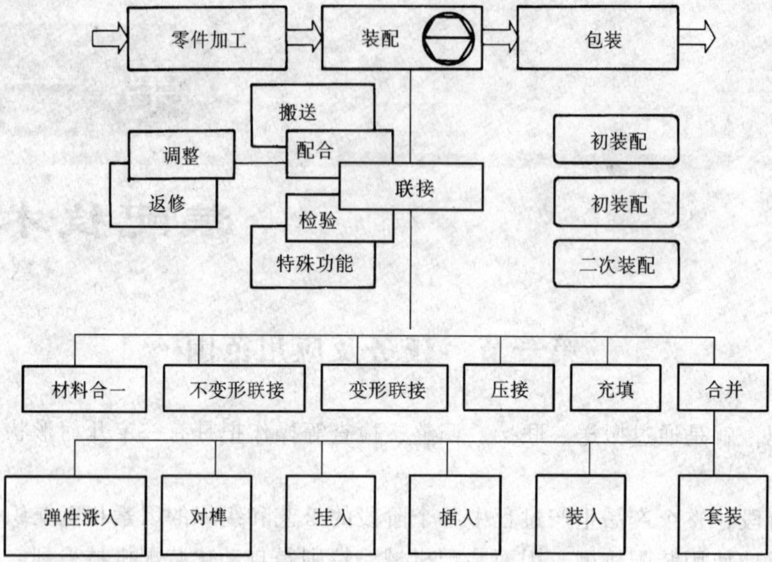

图 1-1　装配中的联接方法框图

——销接 1.6%；

——弹性涨入 1.3%；

——粘接 1%；

——其他 1.1%。

以上是机械制造和车辆制造行业的平均值。各个不同的行业所采用的各种联接方法的比例不尽相同。装配机械的各种不同的结构形式都是针对一定的装配范围设计的。它们的定位精度、装配速度和抗干扰性受到格外重视。物流通道对于工件参数波动的“免疫力”起到非常重要的作用。在自动化装配过程中，大多数的故障是由工件流的干扰引起的。

自动化装配机械，尤其是经济的和具有一定柔性的自动化装配机械一般被称为高技术产品。按其不同的结构方式常被称为“柔性特种机械”或“柔性节拍通道”。圆形回转台式自动化装配机由于其较高的运转速度和可控的加速度而倍受青睐。环台式装配机械，无论是环内操作还是环外操作，或二者兼备的结构，都是很实用的结构方式。

现代技术的发展使得人们能够为复杂的装配功能找到解决的方法。尽管如此，全自动化的装配至今仍然只是在有限的范围是现实的和经济的。由于装配机械比零件制造机械具有更强的针对性，因而装配机械的采用更需要深思熟虑，需要做大量的准备工作，不能简单片面地追求自动化。而应本着实用可靠而又能适应产品的发展的原则，采用适当的自动化程度，应用现代的计划方法和控制手段。

第二节　组织形式

组织形式也就是为装配工作规定工艺方面的组织条件。与零件制造不同，装配有其特殊性，在一个零件被装配时还可能进行与此平行的加工。装配工作可以是手工的、机械化的和自动进行的。由于工艺的因素和出于成本的考虑，某些产品采取混合装配方式。例如装配机械（特别是机器人）和装配工人同在一条装配线上配合工作。在人和机械之间有各种不同的分工方式（图1-2）。

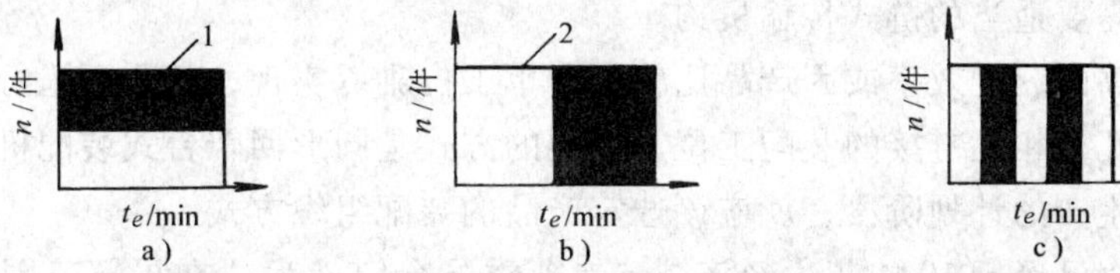

图1-2　混合装配系统中的工作分工

a）按工作量划分　b）按工作内容划分　c）多次按工作内容划分

n—单位时间的产量　t_e—为了装配产品的一个单元所需要的时间

1—人工完成的部分　2—机器完成的部分

对于变种批量生产，人具有更大的灵活性。例如：初装配采用自动化方式，终装配由于根据用户的特定要求有不同的变种，因而更适合采用人工方式。这种组织形式对于那些原来完全是手工装配，后来逐步实现自动化的装配作业来说是一种典型的组织形式。在这些基础上我们可以对组织形式进行定义：

组织形式是一种如何在工艺方面组织实施一种装配作业的种类和方式。

组织形式可以具体化为以下几个方面：

1）空间排列。

2）物流之间的时间关系。

3）工作分工的范围和种类。

4）在装配过程中装配对象的运动状态。

按照这一观点，典型的装配组织形式可以分为下列几种：

单工位装配

全部装配工作都在一个固定的工位完成，基础件和配合件都不需要传输。

固定工位顺序装配

几个装配单元位置固定相邻设置，在每个工位上都完成全部装配工作。这样安排的优点是，当一个工位出了故障不影响整个装配工作。

固定工位流水装配

与固定工位顺序装配的区别在于装配过程没有时间间歇，但装配单元的位置不发生变化。

装配车间

集中在一个车间的装配工作，只适用于特殊的装配方法，例如焊接、压接等。

巢式装配

几个装配单元沿圆周设置，没有确定的装配顺序，装配流程的方向也可能发生变化。

非时间联系的顺序装配

几个装配单元按工艺流程设置，在装配过程中相互之间不存在固定的时间联系。

移动的顺序装配

装配工位是按装配工序设置的，它们之间有一定的时间联系，但可以有时间间歇，是一种顺序有间断的装配。

移动的流水装配

装配工位是按装配操作的顺序设置的，它们之间有确定的时间联系而且没有时间间歇。装配单元的传输需要适当的链式传输机构。

如果要求较高的装配效率或因产品比较复杂单工位难以实现，就需要施行流水装配，装配任务被分配给几个相互链接的装配工位。典型的方式是圆形回转台式装配机和节拍式装配通道。在自动化生产的计划阶段，就应该选定产品的装配组织方式。

流水作业概念已经于1924年由经济制造专业委员会定义为“在局部范围内按照一定的时间顺序不间断地向前移动的作业过程”。后来又基于工艺方面的考虑作了如下的补充：“在生产过程中人既不是持续不断地也不是被迫地随着工艺流程工作的”。

此外，从空间的角度来考虑，也就是各个装配工位如何相互耦合。最常用的是一种线式结构，当然也存在其他的可能性。其中，开式结构装配线的起点和终点是分开的。闭式结构则相反，而且闭式结构所能容纳的装配工位数也是有限的。根据装配工艺的需要也可以采取一种混合结构（图1-3）。

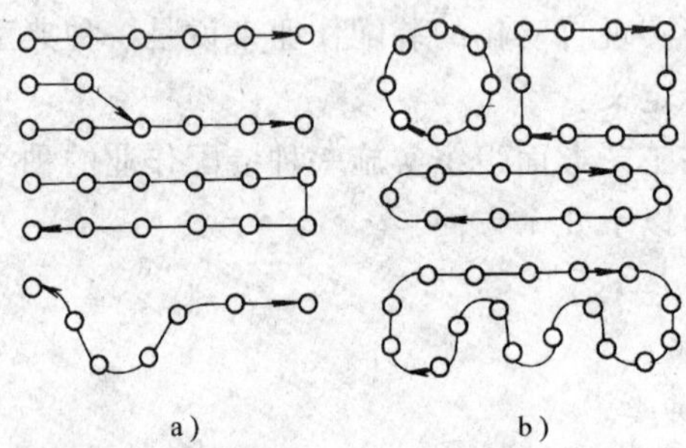

图1-3　装配工位空间排列的基本方式

a）开式结构　b）闭式结构

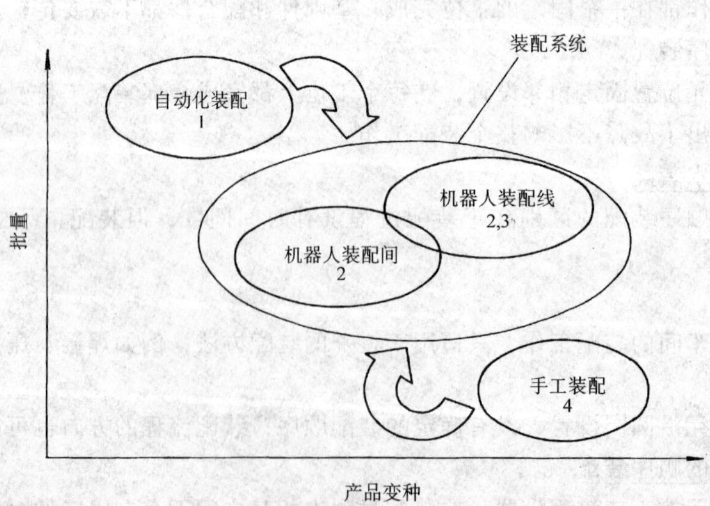

图1-4　装配自动化的发展方向

1—专用化的自动化装配机械　2—有一定柔性的装配系统（可移动的多用机器人）

3—使用若干台机器人的装配线　4—高度柔性的装配系统

随着装配机器人的发展出现了一些新的组织方式。原先的一些只能由熟练装配工实施的装配工作现在完全可以由机器人来实现。例如由移动式机器人所执行的固定工位装配。装配工人和装配机器人共同工作的装配线发挥了强大的威力。由此而产生的具有柔性的装配系统在中批量生产中也得以使用（图1-4）。

第三节　联接方法

在设计人员设计产品时联接方式就被确定了。由于可以采用的联接结构很多，所以联接方式也必然是多样的。对于那些结构复杂的产品，越来越多的各种不同的联接方法被采用。各种不同的联接方法还可以结合使用，例如：点焊+粘结、贯穿+粘结。贯穿又包括各种不同的方法变种，例如：贯穿联接、扭接等，适用于那些容易变形的联接材料以及覆盖板料等，当然板料的厚度必须限定在一定的范围。

通过联接产生一种结合，其结果是使被联接件的自由度减少。

各种联接方法的使用因行业而异。机械制造和车辆制造行业比精密仪表行业更多地使用螺纹联接，螺纹联接是一种通过压紧实现的联接，因为被联接件是通过螺钉被相互紧紧地压在一起的（图1-5a）。由此产生一对摩擦副。为了能够从数量上精确地控制联接力，必须对有关的因素加以控制。螺纹联接也存在各种不同的形式，按螺钉头部的不同形状可以分为4种：

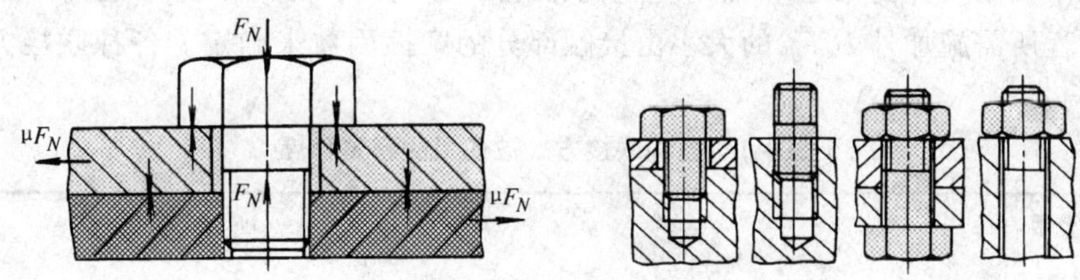

a)　　b)

图1-5　螺纹联接

a）螺纹联接的受力状况　b）螺纹联接的基本类型

1）螺钉拧入被联接件，靠螺钉头部压紧。

2）螺钉一端栽入被联接件。

3）螺钉插入被联接件，螺母在另一端拧紧。

4）螺母联接。

紧固力矩必须控制在一个严格的公差范围

$$M_v = M_{vnenn} \pm T_v$$

其下限由必需的预紧力确定

$$M_{v\min} = f(F_v)$$

其上限受螺钉材料的强度限制

$$M_{v\max} = f(\sigma_b)$$

式中　F_v——必需的预紧力（N）；

$M_{v\min}$——名义紧固力矩（N·cm）；

M_{vmax}——最大紧固力矩（N·cm）；

T_v——紧固力矩的公差（N·cm）；

σ_b——螺钉材料的抗拉强度（N/cm^2）。

除螺钉联接以外，最常用的当数并接（套装、插入、推入和挂接）。所要求的联接动作取决于两个被联接件的耦合面的形状和位置。对于这种联接方式，被联接件之间的接触力起着重要的作用，因为它们在联接的瞬间形成一定的力矩（图 1-6）。

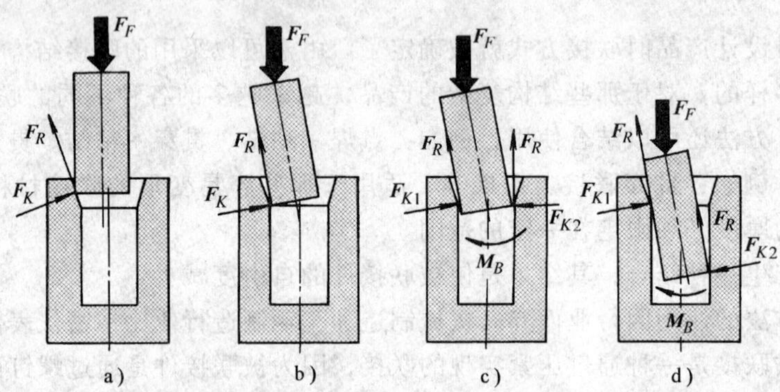

图 1-6　插入联接各阶段的反作用力和反力矩

a）定位　b）一点接触　c）二点接触　d）插入过程

F_F—联接力　F_K—接触力　F_R—摩擦力　M_B—力矩

因为两个被联接件的中心和轴角完全对准是不可能的，必须事先考虑到一定的补偿环节。联接过程所需施加外力 F_F 的大小由接触部分的摩擦因数来确定。各种联接方式的粗略统计见表 1-1。

表 1-1　各种联接方式被使用的频繁程度

联接操作分组 \ 插入时的转角	联接方式：并接 → 压入；F_F/kN：0，0.30~5，7~(10)；S_P/mm：0.2，0.02 0 间隙 大	间隙 小	过盈 小	过盈 大
无	◕	●	●	◑
小（0°~45°）	○	◕	◕	○
大（45°~360°）	○	◑	◔	○
数倍（$n\times360°$）	○	螺纹联接 ●		—

注：●—最经常使用　○—很少被使用。

对于装配过程的研究表明，下列的联接副是经常遇到的：

1）联接副之间有 0.02 ~0.2mm 的小间隙。

2）联接副之间有小过盈，装配压力最大到 7kN。

3）联接副之间有小间隙或小过盈，需要旋入，但旋转角较小（<45°）。

4）在旋入的同时还要施加一定的压力，最大7kN。

对配合件施加一定压力，特别是轴向压力是经常的。70%的压入装配需要压力不超过5kN。

其余的装配方法，例如：槽联接、通过涂敷密封材料和粘结材料联接、弹簧卡圈的涨入、齿轮副的装配、楔联接、压缩联接以及旋入等只占很少的比例。表1-2中举出了几种联接方法并对它们的原理作了解释。

表1-2 联接方法示意图

联接方法	原　理	说　明
拆边	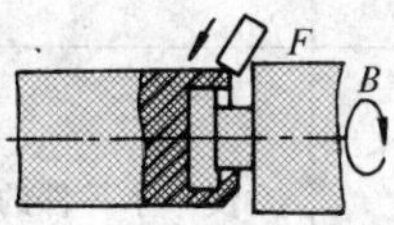	形状耦合联接，把管状零件的边缘折弯
镶嵌，插入	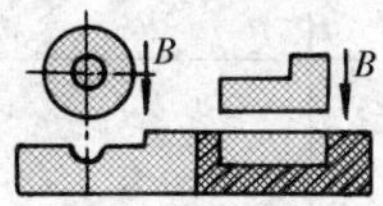	把小零件嵌入大零件
熔入	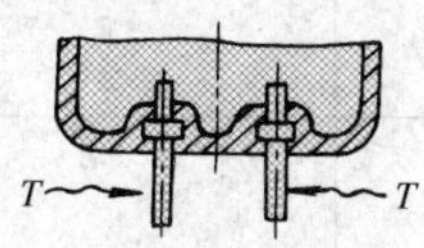	铸造大零件时植入小零件
涨入	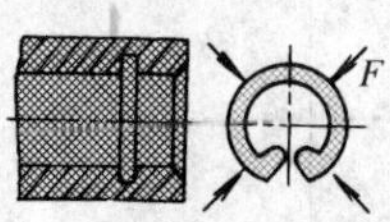	通过预先的变形嵌入
翻边，咬接	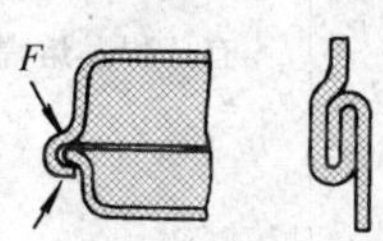	通过板材的边缘变形形成的联接
填充，倾注	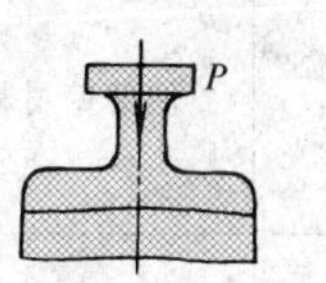	注入流体或固体材料
开槽	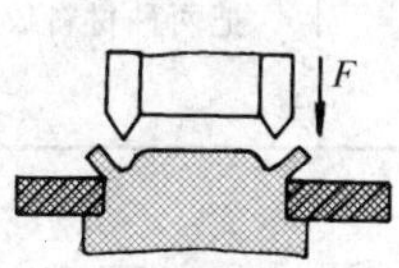	配合件插入基础件，挤压露出的配合件端部向外翻
钉夹	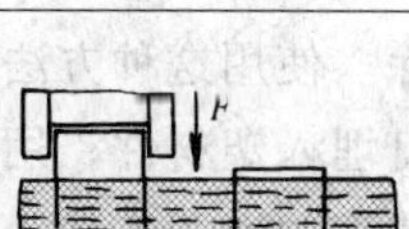	用扒钉穿透两个物体并折弯，形成牢固联接

（续）

联接方法	原理	说明
粘结	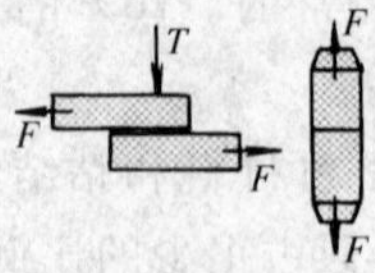	用粘结剂粘合在一起，有些需要加热
压入	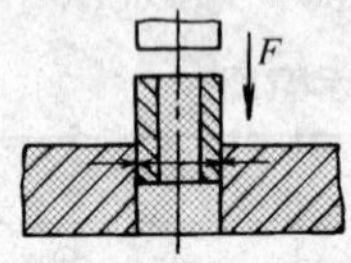	通过端部施加压力把一个零件插入另一个零件
凸缘联接		使一个零件的凸缘插入另一个零件并折弯
铆钉	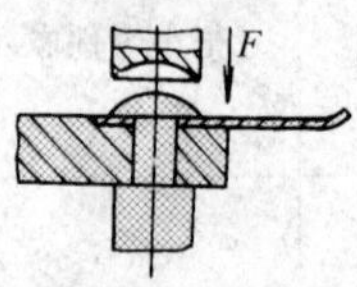	用铆钉联接
螺纹联接	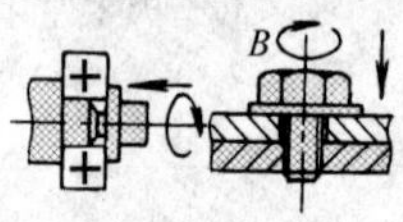 a)　b)	用螺钉、螺母或其他螺纹联接件联接
焊接	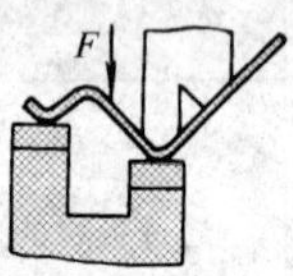	有压焊、熔焊、超声波焊等
合缝，铆合	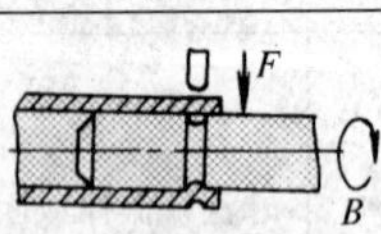	使薄壁材料变形挤入实心材料的槽形成联接
铰接		把两种材料铰合在一起形成联接

注：B—运动，F—力，P—压力，T—温度。

除了传统的联接方法以外，新型的工艺不断出现。有一种 Clipp-off 方法，其联接副就是通过真空吸到一起的，完成联接动作以后真空解除。使用这种方法，大量的紧固件、联接件和垫片都可以快速地联接。可以采用超声波把螺钉埋入塑料件；用新型的粘结剂可以获得超乎寻常的粘结力。自钻螺钉和自攻螺栓更简化了装配的准备工作。每一种联接方法都显示出它们独有的特点（表 1-3），人们可以据此选择适当的方法。区别它们的标志是：

表 1-3　各种联接方法的技术经济特性

	力	装配成品	外形	可靠性	可视性检验	可维修性	定心误差	适合小件	适合大件
螺纹联接	●	○	○	●	●	●	◑	○	●
电阻焊	●	●	◑	○	○	○	○	●	●
电弧焊	●	◑	◑	●	◑	◑	○	○	●
硬钎焊	●	○	●	●	◑	◑	○	●	●
铆接	●	◑	◑	●	●	●	○	○	●
开槽	●	●	○	◑	●	●	●	◑	○
搭接	◑	●	●	●	●	●	●	●	○
粘接	○	◑	●	◑	○	○	○	●	◑
特殊联接	◑	○	○	●	●	●	◑	○	●

注：●—适合　○—不适合。

1）联接的作用（刚性的-可动的，可拆卸的-不可拆卸的）。

2）联接结构（对接、搭接、并接、角接）。

3）联接位置的剖面形状（板件-实心件，板件-板件等）。

4）结合的种类（力结合，形状结合，材料结合）。

5）制造和联接公差。

6）可联接性（材料结合）。

7）联接的要求（负荷）及实现的程度。

8）联接方向与受力方向。

9）实现自动化的可能性。

10）可检验性及质量参数的保证率。

若按照自动化的可实现性排列各种联接方法，其结果如下：

容易实现自动化的

压接

翻边

搭接

收缩

焊接

铆接

螺纹联接

对茬接

挂接

咬边

钎焊

粘接

不容易实现自动化的

装配过程中的装配动作以及联接力和传输力的分布对于装配机械和装配单元的开发是非常重要的依据。因为装配动作过程就决定了装配机械的运动模式。几种最典型的动作要求见表 1-4。

表 1-4　典型的联接动作要求

名　称	原　理	运　动	说　明
插入（简单联接）			有间隙联接，靠形状定心
插入并旋转	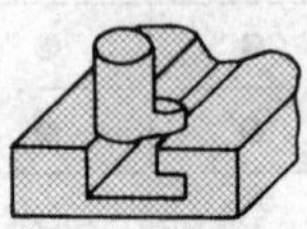		属形状耦合联接
适配	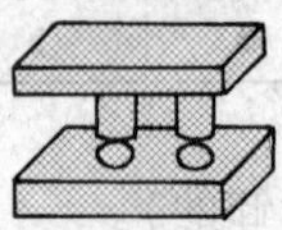		为寻找正确的位置精密地补偿
插入并锁住	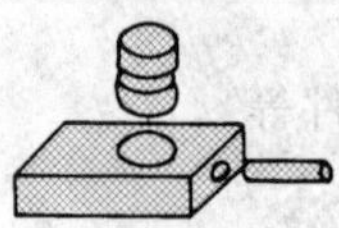		顺序进行两次简单联接
旋入	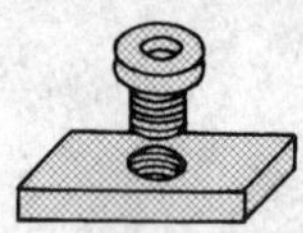		两种运动的复合，一边旋转一边按螺距往里钻
压入	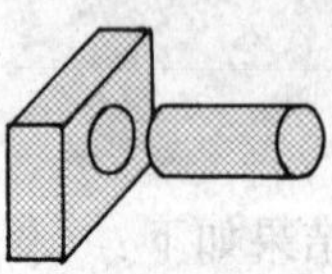		过盈联接
取走	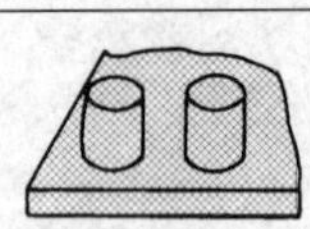		从零件储备仓取走零件
运动			零件位置和方向的变化
变形联接	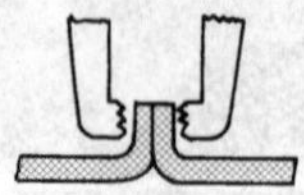	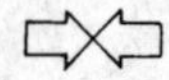	通过方向相对的压力来联接
通过材料流联接	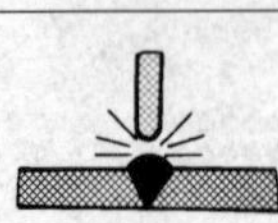		钎焊、熔焊等
临时联接			为搬送作准备

第四节　装配任务分析

一、分析目的

对每个装配任务必须进行仔细全面的分析，以便明确实际需要的装配动作。对装配过程、组件、被装配产品的结构以及装配副的公差都要认真研究。如果一个组件不合格，可能影响整个装配过程。修改一个组件可能引起装配关系的改变。以下几点应该充分注意：

1）联接方法。

2）传输过程。

3）检验和控制过程。

4）组件的准备。

当然必不可少的是对可能性和风险的评价。尤其是对一种新的方案必须作风险估计。对每一个配合件都要从传输和联接的角度对于自动化的风险性 A 进行评分（1～10）。风险值 R 可以由下式表示

$$R = AI$$

式中　I——投资费用（同样分为 10 个等级）。

二、自动化程度

在计划阶段就必须尽早地确定装配自动化的程度。自动化的实现可以分为以下几步：

1）从零件开始的自动化装配。

2）逐步扩展的自动化装配。

3）全自动装配。

4）速度可调的全自动装配。

5）变种柔性自动化装配。

为实现自动化所需要的投资随自动化功能的增加呈指数上升。

装配自动化程度由自动化装配除以自动化装配加上人工装配的总和。

确定自动化装配的主要标准是每年应该完成的装配单元的数量和产品的装配过程所需要的时间。一定的装配方式适合一定的年产量，这样才是经济的。各种自动化装配设备适用的范围见图 1-7。自动化的程度还要根据产品的复杂性和体积大小来确定。

由这 3 个因素共同来确定自动化的方案。更详细的评价还要考虑以下因素：

1）产品变种的数量。

2）当产品和工艺过程改变时的潜力。

3）缓冲储仓的大小。

4）可通过性（可维修性）和占地面积。

5）可改装性和改装所需时间。

6）装配组件的可输送性。

7）整个系统内部的联系与链接。

8）控制与检验方法。

正确地确定自动化的程度不是件容易的事，对于所选的解决方案可以按下列几条来验证：

1）技术功能的实现。

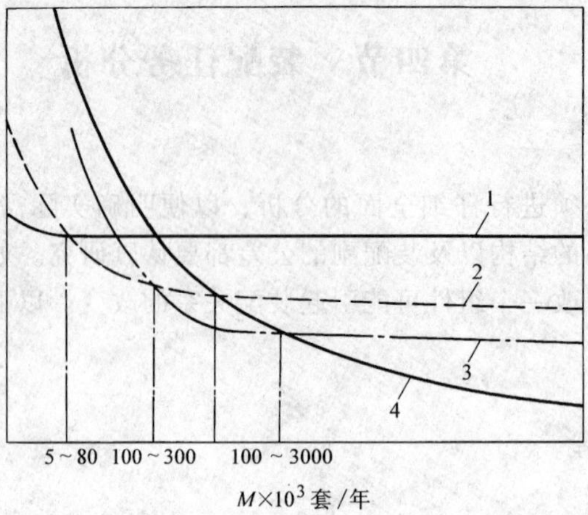

图 1-7 自动化装配系统的应用范围

K—每个装配单元的装配成本 *M*—每年的装配单元数量

1—手工装配 2—柔性自动化装配间 3—柔性自动化装配线 4—专用装配机械

2）安全要求的实现（人、环境和机械的安全）。

3）经济目的的实现。

对中大型零件的传输和装配还必须考虑操作力的问题，特别是当节拍时间小于 6s 时，由于惯性的影响，这些中大型零件有可能不能与传送链同步。

某种零件实现自动装配的难易程度可以采用一种近似的方法来确定。其优点是：难易程度可以用数字来评价。由包含在一个部件里的所有零件的装配难度可以推断出此部件自动化装配的难易程度。按表 1-5 所示的方法可以划分为 4 个等级。每个配合件所构成的编码构成了一个 7 位数的关键字。这个关键字各位编码数字的总和称为装配工艺性评价标准（见表 1-5）。

表 1-5 零件实现自动装配的难易程度分级

困难度	各位编码数之和	特 点
1	<10	可以整理、传递、运输；容易实现自动化；技术方案也容易选择
2	10～20	自动化的实现属中等难度。整理、传递、运输要通过实验选定适当的设备
3	20～25	自动化的实现属较高难度。零件的可搬送性需要具体分析，可靠和经济
4	>25	由于搬送技术和装配技术方面的原因，自动化不能实现。必须改变零件的设计才能实现自动化装配

例如：一个不带孔也没有其他特征的塑料圆柱体。

第一位数	不对称的外形，非金属	2000000
第二位数	没有不规则表面	000000
第三位数	非铁磁性材料	20000
第四位数	横截面为圆形，纵截面为矩形	2000
第五位数	一个回转轴，一个对称平面	100
第六位数	无中心孔，外轮廓为直母线	10
第七位数	无附加特征	0
编码		2022110

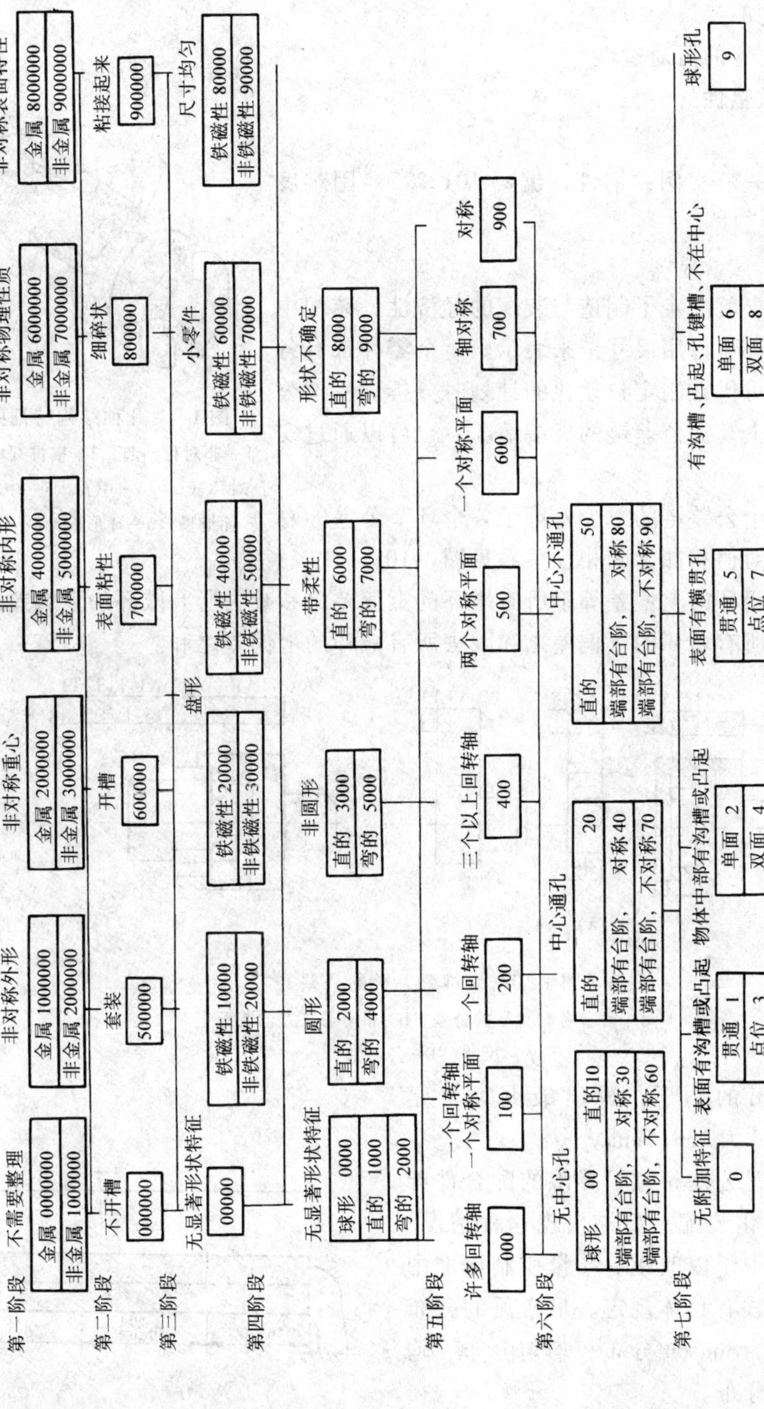

图 1-8　零件的自动化装配工艺性的判断

各位编码数字之和是8。按照表1-5它的困难度是1，也就是容易实现自动化传送和自动化装配。

图1-8举出的特征概述了哪些特征在成组装配中是有利的。这里还没有包括几个装配技术方面的问题，例如：

1）到达装配位置的可通过性。

2）配合件的敏感性。

3）联接公差。

图1-9举出了一个实例：钢件，编码1012227，困难度2。

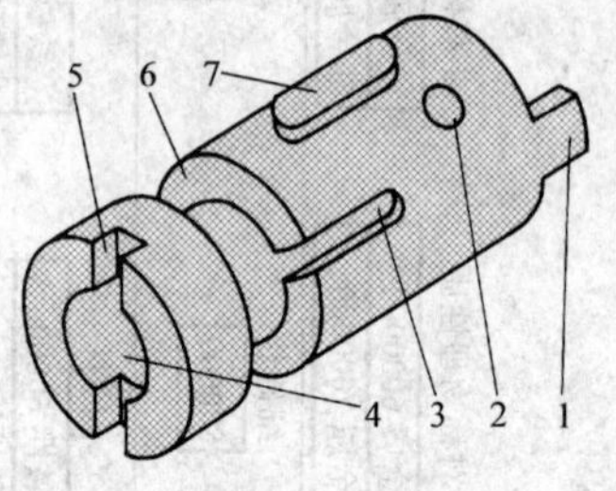

图1-9 几种结构特征的名称

1—非对称凸起 2—横贯开口 3—非对称开口 4—中孔 5—中心对称端面键槽 6—环形槽 7—外缘凸起

三、公差分析

零件的精度要求就决定了制造与装配的经济性。装配中存在的所有的联系都可以用尺寸链来表示。每个零件都有各自的尺寸和公差，可供在制定自动化的计划时分析。所谓公差分析就是从数量上掌握公差链的极端情况。也可以通过实验来确定装配公差。

第一定律：一个公差链的总公差等于各个环节公差的总和，即各公差的绝对值相加。其相互关系见图1-10。

第二定律：封闭环的上偏差等于所有增环的上偏差之和减去所有减环的下偏差之和；封闭环的下偏差等于所有增环的下偏差之和减去所有减环的上偏差之和。

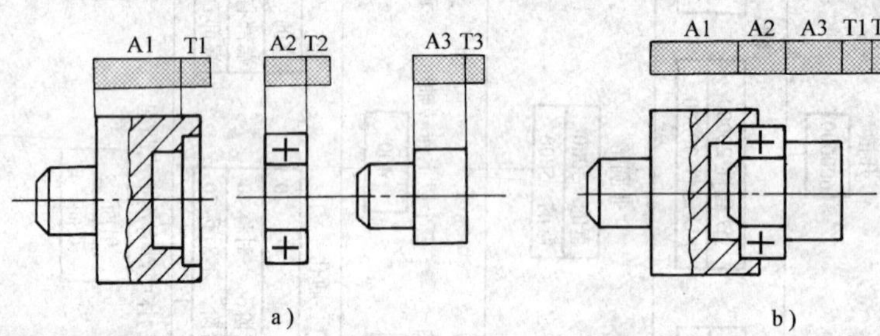

图1-10 一维公差链的公差

a）每个环节各有自己的公差 b）带有总公差的装配组

A—尺寸 T—公差带

按图1-11给出的例子，得出最大尺寸是140.3mm，最小尺寸为139.5mm。

任何形状和位置公差超过了界限的配合件都不能用来进行自动化装配。如果出现这种情况，就必须在制造过程中予以改正。质量控制标准中对于公差的分布形式有具体规定。最常见的分布形式有：正态分布、Simson分布、均匀分布、均匀增长分布和复合分布。

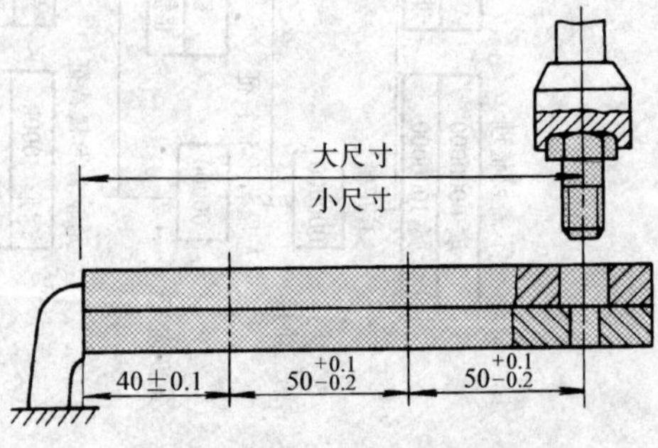

图1-11 一组只有正环节的装配组件的例子（因为标注尺寸的方向不变）

图1-12中表示了两种可能的公差分布方式。方式1公差分布比较宽，成本低，但不适合自动

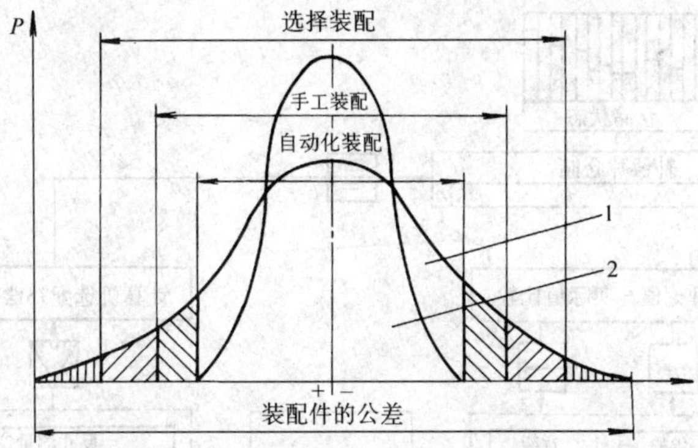

图 1-12　随着自动化程度的提高配合件的公差范围变窄

P—概率　1—现成的零件的质量　2—自动化装配所要求的零件的质量

化装配。方式 2 公差分布比较严格，适合自动化装配，但生产成本高。

必须区别两种不同种类的公差：

功能公差：能够装配到一起并且实现规定的功能所允许的偏差。零件的技术要求须按照装配条件以及在运转状态所应起的作用来确定。

自动化装配过程公差：这是与操作过程相关的由装配机械造成的位置和方向误差。

零件的技术要求与装配条件是相互作用相互影响的，所有单个零件的尺寸公差和位置公差 T_i 加在一起构成总公差 T_s，如果要使整个联接过程无干扰地进行，T_s 不允许超过封闭公差 T_0。

$$T_s = \sum_{i=1}^{m} T_i \leqslant T_0$$

如果要求相互联接的零件共同发挥一种功能，而各个零件本身又不被过分严格地要求，可以采用绝对互换法以外的几种方法，对零件的公差界限可以略有放松。

有下列几种配合方法：

完全互换法：可以从备件中任取一件装配。在任何一种情况下都可以达到要求的使用功能。这种方法首先用于以下的情况：公差链短，成批大量生产。

成组互换法：备件按公差范围分组。尽管要求的配合公差很小，但工件的制造公差却可以大一些。只有属于同一组的零件才可以配合。

均衡补偿法：最终公差的精度通过一个补偿环节得到，或者通过尺寸改变，或者加入一个补偿件。例如一个按尺寸分段的垫片。这种方法要求一个附加的测量设备以确定应有的补偿值。这种方法的应用实例见图 1-13。精确地测量轴承间隙，然后从事先准备好的料仓中按尺寸分段取出一个垫片并自动装入。

概率法：有一定概率的零件的公差超过了事先规定的最终公差而不能完全互换。这部分所占的比率称超差率。这种方法适用于最终公差要求较严的多环节公差链。

两个被联接的零件之间的配合关系有 4 种典型的情况（图 1-14）；概率 $P_1(x)$ 和 $P_2(x)$ 完全重合（图 1-14a）或至少在许多点上交叉。这种情况是理想的，因为在装配中所有的零件都是可用的。与此不同，在图 1-14b 中两个零件显示了不同的尺寸分布概率，分布曲线的

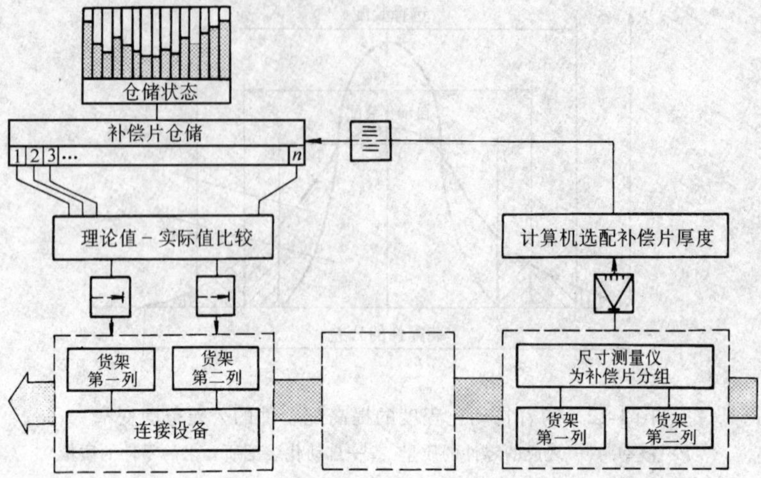

图 1-13　在装配机上自动选配补偿垫片

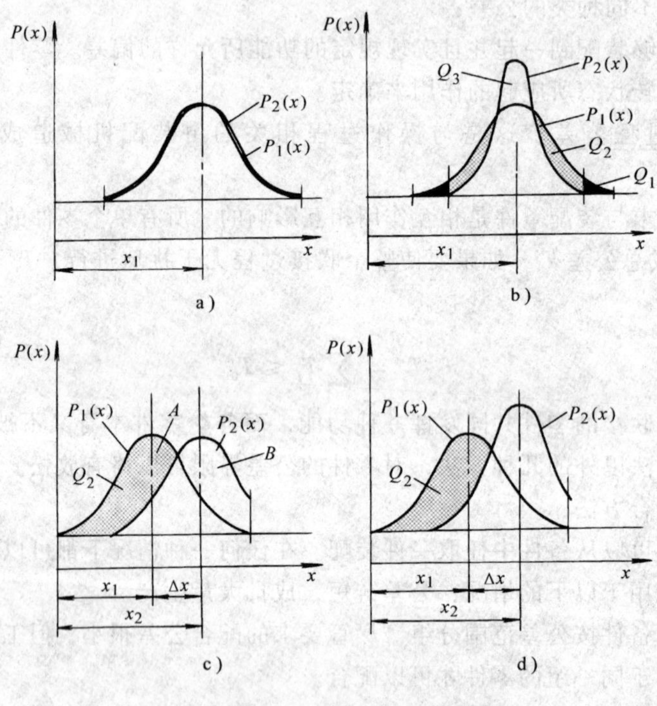

图 1-14　两个被联接零件的概率分布

a）概率完全重合　b）概率分布不同

c）峰值位置不同　d）概率分布和峰值位置都不相同

峰值位置倒是重合的。有 Q_1、Q_2 和 $Q_3$3 部分零件找不到合适的配对。这部分零件需要再补充加工，否则就不能使用。还有一种情况是分布规律虽然相同，但峰值位置发生偏移（图 1-14c)。最普通的情况是分布曲线的形状、峰值的位置与高低都不相同（图 1-14d)，A 种零件的 Q_2 部分在以 $P_2(x)$ 为概率分布的 B 种零件中找不到合适的配对。

四、产品的装配工艺性

适合装配的零件形状对于经济的装配自动化是一个基本的前提。如果在产品设计时不考虑这一点，就会造成自动化装配的成本的增加或完全不能实现。产品的结构、数量和可操作性决定了装配过程、传输方式和装配方法。机械制造的一个明确的原则就是“部件和产品应该能够以最低的成本进行装配”。首先应该区别以下几个不同的概念：

1）适合自动化装配的零件形状。

2）适合机器人进行装配的零件形状。

3）适合传输的零件形状。

对于适合自动化装配的形状，就单个零件、部件和产品来说可以给出以下几条标准：

首先是产品的结构，层叠式和鸟巢式的结构（图 1-15）对于自动化装配是有利的。结构方面的另一个区别是分立式还是集成式。集成方式可以实现元件最少，维修也方便（见图 1-16）。

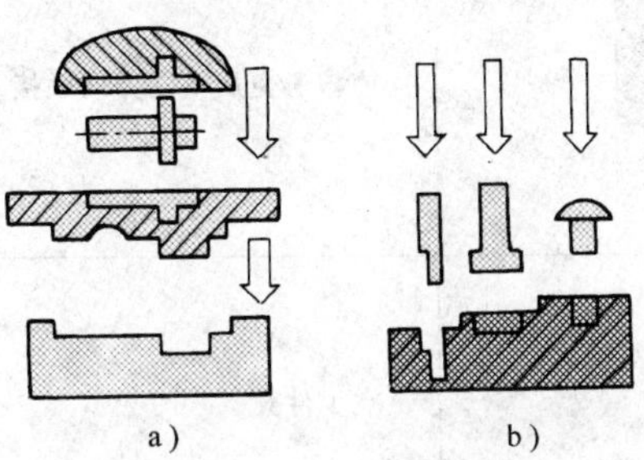

图 1-15　适合自动化装配的产品结构

a）层叠式（垂直式）　b）鸟巢式

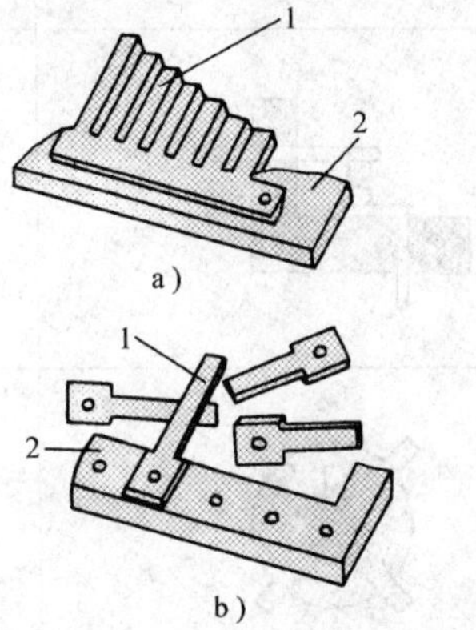

图 1-16　集成方式对装配是有利的

a）集成方式，例如梳形　b）分立方式

1—配合件　2—基础件

可以进一步划分下列细则：

1）装配点的数量应该少。

2）联接过程中不应该再有附加的联接件。

3）零件从料仓里被抓取出来时的抓取部位应与联接时的抓取部位一致。

4）尽可能做到预装配单元是稳定的、可检验的。这样就给最终装配时的定位带来方便。

5）避免形状不稳定的结构元件，如叉、塑料垫、管形零件和薄膜。

6）配合件应该适合于装配。

7）产品变种应尽可能多地使用相同的零件，以便变种产品也能实现自动化装配。

8）配合组应该是易于传送的，具有一定的平面、回转面和抓取表面以及足够大的自由空间，以便抓钳和装配工具能够无阻挡地通过。

表 1-6 中列举出一些实际的例子。除此以外，还要满足以下几项要求：配置路径要短，抓取部位与配合部位要有一定的距离，所有零件都要避免尖锐的棱角，配合部件与参考点之间的距离要保证一定的公差。

表 1-6 适合传送和装配的工件形状的实例

不 好	较 好	说 明
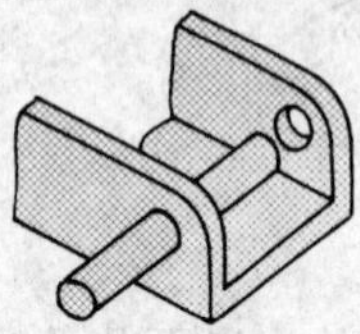	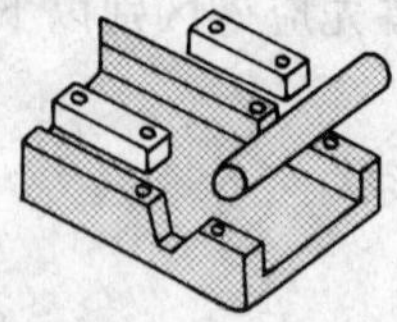	由于两孔可能不同心，左图联接方式应避免
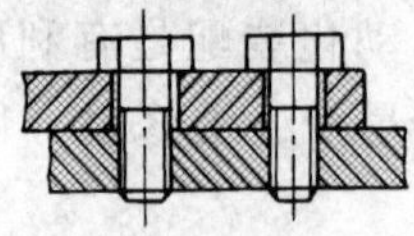	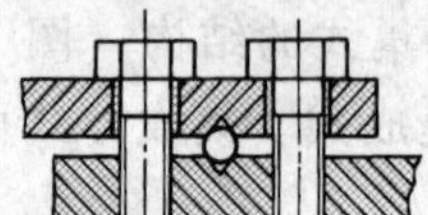	右图调整定位简单
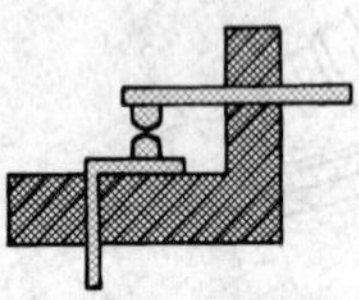	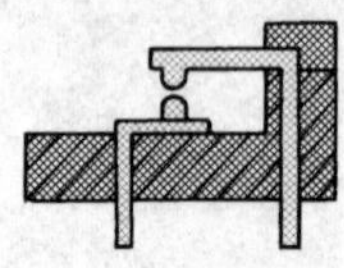	应该避免从不同方向联接
		减少件数
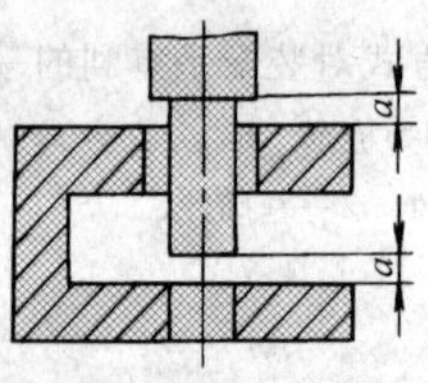	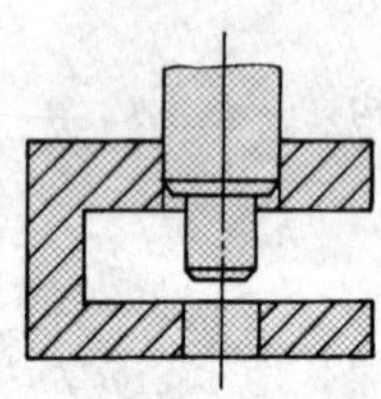	避免两处同时联接
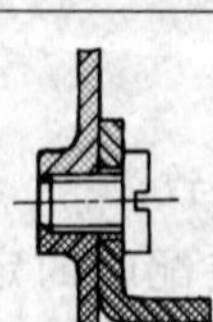	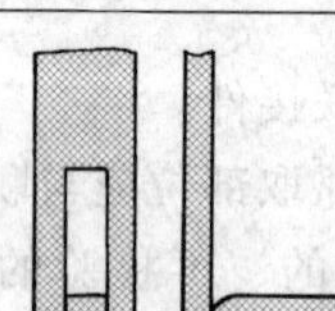	避免用短螺钉联接薄板件
	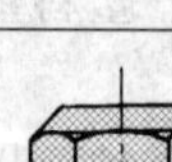	对称螺母更好
		两端对称的螺栓便于调整

（续）

不　好	较　好	说　明
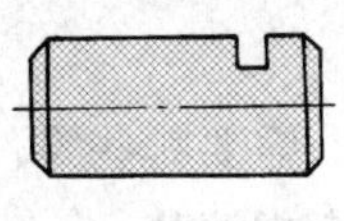	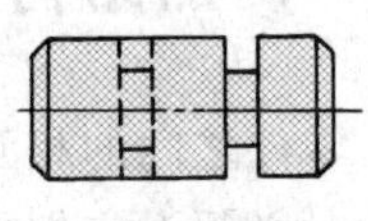	换槽零件便于调整
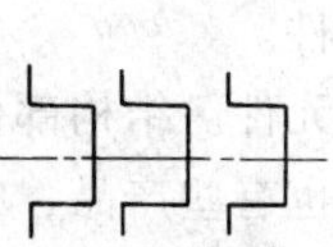	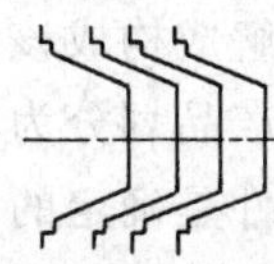	便于仓储的零件可以扩大料仓储能力
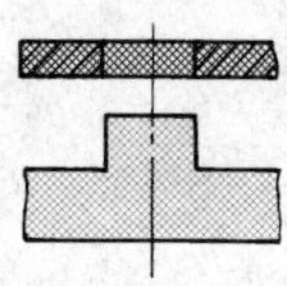	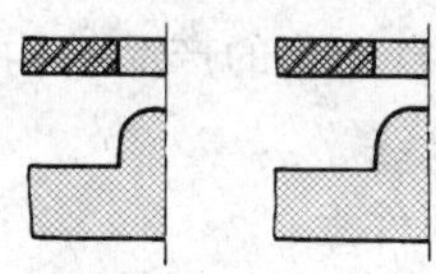	有倒角容易联接
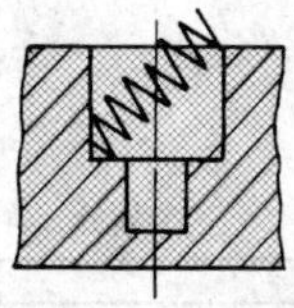	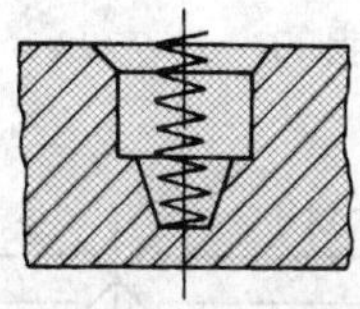	有同心锥孔容易装配
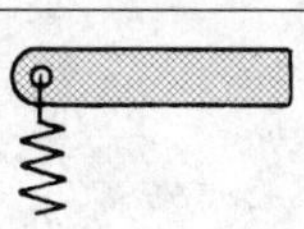	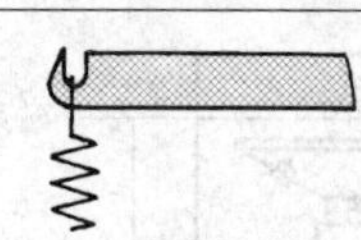	针孔不如豁口容易装配
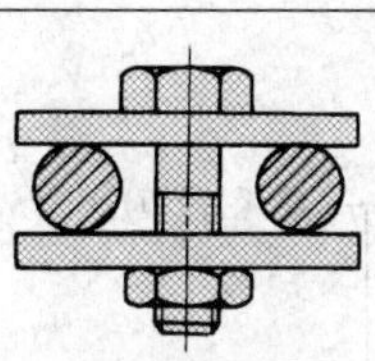	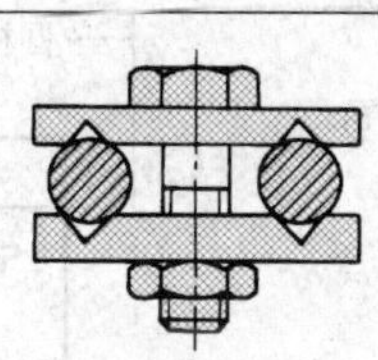	成形零件容易定位

一个产品的装配工艺性如何，可以通过各种不同的方法来评价。装配工艺性对于各种产品变种来说尤其重要。无论是 Assemblability-Evaluation（装配性评价）方法还是 Boothroyd-Dewhurst 方法都是以降低装配成本为根本原则。使用 Boothroyd-Dewhurst 方法可以借助计算机进行评价，只要输入工件的几何形状、特性、联接工艺和装配顺序就可以得出一个装配工艺性系数，这个系数是直接判断可装配性的优劣、装配时间长短、装配成本高低的重要标志。

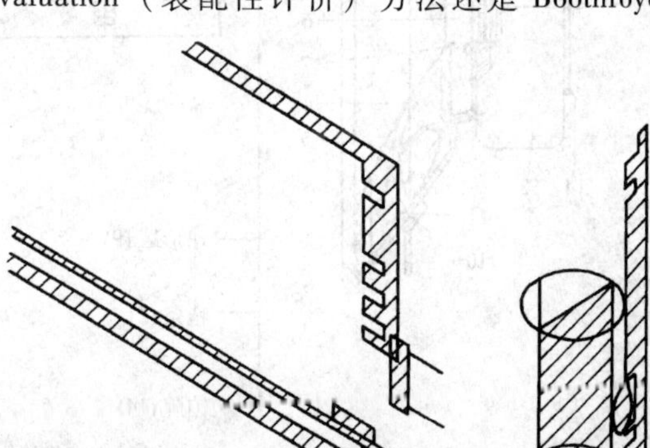

图 1-17　计算机辅助进行碰撞分析

在联接过程中，联接工具是否可以不受任何阻碍地到达要求的位置也是决定装配动作能否实现的重要因素。是否会发生碰撞，可以借助于计算机模拟来检验。图 1-17 就是这种方法的一个应用实例。

第五节　产品结构的确定

按照装配的观点确定产品形状时，零件之间的相互关系非常重要。需要哪些零件，它们之间怎样联接，在考虑整个产品的结构时必须对它们的各个组成部分考虑清楚。

产品的结构是指把一个多阶段产品分解成构成该产品的部件和零件。

这种划分也可以从功能的观点把整个产品划分为功能部件和功能元件。结构部件和功能部件不一定要求必须一致。有些产品其构件是确定的和不能改变的，也有些产品，它们有不同的变种。对这些必须予以适当的确定和评价。方案一览表是一种经常使用的方法。图 1-18 给出一个应用的实例。一个适于装配自动化的产品结构应该满足以下几点：

1）预装配部件可以被明确地划分。

2）大部分装配件相对集中在子部件上。

3）与变种无关的结构范围是明显的。

4）不同结构水平的功能检测是可能的。

5）便于技术服务。

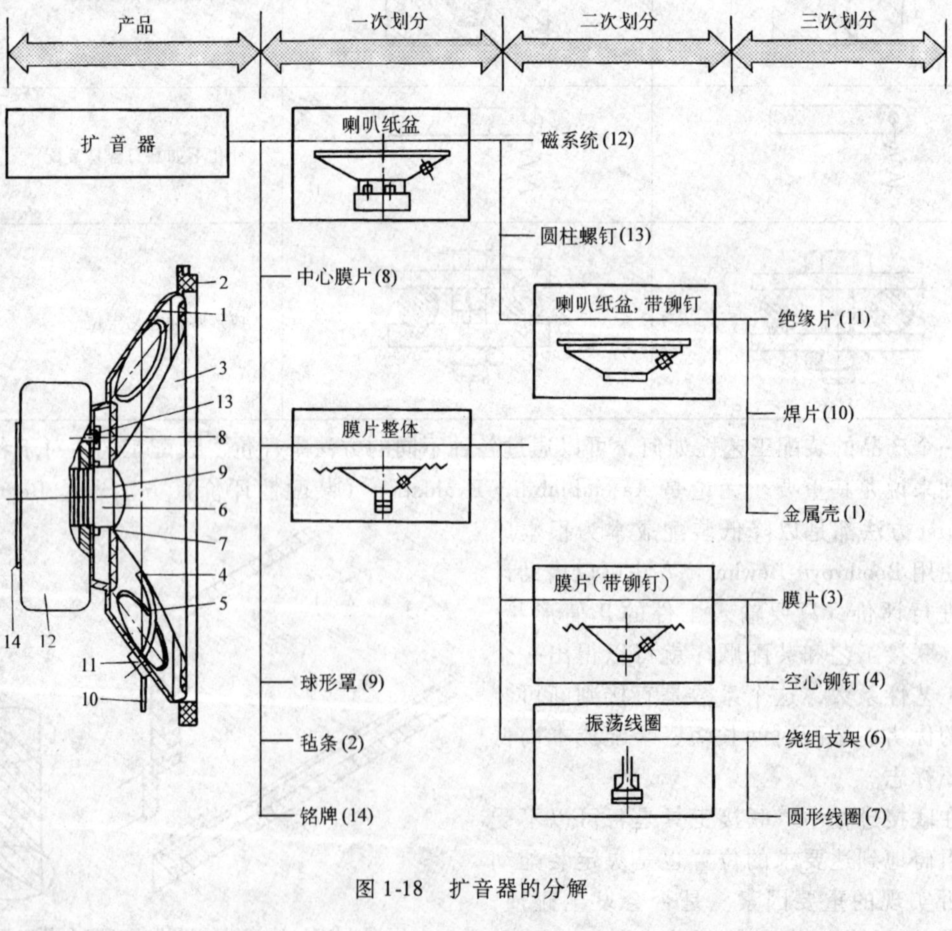

图 1-18　扩音器的分解

第六节　装配流程的确定

为了装配一个产品，必须首先说明其安装顺序。必须规定哪些装配工作之间可以串联，哪些之间可以并联。装配过程中所出现的联接方法的种类和数量对装配过程有一定影响。装配过程越宽（相并联的工序多）越难以组织。对复杂的产品经常必须首先装配子部件，即装配过程是多阶段进行的。根据包含部件的情况，装配过程按原理可以划分为如图 1-19 所示的几种。

按照时间和地点关系，装配过程可以划分为以下几种：

1）串联装配。

2）时间上平行的装配。

3）在时间上和地点上都相互独立的装配。

4）在时间上独立，地点相互联系的装配。

装配顺序在生产计划和流程图中都有说明。

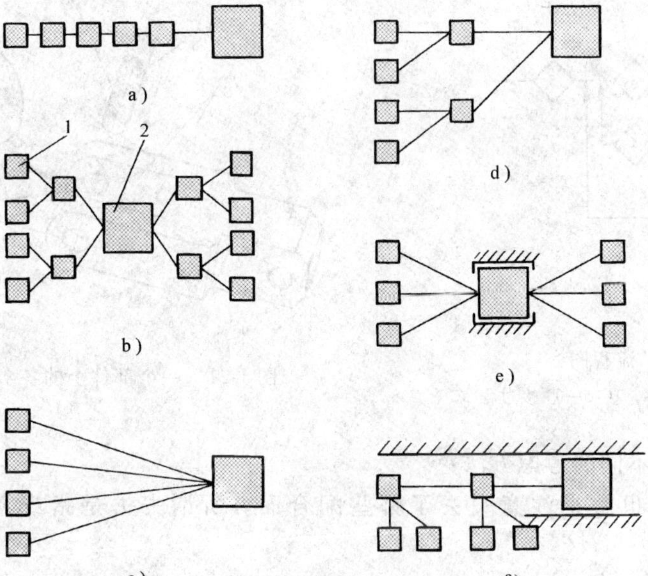

图 1-19　装配过程的原理

a）无分支　b）有分支　c）单阶段　d）多阶段　e）装配站　f）流水作业

1—部件　2—产品

定义：流程图是一个网形的计划图。其结构可以是有分支的或没有分支的，它重现了装配过程。

零件的移动方向通过网结，相互关系通过联接线来表示。其排列方式总是由最早的步骤开始。从图 1-20 的流程图可以知道哪些装配工作（1）可以先于其他步骤（3，4，5）开始，在此步骤中哪些零件被装配到一起。一种装配操作（例如 2）最早可以在什么时间开始，什么步骤（例如 3，4）可以与此平行地进行。在哪个装配步骤（例如 5）中另一零件（D）的前装配必须事先完成。

这样一个流程图对于结构复杂的产品是绝对必要的，并且为装配时间的确定带来极大的方便；同时也为“在哪里设置缓冲”提供了依据。为了给自动化装配找出最佳的流程，应该借助于计算机首先找出可能性，也就是必须把装配零件之间的关系描述清楚，尤其是空间坐标关系，否则有可能在技术上难以实现。

可以用配合面来描述装配零件之间的关系。配合面即装配时各个零件相互结合的面。每一对配合面 f 构成一个配合 e。一个如图 1-21 所示的部件的装配关系可以这样来描述：

$$(e1[f_1,f_3]) \quad (e2[f_2,f_5]) \quad (e3[f_4,f_6])$$

可以看出，从功能上两次出现的表面就是配合面。图 1-21 所示的部件包括 3 个配合，即：

$$(bg1[e1,e2,e3])$$

用这种方法容易描述装配操作。在这个简单例子中有两个装配操作。

$$(OP1[f_1,f_3]) \quad (OP2[f_2,f_4,f_5,f_6])$$

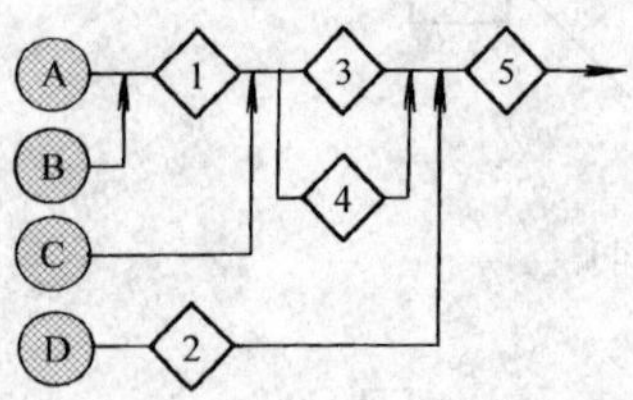

图 1-20 流程图

A、B、C、D—零件 1～5—联接过程

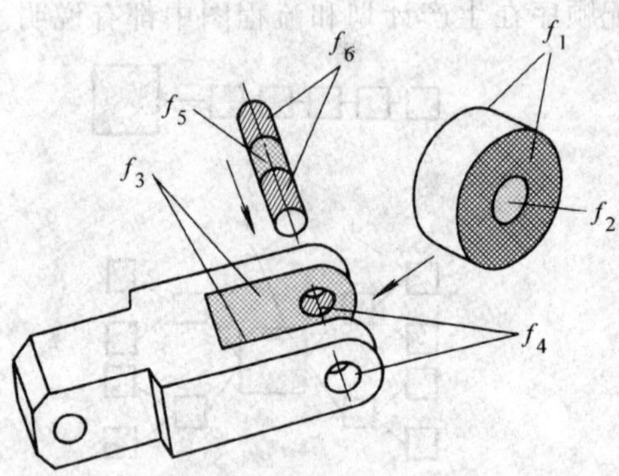

图 1-21 一个部件上的各个配合面

下面介绍几种不同的考虑方法：

考虑配合面：也就是注意失去了哪些配合面。所谓失去是指或者被占用或者被封闭。

考虑任务：例如：把一个产品适当地分解成可传输的部件。当一个 O 形圈装入槽内，槽就构成一个部件。

考虑对象：例如：把带有许多配合面，质量最大，形状复杂的零件视为基础件。特别敏感的零件应该在最后装配。

除了上述几种方法以外，还存在一些变种，通过它们也可以找出最佳的装配顺序（流程）。

下面再介绍另外几种考虑方法：

考虑操作（工艺过程）：例如：操作简单的步骤（如弹性涨入）应该先于那些操作复杂的步骤（如旋入）进行。

考虑功能：各种零件在产品中实现不同的价值。

表 1-7 对于操作过程和功能的优先权加以说明。

表 1-7 在确定最佳装配顺序时优先权的导出

a）配合过程的优先权

<table>
<tr><th>联接方法</th><th colspan="3">特 点</th></tr>
<tr><td>弹性涨入</td><td>弹性变形</td><td colspan="2">常规联接</td></tr>
<tr><td>套 装
插 入
推 入</td><td>配合公差</td><td colspan="2">被动联接</td></tr>
<tr><td>电 焊
钎 焊
粘 结</td><td>材 料
结 合</td><td rowspan="2">不可拆卸的联接</td><td rowspan="3">主动联接</td></tr>
<tr><td>压入铆接</td><td>形 状
结 合</td></tr>
<tr><td>螺纹联接、夹紧</td><td>力结合</td><td>可拆卸联接</td></tr>
</table>

b）从技术功能考虑的优先权

功 能	说 明	例 子
准备支点	构成几何布局	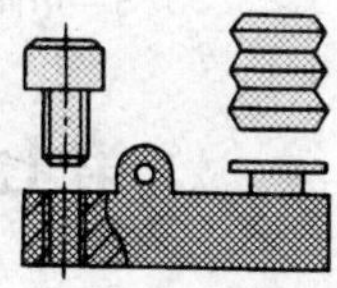
定位	确定联接之前的相对位置	
固定紧固	零件位置被固定	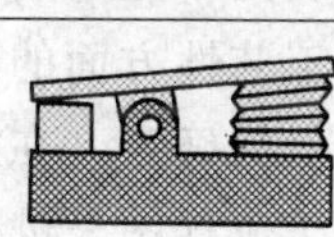

考虑组织：在大批量生产中，在部件的装配过程中，例如在使用装配机器人进行装配时，要尽量避免频繁地更换工具。优先权的说明和装配流程的精确描述通常是一个重要的前提。这些工作都可以借助于计算机来完成。

在考虑装配流程时，这种流程是否能实现自动化的问题并没有同时解决，对此还必须单独进行研究。必须通过研究方能认定在多大程度上实现自动化是可能的。在讨论这一问题时下列的因素是重要的：

1）配合、联接过程的复杂性。

2）配合、联接位置的可达到性。

3）配合件的装备情况。

4）完成装配后的部件的稳定性。

5）配合件、联接件和基础件的可传输性。

6）装配流程的方向。

7）部件的可检验性。

由于技术上、质量上或经济上的原因，某种装配操作不能实现自动化，就必须考虑自动化装配与人工装配混合的方法。这种混合方式的装配系统（图 1-22）有其突出的优点。

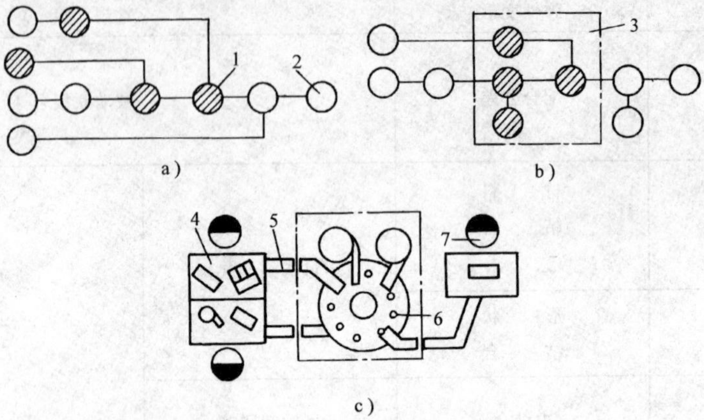

图 1-22　流程图和装配系统

a）流程图　b）流程图中的块的划分　c）混合装配系统

1—自动化装配　2—非自动化装配　3—自动化装配段　4—人工装配工位

5—中间料仓和传送链　6—自动化装配机　7—工人

第七节　装配工艺过程的确定

装配工艺过程的确定分几步进行，即在不同的水平上的确定。这是工艺工程师的一项复杂的工作。

（1）最高层面上的确定　对此，产品的批量和生产周期起着重要作用。首先要决定该产品是否适合自动化装配，是专用自动化还是柔性自动化。必须对此作具体的分析，甚至要对产品的设计作装配工艺性方面的改进，然后再确定装配的过程。

（2）第二层面上的确定　在第二层面上确定装配工艺过程，其具体任务是确定装配操作的顺序，可以借助于流程图来进行。把各种不同的基本组织形式和装配工艺过程的排列顺序（装配工位）做出图来就产生出装配设备结构上的不同的变种。

（3）最低层面上的确定　这一层面上的确定就是从所要求的功能出发，把装配工艺过程分解到各个实际的组成部分。我们可以把装配划分为以下 4 个功能范围：

1）前装配辅助功能　属于这一功能范围的有整理、分离、上料、检验，为真正的装配工作装备基础件和配合件。这项工作也包括更换料仓或者把电子元件从传送带或胶粘带上分离出来。

2）装配功能　装配功能涉及到以下几个具体的功能，例如抓取、移动、联接（压接、旋入、铆接等），其作用是把两个或多个零件先定位配合然后联接到一起。

3）后装配功能　已经完成装配的部件或产品必须从装配设备上取走。空的料仓也必须更换。在开始新的装配动作之前往往还要作功能检查。

4）监控功能　此项功能包括整个装配系统的监测、坐标控制，装配过程控制以及与前仓库和后仓库的信息交换。为了实现这些功能，物流、信息流、能量流是必需的。传输功能完成配合件的供应，送走装配好的部件，这就是物流；关于物体（零件）在空间的位置和方向的信息（信息流），对于被装配物体的定位和配合过程是必不可少的。当然，配合和联接过程都离不开力，这就是能量流。零件的空间位置表示在图 1-23 中。为了完成插入联接，必须通过 5 个坐标的运动（2 个平移，3 个旋转），而且必须有适当的公差。

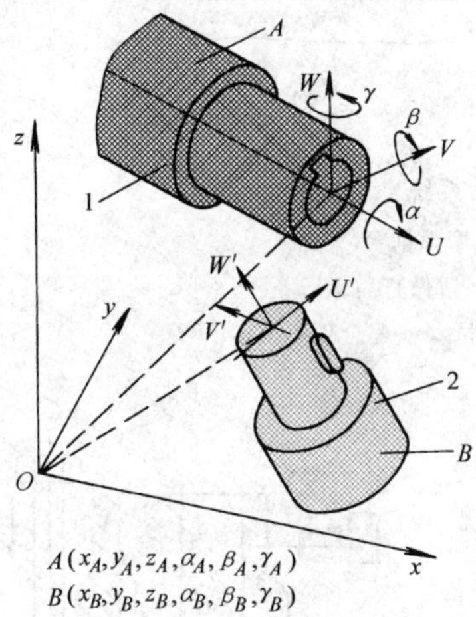

图 1-23　配合、联接的一般描述
（当物体具有六个自由度时）
1—基础件　2—配合件

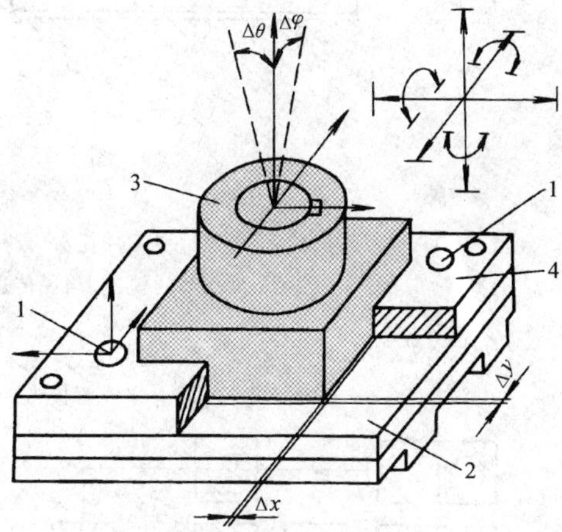

图 1-24　基础件在托盘上的定位
1—定位孔　2—托盘
3—基础件　4—基础件夹具

装配的第一步是基础件的准备。基础件是整个装配过程的第一个零件。往往是先把基础件固定在一个托盘或一个夹具上，使其在装配机上有一个确定的位置。人们常把这一步称为“定位”，也就是把可能的 12 种运动冻结 11 种。如在图 1-24 中所表示的那样。只有向上的垂直运动是惟一可能的。其位置和方向并不是绝对的精确，与理想状态仍然存在偏差。因为间隙和加工误差（Δx，Δy，$\Delta\varphi$，$\Delta\theta$）仍然存在。装配对象（配合件）的移动，特别是基础件的位置变换的精度是非常重要的。

需要传送的物体的运动通过一个运动系统来完成。按被传送物体与运动系统的相对关系可以分为两种：一种是被传送的物体与运动系统固定耦合；另一种是二者可以有相对运动。

在固定耦合的情况下（图 1-25），被传送的物体可以准确地到达目标位置。在依靠摩擦带动物体运动的情况下，在装配机上需附加定位（阻尼、挡块、定位销等）。在某些情况物体的移动不需要运动系统带动，而是靠加速度力、摩擦力，或者靠重力在垂直方向移动。加速度力在运动开始或结束时及运动方向改变时出现。与此类似，在配合件向装配位置运动时也产生加速度力。

固定的耦合称为夹紧，可移动的耦合称为引导。固定的耦合需要施加一定的平面压力；可移动的耦合，在被传送件和导向件（导轨、导槽等）之间存在直线的和弧线的相对运动。

为了确定一台自动化装配机或其他装配设备完成一种产品装配的方案，首先应该借助于功能图。配合件的传送与装配工作本身具有同样的重要性。图 1-26 是一台装配机的功能图，内容表示的是一个接头的装配过程。

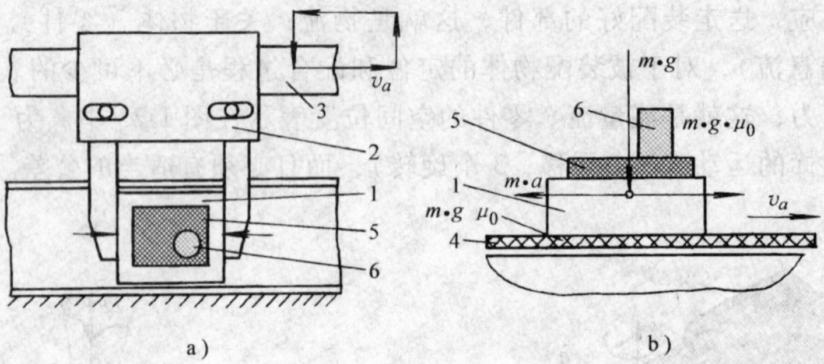

图 1-25　基础件的运动系统

a）与传送系统固定耦合　b）摩擦耦合

1—工件托盘　2—抓钳　3—使抓钳做直角运动的轨道　4—传送带　5—基础件　6—配合件

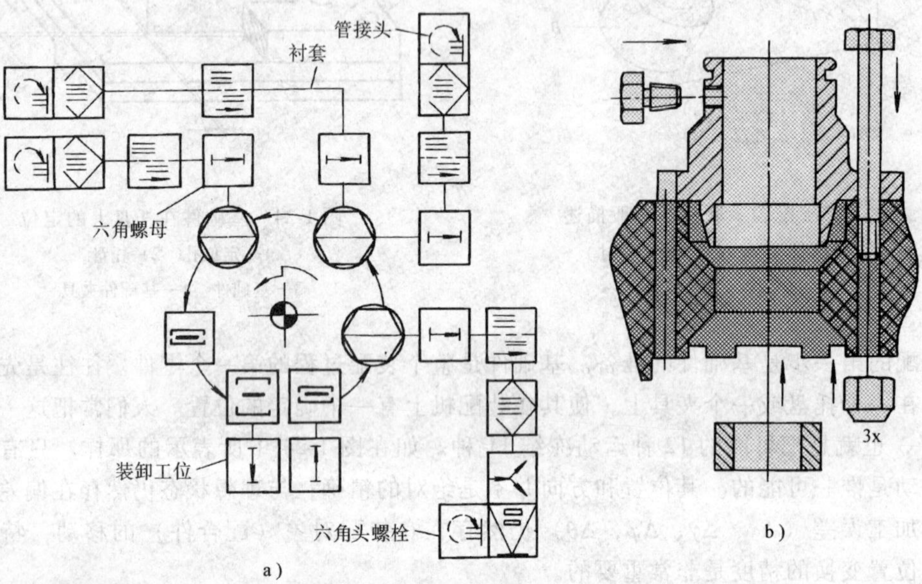

图 1-26　一台装配机的功能图

a）功能计划　b）以一个部件为例

在这一过程中基础件和衬套的装入都是手工完成的。

下一步是把功能图转化成一种技术方案（可以有不同的变种）。对此，“地貌图”（图中曲线类似地形图中的等高线）是一种适用的方法。用这种方法人们可以把技术—物理功能和经过整理的、标准的功能元件概括地编纂到一起。最后把各个单件的方案结合在一起就可以获得各种不同的原则变种。这一过程表示在图 1-27 中。由于技术上的原因并不是一列中的每一个方案都能与其他的列相联。“地貌图”只是一个辅助工具，它不能起决定性作用。

为了进一步选择装配设备的方案，与环境的相容性、质量要求，例如无损伤操作和其他要求（效率、节能等）都要考虑。这种选择可以借助于利用值分析法进行，重要的是确定评价目标和权重系数。一个方案变种 j 的利用值 N_{wj} 用下面的公式来确定

$$N_{wj} = \sum_{i=1}^{n} \frac{g_i y_{ij}}{100}$$

式中 g_i——目标 i 的权重；

y_{ij}——利用值（第 i 个目标，第 j 个变种）。

最好是为刚刚选出的局部方案建立一个方案卡，它包含配合、联接任务、技术草案、效率数据、功能说明、应用标准和检验方法以及概算账单。在大多数情况下装配工作都是分散到各个工位上进行的，所以适当的链接设备的选择也是必不可少的。它们是各装配工位之间的联接环节。链接设备的选择必须考虑下面的问题：

1）这种联接方法是固定的还是松弛的，即是否需要中间存储器。

2）传送路径是直线型的还是圆形的，通道式的还是空中悬挂式的。此外，还要考虑是否需要工件托盘的返回通道。

3）选用什么样的链接手段。由于正确的选择只有综合考虑技术性能和经济成本才能作出，因此需要使用利用值分析法。

最后是信息流的问题。装配过程是很复杂的，它要求一套功能复杂的控制系统。这也是在确定方案时要考虑的：

1）什么情况下适合集中控制？什么情况下实行分散控制？

2）是否把工件托盘作为信息载体？

3）需要设置哪些接口？

复杂的装配设备的计划今天可以由计算机辅助系统来实现。计划的质量可以由此得到提高。这类计算机辅助系统的一个实例是 BOSCH 公司的 FMS Soft 系统。它包含以下功能：

1）从装配技术的角度对产品进行评价和产品弱点分析。

2）装配设备结构的计划。

3）信息系统的拟定（结构原理和系统元件）。

图 1-27 “地貌图”方法确定装配方案

A—适合于这项装配任务的技术方案

PV—不同的装配方案

V_{mn}——一个技术功能元素的变种

复习与练习

一、基本概念

1. 试述装配在整个生产系统中的地位。
2. 装配工作有哪几种基本的组织形式？
3. 试述主要的联接方法。
4. 什么是装配工艺性？判断装配工艺性好坏的标准是什么？

二、应用

1. 判断下列几种联接方法的工艺性及实现自动化的难易（图 1-28）。

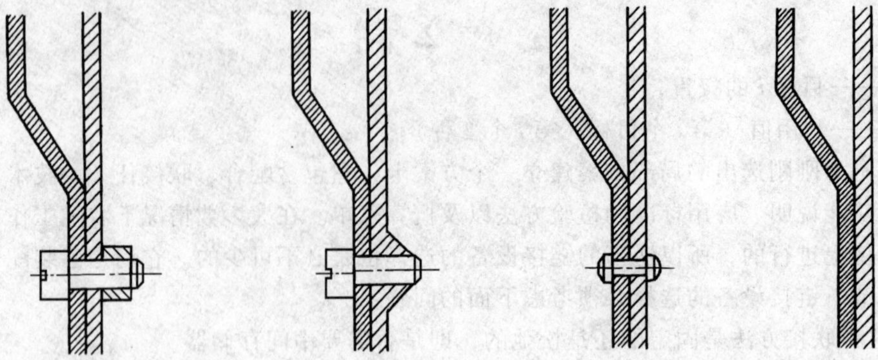

a）螺钉联接（用螺母）　b）螺钉联接（不用螺母）　c）铆接　d）粘接

判断标准	变种 a	变种 b	变种 c	变种 d
结构复杂性				
联接精度				
联接难易程度				
实现自动化的难易程度				
说明：结构简单、联接精度高、容易实现的称为好，表示为●；中等的表示为◆；差的表示为○				

图 1-28

2. 判断下列几种结构的装配工艺性与可拆卸性（图 1-29）。

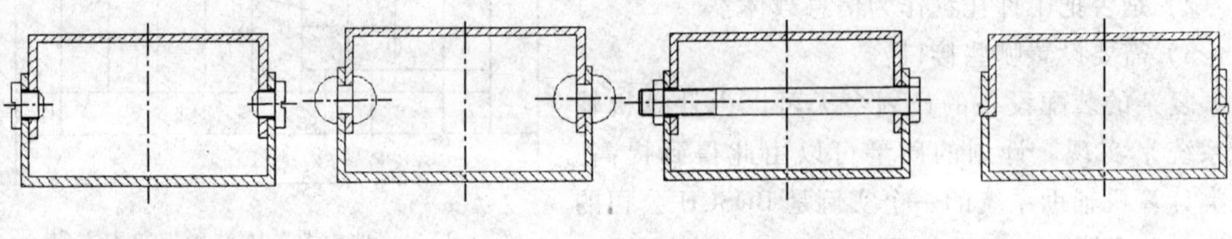

a）螺钉联接（不用螺母）　b）铆接　c）长螺栓联接（用螺母）　d）弹性联接

判断标准	变种 a	变种 b	变种 c	变种 d
结构复杂性				
联接精度				
联接难易程度				
实现自动化的难易程度				
说明：结构简单、联接精度高、容易实现的称为好，表示为●；中等的表示为◆；差的表示为○				

图 1-29

3. 下面是 Siemens 的显示器的新旧两种结构，判断哪种适合自动化装配（图 1-30）。

4. 写出下列两种不同结构的联接步骤，比较哪种结构容易实现自动化（图 1-31）。

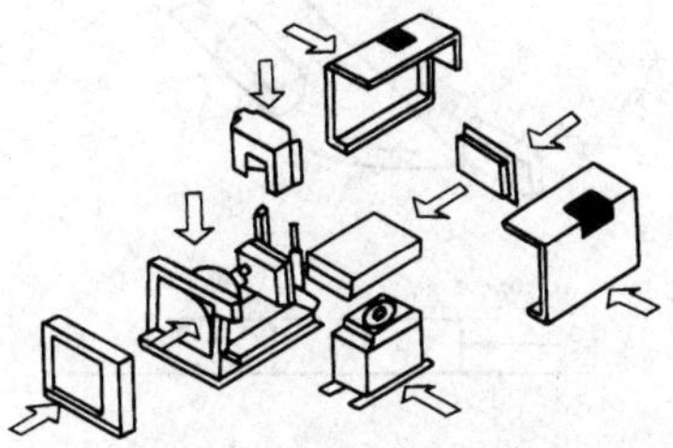

a) 旧结构(从不同方向装配)

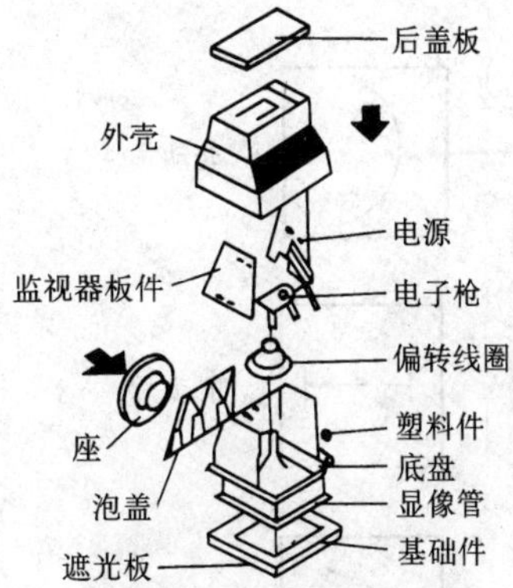

b) 新结构(从同一方向装配)

图　1-30

a)　　　b)

图　1-31

三、符号说明

1. 与料仓功能有关的符号（图 1-32a）

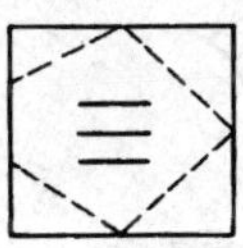

零件经过整理,已成规则排列

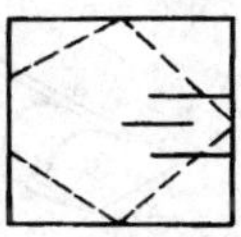

零件未完全整理好,部分规则排列

零件未经整理,杂乱排列

a)

图　1-32a

2. 与运动功能有关的符号（图 1-32b）

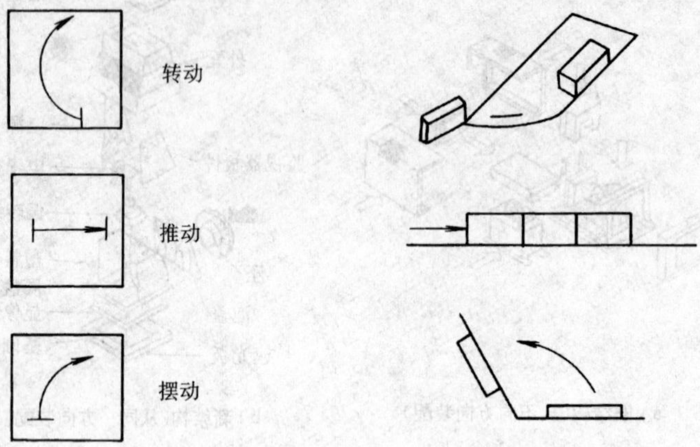

b)

图 1-32b

3. 与定位功能有关的符号（图 1-32c）

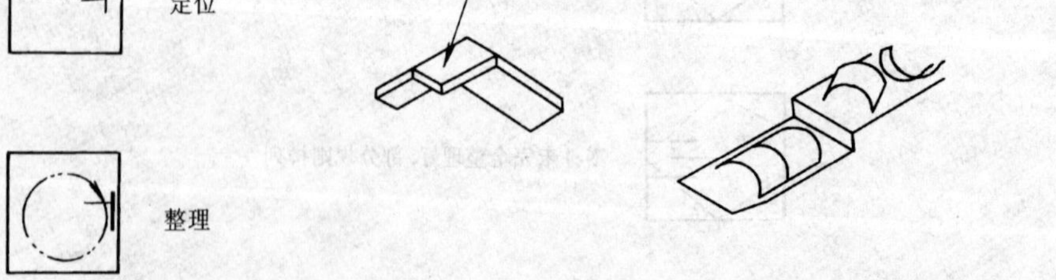

c)

图 1-32c

4. 与导向功能有关的符号（图 1-32d）

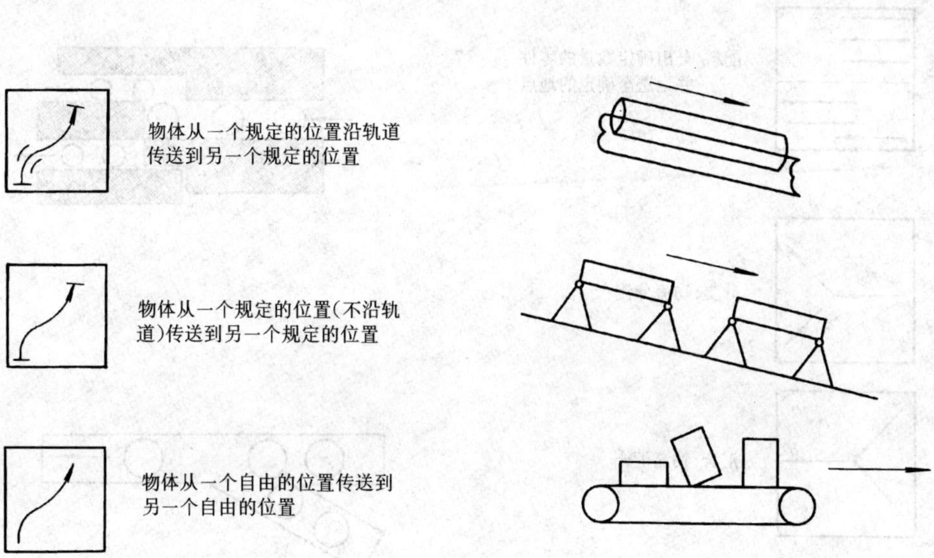

d)

图　1-32d

5. 与数量有关的搬送功能符号（图 1-32e）

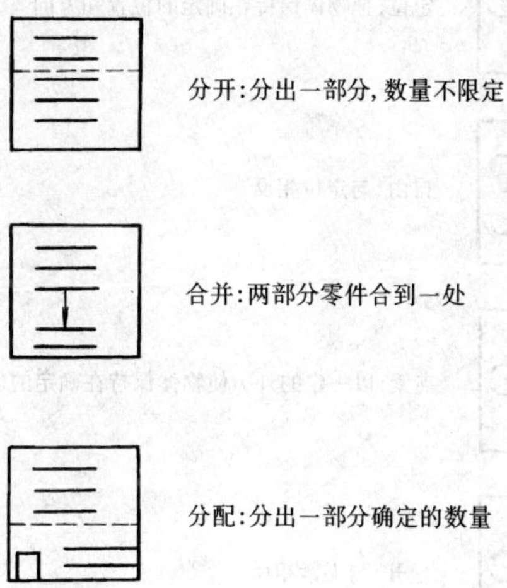

e)

图　1-32e

6. 与路径有关的搬送功能符号（图 1-32f）

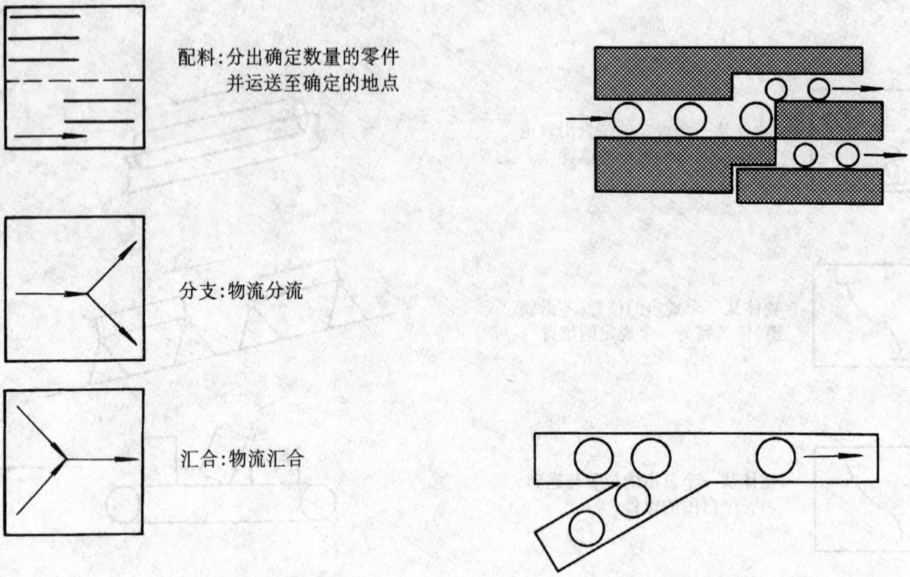

f)

图 1-32f

7. 与定位、夹紧有关的功能符号（图 1-32g）

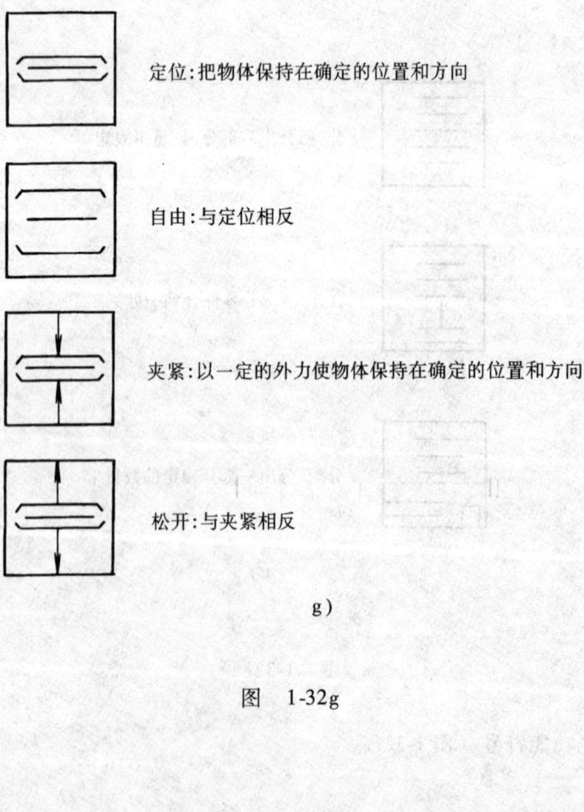

g)

图 1-32g

第二章

装配机的结构形式

第一节　概念与划分

区别装配机的主要标志是它的生产能力、相互联接的可能性和方法。“装配机”这个概念如同其他概念一样，是随着时代变化的。从根本上人们是这样认识的，它是一种按一定时间节拍工作的机械化的装配设备，有时也需要手工装配与之配合。装配机所完成的任务是把配合件往基础件上安装，并把完成的部件或产品取下来。

随着自动化向前发展，装配工作（包括至今为止仍然靠手工完成的工作）可以利用机器来实现。产生了一种自动化的装配机械，即实现了装配自动化（按照规定这还只是一种单用途的装配机）。人们经常听到这样一个概念——装配设备。它是这样的一个设备，在这个设备上部分手工、部分机器，或者完全由机器来完成装配工作。这种工作是有节奏地循环往复地进行的，设备是与料仓相联接的。为了解决中小批量生产中的装配问题，人们进一步发明了可编程的自动化的装配机，即装配机器人。它的应用不再是只能严格地适应一种产品的装配，而是能够通过调整完成相似的装配任务。这就是所谓的柔性自动化装配。在单独的

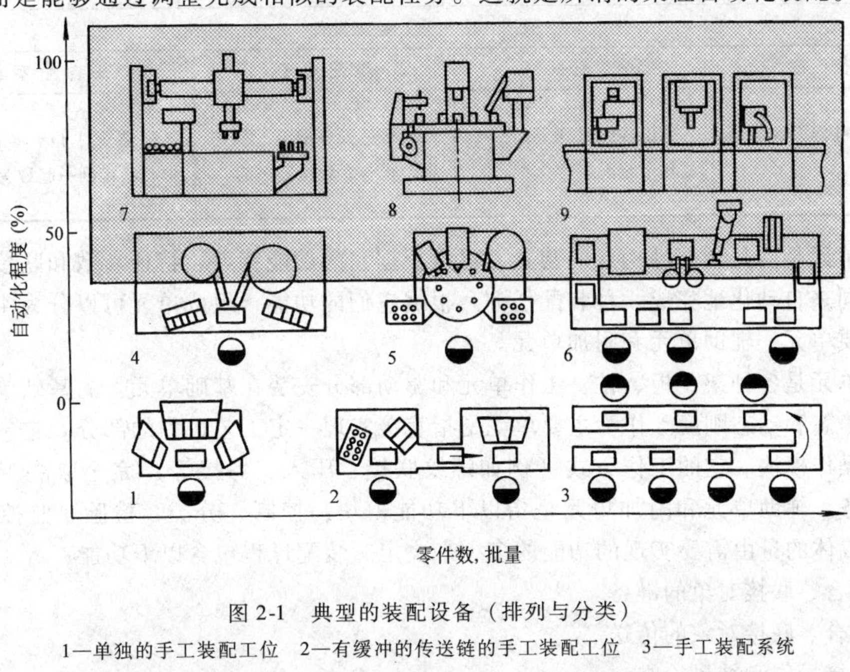

图 2-1　典型的装配设备（排列与分类）

1—单独的手工装配工位　2—有缓冲的传送链的手工装配工位　3—手工装配系统
4—机械化装配站　5—半自动化的装配站　6—柔性的半自动化的装配线
7—柔性的自动化的装配间　8—自动化装配机　9—全自动非柔性的装配设备

手工装配工位和柔性自动化装配系统之间可以列举出许多中间形式。图 2-1 列出了其中的几种，在图上面线框（即第 4 种至第 9 种）的范围内所有要求的操作都是自动进行的。

如果在某些装配工位和装配设备中仍保留手工操作，按表 2-1 划分的种类，它们属于装配机或装配系统。多用途装配设备的最高等级是装配系统。如何区分装配机和装配系统呢？装配机是与确定的装配任务相联系的装配设备，它执行某种被迫的运动，其输入和输出都是确定的。而装配系统则是按照某种关系联接在一起的多台设备的集合，以此来完成某种预先计划的工作过程。一台装配机可以是一个系统的组成部分，也可以看作是一个系统。自动化装配机是一种特殊的机器，它能够适应当前的装配任务，从而找出一种最佳的解决问题的方法。自动装配机一般是不能实现柔性的。虽然装配机是为特定的装配任务而设计的，但其中的基础功能部件、主要功能部件和辅助功能部件等作为一台装配机的组成单元都是可以购买到的。

表 2-1　装配设备的分类

<table>
<tr><td colspan="8">机械化的装配设备</td></tr>
<tr><td colspan="8">专用装配设备</td></tr>
<tr><td colspan="8">单工位装配机　多工位装配机</td></tr>
<tr><td rowspan="2">自动化、非柔性的装配机</td><td colspan="2">非节拍式</td><td colspan="5">节拍式</td></tr>
<tr><td>转盘式自动装配机</td><td>纵向自动装配机</td><td colspan="3">转盘节拍式自动装配机</td><td colspan="2">纵向节拍式自动装配机</td></tr>
<tr><td>特种装配机</td><td>转子式装配机</td><td>纵向移动式装配机</td><td>圆台式自动装配机</td><td>环台式自动装配机</td><td>鼓形装配机</td><td>纵向节拍式自动装配机</td><td>直角节拍式自动装配机</td></tr>
<tr><td colspan="8">通用（多用途）装配设备</td></tr>
<tr><td colspan="2">装配工位</td><td colspan="2">装配间</td><td colspan="2">装配中心</td><td colspan="2">装配系统</td></tr>
<tr><td colspan="2">使用装配机器人的自动化装配工位</td><td colspan="2">使用装配机器人的一个或几个装配工位</td><td colspan="2">用传送设备把装配间与自动化仓库联接到一起</td><td colspan="2">把装配工位、装配间、装配中心联接到一起称为装配系统</td></tr>
</table>

组成单元是由几个部件构成的装置，可以根据它的功能特点、特征参数和联接尺寸联接在一起共同来自动化地完成一种装配任务。根据它们的功能，组成单元可以分为 4 种：基础单元、主要单元、辅助单元和附加单元。

基础单元是各种架、板、柱，工作单元和驱动部分安装在基础单元上。基础单元必须具备足够的静态和动态刚度。作为主要单元是指直接实现一定工艺过程的部分。它包括运动模块和装配操作模块。它的工作方式（例如螺纹联接、压入、焊接等）完全取决于它所执行的装配任务。辅助单元和附加单元是指以下功能模块：控制、分类、检验、监控及其他功能。功能载体的量由需要实现的功能的多少来决定。装配过程包含以下功能：

1）配合、联接对象的准备。

2）配合、联接对象的传送。

3）联接操作和结果检查。

由此构成表 2-2 中列举的几个子系统。

表 2-2　基本功能和子系统

准　　备					准　备　系　统
基础件	配合件	辅助材料	工件托盘		
供给 分离 定向 转递（交）	供给 分离 定向 定位	供给 配量	供给 存储	⇨	基础件和配合件的准备设备传送链、仓储系统

传　　送					传　送　系　统
基础件	配合件	辅助材料	工件托盘		
定位 夹紧 传递	抓取 定心 定向 定位	定位	分配 制动 向前输送 托盘返回	⇨	抓钳 传送链、传送带 工业机器人

联　　接					联　接　系　统
基础件	配合件	辅助材料	工件托盘		
修正错误 补偿误差	修正错误 补偿误差 联接	配量 检查	定位 夹紧	⇨	联接设备 传感器 联接工件 精密定位系统

检　　验					检　测　系　统
基础件	配合件	辅助材料	工件托盘		
检验	测量 检验	测量 检验	计数 测量 信息存储	⇨	传感器 测量工具设备 信息处理系统

当基础件的准备系统或装配工位之间的工件托盘的传送系统一经确定，一台装配机的原则上的结构形式也就确定了。基础件的准备系统可以区别为以下几种：

1）直线型传送系统。

2）圆形传送系统。

3）复合方式传送系统。

此外，基础件的传送可以连续的或按节拍的，步长可以是固定的，也可以是变化的。装配计划的制定者所感兴趣的还有：基础件的哪些面在通过装配工位时是不被遮盖或阻挡的，是可以让配合件和装配工具通过的。因为基础件要放在工件托盘上传送，还要用夹具来固定。所以还要考虑夹紧和定位元件的可通过性，既不能在传送过程中与其他设备相碰，又不能影响配合件和装配工具通过。

对于圆形传送，表 2-3 列出了几种主要的可能性。

如果让托盘绕一个附加的轴旋转、翻转或稍稍抬起，原来被遮挡的表面可以重新开放。

回转台也可以是多层的。工件托盘也可以沿着回转鼓的轴线平移。各个工位是固定地相互连在一起的，一个工位发生故障，整台装配机都停止工作。

直线型传送也存在有多种可能性（表 2-4）。

表 2-3 带工件托盘时圆形传送的几种可能性

作用方向 主要部分	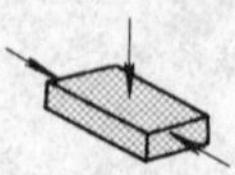	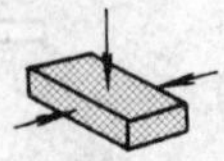	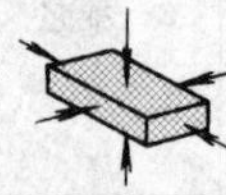	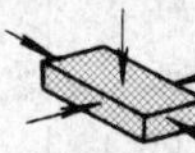
圆形回转台	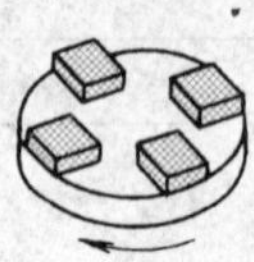	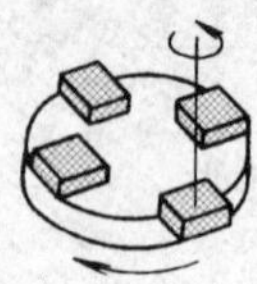	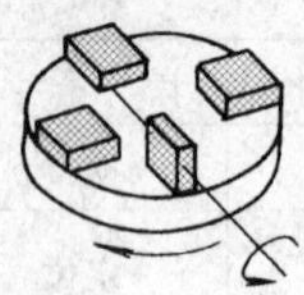	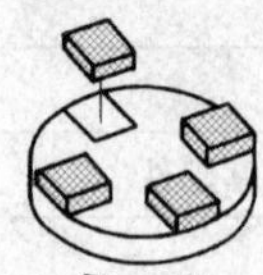
水 平 鼓	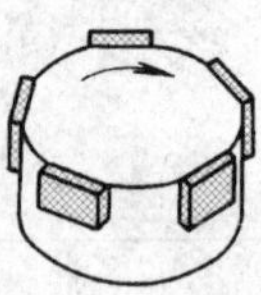	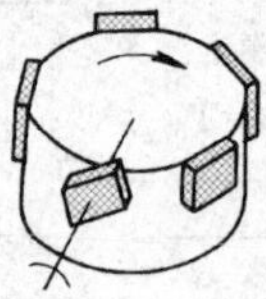	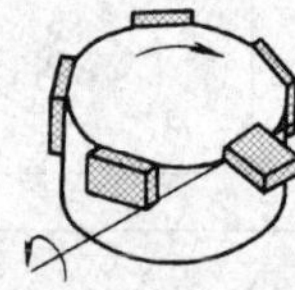	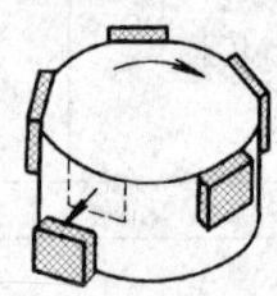
垂 直 鼓	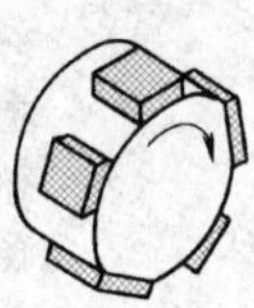	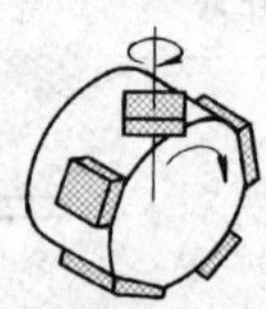		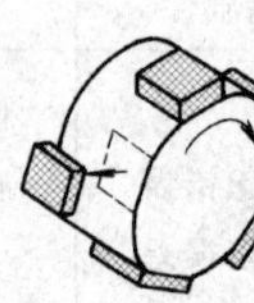

表 2-4 带工件托盘时直线型传送的几种可能性

作用方向 主要部分		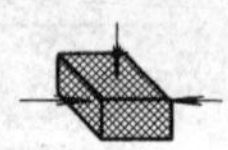	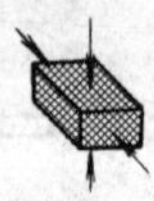	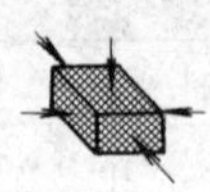	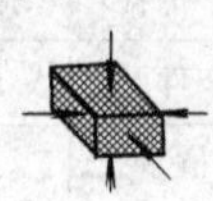	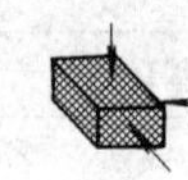
边缘循环，垂直	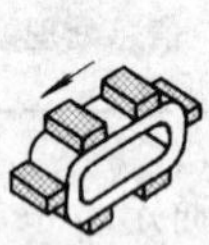	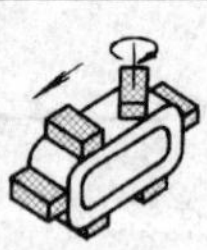		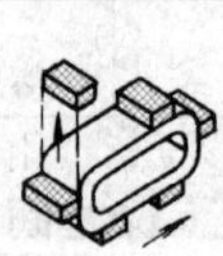	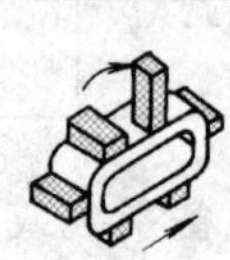	
边缘循环，水平	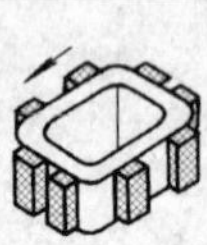	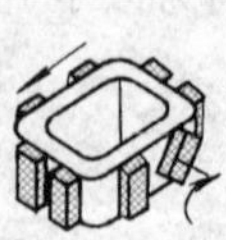			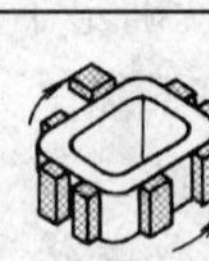	
托盘传送，垂直	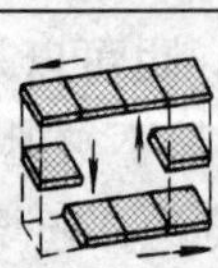			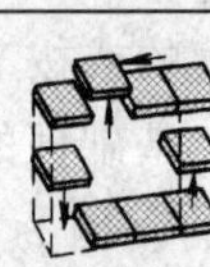	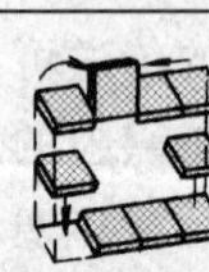	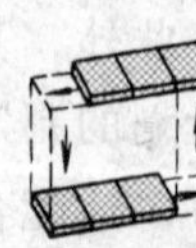
托盘传送，水平	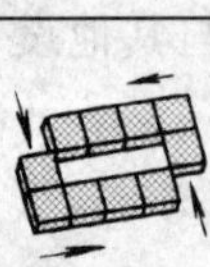	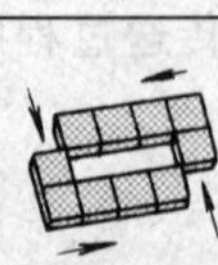	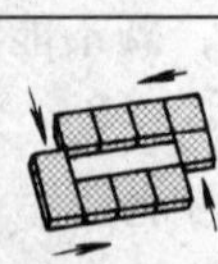		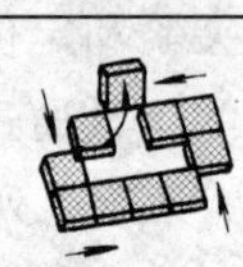	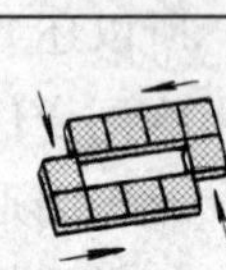

（续）

作用方向 / 主要部分						
		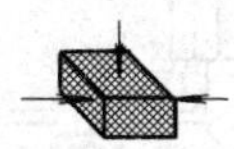		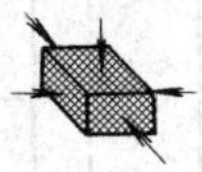	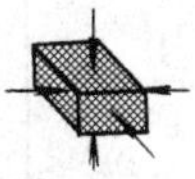	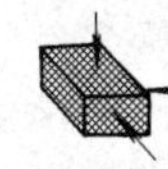
循环传送带，工件水平			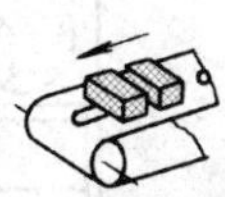	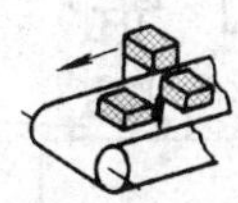	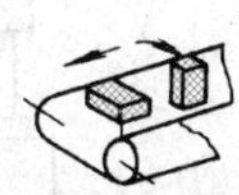	
循环传送带，水　平			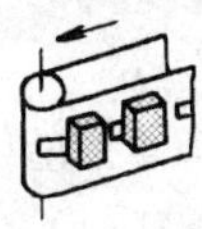			
循环传送带，垂　直	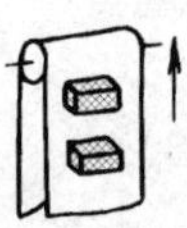	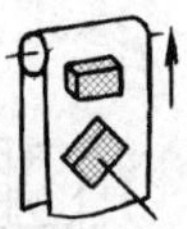	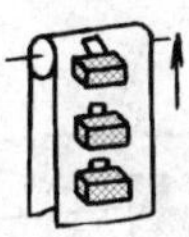	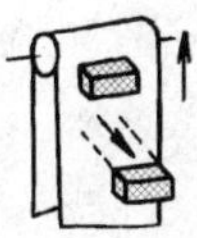	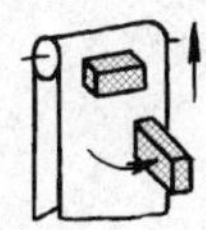	

第二节　单工位装配机

单工位装配机是指这样的装配机，它只有单一的工位，没有传送工具的介入，只有一种或几种装配操作。这种装配机的应用多限于只由几个零件组成而且不要求有复杂的装配动作的简单部件。在这种装配机上同时进行几个方向的装配是可能的而且是经常使用的方法。这种装配机的工作效率可达到每小时 30 ~ 12 000 个装配动作。

单工位装配机在一个工位上执行一种或几种操作，没有基础件的传送。其优点是结构简单，可以装配最多由 6 个零件组成的部件。

这种装配机的典型应用范围是电子工业和精密工具行业，如接触器的装配。这种装配机用于螺钉旋入、压入联接的例子见图 2-2。

也可以同时使用几个振动送料器为单工位装配机供料。这种布置方式见图 2-3，所有要求的零件先在振动送料器里整理、排列然后输送到装配位置。

基础件 2 经整理之后落入一个托盘，它保留在那里直至装配完毕。滚子 3 和套 4 被作为子部件先装配，然后送入基础件 2 的缺口中，同时螺钉 8 和螺母 7 从下面联接。

装配机器人有能力在基础件被夹紧的情况下完成一个部件的全部装配工作。图 2-4 作为一个例子示出了有两个机械臂的传递设备。这种结构称为装配间。装配间的特点是在装配时基础件的位置不变。

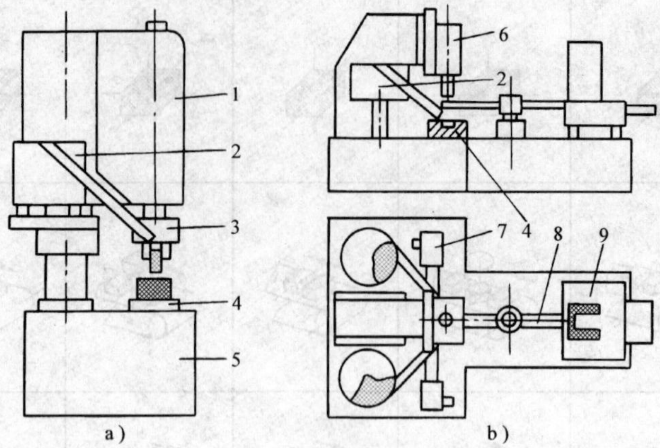

图 2-2　单工位装配机

a）自动旋入螺钉　b）自动压力操作

1、5—机架　2—送料单元　3—旋入工作头和螺钉供应环节　4—夹具

6—压头　7—分配器和输入器　8—基础件送料器　9—基础件料仓

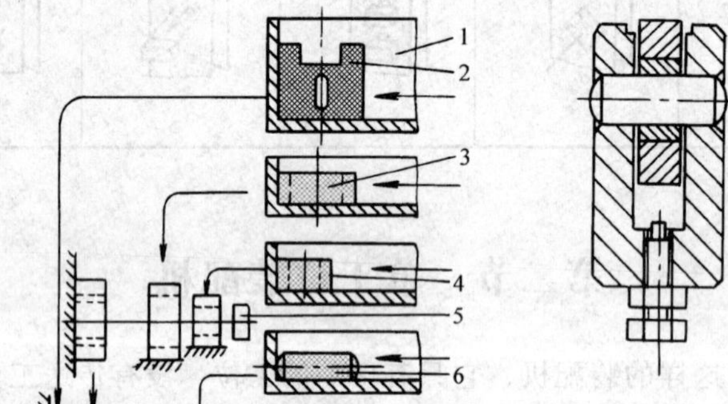

图 2-3　在单工位装配机上所进行的多级装配的示意图

a）装配顺序　b）所完成的部件

1—供料　2—基础件　3—滚子　4—套　5—压头　6—销子

7—螺母　8—螺栓　9—旋入器头部

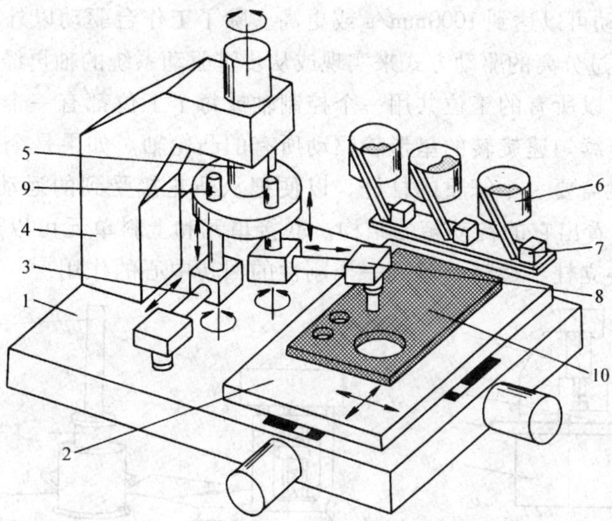

图 2-4　使用专门的传递设备在两坐标移动的工作台上进行装配的装配间

1—底盘　2—两坐标工作台　3—装有抓钳的送料臂　4—立柱　5—回转轴
6—振动送料器　7—配合件的配料器　8—装配机械手　9—滑杆　10—基础件

第三节　多工位装配机

一、时间上同步的多工位装配机

一个部件或一个产品的装配在几个工位上完成。工位之间用传送设备链接。工件传递可以是时间上同步或时间上异步的。同步就是所有的基础件和工件托盘都在同一瞬间移动。当它们到达下一个工位时这种传送运动停止。这种方式被称为节拍式自动化。

时间同步传送也可以连续进行。这种传送方式往往应用于纵向传送的自动化装配或使用机器人的自动化装配。时间同步方式的多工位装配机适应不同产品的柔性较小，只能适应相互区别不大的同一类工件的装配。其装配工位的数量因结构所限不能很多。

时间同步传送的多工位装配机在多数情况下其传送方式是环形的或纵向的。

（一）圆形回转台式装配机

圆形回转台式装配机由于它的圆形传送方式和传送精度而适用于自动化装配。通常的工位数（被装配零件的数量）为（2），（4），6，8，10，12，16，24 个。

在这种装配机上，经常是检验工位占几乎所有工位的一半。这对于装配工作的顺利进行非常必要。因为前面的装配错误就会造成后续的装配工作无法进行。

圆形回转台式装配机是一种多工位和集中控制（经常是凸轮控制）的装配机械，其核心部分是回转台，围绕回转台设有联接、检验和上下料设备。其节拍是由一套步进驱动系统来实现的。

由图 2-5 可以看出圆形回转台式装配机的结构原理。这台装配机能够完成最多由 8 个零件组成的部件的装配。基础件的质量允许 1～1000g；每小时可以完成 100～12 000 个部件的装配任务。在标准的情况下圆形回转台式装配机每分种可以走 10～100 步。这种装配机在大多数情况下都是通过一个盘形凸轮实现机械控制的。凸轮控制的机械的最大运动速度不超过

300mm/s。如果是气动可以达到1000mm/s或更高。除了工作台驱动以外还需要上料和联接运动。这些运动可以通过分离的驱动方式来实现或从步进驱动系统的轴再经过一个凸轮来实现。

在这种情况下可以所有的工位共用一个控制轴或每个工位都有一个凸轮组，如图2-6所表示。机壳内一个连续匀速旋转的星形轮驱动所有的凸轮轴。如果是个公用的控制轴就是另外一个样子。为此就需要一个笨重的杠杆，以便把从凸轮接受到的运动传递到正确的位置。从图2-6可以清楚地看出它的传动箱的结构。联接单元和上料单元可以通过预留的耦合接口实行凸轮控制。中心立柱不旋转，起到一个刚性的回转中心的作用。

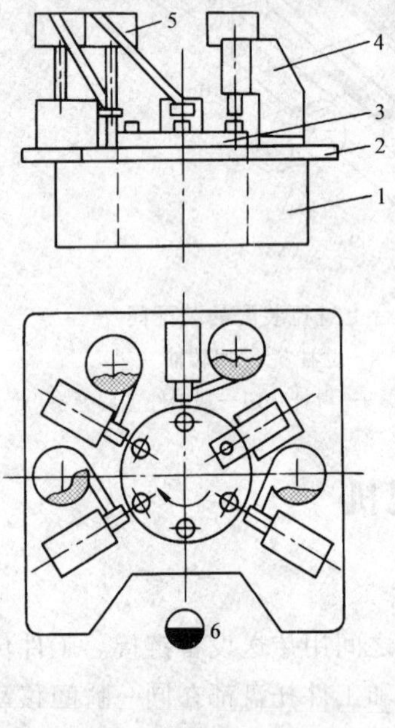

图2-5 以手工方式上下料的圆形回转台式装配机

1—机架 2—工作台 3—回转台 4—联接工位 5—上料工位 6—操作人员

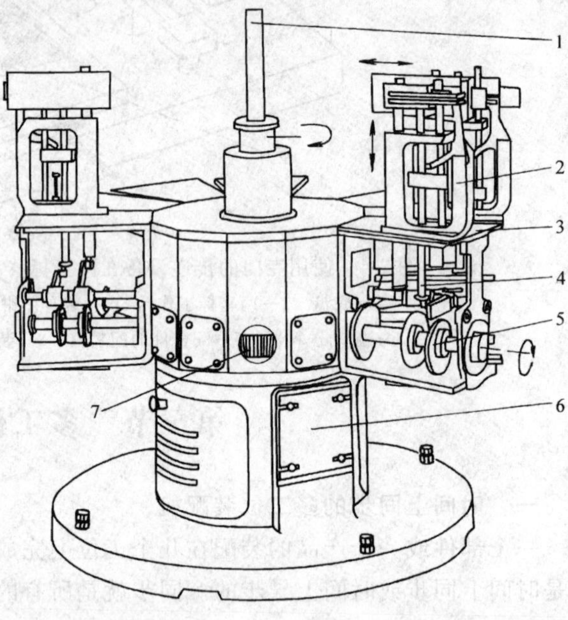

图2-6 凸轮控制的多工位的圆形回转台式装配机

1—刚性的中心立柱 2—工作单元 3—托架 4—杠杆和顶杆 5—凸轮轴 6—机架 7—行星轮（连续回转）

也可以通过其他方法，甚至用一个滑块把运动传递到各个工位。图2-7a示出了这种结构，其特点是可以把工作台与控制元件脱开，以便给各工作单元留出较多的安装位置。这种结构所提供的运动方向是垂直上下的。水平运动则通过一摆杆转化得来（图2-7b）。这种控制方法适于快速（每分钟60拍）工作的装配机。

圆形回转台式装配机可以作为单步机或双步机来构成。其区别在于同时操作的装配单元数是一个还是两个。在单步机上每个节拍只向前进给一个装配单元。在双步机上每个节拍向前进给两个装配单元，即在每一时刻都有两个装配单元平行工作。其原理见图2-8。双步机每拍转过的角度是单步机的两倍，即一下走两步。

装配机的系统设计还涉及到装配工位的串行和并行两种排列方式。并行排列意味着较高的生产效率。此外，双工位装配比单工位装配生产成本也低。因为它们的驱动部件可以公用。这一原理对于纵向传送的装配机也是适用的。

圆形回转台装配机的选用必须考虑几何学和运动学的要求。第一步就是确定分度回转盘的直径。必须综合考虑装配工位的数量、部件体积大小和回转工作台的直径等诸项因素。回

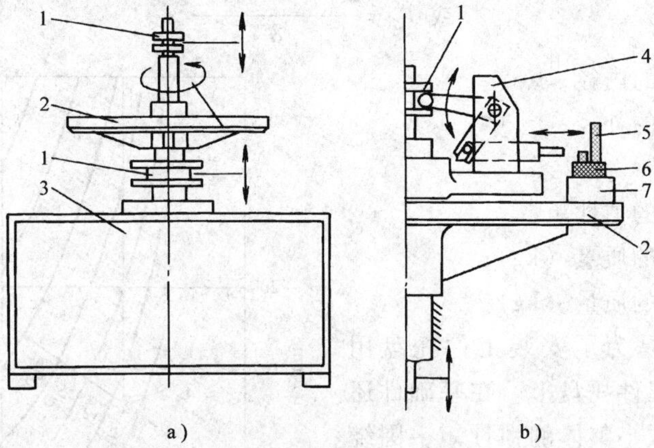

图 2-7　带有中心滑块的圆形回转台式装配机

a）基础单元的外观　b）到达联接工位的运动传递

1—中心滑块　2—圆形回转台　3—机架　4—安装在固定支架上的联接工位

5—配合件（被联接的零件）　6—基础件　7—工件托盘

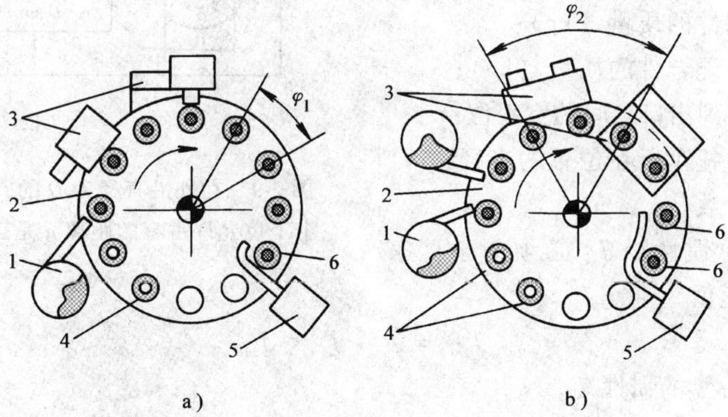

图 2-8　圆形回转台式装配机的工作原理

a）单步机　b）双步机

1—上料单元　2—圆形回转台　3—联接操作单元

4—基础件上料　5—输出单元　6—完成的部件

转盘外沿上为每个工位分配的距离就是工件托盘允许占用的最大尺寸。按照标准在直径 1 000mm 的工作台上总的工位数不得超过 24 个。

在圆工作台上每个工位允许占有的距离可以在图 2-9 所示的图表中查到。

举例：设回转台外径 $D=630\text{mm}$，共 12 个工位。$a=162\text{mm}$，由于每次分度都需要一定的时间，所以从这一观点考虑，工位数要选择的多一点，即使有一两个空位也不要紧，总还是要预留一两个空位才好。

对于圆形回转台，其惯性矩、直径等都已在制造过程中由厂家确定。用户需要在此基础上作补充计算。特别是对于惯性矩

$$J_{s1}=\frac{m_1D^2}{8}$$

$$或\ J_{s2}=\frac{m_2\ (D^2-d^2)}{8}$$

式中 d——环形盘的内径；

D——环形盘的外径；

J_s——惯性矩；

J_{s2}——空心盘的惯性矩；

m_1——实心盘的质量（kg）；

m_2——环形盘的质量（kg）。

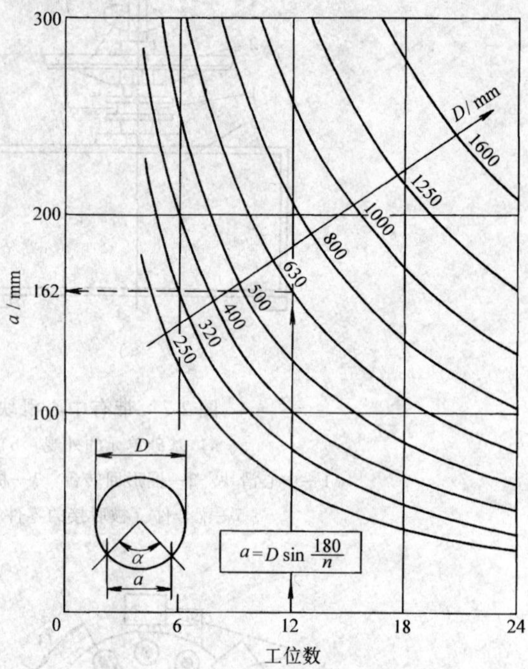

图 2-9 在外沿直径为 D 的圆形回转台上每个工位允许占有的距离 a 是工位数 n 的函数

回转盘的外沿是为了安装工件托盘用的，基础件夹紧在工件托盘上。在基础件还要装配合件。为了减小整体的惯性矩，围绕回转轴的回转质量要尽可能减少。

$$J_A=r^2\left[m_3z+(m_4+m_5)(z-n)\right]$$

式中 J_A——整体结构的惯性矩；

m_3——工件托盘的质量（kg）；

m_4——基础件的质量（kg）；

m_5——一个配合件的质量（kg）；

n——入口到出口之间的空工位；

r——工件托盘所在位置的半径；

z——工位数。

所计算出的总惯性矩 J_{ges} 必须小于厂家所给的允许惯性矩值

$$J_{ges}=J_s+J_A<J_{zul}$$

式中 J_{s1}——实心盘的惯性矩；

圆形回转台式装配机的核心部件是产生分度运动的驱动系统。从传动技术的观点来看，它的任务就是把一个角速度为 ω_{an} 的匀速回转运动转变成向前的间断的运动。图 2-10 表示出其运动规律的一般形式。

图中的曲线表示回转台的运动规律。

全部的运动可以分为 4 个阶段：

1）加速度阶段（φ_B）。

2）匀速运动阶段（φ_G）。

3）减速运动阶段（φ_v）。

4）间歇阶段（φ_R）。

这种运动循环是通过各种传动机构来实现的。

主要有：

1）圆柱凸轮间歇传动。

2）马尔它槽轮和星形轮传动。

3）盘形凸轮间歇传动。

4）棘轮棘爪传动，压缩气驱动。

5）齿轮齿条传动。

6）通过单轴 NC 控制的电动机带动齿轮驱动。

回转台的分度角只有在可编程控制的情况下才可以改变。

1. 凸轮间歇传动

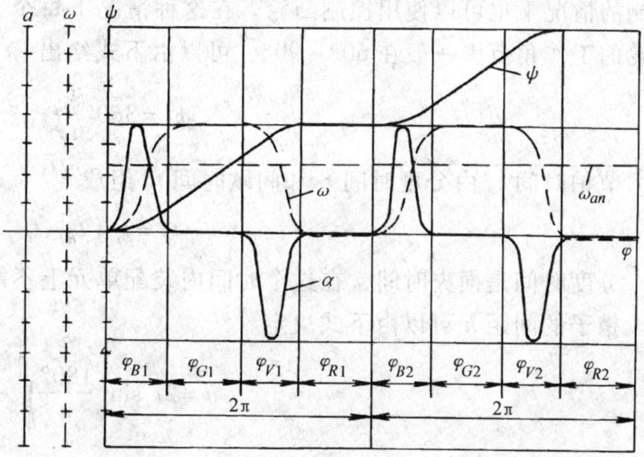

图 2-10　圆形回转台的运动规律

a—回转台加速度　φ—转角　ψ—分度角　ω—回转台角速度

这一种类的传动机构今天使用的很普遍。一个圆柱形凸轮推动一个滚子销盘带动回转台转动一个步距角。在同一时间里至少总是两个滚子进入啮合（图 2-11）。分度与间歇之比由凸轮的形状来决定。与回转台每周的分度次数无关。间歇角由凸轮的工作角 φ_s 来确定间歇角 $=360° - \varphi_s$

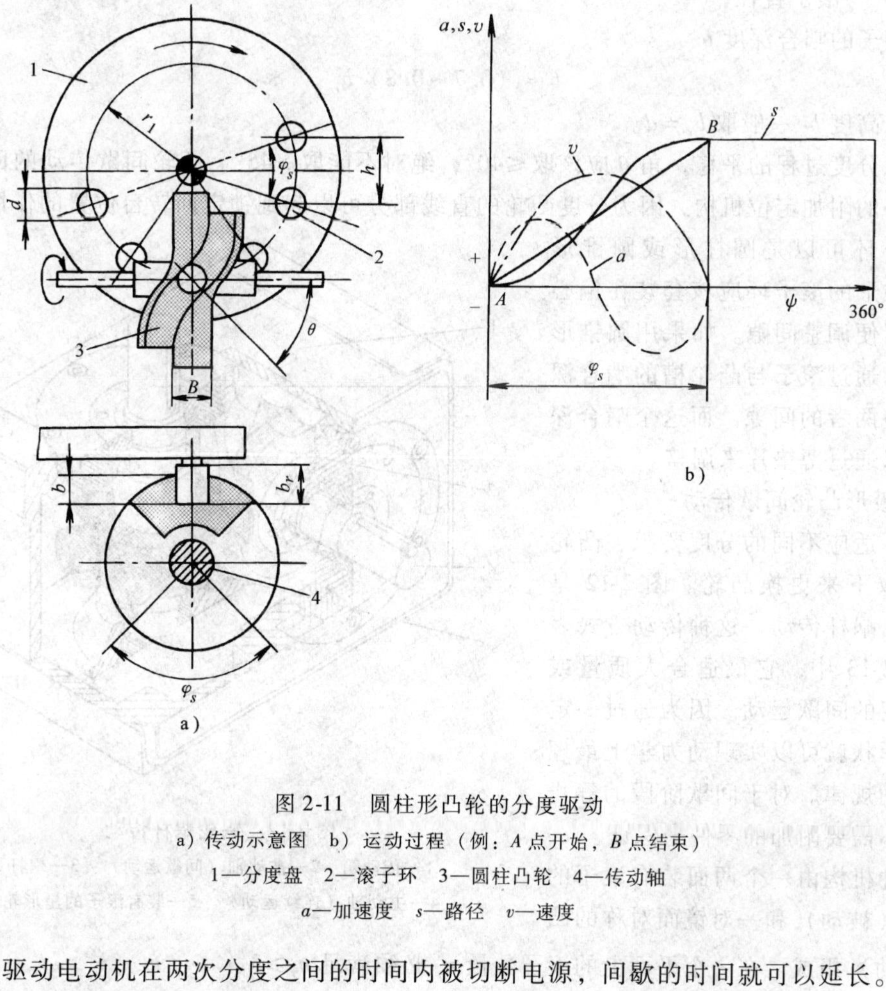

图 2-11　圆柱形凸轮的分度驱动

a）传动示意图　b）运动过程（例：A 点开始，B 点结束）

1—分度盘　2—滚子环　3—圆柱凸轮　4—传动轴

a—加速度　s—路径　v—速度

如果驱动电动机在两次分度之间的时间内被切断电源，间歇的时间就可以延长。在集中控制的情况下也可以使用控制凸轮。在这种情况下每个工作单元都必须有自己独立的传动。凸轮的工作角范围一般在60°~90°，可以由下式给出

$$\phi_s = 360°\frac{t_s}{t_T}$$

节拍时间 t_T 由分度时间 t_s 和间歇时间 t_R 组成

$$t_T = t_s + t_R$$

分度时间是损失时间，在这个时间内装配单元上不能进行任何的操作。

销子的间距 h 可以由下式决定

$$h = 2r_1 \sin\left(\frac{180°}{n}\right)$$

式中 n——工位数；

r_1——滚子销盘的分度圆直径；

分度凸轮的宽度 B

$$B = h - d$$

式中 d——滚子直径；

滚子的啮合深度 b

$$b \approx (0.7 \sim 0.8)\ b_r$$

滚子高度 b_r 一般取 $b_r = d$。

为了分度过程的平稳，角 θ 应该取≤40°，绝对不能取＞45°。凸轮间歇传动的回转台不需要另外的附加定位机构，因为分度凸轮的直线部分可以起到锁定回转台位置的作用。

滚子环可以是圆柱形或圆锥形的。圆柱形的滚子环应该套装在偏心销上，以便调整间隙。如果用圆锥形的，可以通过滚子与凸轮槽的啮合深度来调整两者的间隙。而这个啮合深度又可以通过薄垫片来调整。

2. 板形凸轮间歇传动

为了适应不同的分度要求，凸轮轴要被取下来更换凸轮。图2-12是一种蜗轮蜗杆传动。这种传动方式表示在图2-13中，它最适合大质量或较快速度的间歇运动。因为通过一定的凸轮形状就可以实现动力学上最理想的运动规律。对于间歇阶段的静止状态也不需要附加的零件来保证。

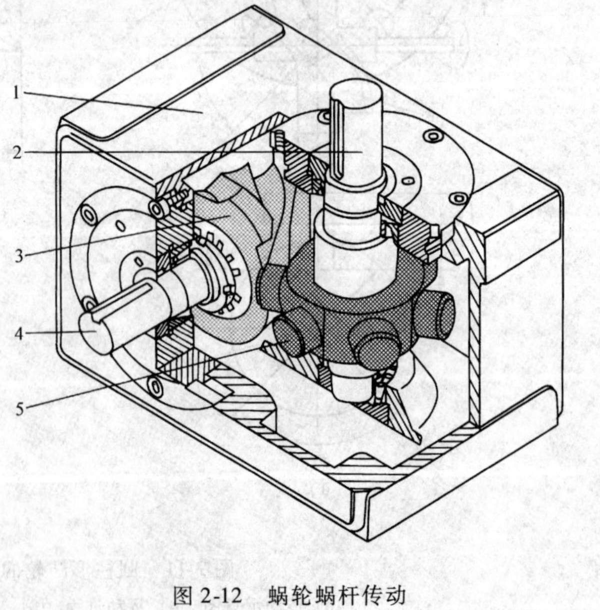

图2-12 蜗轮蜗杆传动

1—传动箱 2—被动轴（间歇运动） 3—蜗杆 4—主动轴（连续运动） 5—装有滚子的星形轮

这种机构由一个两面装有滚子的星形轮（被动）和一对镜面对称的凸轮（主动）组成。在一个平面上的滚子数量 n_r 必须满足 $n_r \geq 3$。

被动轴的驱动角 ψ_s 可以由下式计算

$$\psi_s = \frac{360°}{n_r} \times 2$$

式中　n_r——在一侧平面上的滚子的数量。

两个平面上的相邻的滚子的位置相隔一个角度 $\psi_s/2$。两个盘形凸轮同轴，相互固定在一起并成镜面对称。

在设计这种传动系统时需要注意，滚子与凸轮的轨迹不能发生干涉。

为了保证精密地传动，要同时有 3 个滚子与凸轮侧面接触，从原理上说这是过定位的，于是对凸轮的加工就提出了更高的要求。

3. 马耳它传动

马耳它机构由一个连续旋转的主动轴和一个开槽的被动轮组成（图 2-14a）。在间歇时间里槽轮被一个圆柱形的闭锁装置保持在一定位置。还有一种内部开槽的马耳它槽轮，主动轮不是装在外部而是装在槽轮内部。从图 2-14b 可以看出，当工位数比较多时其传动性能得到改善。当主动轮的销子从槽轮中退出以后，圆柱形闭销装置能保持槽轮不动。

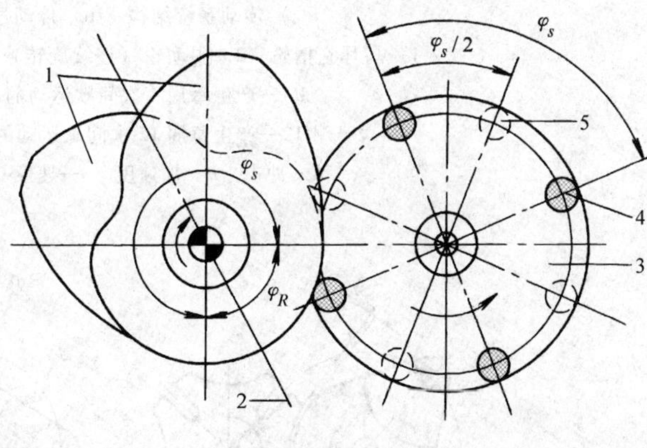

图 2-13　板形凸轮间歇传动的原理

1—板形凸轮　2—两个板形凸轮的镜面对称轴　3—滚子行星轮　4—滚子　5—另一端面上的滚子　φ_R—间歇角　φ_s—驱动角

这种机构是有间隙的（图 2-15a）。被它带动的工作台越大，这种不可避免的间隙也就越明显，所以还有另外一种结构的马耳它机构，在工作台的外沿还设有附加的定位（图 2-15b）装置。进一步区分它的结构变种可以分为直接马耳它机构和间接马耳它机构。

直接马耳它机构是指槽轮的中心与圆工作台中心重合，间接马耳它机构是指在两轴之间还有一级传动。

马耳它机构的优点是体积小，重量轻，而且可以设置在圆工作台内部。对空间没有什么特殊要求。马耳它机构，在设计时应尽可能减少它的重量，以减小其回转时的惯性矩。

如果以 t_s 表示运动时间，t_R 表示间歇时间，那么其运动比 v 可表示如下

$$v = \frac{t_s}{t_s + t_R}$$

被动轴每转的分度次数 n 一般是 4、6 或 8，可以由以下公式得出

$$n = \frac{360°}{\psi_s}$$

式中　ψ_s——分度角。

与被动轴的分度角 ψ_s 相对应的主动轴上的分度角 φ_s 可以由下式计算（图 2-16）

$$\varphi_s = 2a_0 = \frac{180°\ (n - z)}{n}$$

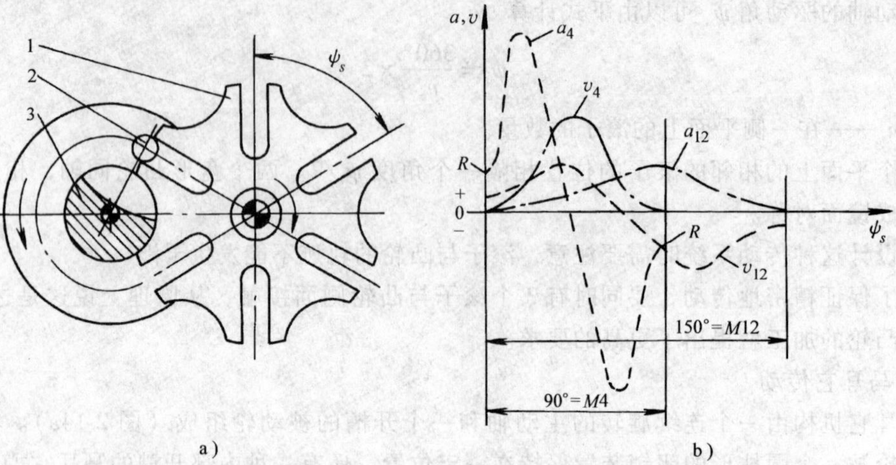

图 2-14　用马耳它机构产生间歇运动

a) 传动系统结构　b) 传动过程的规律

1—马耳它槽轮　2—主动轮（连续旋转）　3—圆柱形闭锁装置

*M*4—产生每周 4 次间歇运动的马耳它机构

*M*12—产生每周 12 次间歇运动的马耳它机构

R—冲击　*a*—加速度　*v*—速度　ψ_s—分度角

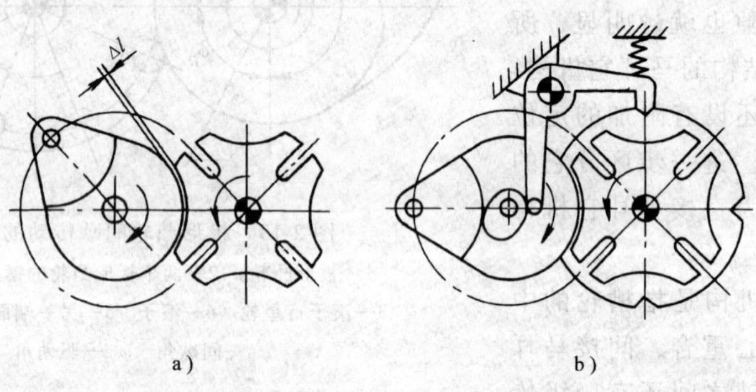

图 2-15　马耳它机构的间隙

a) 圆柱形闭锁装置的间隙　b) 无间隙的马耳它机构

a_0 是加速运动或减速运动的角度。

r_1 是主动轮曲柄长度　$r_1 = a\ \sin\left(\frac{\psi_s}{2}\right)$

r_2 是槽轮半径　$r_2 = a\cos\left(\frac{\psi_s}{2}\right)$

式中　a——轴距。

滚子直径 d_1 可按下列标准选取

$$d_1 \approx \frac{r_1}{(3 \sim 4)}$$

槽深 l 可以由以下的几何关系导出

$$l = r_1 + r_2 - a + \frac{d_1}{2}$$

实际选择 l 时应该比计算值大 2 ~ 3mm。

槽的入口还必须考虑倒棱，以利于顺利啮合。一般倒棱宽度 C 选择 $C = 1.5$ ~ 3mm。

最后槽轮的直径 d_2 可以由下式计算出

$$d_2 = 2\left[\sqrt{r^2 + \left(\frac{d_1}{2}\right)^2} + C\right]$$

槽轮的轴径 d_3 可以按下式选择，以保证槽轮的功能不受干扰

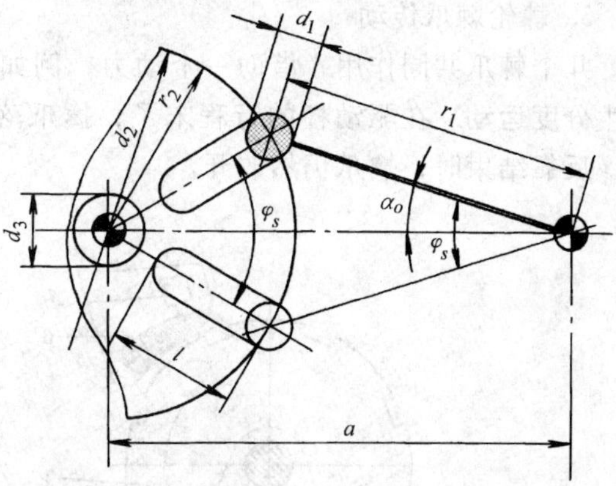

图 2-16　马尔它机构的几何关系

$$d_3 < 2\left(a - r_1 - \frac{d_1}{2}\right)$$

当节拍很高，分度角较大时应该采用内装式马耳它机构。

4. 齿轮齿条传动

这种传动方式需要几个单独的驱动机构（图 2-17），如 M1 用来分度、M4 带动撞块、M3 推动定位销。这样就可以通过控制电路任意调整间歇时间。M2 是一个举升机构，它可以把分度盘稍稍抬起约 0.8mm，使分度容易进行。而当分度盘落下时它使分度盘对支撑平面施加一定压力。

当工作台被抬起时，气缸 M1 通过齿条，齿轮推动工作台回转分度。分度完毕，换向阀 VW 的电磁铁断电，弹簧推动阀心向左。撞块 M4 借助弹簧力缩回。定位销 M3 伸出，工作台落下。气缸 M1 的活塞退回，但返回运动不向工作台传递，因为离合器 4 只能单向传递运动。

这种圆形分度盘的直径一般不超过 400mm，因为质量越大，制动就越困难。

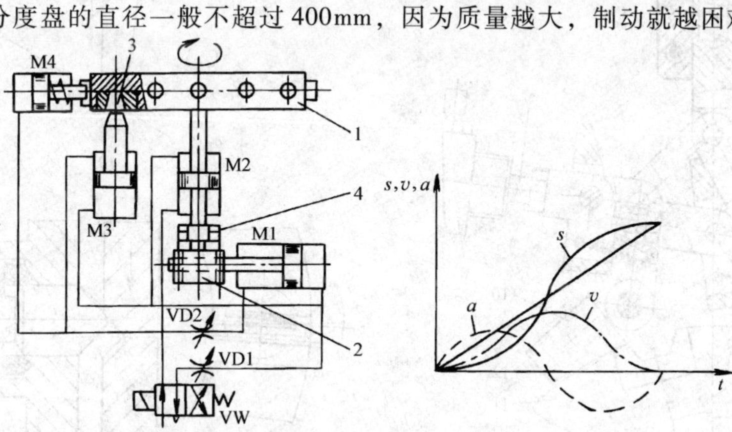

a）　　　　　　　　　　b）

图 2-17　圆形回转台式装配机的气动分度机构

a）传动系统原理图　b）运动规律

1—分度盘，工作台　2—齿轮齿条传动　3—定位销　4—离合器

M1、M2、M3、M4—气缸　VD1、VD2—节流阀　VW—换向阀　a—加速度　s—路径　v—速度

5. 棘轮棘爪传动

几个棘爪共同作用，借助一个动力，例如气缸动力，推动棘轮分度（图 2-18）由推爪产生分度运动。在驱动杆的行程末了，擒爪落下，摆盘反向运动，分度盘反靠，压紧反靠爪，反靠结束时，擒爪仍然放开。

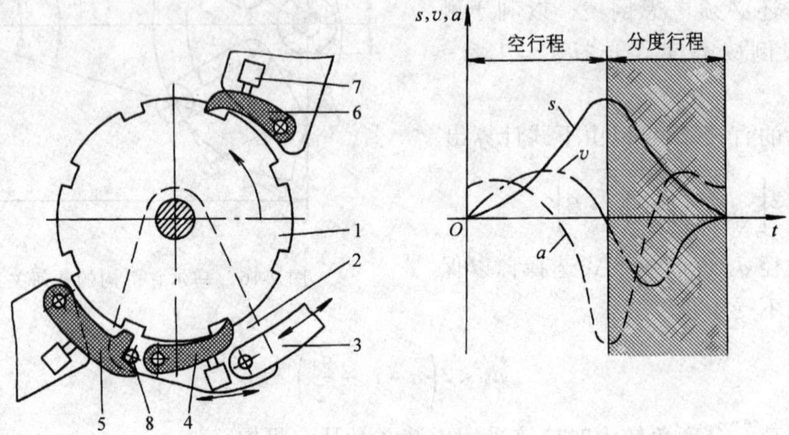

a)　　b)

图 2-18　棘爪分度传动

a）传动系统结构　b）运动规律

1—分度盘　2—摆盘　3—驱动杆　4—推爪　5—擒爪　6—反靠爪　7—反靠爪的控制键　8—挡销

a—加速度　s—路径　v—速度

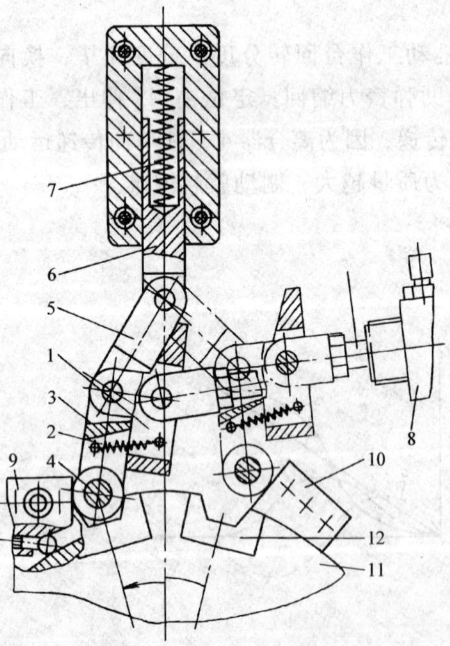

图 2-19　连杆传动的分度运动

1—阻挡块　2—拉簧　3—端部装有滚子的连杆　4—滚子套　5—连杆　6—压杆　7—压簧　8—驱动液压缸　9，10—撞块　11—圆工作台　12—棱形镶块

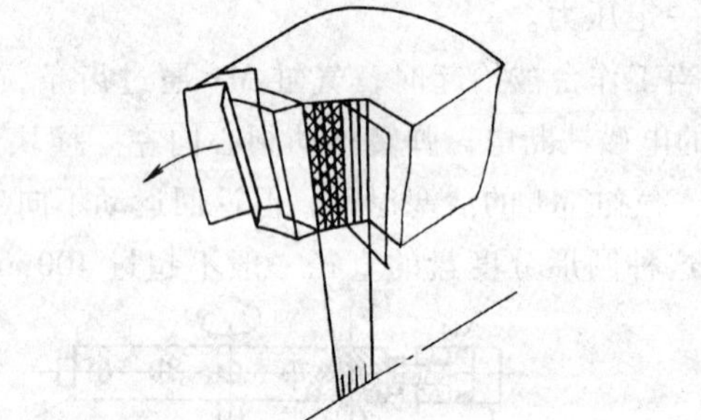

图 2-20　安全离合器的动力传递表面（蝶形弹簧压紧）

a）螺旋面接触　b）楔形面接触

图 2-19 所示的是另外一种传动方式。它是通过端部装有滚子的连杆推动工作台向前回转。当滚子套 4 与撞块 9 相接触时，工作台停止回转。压簧 7 与驱动液压缸 8 共同作用以保证工作台到达一个精确的位置。滚子与槽之间的线接触保证了准确的定位。

在选择安全离合器时必须注意要求的重复精度。在机械作用的离合器中扭矩通过圆球或滚子来传递，这些圆球或滚子被弹簧力紧紧地压在锥形或楔形槽内。螺旋面或楔面接触的离合器比点接触或面接触的离合器的接触方式要好。

还有一种弹性元件，它可以装在推杆上，在紧急情况下它允许超压并发出信号或向控制系统报告。

圆形分度回转台上所装备的工作单元根据装配工艺来确定。同时必须考虑到监控和维修的方便，还要保留一定的空位。图 2-21 是一种装备方案的实际例子。

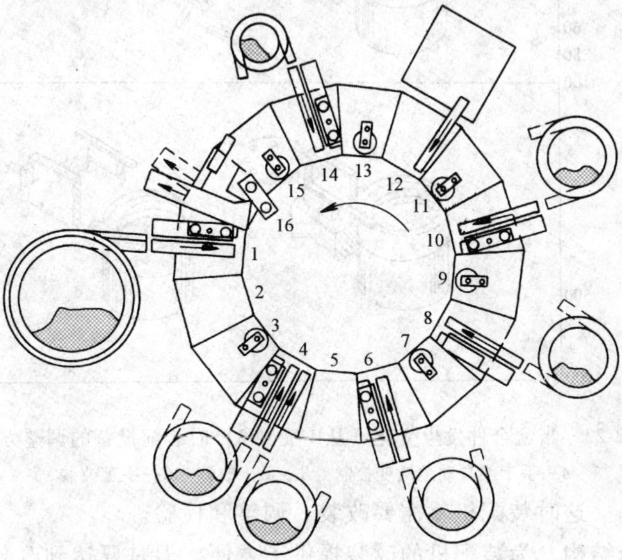

图 2-21　圆形回转台式自动化装配机（用于盒式磁带的装配）

圆形回转台式装配机上所装备的工位数根据装配的工艺要求确定。包括联接工位、检验工位、备用工位、空位以及上下料工位。找出一种工艺上能满足要求，同时经济合理的解决方案不是一件容易的事。

遇到不同的产品或不同的变种，某一个专用的装配工位不再适用，也无法通过调整满足新的工艺要求，这种情况在自动化装配工作中是经常遇到的。很快地找到一个工艺上可靠、经济上合算的装配单元不是一件容易的事情。

为了适应不同的产品或不同的产品变种，装配设备需要改变控制，改调或改装（图 2-22）。

1）改变控制：装配机的硬件含有适应各种不同的工件的潜在功能。用手工或自动的方法接通各种必要的设备或把它们断开。

2）改调：装配机上的部件往往是为同一系列的某一产品变种而装备的，也许需要借助于工具将实际的装配工位加以调整。

3）改装：由于产品改变而引起所装备的部件的更换，这种装配机不经过大的改变就不

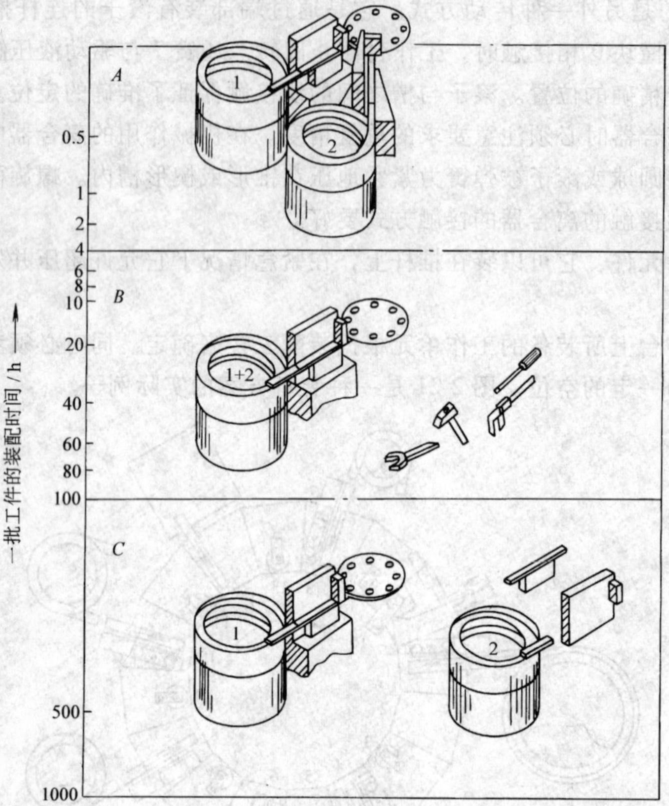

图 2-22 当配合件发生变化（从 1 变到 2）时装配设备的调整方法

A—手工或自动地改变控制 B—手工改调 C—手工改装

能适应新的装配任务。这时装配机就需要改装、调整和检验。

由于采用了组合结构，为装配机的改装提供了方便。但是要达到改装顺利、使用方便也并不容易，因为首先需要大量的投资（新方案的制定、拆下某些单元、装上新的单元、调整控制系统、试运转等）。

（二）鼓形装配机

大多数装配操作都是垂直进行的。但是当基础件的长度比较大的时候这种结构就不合适了，而鼓形装配机正好适合这类装配工作（图 2-23）。

鼓形装配机是这样一种装配机，其工件托架绕水平轴按节拍回转。基础件在回转过程中必须牢固地夹紧在架子上。

作为可分度的回转鼓决不是实心的，大多数是由两个回转盘组成的。夹具安装在回转盘上。下方的工位一般是不好使用的。鼓形装配机由几个结构模块组合起来构成。联接设备可以很容易地安放在滑动单元上，实现向左或向右的运动。在设计鼓形装配机的结构时一定要注意到它的重力的作用情况与圆台式装配机相比有很大的不同。也就是说支撑回转鼓或盘的轴承的布置要不同于圆台形装配机。

（三）环台式装配机

环台式装配机从结构上来说比圆台式装配机需要更高的成本，其使用的例子不多。这种形式的装配机的特点是环内和环外都可以安排一定的工位，总的工位数就可以多一些。

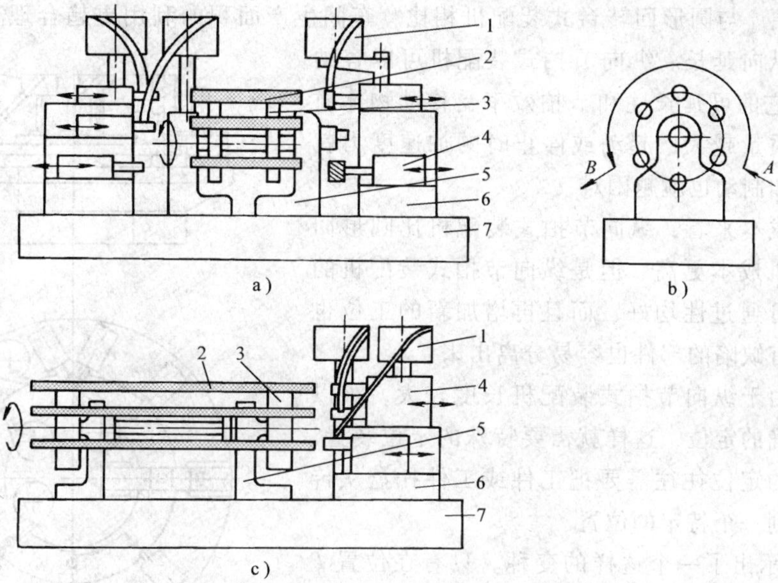

图 2-23　鼓形装配机

a）双面同时装配　b）基础件的运动过程　c）单面装配

1—振动送料器　2—基础件　3—带有夹紧位置的盘　4—滑动单元

5—鼓的支架及传动系统　6—滑台座　7—装配机底座

A—基础件上料工位　*B*—取下装配好的部件

环台式装配机是这样一种装配机，基础件或工件托盘在一个环形的传送链上间歇地运动。环内、环外都可设置工位。

环外的面积也可以采用如图 2-24 所示那样的结构，使整台机器看起来更紧凑。这种装配机的节拍时间与圆台式装配机相似。每个工作单元都有单独的驱动。因为集中的凸轮驱动对于这种装配机在空间上来看是不合适的。

在环台式装配机上基础件或工件托盘的运动可以有两种不同的方式：第一种是所有的基础件或工件托盘都必须同时向前移动。第二种属于一种松弛的链接，当一个工位上的操作完成以后，基础件或工件托盘才能继续往前运动。而环台表面向前的运动则是连续不断的。各个装配工位的任务必须尽可能均匀地分配，以使它们的操作时间大体上一致。图 2-25 就示出了这样的装配机，工件托盘载着基础件作环形运动。环台内部的面积可以安放几台机器人。

（四）纵向节拍式装配机

圆形回转台式装配机所能利用的工位数有限。对此可以有两种办法来解决：一种是把几台圆形回转台式装配机连在一起；另一种办法是改变配置的原则，把各工位按直线排列，就产生了纵向节拍式装配机。

纵向节拍式装配机就是把各工位按直线排列，并通过一个联接系统联接各工位，工件流往往是从一端开始，在另一端结束。

如果在装配过程中使用托盘输送，还有一个托盘返回的问题有待解决，这是这种结构方式的缺点。

纵向节拍式装配机提供了一种空间上的优点，使得整理设备、准备设备、定位机构等的排列更为方便。与圆形回转台式装配机相比，车间生产面积的利用更趋合理。如果需要的话，还可以纵向延长。纵向节拍式装配机可以容纳40个工位。它的可延长性和节拍效率受移动物体质量的限制。质量越大，起动或停止时的加速度力就越大，起动和制动也就越困难。

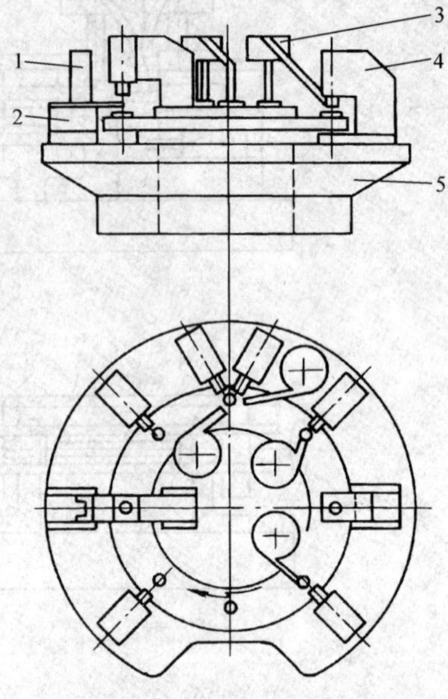

图 2-24 环台式装配机
1—料仓 2—联接工位 3—振动送料器 4—压入工位 5—底座

从制造成本来看，纵向节拍式装配机比圆形回转台式装配机成本更高。但是纵向节拍式装配机的可到达性、可通过性均好，而且再增加新的工位也比较容易。有缺陷的部件也容易分离出来。

但是，由于纵向节拍式装配机长度较大，难以对基础件准确的定位，这样就需要特殊的定位装置。要实现准确的定位往往需要把工件或工件托盘从传送链上移动到一个特定的位置。

图 2-26 示出了一个这样的变种。只有在位置 P 才能可靠地装配。例如在一管状基础件的侧面压入一配合件（因为这要求精确的定位）。位于节拍传送链上的基础件，由于步距误差、链误差、支撑件的磨损等，可能形成基础件位置的很大的误差。

纵向节拍式装配机的传送机构不一定是直线形的。有一定角度的、直角的和椭圆形状的也都可以划入此类。典型的纵向节拍式装配机的运动结构方式有履带式、侧面循环式和顶面循环式。履带式装配机如图 2-27 所示。

履带式装配机是用与工作台平行设置的水平的履带形传送链承载工件托盘，在传送链侧面设置联接单元的装配机。已完成装配的部件从终点返回起点也是可以实现的。

如果把履带绕水平坐标轴回转 90°就成为如图 2-28 所示的侧面循环式装配机。

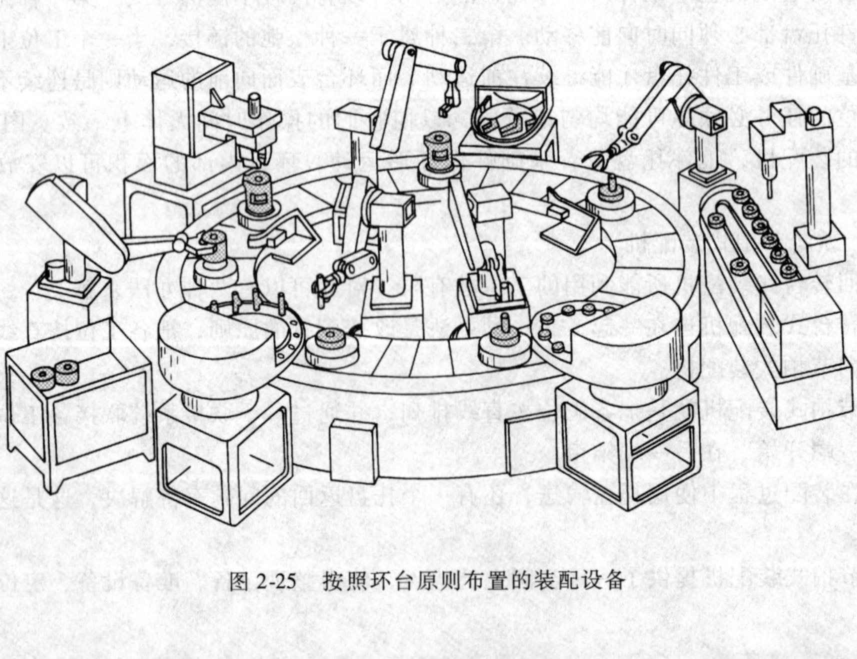
图 2-25 按照环台原则布置的装配设备

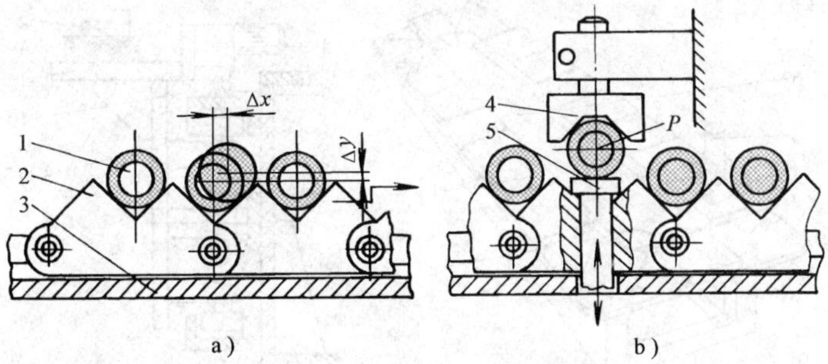

图 2-26　基础件位置的误差

a）在传送链中联接　b）装配工位的夹紧和定位元件

1—基础件　2—链环节　3—链导轨　4—夹块　5—支撑块

P—联接单元的轴心　Δx，Δy—位置误差

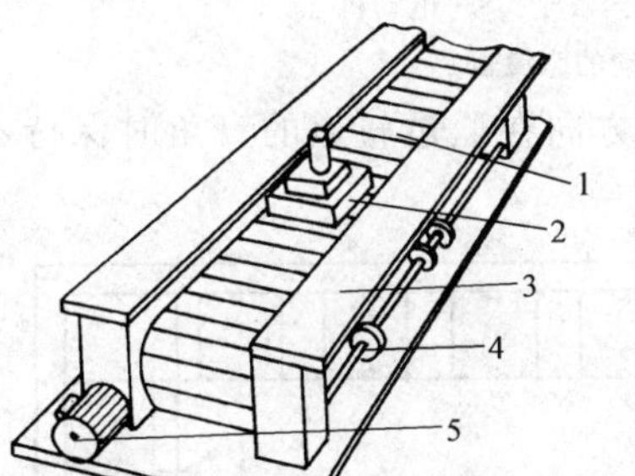

图 2-27　履带式装配机的基本单元

1—钢带或履带　2—工件托盘　3—装配单元和辅助单元的安装平面　4—装有盘形凸轮的控制轴　5—能实现间歇运动的传动系统

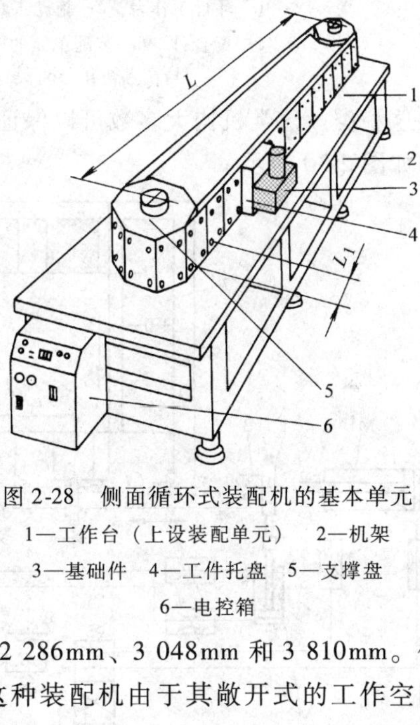

图 2-28　侧面循环式装配机的基本单元

1—工作台（上设装配单元）　2—机架　3—基础件　4—工件托盘　5—支撑盘　6—电控箱

这类装配机的标准长度 L 可以是 1 524mm、2 286mm、3 048mm 和 3 810mm。传送链的节距可以是 127mm、254mm 或它们的整倍数。这种装配机由于其敞开式的工作空间，适合装配那些长度——直径比较大的部件。

在侧面循环式装配机上，垂直固定在传送链上的工件托盘是绕着机架的侧面运动的。所以要装配的配合件可以从三面到达基础件。装配单元与传送链面对面固定在工作台上。借助于附加的支架，装配单元可以从上方垂直地装配工件。

在顶面循环式装配机上传送链是在水平面上运动的，这种结构形式适合装配中等质量的部件。对于质量达到 100kg 的部件的装配也能够胜任。图 2-29a 的传送链是集中驱动的；图 2-29b 的传送链是分散驱动的。分散驱动即每一个单独绕轨道运行的小工作台都需要各自的驱动设备。这种结构要求轨道的耐磨性要好。因为轨道的磨损直接形成工件的定位误差。

在顶面循环式装配机上，工件托盘与一平板形的小工作台以各自的节拍或共同的节拍在一个封闭的系统里环行。装配单元设置在这一环形系统的内部。

后面 4.3 节中所描述的那种通过连杆或其他的推动方式向前推动沿直角形轨道运动的结

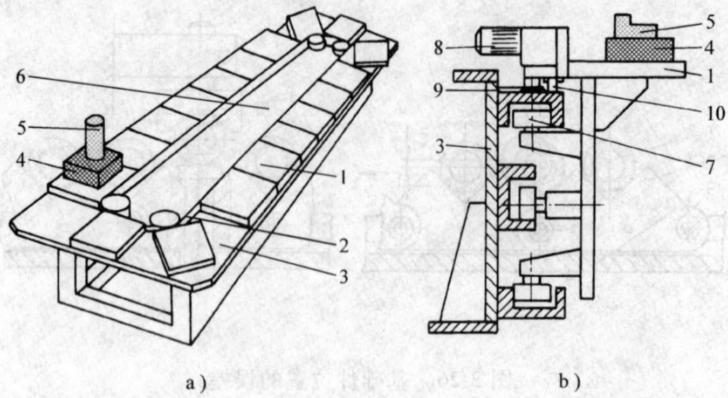

图 2-29　顶面循环式装配机
a）外观　b）环形工作台导轨（单独驱动式）
1—环行工作台　2—拖动工具（例如链）　3—机架　4—基础件
5—配合件　6—装配单元的安置位置　7—导向滚子　8—电动机
与传动机构　9—导轨　10—传递运动的摩擦辊

构也属于这一类。这类机构大多数可以保证工件托盘的方向在通过轨道的直角时保持不变。这种结构如图 2-30 所示。

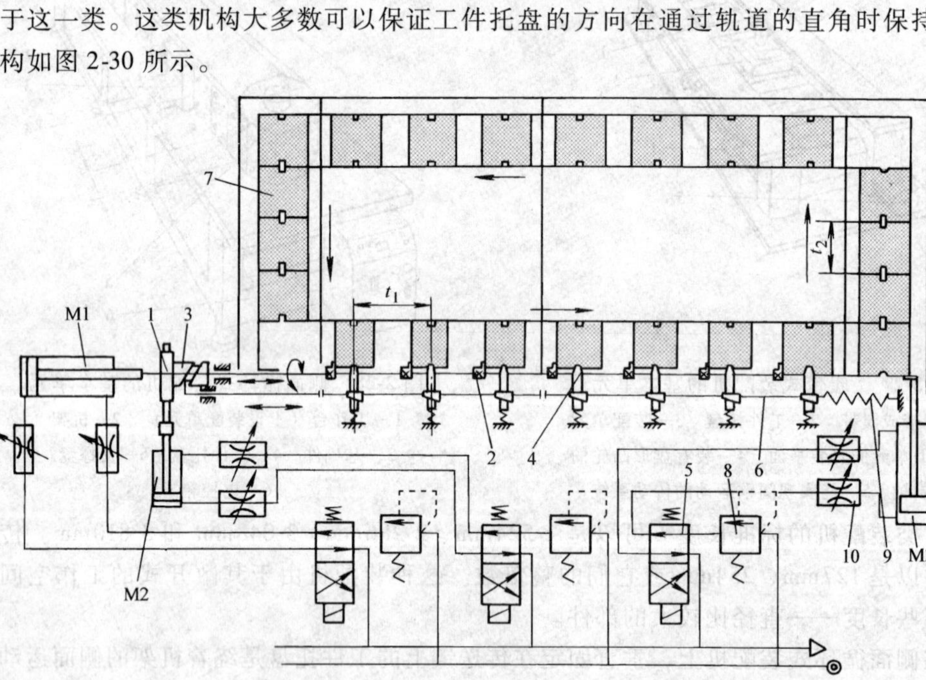

图 2-30　直角环行纵向节拍式装配机的结构示意图
1—小齿轮齿条传动　2—推爪　3—凸轮块　4—定位销　5—换向阀
6—推杆　7—工件托盘　8—限压阀　9—拉簧　10—节流阀

一根装有推爪的推杆由气缸（或油缸）M1 驱动，推动工件托盘 7 向前滑动一个一个步长 t_1，当推杆需要退回时推爪必须事先躲开。这一动作由气缸 M2 来实现。当推爪躲开的同时凸轮块转动，所有的定位销 4 被放开（伸出），工件托盘通过弹簧力定位。安装在推杆 6 上的楔块控制着定位销的进退。气缸 M3 用来推动工件托盘的横向进给，其每次的行程只有 t_2，因为在横向不进行装配，也无需定位。

另外一种装配机（图2-31）因为其传送链是不封闭的，必须有一专门的机构完成工件托盘的返回。返回的通道设置在传送链的下方或后方，前提是必须有相应的空间。如果在该装配机上还有手工装配工位，就必须给工作者的腿留出一定的空间，这样工件托盘就不能从下方返回。图2-31示出了步进返回和滚道返回两种方案。如采用滚道返回，则托盘的重力即作为推动力；如用步进返回，则通过托盘下方的推杆推动托盘返回。

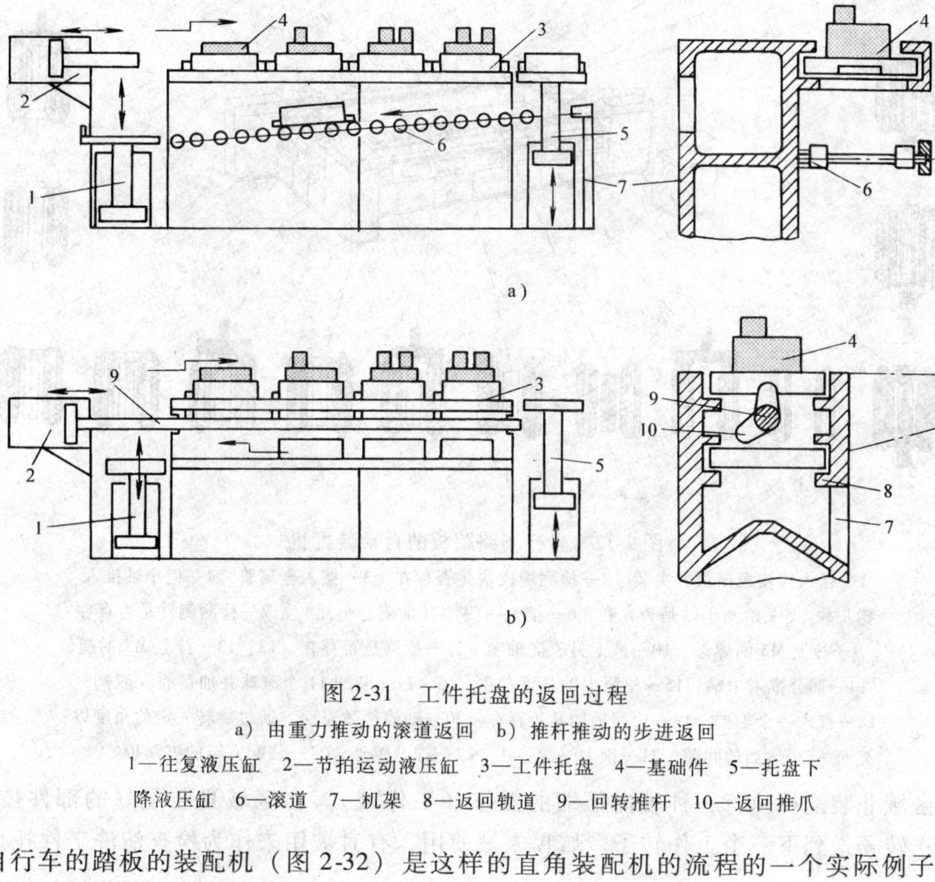

图2-31　工件托盘的返回过程

a）由重力推动的滚道返回　b）推杆推动的步进返回

1—往复液压缸　2—节拍运动液压缸　3—工件托盘　4—基础件　5—托盘下降液压缸　6—滚道　7—机架　8—返回轨道　9—回转推杆　10—返回推爪

自行车的踏板的装配机（图2-32）是这样的直角装配机的流程的一个实际例子。如图忽略空工位，其装配流程如图2-32中1～23所示。（每小时650件）。

（五）转子式装配机

转子式装配机是专为小型简单而批量较大的部件装配而设计的。一定数量的工作转子通过传送转子联在一起，并有专门的上料转子负责上料。基础件的质量在1～50g之间。每小时装配600～6 000件。

转子式装配是具有连续旋转的传输运动的装配机，所有的操作都是凸轮控制的。几台工作转子联在一起可以构成一条固定链接的装配线。

一般是每一台转子只装配一种零件，几个工位使用相同的工具同步地运转。一台转子式装配机可以看作是几个平行的工位，一条转子式装配线可以看作是串联　并联的结构。图2-33是一条转子式装配线的局部。

一个工作转子可以安置在装配线的任何位置。在每台转子式装配机上的工作又可以分成几个区域（图2-34）。在图2-34所示的区域Ⅰ里每个工件托盘得到一个基础件和一个配合

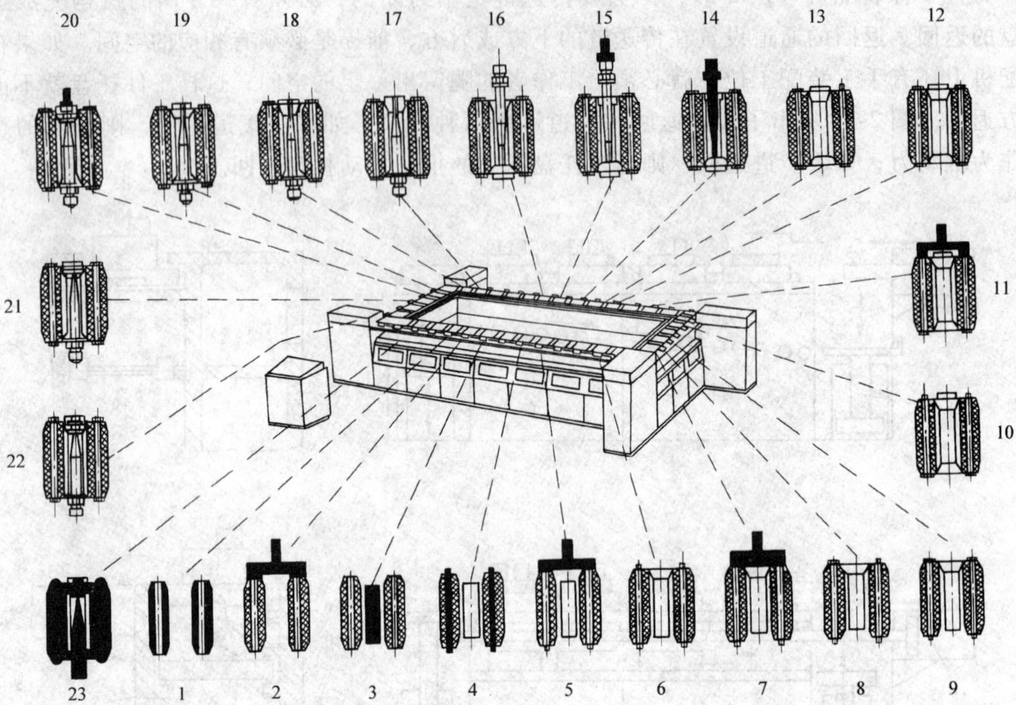

图 2-32 自行车路踏板的自动装配机

1—摆入橡皮模压块并夹紧 2—检测橡皮块是否存在 3—摆入金属管 4—把小轴推入橡皮块 5—检测小轴是否存在 6—推上一侧件（轴碗、垫片） 7—检测侧件是否存在 8，9—拧上 M5 的螺母 10—推上另一侧轴碗 11—检测是否存在 12，13—拧上 M5 的螺母 14—部分推入中轴 15—检测中轴是否存在 16，17—装配 11 个滚珠并加黄油（双侧） 18—拧入一个轴挡 19—检测轴挡是否存在 20—轴挡稍微退回，通过旋转一定的角度以获得适当的间隙 21—推上一端垫片 22—拧上螺母 23—装配完毕的脚踏板

件。在区域Ⅱ装配机执行一种轴向压缩的操作（工作域）。在区域Ⅲ装配好的部件被送出，或由传送转子送到下一个工作转子。域Ⅳ未被使用，有时被用来作为检查清洗工件托盘的工位。

转子式装配机的循环周期可以由工件接受器的环行速度和间距 a 来确定，$T=\dfrac{a}{v_1}$。完成装配过程即通过域Ⅱ的时间 t_1 可按下式来确定，$t_1=\dfrac{b}{u_1}$。

一个装配转子或一个转子式装配线的生产效率最终由下式确定

$$Q=\frac{1}{T}=\frac{u_1}{a}$$

循环周期 T 是由装配过程所需要的路径确定的，在图 2-35 中将进一步解释。配合件必须先通过送料路径 S_Z 到达联接工位，压入行程 S_T 才能开始。

在工作转子开始运转时必须由一个送料转子把两个联接对象送到联接工位。精确地做到这一点并不简单。在这一过程中需要两个供料通道很好地协调：通道 1 输送基础件、通道 2 输送配合件。图2-36表示出两种典型的操作方法：基础件被送到位，对准中心保持正确的

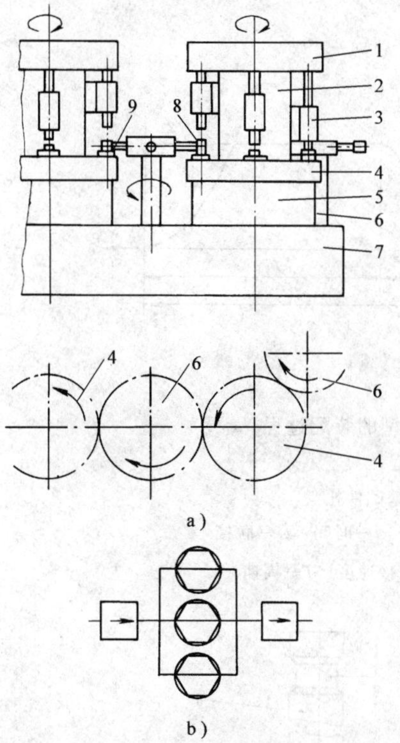

图 2-33 转子式装配线

a）外观 b）一个工位的功能计划

1—控制凸轮的空间 2—滑台支架 3—工具滑台 4—转子工作台 5—转子的轴承结构 6—传送转子 7—机架 8—抓钳 9—抓钳臂

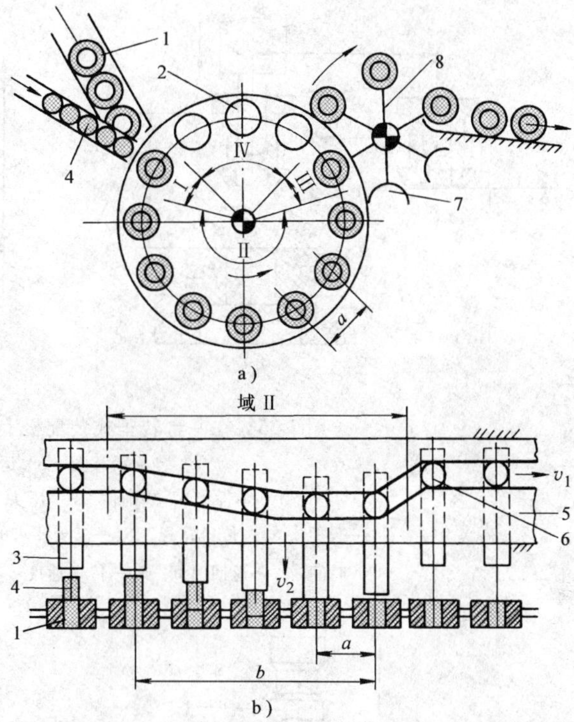

图 2-34 转子式装配机的结构原理

a）转子俯视图 b）联接工具的凸轮控制轨迹展开图

a—两个配合件之间的距离 b—联接操作的路径

v_1—联接工具的圆周速度 u_2—联接工具的垂直运动速度

1—基础件 2—基础件接受器 3—压头 4—配合件

5—固定不动的凸轮 6—滚子 7—抓钳 8—传送转子

位置，配合件从下面装入。完成的部件先由联接工具顶出中心套，再由下料转子抓取送走。

装配转子和传送转子之间的工件传递是个非常重要而且困难的环节。从俯视图（图 2-37）可以发现，对于这种传递方式只有一个惟一的理论上精确的状况，即只有一个惟一理想的传递点。但是实际上在时间 $t=0$ 的瞬间完成这种传递是不可能的。必须有一个传递角 a_T。由此产生一个传递路径 Δc，即传出点与传入点之间的最大距离 Δc，从图 2-37 可以看出以下的几何关系

$$c_1 = r - \sqrt{r^2 - \left(\frac{S}{2}\right)^2}$$

$$c_2 = R - \sqrt{R^2 - \left(\frac{S}{2}\right)^2}$$

$$\Delta c = c_1 + c_2$$

也就是说，为了传递一个直径为 d 的圆柱形零件（此零件位于一个供料转子的保持器里，供料转子的直径为 D），必须有一个最小的间隙 Δc（或者一个弹性环节）。

转子式装配机的问题可以归纳为 3 个功能方面的问题，这些问题必须通过合适的结构来解决：

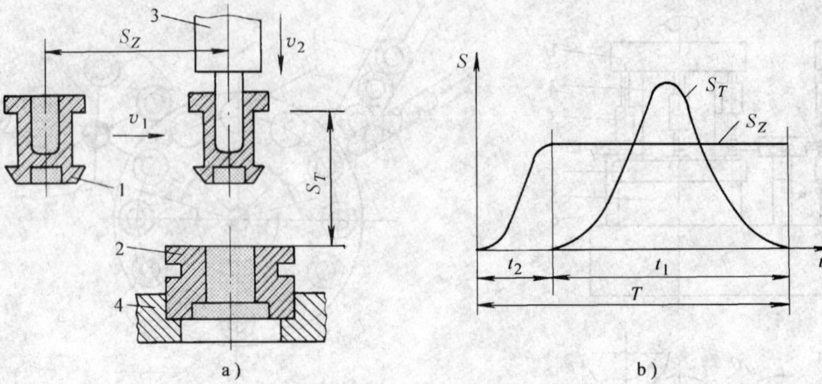

图 2-35 在一台转子式装配机上的典型的装配过程

a）装配示意图 b）运动过程

1—零件 2—基础件 3—压头 4—基础件托盘

S—路径 S_Z—传送路径 S_T—工艺要求的路径 t—时间 t_1—联接时间 t_2—返回时间 v_1—传送速度 v_2—联接速度 T—周期

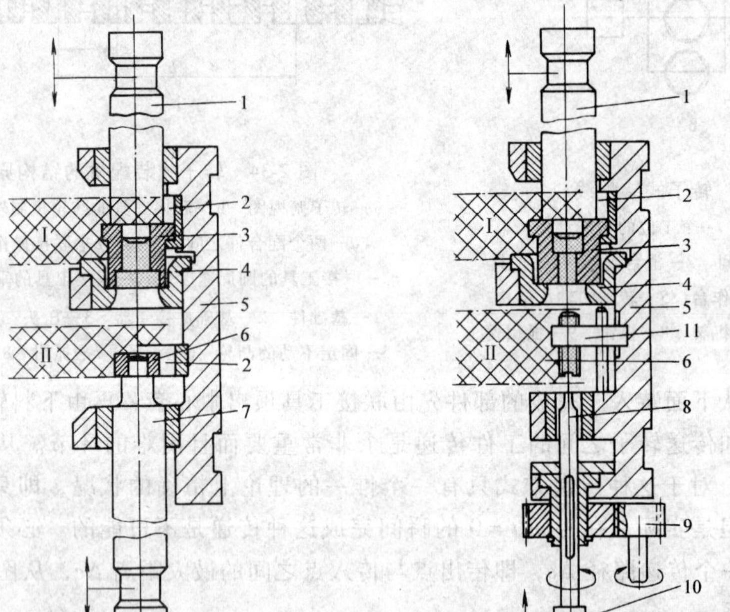

图 2-36 一种转子式装配机的联接工作头

a）压接 b）螺纹联接

Ⅰ—通道Ⅰ输送基础件 Ⅱ—通道Ⅱ输送配合件

1—中心挺杆（保持挺杆） 2—有一定弹性的工件托 3—基础件 4—中心套 5—基体 6—配合件 7—凸轮控制的压杆 8—旋具 9—带动旋具回转的齿轮 10—与螺距相适应的往复运动 11—有一定弹性的保持架

1）被装配对象的速度突变。在料仓里零件的初速度 $v=0$，在极短的时间里达到转子的圆周速度，加速度极大。

2）工件从工作转子到传送转子，传送时间很短，交接位置必须精确地重合。

3）如果工件流出现什么干扰，整个装配过程就要发生中断。图2-38是解决这些问题的方案的原理图。其中的弹性抓钳是为上料所用的。在抓取工件时它可以自动适应工件的位置，在完成传递动作以后自动恢复到中间位置（图2-38a）。转子与链传送相结合的方法是一种好的解决方案，出料的转子与接料的链可以在一个较大的范围相互贴近，以使抓钳的位置与被抓工件的位置重合（图2-38b）。要使一个传送过程中断可以采用改道的方法，如图2-38c所示。

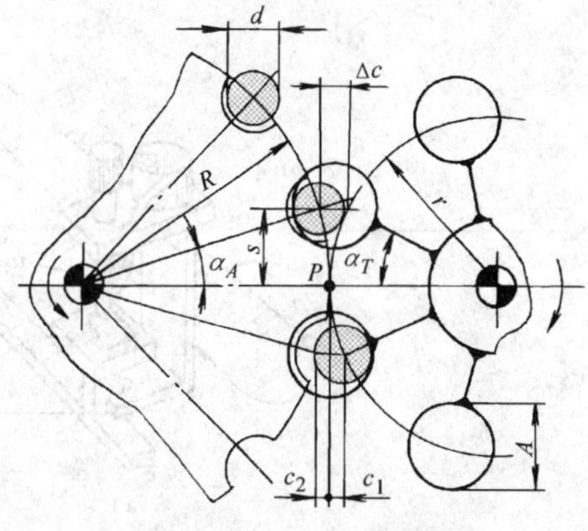

图2-37　传递位置的几何关系

P—惟一理想的传递点

（六）纵向移动式装配机

在纵向移动式装配机上，装配工作是在连续不断的移动中执行的。如同在转子式装配机上一样没有间歇时间，没有节拍，也就没有因起动和停止引起的加速度力。装配工位的同步移动可以通过平行同步移动的链或装配工位上的插销来实现。完成装配以后，插销缩回，装配单元在 B 点返回（图2-39）。

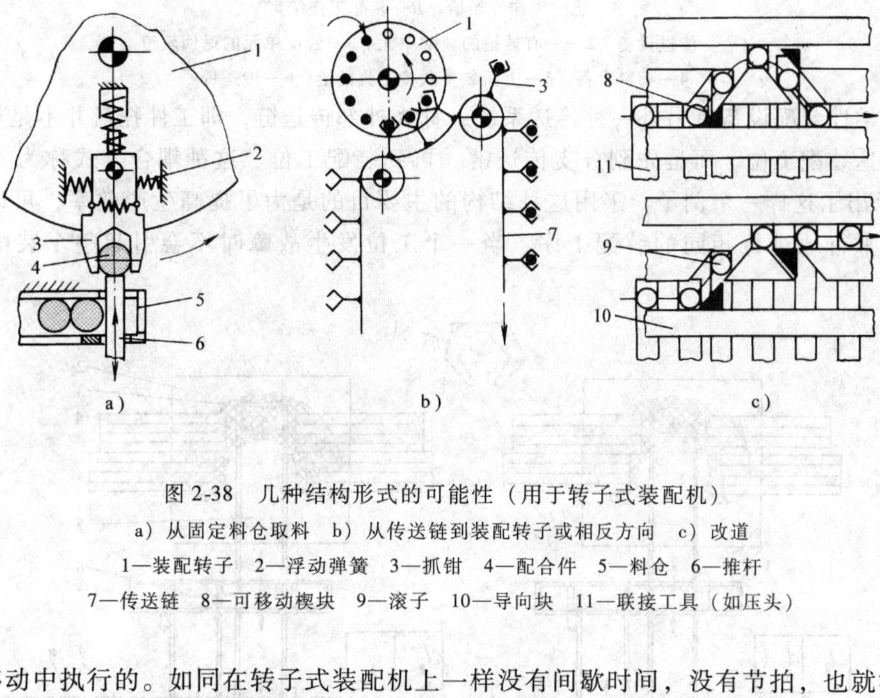

图2-38　几种结构形式的可能性（用于转子式装配机）

a）从固定料仓取料　b）从传送链到装配转子或相反方向　c）改道

1—装配转子　2—浮动弹簧　3—抓钳　4—配合件　5—料仓　6—推杆

7—传送链　8—可移动楔块　9—滚子　10—导向块　11—联接工具（如压头）

二、各工位的工件托盘不同时向前传送的装配机

固定节拍传送的装配机的缺点是，当在一个工位上发生故障时，将引起所有工位的停顿。这对于生产效率是个敏感的问题。这个问题可以通过异步传送得到解决。

异步传送的装配机在工作时不发生工件托盘的强制传送。每一个装配工位前面都有一个等待位置（缓冲区），这样就产生一种松弛的链接。

每一个装配工位只控制距它最近的工件托盘的进出。传送介质（传送带）必须在位于其上的工件托盘连续施加推力。传送带的结构可以是敞开的，也可以是封闭的。如果是敞开式的，还必须考虑工件返回的问题。

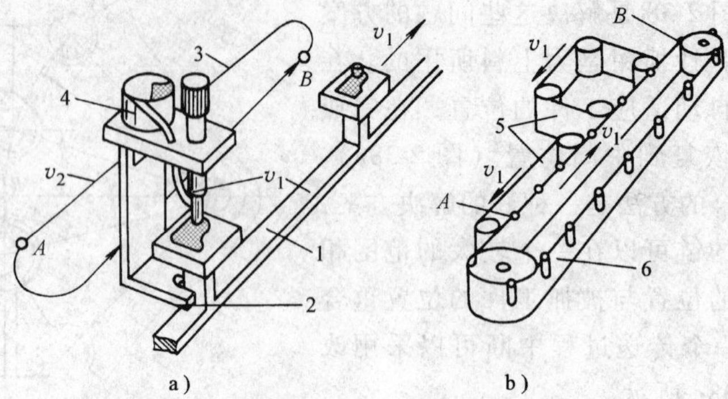

图 2-39 使用连续纵向移动系统的装配机的工作原理

a）与工件托盘同步移动的装配工位（装配单元） b）链式运动系统

A—装配工作开始恰 B—装配工作结束

1——传送设备 2—带有插销的装配单元 3—装配单元的返回轨道

4—上料设备 5—上面装备联接工具的链 6—传送带

对于柔性装配设备有另外一种传送系统，称为外部传送链，即工件托盘并不是从主传送链直接到达装配工位，而是先到分支传送链，再到装配工位。这种耦合方式称为“旁路”。图 2-40 示出了这样一个例子。采用这种结构的主要目的是为了提高生产效率，可以同时在几个工位平行地进行相同的装配工序，当一个工位发生故障时不会引起整个装配线的停顿。

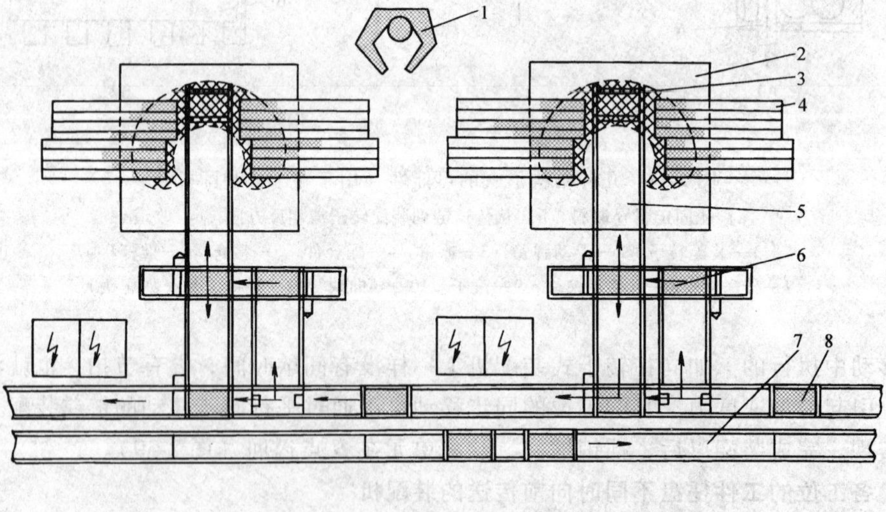

图 2-40 独立于强制节拍的装配间（BOSCH）

1—装配工人 2—装配工位 3—一台 scara 机器人的工作空间 4—配合件料仓

5—传送系统 6—横向传送段 7—返回通道 8—工件托盘或基础件

图 2-41 所示的是一种采用椭圆形通道传送工件托盘异步进给的装配设备。全部装配工作由四台机器人完成。另外有一台专用设备用来检出没有真正完成装配的部件放入一个专门的箱子里等待返修，把成品放上传送带输出。

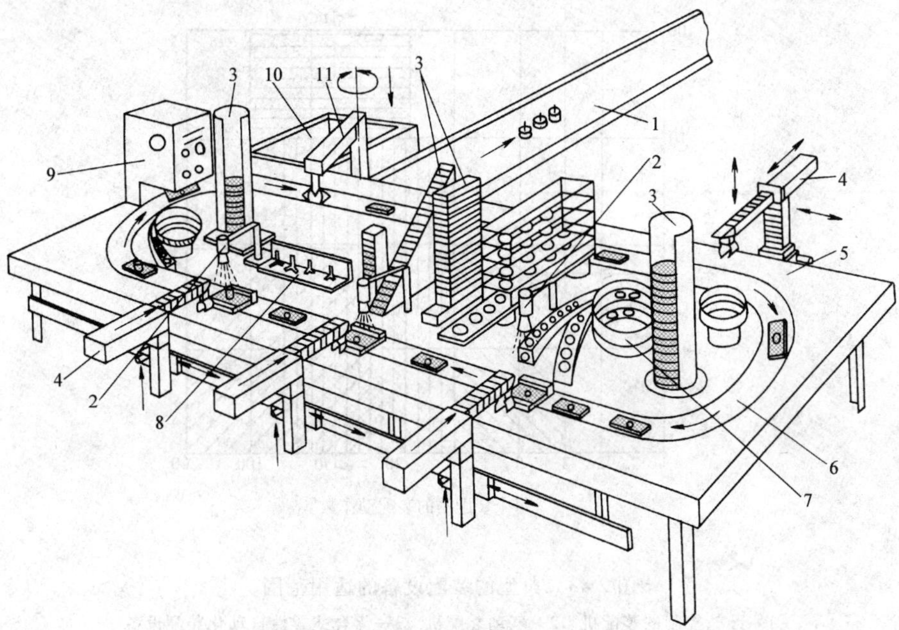

图 2-41　异步传送的装配系统

1—装成部件的送出带　2—灯光系统　3—配合件料仓　4—装配机器人　5—工作台
6—异步传送系统　7—振动送料器　8—抓钳和装配工具的仓库　9—检测站
10—需返修的部件的收集箱　11—用来分类与输出的设备

第四节　各种结构形式的评价与选择

自动化手段的选择一直是一个多目标优化的问题，必须兼顾各项目标找出一种妥协的方案，即必须把各个参数和影响因素综合起来考虑。图 2-42 列出了几个重要的因素。人们必须知道，不存在一种专为特定的装配过程设计的结构方式。经常是采用各种不同的结构方式达到相似的结果。

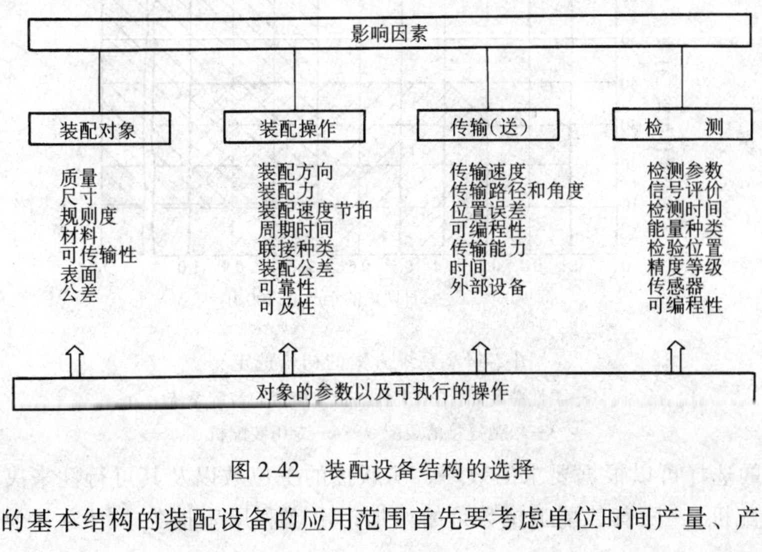

图 2-42　装配设备结构的选择

各种不同的基本结构的装配设备的应用范围首先要考虑单位时间产量、产品的生产周期

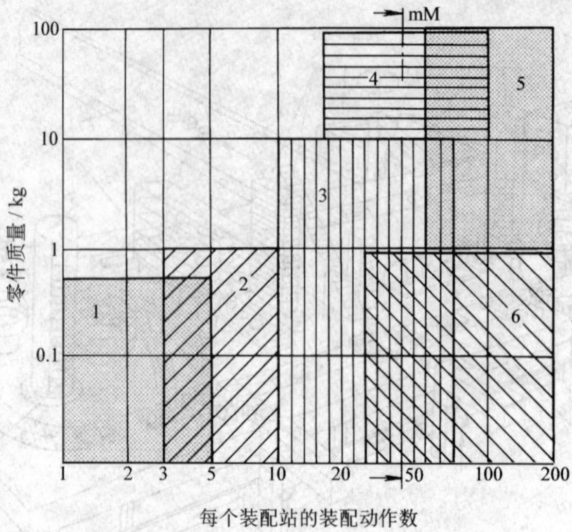

图 2-43 典型的装配设备的适用范围

1—凸轮控制的装配机 2—气动装配机 3—组合式柔性自动化装配设备

4—部分自动的装配线 5—用于大件装配的可编程装配系统

6—用于小件装配的可编程装配系统

mM 线—此界限以上一般采用手工装配

和装配范围。产品的预测越不确定就需要越多的柔性。一种装配设备的可改装性越好，适应新产品的改装就越容易，改装成本也越低。因为它有更多的零件可以继续使用。

圆工作台式装配机的直径直接限制装配工位的数目。如果装配工位多于 16 个，这种结构的装配机是不适用的。另外需要装配的产品越大，圆周传输就越困难。

通过大量的实验获得的图表为科学地决策提供了有用的信息。图 2-44、图 2-45 表示出各种不同的依赖关系，当中总是以一个典型的结构方式为对象。为分析其可行性，对各种方案还要进行经济性估价。

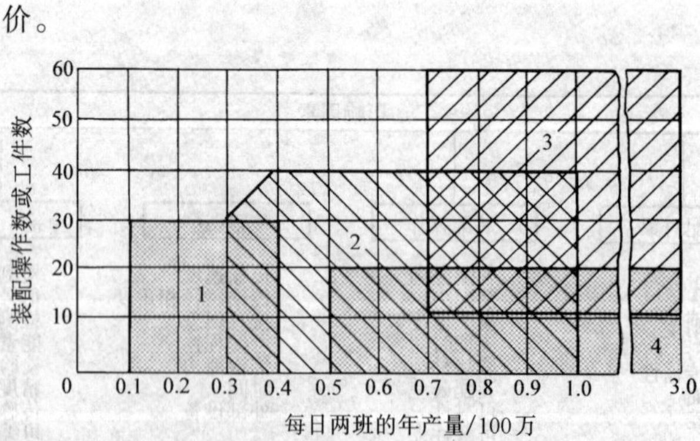

图 2-44 系统方案的初步选定

1—柔性装配间 2—柔性，松弛链接的装配系统

3—松弛链接的装配线 4—专用装配机

传输方式的选择可以根据要求的效率，所联接的工位数以及其可行性来决定。对同步传送（节拍式装配机），随着装配工位数量的增加，出现利用率损失。因为一个工位上的故障

引起整机停顿的机率就增加了（图2-46）。与此不同，使用异步传送系统的装配机的利用率就比前者要高得多，因为其缓冲环节就可以缓解这方面的问题。但是当某个工位长时间的停顿，超过了缓冲环节的存储能力，就会引起整个装配设备的停顿。图2-46所示的曲线指出通常最高只有92%的利用率，但是异步系统使用并不普遍。因为当装配工时很少的情况下需要一个很大的缓冲仓，在占地空间和技术方面都需要比较多的资金。而方案的选择最终还是要考虑好的经济效益。

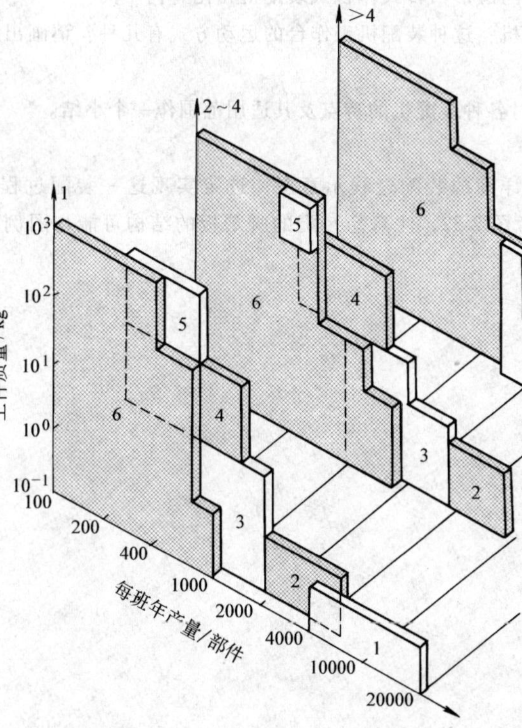

图2-45　自动化装配系统的应用范围

1—凸轮控制的自动化装配机　2—气动自动化装配机

3—柔性的组合装配系统　4—自动化装配线

5—自动化的终装配系统　6—装配机器人

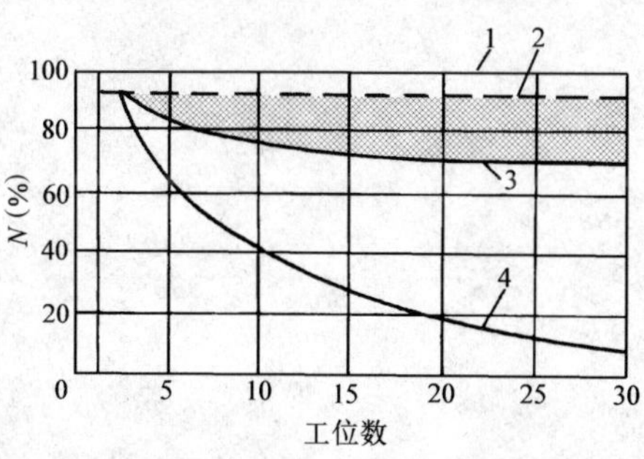

图2-46　装配设备的利用率

1—装配机的理论利用率　2—在缓冲仓无限大的前提下的装配机利用率

3—使用异步传送系统的装配机的利用率　4—使用同步传送系统的装配机的利用率

复习与练习

一、基本概念

1. 什么是单工位装配机？

2. 试述圆形回转工作台式装配机的特点及其驱动方式、定位方式。

3. 试述鼓形（滚筒形）装配机的特点。

4. 什么是环台式装配机？与圆形回转式作台式装配机相比有何不同？

5. 什么是纵向节片式装配机？这种装配机工作台的运动方式有几种？请画出示意图说明。

6. 什么是转子式装配机？

7. 借助图 2-44 和图 2-45 对各种装配机的特点及其适用范围作一个小结。

二、应用

拆装自行车脚踏板，画出详细的装配过程示意图，选定实现这一装配过程适用的装配机结构形式。（提示：装配过程示意图可参考图 2-32，注意您装配的脚踏板的结构可能与图例不完全相同。工件的传送方式可以参考后面的图 4-17）。

第三章

自动装配机的部件

第一节　运动部件

装配工作中的运动包括3方面的物体的运动：

1）基础件、配合件和联接件的运动。

2）装配工具的运动。

3）完成的部件和产品的运动。

运动是坐标系中的一个点或一个物体与时间相关的位置变化（包括位置和方向），输送或联接运动可以基本上划分为直线运动和旋转运动。因此每一个运动都可以分解为直线单位或旋转单位。它们作为功能载体被用来描述配合件运动的位置和方向以及联接过程。按照联接操作的复杂程度联接运动被分解成3坐标轴的运动。表3-1对联接过程所要求的运动作了分类。在这个表中的第三列代表各种联接操作（包括上置、侧贴、压入、插入、旋入）。

表3-1　联接操作所要求的运动（A—运动目的　B—运动数量）

B \ A	1 定向运动	2 定位运动	3 联接方向的运动	4 作业方向的运动
无运动		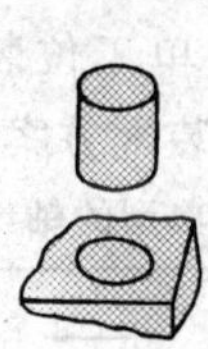		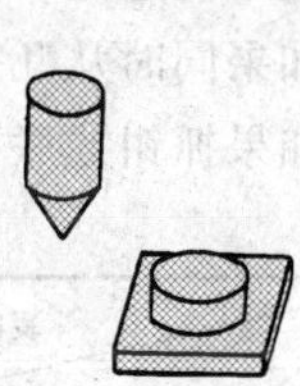
一个运动	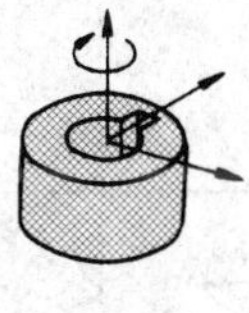	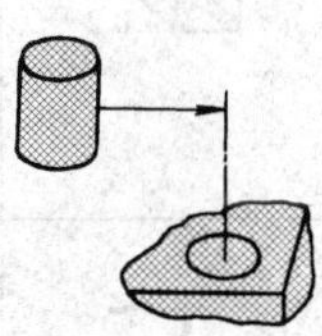	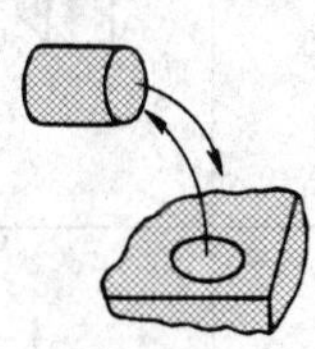	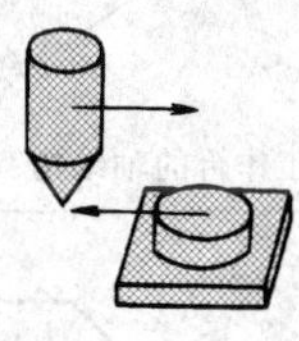
两个运动	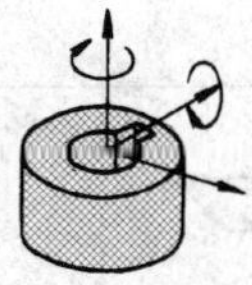	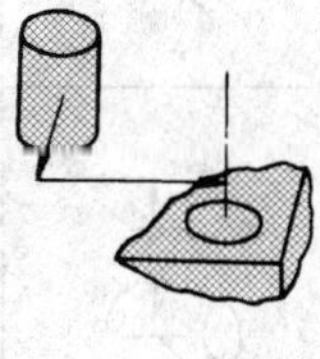	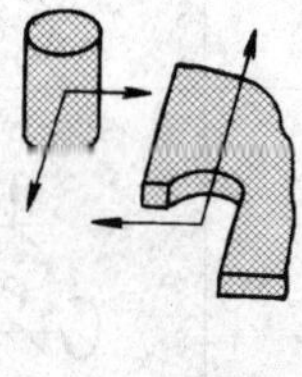	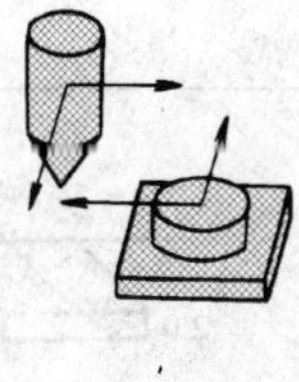

（续）

B \ A	1 定向运动	2 定位运动	3 联接方向的运动	4 作业方向的运动
三个运动		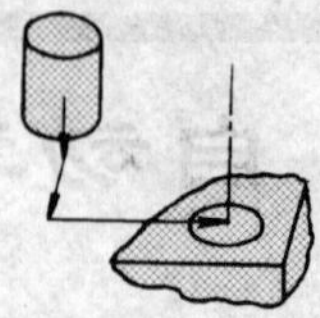	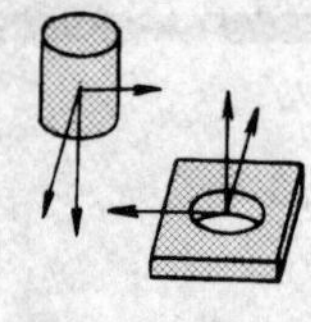	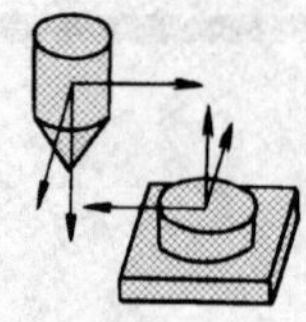
三个运动及附加运动			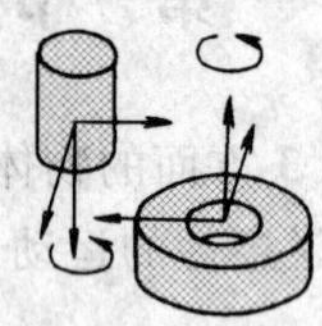	

重要的是配合件与基础件在同一坐标轴运动，具体由配合件还是由基础件实现这一运动并不重要。在第四列又增加了一个联接工具，如一个点焊头或粘结剂喷枪。工具相对于工件运动，这一运动可以由工作台执行（图 2-4），可以由一个模板带着配合件完成，也可以由工具或工具、工件双方共同来执行。

在把上述运动分解成装配模块和装配工作台的运动时，可按表 3-2 列出的装配模块的基本结构来分解。需要注意的是：3 个主坐标轴描述空间一点是够的，但对于方向的描述还需要一个副轴（例如抓钳轴）。下一步是运动合成，运动合成可以采用串联、并联的方法。如果需要同时在几个方向上联接，那么抓钳和联接工具就作为装配模块的主要组成部分，对于装配机来说这是一种典型的方案。

如果同时从几个方向联接，一个装配工位（单工位装配机）就可以完成所有的装配任务。如果抓钳或联接工具作为模块的主要部分，装配方案就比较容易找出。

表 3-2　装配模块的典型的轴结构

装配模块的轴结构 / 装配示意图 / 装配工作台的轴结构	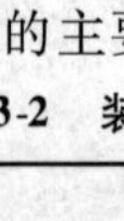 0.1	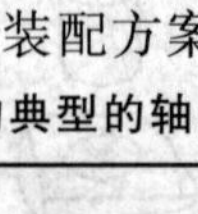 0.2	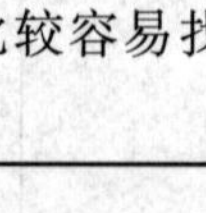 0.3	0.4
1.0 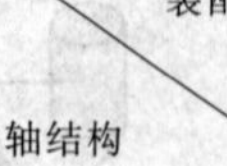				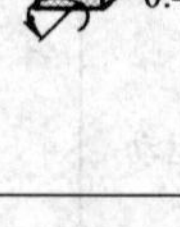
2.0 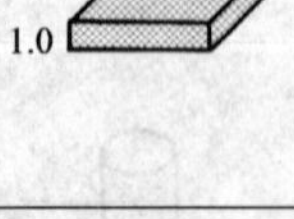	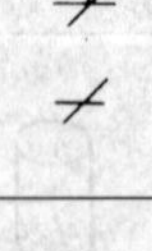	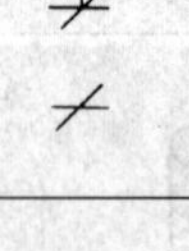	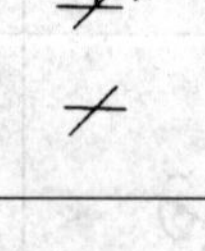	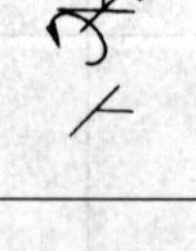

（续）

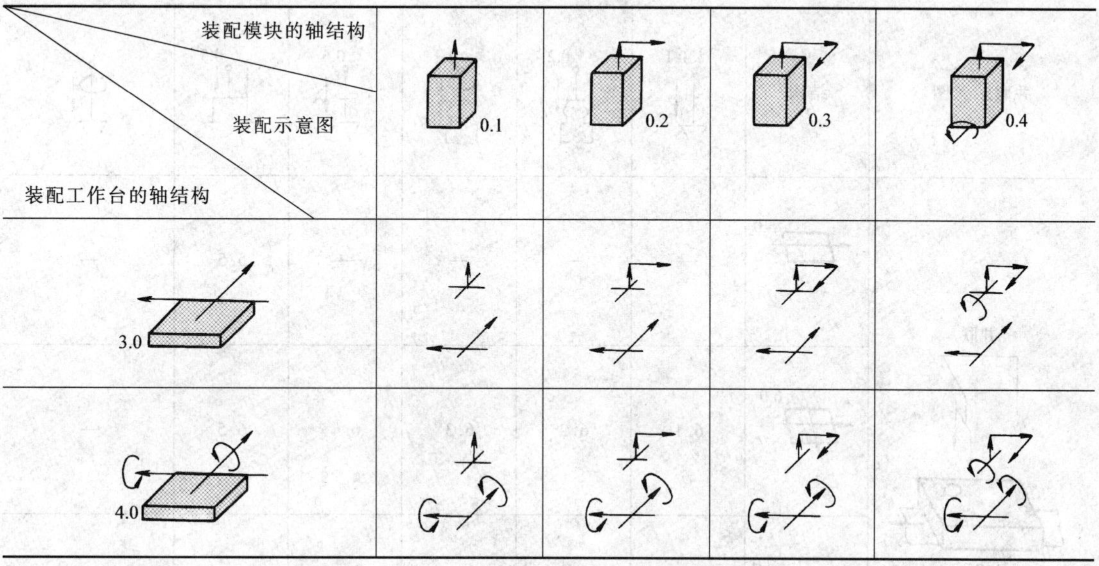

表 3-3 包含了单工位装配机的一些方案，这个表中仍然缺少：工作台（基础件）应该具有什么运动能力，装配模块应该具有什么运动能力，哪些运动功能包含在工作台，哪些运动功能包含在抓钳。如果某功能内容不能在一个工位上实现，就要把它分配到几个工位上去。对于运动系统，其结构变种的运动合成可按上述步骤进行：

表 3-3　典型单工位装配机原理

并联示意图	结构	0.1	0.2	0.3	0.4	0.5	0.6
串联 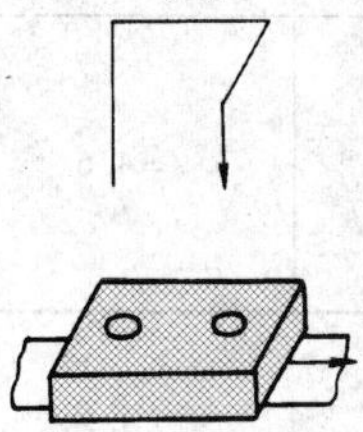	1.0	1.1	1.2	1.3	1.4	—	1.6
	2.0	2.1	2.2	2.3	2.4	—	2.6
	3.0	3.1	3.2	3.3	3.4	—	3.6
	4.0	4.1	4.2	4.3	4.4	—	4.6

（续）

并联示意图	结构	0.1	0.2	0.3	0.4	0.5	0.6
并联 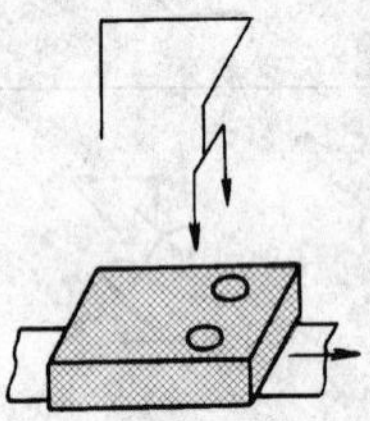	5.0	—	—	—	—	5.5	—
	6.0	6.1	6.2	6.3	6.4	6.5	—
	7.0	7.1	7.2	7.3	7.4	7.5	—
串联加并联 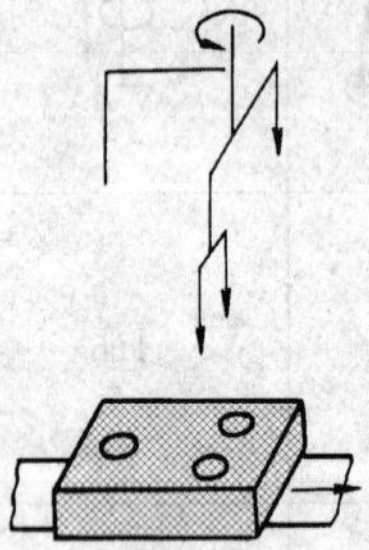	8.0	=1.1	=1.2	=1.3	=1.4	=5.5	=1.6
	9.0	=2.1	=2.2	=2.3	=2.4	9.5	=2.6
	10.0	=3.1	=3.2	=3.3	=3.4	10.5	=3.6
	11.0	=4.1	=4.2	=4.3	=4.4	11.5	=4.6

注：0.1—专用抓钳　0.2—多用抓钳　0.3—带中间转轴的多用抓钳　0.4—可更换的专用抓钳
0.5—复式抓钳　0.6—带外部转轴的多用抓钳

1）固定所有的边界条件，特别是路径角度和时间。

2）基本功能排列。

3）把基本功能分配到典型的结构变种，如果某一结构变种在时间上不能满足要求，就要按照另一种结构变种进一步分配。

4）按照一种选定的功能方案进一步作结构的和技术的划分。

5）当一个单工位装配机不能实现全部工作时，考虑下一个工位。

这一过程可以借助于计算机来完成。输入各种方案以及边界条件就可以通过计算机辅助选择找出最佳方案。图 3-1 所示的是表 3-3 中的类型号 3. 2 的结构方案。

下一步是优化过程。确定一个运动模块的大小也属于这一过程，它是由装配过程中受力的大小确定的，其原则是必须保证可靠的动力传递。

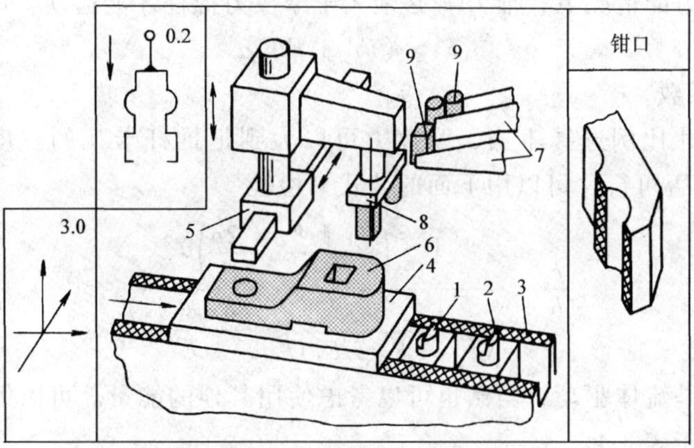

图 3-1　类型号 3. 2 的工艺结构方案

1—第一个装配工位的定位挡块　2—第二个装配工位的定位挡块

3—链接系统　4—工件托盘　5—抓取设备　$F=2$（两个自由度）

6—基础件　7—配合件料仓　8—抓钳　9—配合件

图 3-2a 所示的运动单元到推杆的距离为 a，推杆上作用的推力为 F，推动力 F 至少多大才行？首先根据工艺原理建立一个力学模型，它包含所有的作用力（图 3-2b）：抓钳和工作头上作用着重力 F_1，被抓的工件上作用着重力 F_2，推杆本身的质量为 m，由此计算出平面负荷 q 为

$$q = \frac{mg}{(b+c)} \quad (g \text{ 为重力加速度})$$

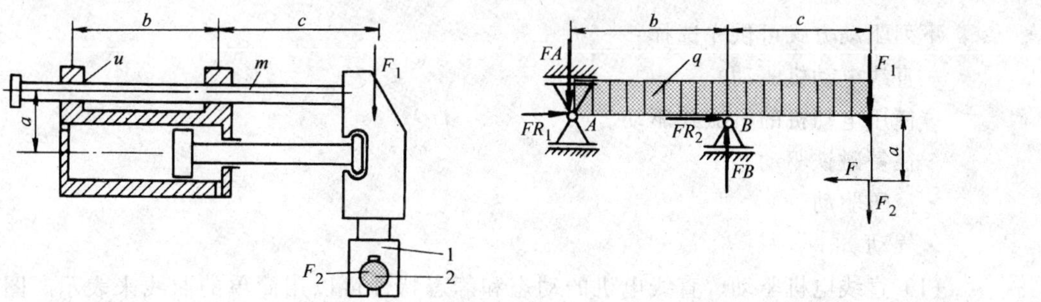

图 3-2　直线运动模型的受力状况

a）工艺结构　b）力平衡图

1—抓钳　2—配合件　3—基础件

围绕 A 点和 B 点各作用一个转矩，按照转矩的代数和为零的原则，有

$$FA=\frac{(F_1+F_2)c}{b}+\frac{q(c^2-b^2)}{2b}+\frac{Fa}{b}$$

$$FB=\frac{(F_1+F_2)(b+c)}{b}+\frac{q(c+b)^2}{2b}+\frac{Fa}{b}$$

在忽略加速度力的情况下，推力 F 必须大于摩擦力推杆才能运动，用公式表示，即

$$F>(FA+FB)\mu$$

式中　μ——摩擦系数。

如果各部分尺寸比例选择不当，摩擦力可以大到把推杆卡死的程度，即 $F<(FR1+FR2)$。所选尺寸是否可行，可以用下面的公式来检验

$$\frac{c}{b}<\frac{1-\left(\frac{F_1+F_2}{F}+\frac{2a}{b}\right)\mu}{\left(2+\frac{mg}{(F_1+F_2)}\right)\mu\frac{(F_1+F_2)}{F}}$$

这里所采用的是流体驱动，当然也可以考虑使用其他的能量。可以供工程师们选择的能量形式及其特点列于表 3-4。

表 3-4　各种能量种类的评价（●好，⊖中，○差）

能量＼特性	力密度	可转换性	可控制性	效率	维护费用	市场供应
电动	⊖	●	●	●	●	●
气动	○	⊖	⊖	○	⊖	⊖
液压	●	○	⊖	○	○	⊖

下列驱动方式可供先选择：

· 直线电动机驱动。

· 使用电动机的机械式驱动。

· 往复磁铁驱动。

· 液压驱动。

· 气动。

（1）直线电机驱动　直线电机的动态和静态特性可以用简单的曲线来表示。图 3-3a 所示的不是纯粹的并联特性，如同异步电动机。图 3-3b 中 $v=f(F)$ 的关系通过调整电压 U 或同时调整电压 U 和频率 f 清楚地显示出来。调整电压 U 没有显示出并联特性，调整 f 显示出接近并联特性。阶跃负载时的动态特性显示于图 3-3c。

直线马达的运动距离从原理上说是不受限制的。静止状态不允许有负载。总效率与转差率有关，当速度 $v\gg 2\text{m/s}$ 时总效率约为 0.4～0.7。

直线电动机的可控制和可调节性都是好的。下面是它的几个重要的技术参数：

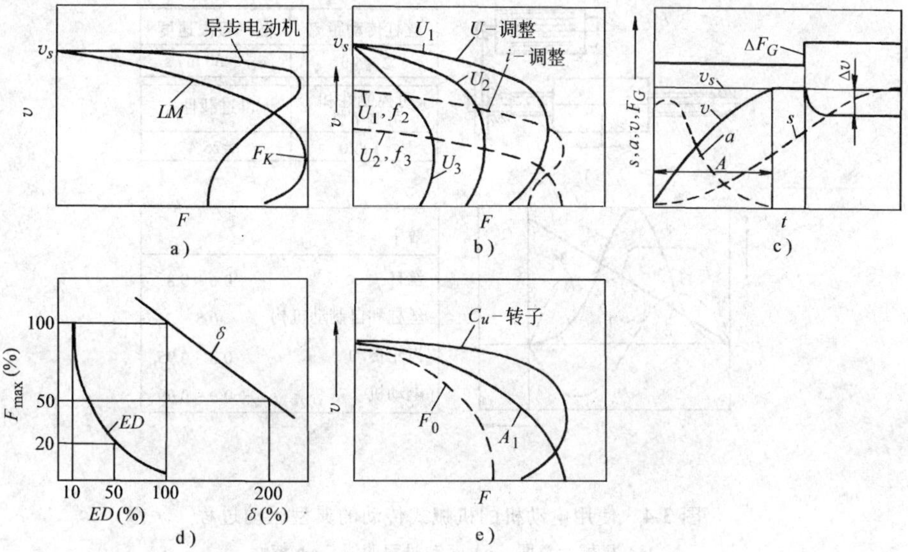

图 3-3　直线电动机的特性曲线

a) $v-F$ 特性（当 f = 常数时）　b) $v=f(F)$ 特性曲线，通过调整 U 或调整 f 和 U（$U_1>U_2>U_3$，$f_1>f_2>f_3$）　c) 动态特性，A 阶段显示起动特性　d) 按标准值的百分比变化的起动时间 ED 和气隙 δ 对力 F 的影响　e) 动子（相当于普通电机的转子）的材料对于力 F 的影响　F—力　F_G—阻力　f—频率　t—时间　v—速度

1）单定子结构形式　当 $v_s=3\text{m/s}$ 时　$F=15\sim300\text{N}$

当 $v_s=6\text{m/s}$ 时　$F=55\sim1100\text{N}$

2）双定子结构形式　当 $v_s=3\text{m/s}$ 时　$F=37\sim910\text{N}$

当 $v_s=6\text{m/s}$ 时　$F=178\sim4110\text{N}$

当转差率 = 1 时，起动时间 = 10%，气隙 = 5 ~ 10mm，频率 50Hz，电压 380V。

(2) 使用电动机的机械式驱动　使用机械驱动所产生的力在理论上是无限大的。其界限是由于尺寸、强度、磨损和结构而产生的。速度是通过加速度和惯性以及磨损、润滑、质量和结构被限制的。一个突出的优点是通过力耦合，形状耦合或摩擦偶合产生一种同步的或强制的运动。在摩擦偶合的情况下由于负载引起的打滑强制运动只是近似的，几乎每一种 s-t 曲线都可以实现，加速度跃升可以避免。如果在传动系统中有自制动环节，就可以承受静态负载。但是由此也使摩损增加，同时造成功率损失。

总的有效率　$\eta_{总}=\eta_{电动机}\eta_{传动}$

典型的运动过程曲线示于图 3-4。

在齿轮驱动的情况下必须考虑齿轮间隙，特别是当旋转方向改变时。

图 3-5 示出了在忽略滞后量情况下的典型的传动曲线和特性。

消除齿侧间隙的方法有 3 种：

1）把大齿轮分成两片，相互错开一个小的角度并用弹簧拉紧（图 3-6）。

2）一对相互啮合的锥形齿轮，沿轴向相对推进微小的距离以达到几乎无间隙的啮合。

3）用弹簧力把一个小齿轮压入大齿轮。这种方法只适合传递较小的圆周力。

图 3-7 是一种无间隙的丝杠传动的例子。重要的是不仅要消除丝杠螺母之间的传动间

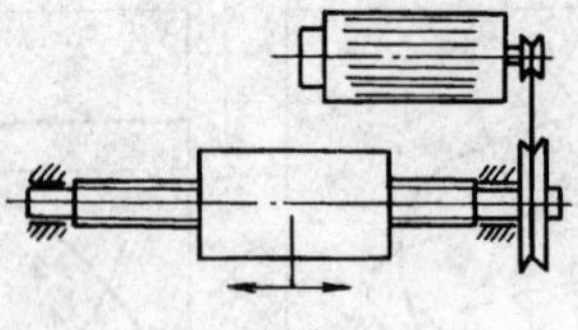

丝杠传动距离	圆周极限速度
2～5m	$v_U \approx 50$ m / s
可控制性和可调节性	可过载性
≈1 : 20	≈25%

a）

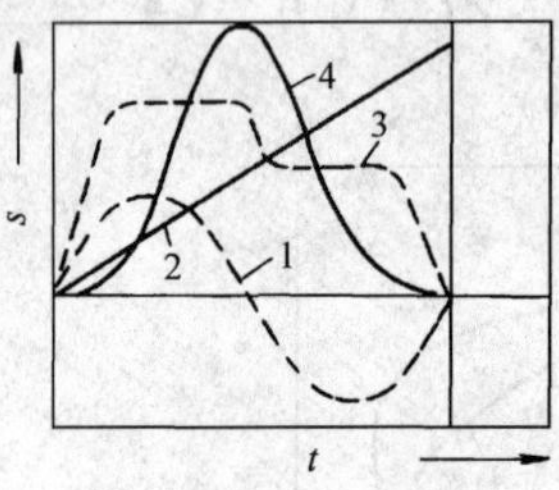

b）

效率	
丝杠	0.6～0.8
丝杠和自制动机构	0.5
齿轮传动	0.8～0.95
电动机	0.9～0.99

c）

图 3-4　使用电动机的机械式传动的典型运动过程

a）机械示意图　b）运动过程曲线　c）特性

1—非匀速周期性的运动　2—匀速运动　3—非匀速间歇运动

4—凸轮控制的非匀速运动　s—路径　t—时间

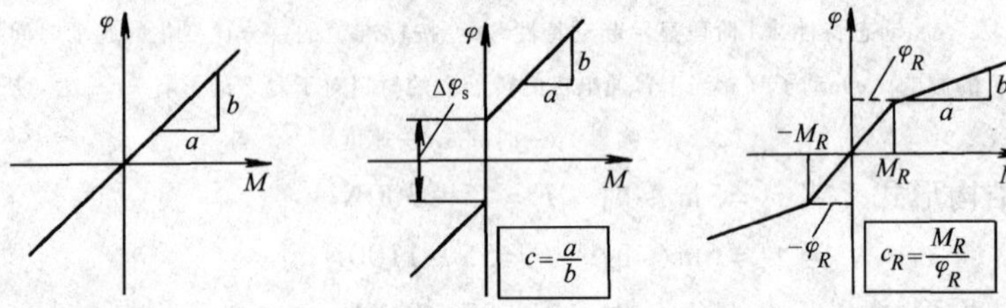

图 3-5　传动曲线的基本类型

a）无间隙传动　b）有齿侧间隙的传动　c）在小负载转矩情况下的有剩余刚性的传动

c—名义刚性　c_R—剩余刚性　M—转矩　M_R—极限转矩　φ—转角　$\Delta\varphi_s$—间隙

隙，而且要消除轴承间隙。

对于装配和传送的传动，在以下几个方面有很高的要求：扭转侧面间隙、扭转刚度、

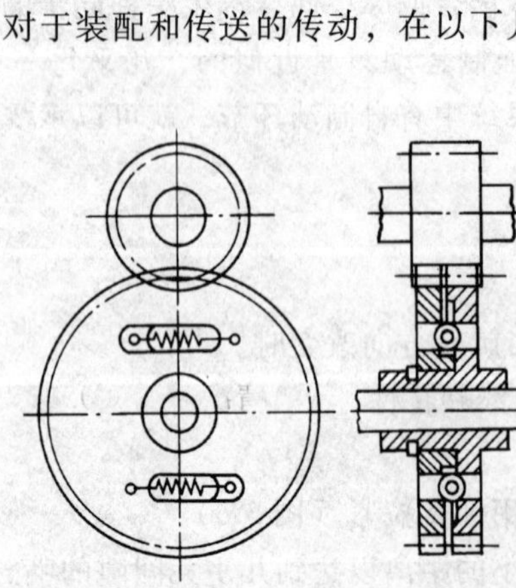

图 3-6　消除齿侧间隙的方法

图 3-7　无间隙的丝杠传动

无振动、低噪声、无滞后。对于一般的工业传动，扭转侧面间隙允许 0°20′~0°50′；对于装配技术和传送技术，扭转侧面间隙只允许 0.5′。

扭转侧面间隙是在无负载的情况下，使被动轴固定不转，让主动轴向左冲击再向右冲击，两次冲击之间的转角就是扭转侧面间隙。

一个重要的参数是传动比 i，图 3-8 列出了几个常用的单级传动所能达到的传动比。

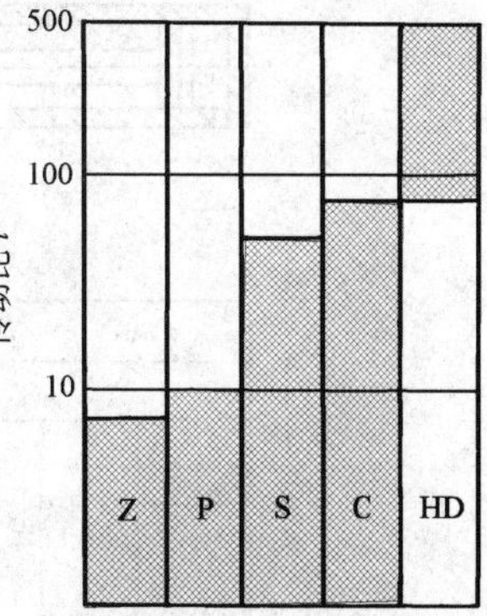

图 3-8　单级传动所能达到的传动比

C—摆线传动　HD—谐波传动　P—行星齿轮传动　S—蜗轮蜗杆传动　Z—圆柱齿轮传动

（3）往复磁铁驱动　往复磁铁只适应于相当小的运动距离。其典型特性如图 3-9 所示。

磁铁的磁力是指 100% 接通时间（ED）的磁力，如果 $ED \ll 100\%$，那么将会 $F_H > H_M$，与之相耦合的机械系统的特性曲线 F-s 就会改变。特性曲线也随着 U（电压）和 δ（气隙）的改变而改变。静态力可以保持，但由于线圈发热所能保持的时间有限。

对于直流往复磁铁 $F_H \approx (1.5 \sim 4)\ F_M$

对于交流往复磁铁 $F_H \approx (1.5 \sim 3)\ F_M$

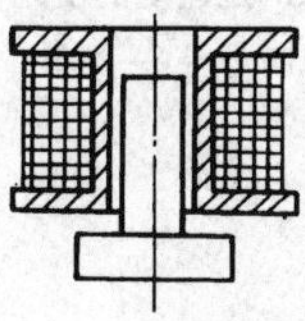

a）

路程	力 F_M	吸合总时间
1.6~100mm	0.15~400N	≈10ms~1s

可过载性	寿命 $ED = 100\%$	环境条件
≈25%	≈10^7次	-10~40℃

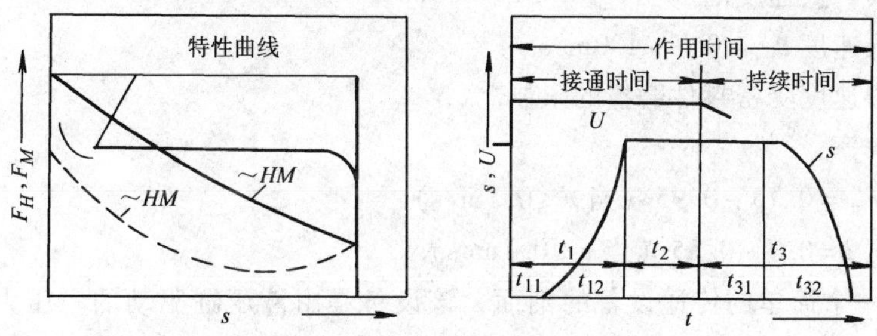

b）　　c）

图 3-9　往复磁铁的典型运动过程

a）结构示意图　b）特性曲线 $F-s$，$F_H > F_M$　c）往复磁铁的接通过程

ED—接通时间　F_H—磁力（静态、最终位置）　F_M—磁力（在作用方向）

$-HM$—直流往复磁铁　$\sim HM$—交流往复磁铁　U—电压　s—路程

由于往复磁铁本身的功率很小，所以其效率高低意义不大。一般情况下 $\eta = 0.8 \sim 0.95$。

往复磁铁的特性曲线受电压 U 和磁通 Φ 的影响。开关频度在每小时 $120 \sim 5 \times 10^4$ 范围。往复磁铁的效率重量（磁铁质量和磁力之比）一般在 $m : F = 1 : 1$。

（4）液压驱动　用液压缸驱动可以产生很大的力，静态负载特性很好。借助于一定的措施，例如压力存储器可以实现压力的无损失传递。可以达到的力取决于压力、活塞面积和效率。其范围一般在 10~3 000kN。获得更大的或更小的力都是可能的。其技术特性见图 3-10。

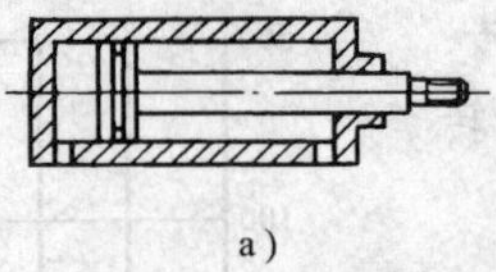

行程	名义压力	活塞直径
25 ~ 1800mm	16 ~ 32MPa	32 ~ 500mm

可过载性	至压力工具的导管长度	可控制性和可调节性
= 50% (Axialk)	<20m	1 : 60

	寿命	功率重量比
	$>6\times10^8$次往复	$m:F\approx1:200$

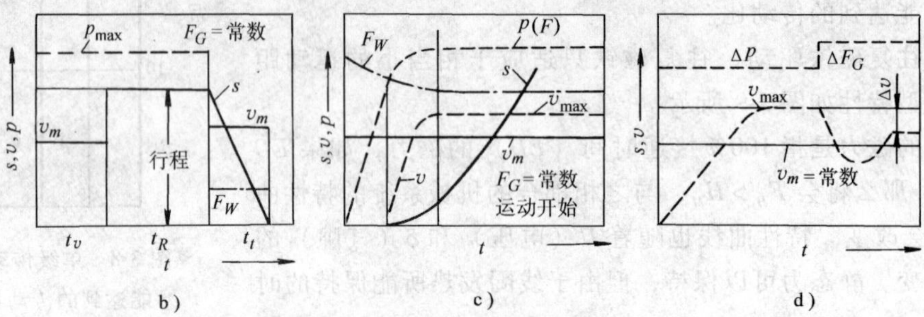

图 3-10　液压缸的典型运动过程

a) 机械结构示意图　b) 运动规律（忽略起动特性）　F_G，F_W = 常数　c) 匀加速运动时的起动特性，B 表示运动开始　d) 阶跃负载时的动态特性，Δv 是速度的变化

F—力　F_G—反作用力　F_W—阻力　m—质量　p—工作油缸内部压力　s—路程　t—时间　t_R—间歇时间　v_m—平均速度

活塞运动的速度：

无终端制动，其速度范围在 $v_{zuf}=0.016\sim0.12\text{m/s}$

有终端制动，其速度范围在 $v_{zuf}=0.1\sim0.5\text{m/s}$

活塞的极限速度 $v_{zuf}=0.7\sim1.0\text{m/s}$

活塞的极限速度受密封件磨损的限制。

液压缸的效率：

机械效率 $\eta_{机}=0.75\sim0.95$（当 $v\leqslant0.1\text{m/s}$）

总的效率 $\eta_{总}=0.7\sim0.85$（当 $v\leqslant0.1\text{m/s}$）

图 3-11 是一个简单的传递设备的剖面，该设备是由液压缸驱动的。压力通过油管到达抓钳，使抓钳产生径向伸缩运动。通过小齿轮齿条产生回转运动。装有双活塞杆的油缸实现举升运动。回转运动时油管相对机壳保持不动，因为当活塞杆相对机壳转动时，油管可以相对活塞杆转动。往复运动的行程被挡铁限制。在装配设备中由于不可避免地存在油渗漏的问题，液压缸在许多情况下是不适用的，特别是在电子产品和日常消费品的装配工作中不适于使用压力油作动力。

(5) 气动　气动可产生的力为 5 ~ 750N，如果采用特殊的传动方式或特殊结构还可以更高。直接通过控制技术不能实现几个气缸的同步运动，但可以通过机械联接方法强迫它们一致。气缸的速度范围为：

无终端制动时为 $v_{zuf}\approx1\sim1.5\text{m/s}$

有终端制动时为 $v_{zuf}\approx3\sim5\text{m/s}$

工作介质空气的可压缩性对过载来说是个优点。但正是由于这个原因，使得活塞杆不能准确定位，也带来一些问题。

其动特性可以从图 3-12 中看出。

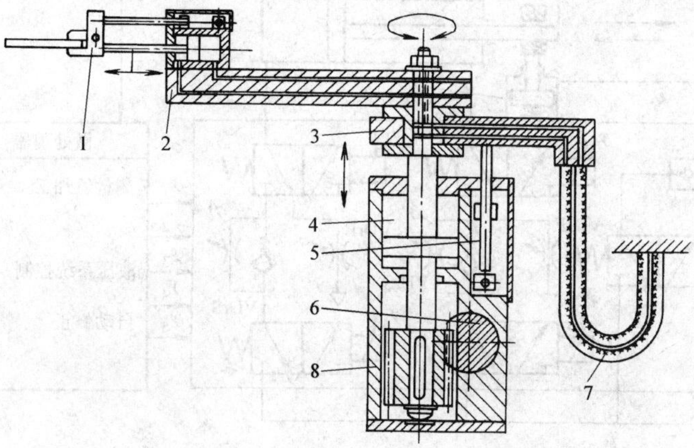

图 3-11　三轴运动的抓取传递设备

1—抓钳　2—压力油通道　3—回转运动　4—往复液压缸　5—保护油管的安全装置
6—推动齿轮产生回转运动的齿条　7—压力油管　8—机壳

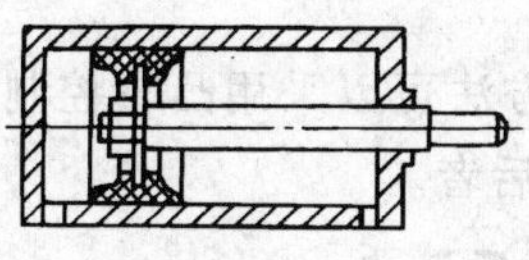

a）

行程	名义压力	活塞直径
8~1000mm	<10MPa	8~100mm
可过载性	至压力工具的导管长度	可控制性和可调节性
≈50%	<100m	1∶60
	寿命	功率重量比
	>6×10⁸次往复	m∶F≈1∶50 (70)

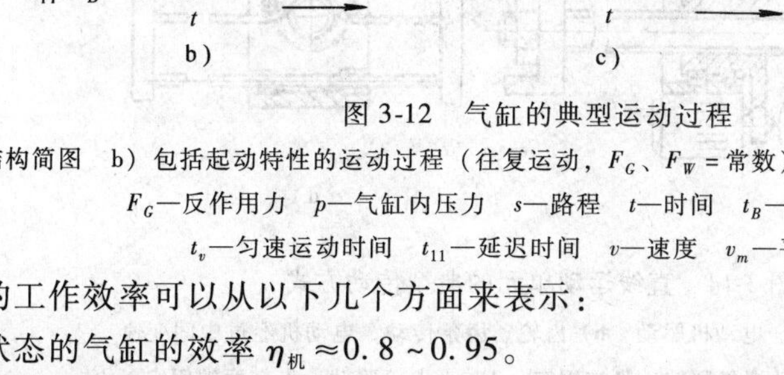

图 3-12　气缸的典型运动过程

a）结构简图　b）包括起动特性的运动过程（往复运动，F_G、F_W = 常数）　c）阶跃负载时的动态特性
F_G—反作用力　p—气缸内压力　s—路程　t—时间　t_B—加速运动时间
t_v—匀速运动时间　t_{11}—延迟时间　v—速度　v_m—平均速度

气缸的工作效率可以从以下几个方面来表示：

工作状态的气缸的效率 $\eta_{机}\approx 0.8\sim 0.95$。

从静止状态起动的气缸的效率 $\eta\approx 0.7$。

由于系统的压力损失引起的效率 $\eta_{压}\approx 0.75\sim 0.9$。

可自由编程的气动轴在没有挡铁的情况下定位精度可以达到 ±0.2mm（图 3-13），在将要达到预定位置时通过节流阀控制运动由快速转向蠕动。

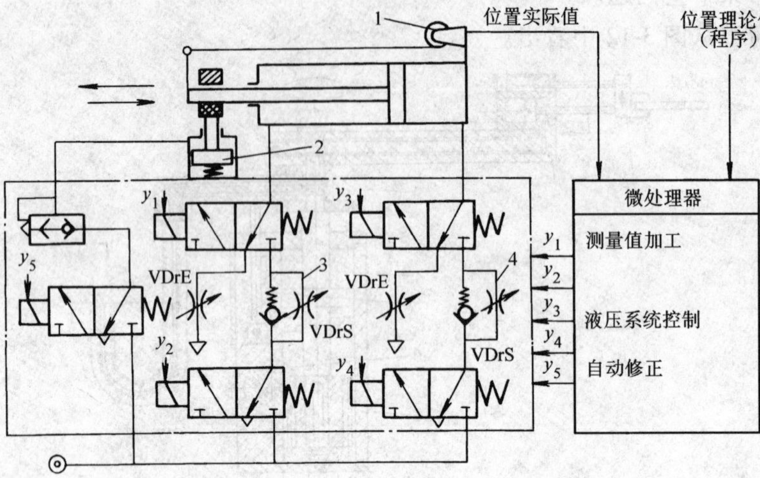

图 3-13　可以自由定位的气动直线运动单元

1—路程测量系统　2—制动器　3—VDrE 节流阀（快速运动时）　4—VDrS 节流阀（低速运动时）

在信号加工单元把反馈回来的实际位置信号和理论值作比较，偏差值再经过放大驱动气缸达到准确的位置。这样不断地检测，不断地修正。修正量不是一个常数，而是一个变量，即通过自适应的方法实现高精度定位。

运动单元可以采用各种不同的方式（图 3-14）。定位方法可以采用凸轮控制、位置检测系统或可自由编程的控制系统。可对话的数据接口也属于后者。

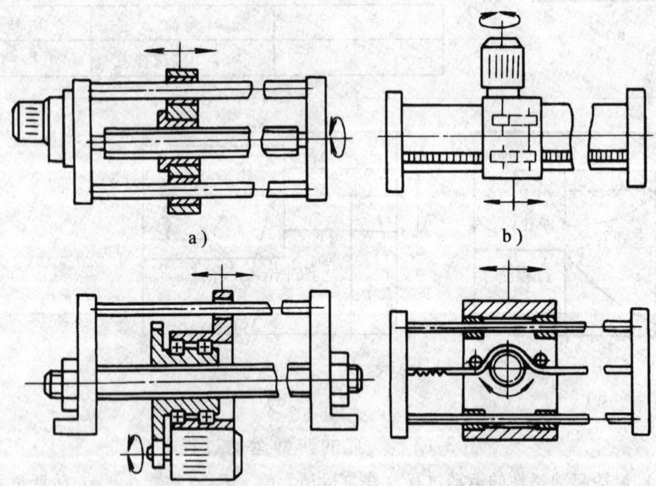

图 3-14　直线运动单元的典型传动方式

a）丝杠、导杆、电动机驱动　b）齿轮、齿条传动，电动机经过中间变速
c）电动机带动螺母回转，丝杠固定　d）小齿轮驱动，齿带两端固定

图 3-15 所示的是一种转角可以在 0°～180°之间无级调节的机构。这样的回转单元经常用来带动机器人的手臂回转，用户可以根据所带的负载计算所需要的力和力矩。图例所给的这种结构的惯性矩可以按下式计算

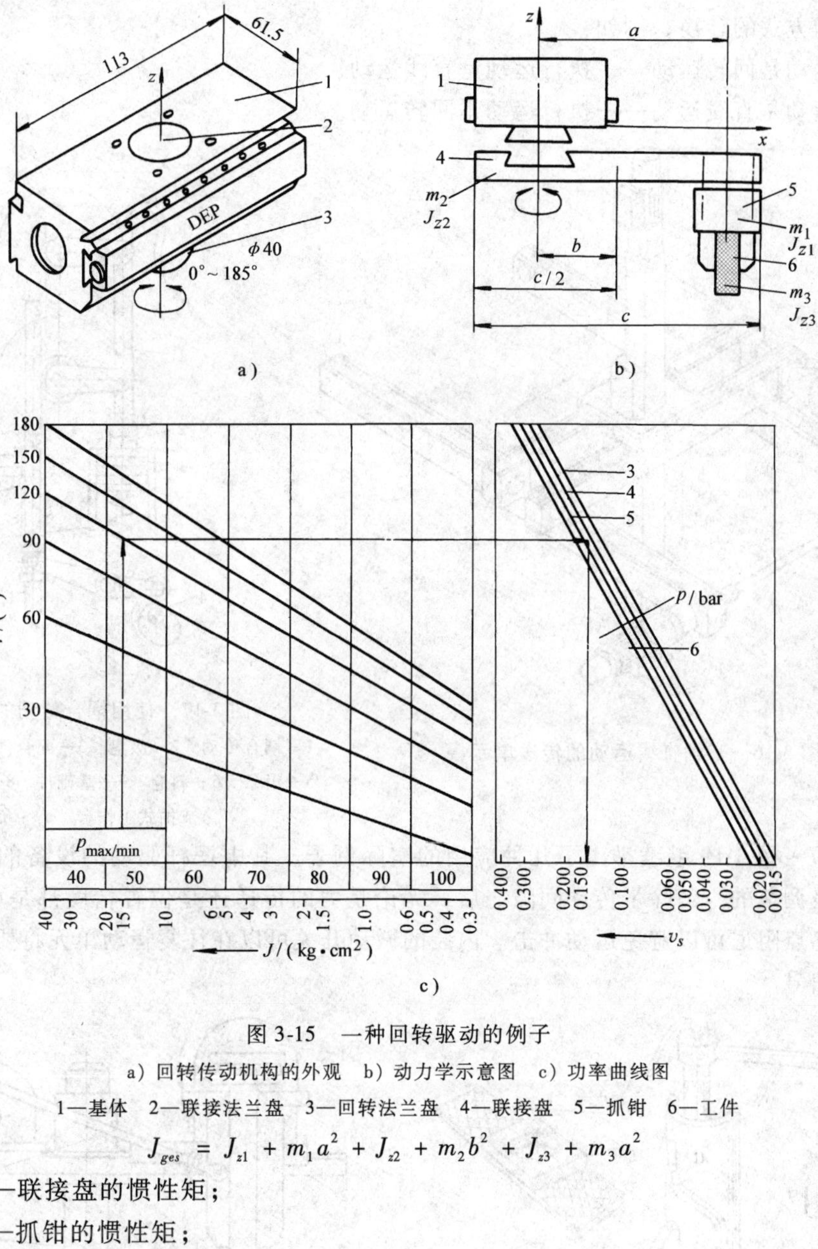

图 3-15　一种回转驱动的例子

a）回转传动机构的外观　b）动力学示意图　c）功率曲线图

1—基体　2—联接法兰盘　3—回转法兰盘　4—联接盘　5—抓钳　6—工件

$$J_{ges} = J_{z1} + m_1 a^2 + J_{z2} + m_2 b^2 + J_{z3} + m_3 a^2$$

式中　J_{z1}——联接盘的惯性矩；

J_{z2}——抓钳的惯性矩；

J_{z3}——被抓的工件的惯性矩；

m_i——质量。

在垂直抓取的情况下，这种回转单元的负载能力用下式来检验

$$m_1 + m_2 + m_3 < m_{zuf}$$

从计算图 3-15c 中，对应一定的转角 φ 可以查出相应的回转时间 t，例如：

惯性矩 $J = 15\text{kg}\cdot\text{cm}^2$，转角 $\varphi = 120°$，工作压力 $P_{max} = 5\text{bar}$（$1\text{bar} = 10^5\text{Pa}$）。

从计算图可以查出最快允许节拍 $n_{max} = 50\text{min}^{-1}$，每一个单行程的回转时间 $t = 0.12\text{s}$。

自动化装配机械的运动包含几个直线运动，几个回转运动或摆动运动，直线运动和回转

运动的复合运动等方式。图 3-16 所示的就是其中的一种组合运动方式。由于结构的原因往往需要运动方式的转换，例如：

驱动运动是回转运动——执行运动是直线运动；

驱动运动是直线运动——执行运动是回转运动。

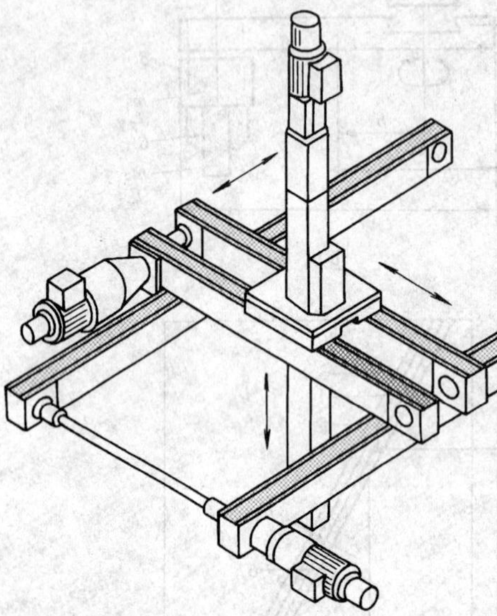

图 3-16 三轴直线运动的传送单元

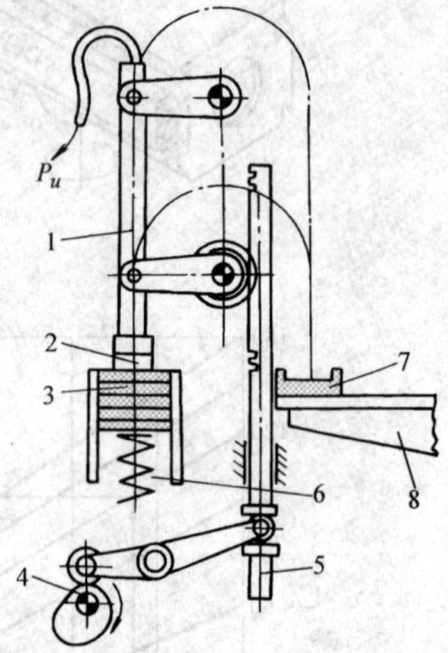

图 3-17 使用耦合传动的嵌入器

1—耦合传动 2—吸盘 3—配合件 4—控制凸轮 5—齿条 6—料仓 7—基础件 8—回转式或纵向节拍式工作台 p_u—负压

图 3-17～图 3-19 继续举出了几种应用的实际例子。其中摆杆驱动的设备的摆杆的摆角是可以无级调节的。消除了传动间隙之后，无论是力的传递还是位置精度都是可以保证的。通过运动终点阻尼可以避免运动冲击。内装的微动开关可以在往复运动单元将要到达终点位置时发出信号。

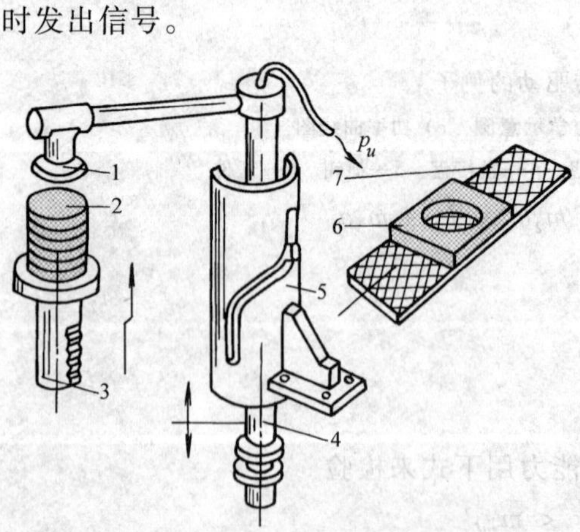

图 3-18 使用往复、旋转复合运动机构的嵌入器

1—吸盘 2—配合件 3—托起配合件的往复机构 4—升降杆 5—靠模 6—基础件 7—传送带 p_u—负压

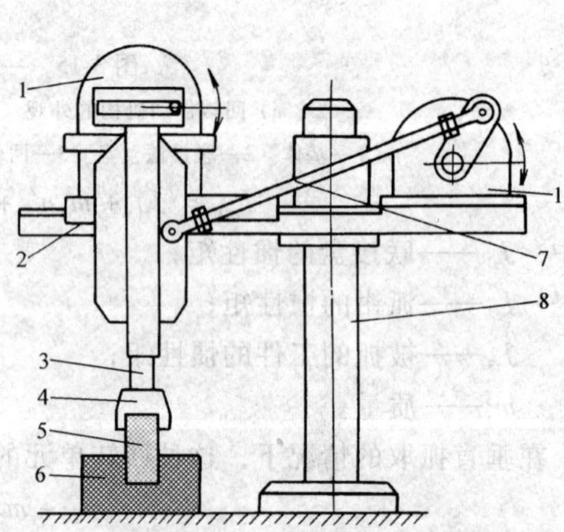

图 3-19 使用摆杆传动的嵌入器

1—驱动摆杆的气动马达 2—滑轨 3—滑杆 4—抓钳 5—配合件 6—基础件 7—连杆 8—立柱

固定程序的嵌入器的优点是运动速度快，完成一个循环的时间在0.7～3s之间。这对于自动装配机是理想的。

第二节　夹紧和保持单元

在装配操作中零件需要相对一个坐标系准确地定位和保持不变。所以以下条件是必须的：

1）用于配合件传递和安装操作的抓钳。

2）用于基础件的承受和夹紧的装置。

3）用于零件和联接件的保持装置。

在装配过程中，用夹具或保持具保证装配对象的位置和方向。

抓钳抓取被传送对象（配合件或联接工具）并在运动中保持它的一定的位置和方向。抓钳的结构形式取决于工件参数和工件特性，过程条件和工件准备的种类和方式。工件的准备状况可以区分为以下4种：

1）一个零件具有精确的点位和方向。

2）几个零件按一定秩序分布在一个平面上。

3）几个零件无序地分布在一个平面上。

4）一堆零件。

从一堆零件或一筐零件中抓取一个零件的操作，从成本的原因出发应该尽量地避免。

一个零件如何抓取，取决于要求的力、被抓取零件的几何形状和表面特性。配合件的最主要的保持原理是：

1）机械的（托起、夹住、儿面夹紧）。

2）气动的（负压、正压和气流）。

3）磁的（刚性的和柔性的形状适应）。

表3-5列出了这些原理的简图。

最经常使用的是机械式抓钳，其结构有平行式、弧形式、封闭式。选定抓钳时，首先要考虑其抓紧力 F_G 必须大于使工件从抓钳中脱出的所有力的合力。此合力取决于工件上作用力和工件的运动。

机器人的夹持器具有两方面的功能：夹持目标和移动目标。夹持最多可以有6个自由度，沿 x、y、z 轴的移动和绕 x、y、z 轴的转动。这6个运动自由度如图3-20所示。其中图3-20a显示人手如何夹持目标并使之实现6个运动。图3-20b表示如果夹持器夹持目标，为了实现6个运动，夹持器及其腕部应该具有什么样的结构。大多数夹持器只具有1～2个自由度，其他的运动由装配机器人的自由度来实现。即夹持器的开合运动只负责夹持和释放夹持目标，与夹持目标的运动轨迹无关。

在运动方向上，仅仅和抓钳接触的平面上没有摩擦力。必须有一对大小相同方向相反的力作用在工件上才能产生摩擦力。

如果让物体沿 x、z 坐标方向移动，绕 z 坐标轴转动，物体上作用的力如下：

1）重力 $G_{ws}=mg$。

2）惯性力，由于摆动产生的 x 方向的离心力，$F_w=mr\omega^2$。

表 3-5 保持原理

保持力	举例
置入 嵌入 $F_G=mg$ $F_H=F_G\mu$	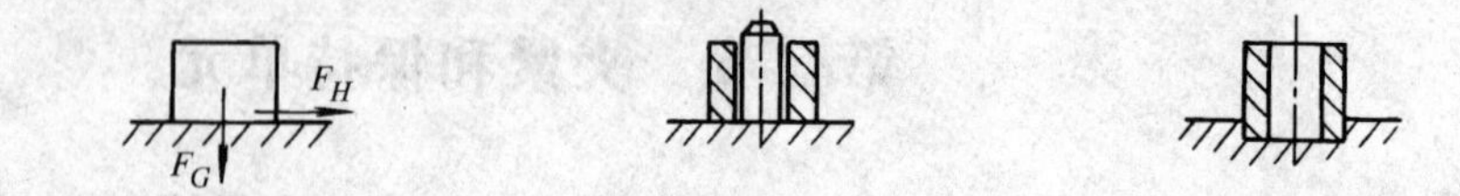
附着力 $F_H=F_G+F_Z$	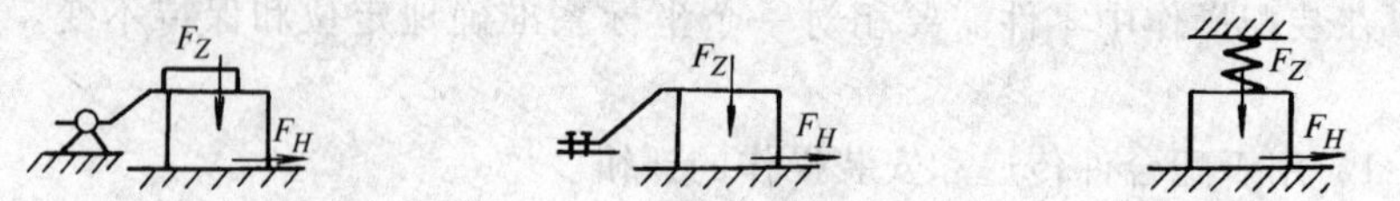
包裹	
吸/压(缩)空气 $F_H=Ap_U$	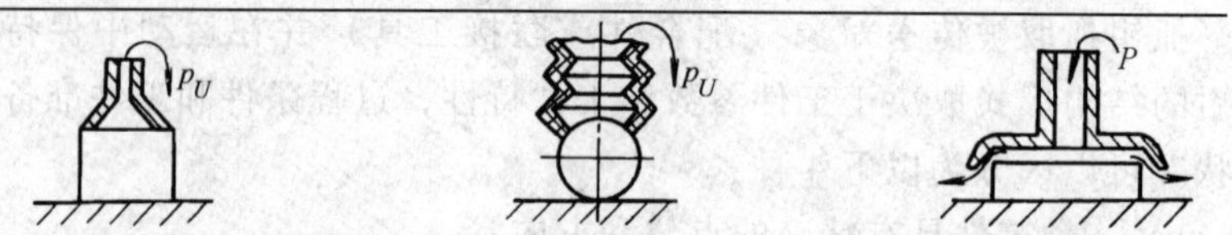
磁铁吸引 $F_H=Af_A$ $f_A=\frac{B^2}{2\mu_0}$	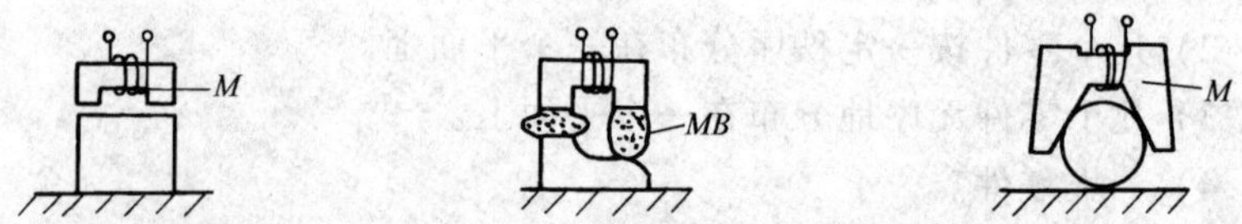

注：A—磁极面积或吸附面积 B—磁流密度 F_G—重力 F_H—保持力 F_Z—附加力 f_A—单位吸引力 P_U—负压空气 P—压缩空气 MB—柔性磁铁，铁磁性的颗粒装在套里 M—磁铁 μ_0—绝对导磁率

3）惯性力，由于 x 方向上的直线运动产生的 x 方向上的力，$F_{t(x)} = m\ddot{x}$。

4）惯性力，由于加速度摆动或由于科氏加速度产生的力，科氏加速度指的是绕 z 轴旋转的同时又有沿 x 轴的直线运动。$F_{t(\omega)} = mr\varepsilon$。

5）惯性力，沿 z 轴方向作垂直加速运动时有 z 方向惯转力，$F_{t(z)} = m\ddot{z}$。

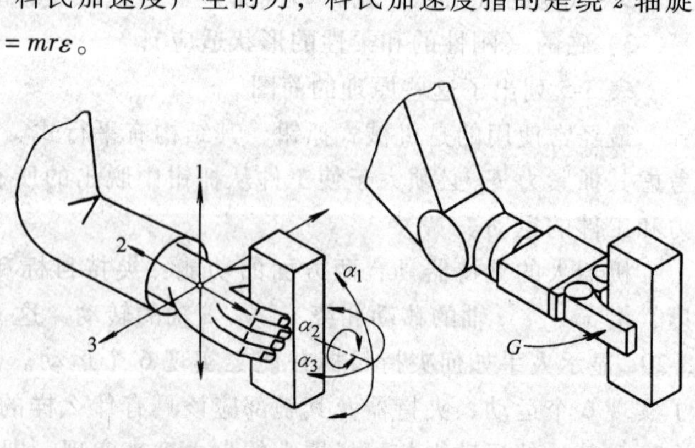

a） b）

图 3-20 人手可以实现的 6 自由度运动

在图 3-21 中，工件的质心位于 TCP，以至于抓钳绕 x 轴的转动可以忽略。

TCP（Tool center Point）是一个想像的点（参考点）。可以想像物体的质量都集中在这一点上，整个物体可以作为一个点来处理。

抓紧力由下式得出

$$F_G = \frac{F_R}{\mu}$$

在绕 z 轴加速回转时出现惯性力

$$F_w = \frac{F_R}{\mu} + F_{t(\omega)}$$

在大部分情况下抓取设备并不是沿所有的轴同时运动。以至于在确定抓紧力的时候，可以以最大作用力、重力和离心力为基础。所以摩擦力可以由下式确定

$$F_R = 0.5m\sqrt{(r\omega^2)^2 + g^2}$$

所要求的抓紧力 F_G，可按下式计算

$$F_G = \frac{m}{2\mu}\sqrt{(r\omega^2)^2 + g^2} + mr\varepsilon$$

式中　g——重力加速度；

m——工件质量；

r——工件到回转中心的距离；

$\ddot{x}$——加速度；

ε——角加速度；

ω——角速度；

μ——摩擦系数。

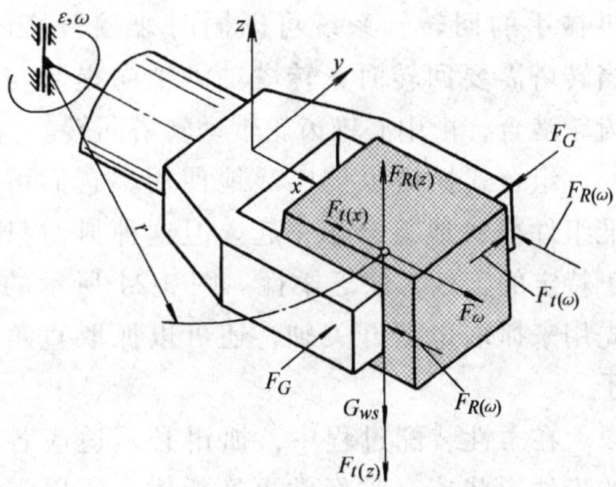

图 3-21　抓钳上作用的力

因为在传送过程中作用力的方向和大小总是在变化的，所以要求的抓紧力 F_G 大于运动过程所产生的合力是明智的。在物体上存在这样的介入点，从这一点抓取就只需要较小的抓紧力和较小的抓钳。

除了计算要求的抓紧力，还要求出必要的钳口行程 H，以便选择合适的抓钳。配合件的抓取可以从侧面（径向）抓取，也可以从端部抓取。图 3-22 所示的是径向抓取的方法。其钳口行程 H 计算如下

$$H = R2 + \frac{\Delta S}{2} + S_1 + S_3 + \left(\frac{R2}{\tan\alpha} + S_2\right)\cos\alpha - \frac{R1}{\sin\alpha}$$

位置误差 ΔS 由各个环节可能出现的误差组成

$$\Delta S = k\sqrt{\Delta S_4^2 + \Delta S_5^2 + \Delta S_6^2}$$

式中　$R1$、$R2$——零件直径；

S_1——夹紧时的行程储备量；

S_2——为保证夹持最大直径的零件时的接触点的延长量；

S_3——抓钳打开时的附加行程长度；

S_4——抓取设备的最大位置误差；

S_5——工件在预备位置的最大位置误差；

S_6——钳口的最大位置误差；

k——安全系数，如 $k=1.5$。

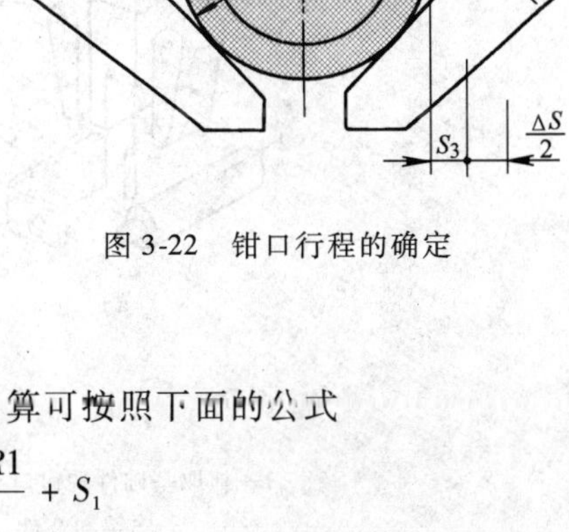

图 3-22　钳口行程的确定

在轴向抓取的时候只需较小的钳口行程就够了。

如果钳口的形状是一对菱形，那么钳口行程 H 的计算可按照下面的公式

$$H = \frac{0.5\Delta S + S_3 + R2 - R1}{\sin\alpha} + S_1$$

还有一种抓钳是专门为特定的装配而开发的。转塔式抓钳（图 3-23）是一种复合抓钳，

它是由几个抓钳共同安装在一个回转分度盘上组成的。它的工作过程是这样的：首先按照一定的顺序从外部设备上抓取一系列的零件，然后一个接一个地把这些零件安放到装配工位上。全部运动都是由一台工业机器人完成的，这种结构的抓钳的优点是节省时间提高效率。

转塔的转动一般不设一个单独的回转单元。机械手的回转轴系统可以同时兼顾转塔的回转。当转塔需要回转时，转塔轴沿轴向提起与中心锥齿轮啮合，由中心锥齿轮带动转塔回转。

组合式抓钳也被广泛地使用。它们可以由标准组件很快地组合在一起。但这种抓钳只能适用于特定的工件，缺乏柔性。图 3-24 所示的抓钳首先用来抓取电器开关轴，还可以抓取直角片和销子。

在柔性装配过程中，抓钳必须适应各种不同的工件形状或必须经常更换抓钳。所以需要抓钳的自动更换系统。也可以不更换整个抓钳，而只更换手指。图 3-25 示出了这种解决办法。

为了给基础件稳定准确的定位，需要基础件的定位、夹紧装置。这种装置应该保持基础件在装配过程中稳定不动。对于柔性自动化装配来说，这种装置要能适应同类工件的变种。这种保持具（夹具）可以通过更换钳口改变形状。

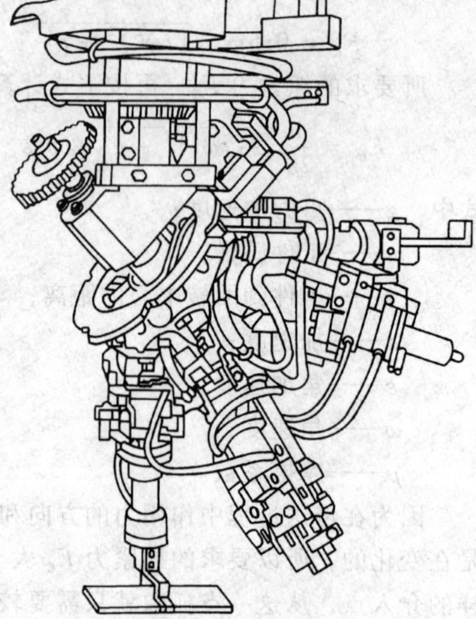

图 3-23 带有 6 个抓钳或联接工具的转塔式抓钳（SONY 公司）

有一种组合式的、便于调节的保持具。组成这种保持具的垫块、导轨是可调的，成形模块是可更换的。这些组成部分通过孔、螺孔或 T 形槽被固定在工件托盘上。

保持具本身的精度很高，基础件必须满足一定的精度要求（尺寸和形状公差），才能保

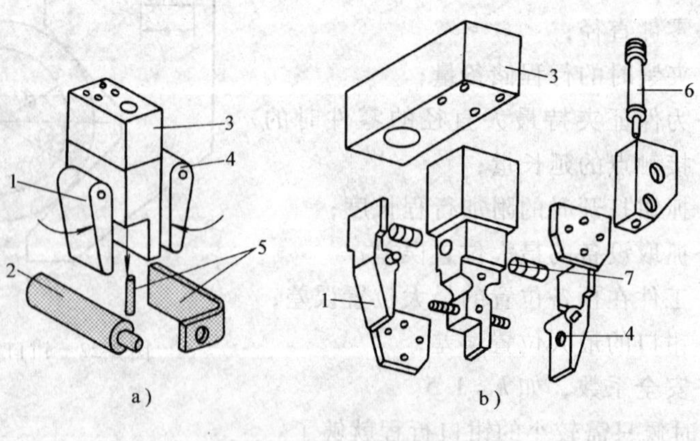

图 3-24 装配抓钳

a）抓钳原理 b）主要零件

1—抓取基础件的钳口 2—基础件 3—基体 4—抓取配合件的钳口

5—配合件 6—锁紧销 7—产生抓紧力的活塞

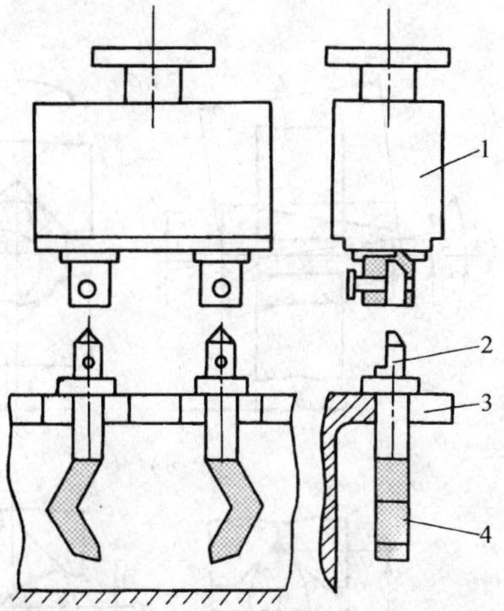

图 3-25　手指更换系统的结构原理

1—抓钳基础单元　2—耦合件　3—手指库　4—抓钳手指

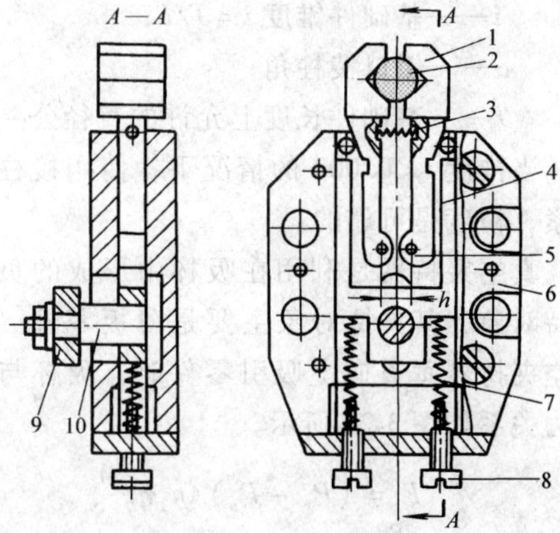

图 3-26　装配机上的一种自定心夹具

1—棱柱形夹紧钳口　2—基础件　3—撑开钳口的弹簧　4—推动钳口合拢的滑块　5—摆杆　6—基体　7—产生夹紧力的压簧　8—弹簧力调整螺钉　9—使钳口张开的滚子　10—滚子销

证在托盘上的准确定位。

图 3-26 所示的是一种自适应性夹具。这种夹具对工件直径的微小改变并无明显反应。因为钳口的两个回转点相距 h，这两个点与基础件和钳口的接触点位于同一直线上。距离 h 可以按下式计算

$$h = \frac{d}{2}\tan\left(\frac{\alpha}{2}\right)$$

式中　d——基础件直径；

α——棱柱角。

这里还没有考虑到工件的形状误差。例如椭圆形或锥形的工件。图 3-27 中示出了这一误差。

当工件截面呈椭圆，钳口棱柱角 $\alpha=90°$时

$$\Delta x = \Delta y = 0.707(a-b)$$

式中　a、b——椭圆的长半轴和短半轴。

当工件表面呈锥形时，存在误差 Δy_1 和 Δy_2，在 x 方向有与前述相似的误差

$$\Delta y_1 \approx l\sin\beta_y$$

$$\Delta y_2 \approx (L-l)\sin\beta_y$$

联接部位距离基础件的夹紧部件越远，所引起的位置误差也越大。从上式可以看出，不仅长度，而且倾斜角 β_y 对于位置误差的影响也是很重要的。

$$\sin\beta_y = i\sqrt{\frac{1}{\sin^2\left(\frac{\alpha}{2}\right)(4+i)}}$$

$$\sin\beta_x = i\sqrt{\frac{1}{\cos^2\left(\frac{\alpha}{2}\right)(4+i)}}$$

式中 L——基础件长度；

i——基础件锥度 $i=T/L$；

α——钳口棱柱角；

T——基础件长度上允许的直径公差。

当锥度 $i<0.003$ 的情况下，使用棱柱式钳口夹紧，精度是可靠的。

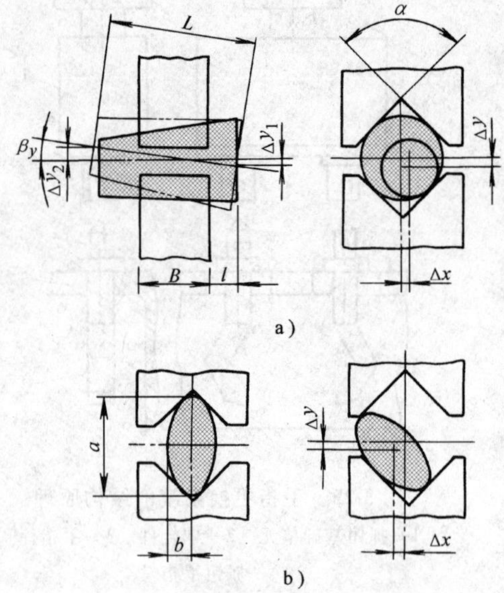

图 3-27 基础件的形状误差引起的夹紧时的位置误差

a）锥形零件 b）椭圆形零件

真空夹持器是利用在吸杯中形成的负压吸住夹持对象，其夹持对象主要是薄板零件。当采用真空夹持器垂直向上吸引零件时，吸杯与零件的受力关系如图 3-28 所示。

$$F=(P_o-P_u)An_3\eta z\frac{1}{S}$$

式中 A——吸杯的名义面积；

F——工作负载，被夹持目标的重力；

n_3——变形系数，吸杯材料越柔软变形越大，变形系数也越大，$n_3=0.6\sim0.9$；

P_o——大气压力；

P_u——吸杯内部压力；

S——安全系数，$S=2\sim3$；

z——吸杯数目；

η——系统有效系数，系统密封性越好，有效系数越接近于 1。

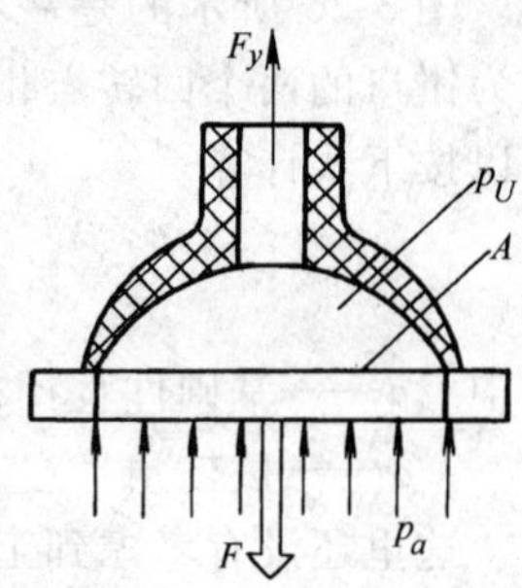

图 3-28 吸杯与夹持目标的受力关

高速运动时不仅要考虑重力，还要考虑惯性力和惯性矩。夹持位置和运动方向不同受力状态也不同，见表 3-6。

当吸杯轴线水平时，要考虑到摩擦因数是变化的。当被夹持物（例如玻璃、石头、塑料）清洁、干燥时，摩擦因数可取为 0.5，当表面有灰尘和油腻时，摩擦因数可取为 0.1～0.4。

在板材成型加工中，被夹持的材料，例如钢板等一般涂有一层润滑油，这时的摩擦状态应按流体摩擦来考虑，选择吸杯时要考虑到这种情况。

表 3-6 吸杯与夹持目标的几种典型力学关系

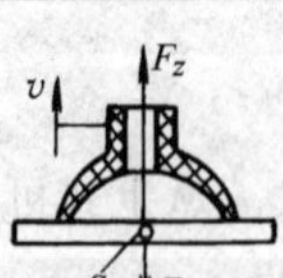	F 负载力总和 F_z 真空吸力 n_3 安全系数
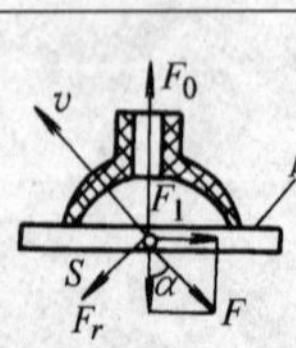	n_2 脱离系数 μ 吸杯与夹持对象之间的摩擦因数

（续）

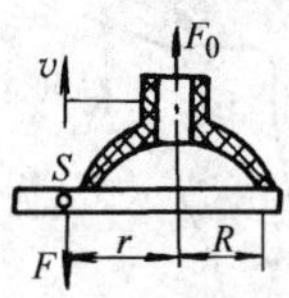	K_1　力作用线偏离系数 r　吸杯中心到夹持目标受力点之间的距离 R　吸杯外半径
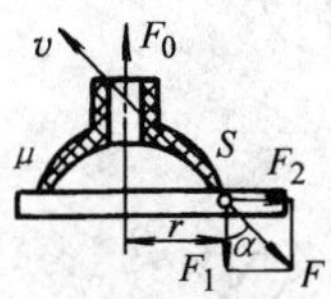	α　作用力方向与垂直方向的夹角 S　被夹持物的重心
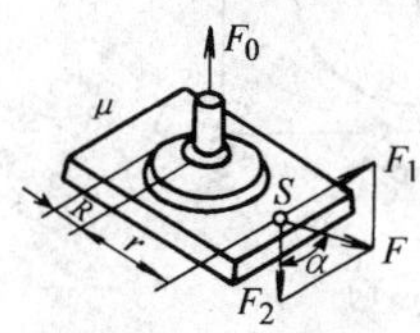	K_2　力作用线偏离系数
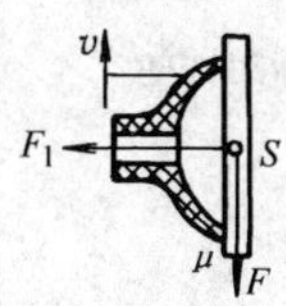	当 $\alpha=90°$时的情况： 吸杯轴线水平，吸附力小于吸杯轴垂直时的 50%

第三节　定 位 机 构

由于各种技术方面的原因（惯性、摩擦力、质量改变、轴承的润滑状态）运动的物体不能精确地停止。在装配中最经常遇到的是工件托盘和回转工作台。这两者都需要一种特殊的止动机构，以保证其停止在精确的位置。图 3-29 示出了这些止动机构。

对定位机构的要求非常高，它必须承受很大的力量还必须能精确地工作。下面以图 3-30 所示的定位机构为例说明其计算方法。例：

直径 760mm 的回转台，由一套 8 槽的马氏机构（没有闭锁圆柱）来推动，重力 $G=1200\text{N}$。分度次数 $n_T=40\text{min}^{-1}$，定位销尺寸：$D=25\text{mm}$，$l=100\text{mm}$，$a=25\text{mm}$，$\alpha=5°$。

一套马耳它机构作分度运动。圆工作台的初速度为 $\omega=0$。

工作台每次分度的回转时间

$$t_D=\frac{n-2}{2n}\times\frac{60}{n_T}=\frac{8-2}{2\times8}\times\frac{60}{40}\text{s}=0.56\text{s}$$

定位时间 $t_x=0.1t_D=0.1\times0.56\text{s}=0.056\text{s}$

为了把工作台停留在一个准确的位置所需要的力矩（是由弹簧产生的）计算如下

静摩擦属非线性问题，目前没有理论公式计算静摩擦力矩。工程上常用的近似公式为

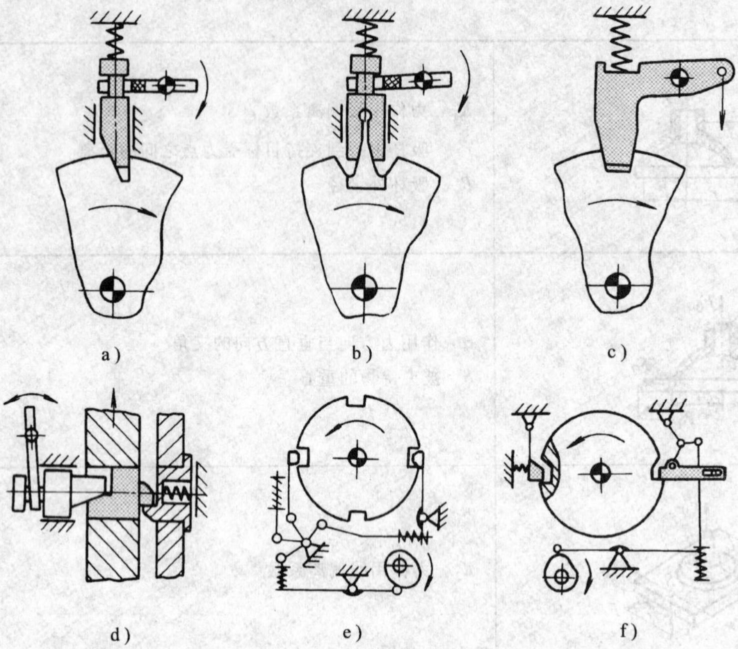

图 3-29 定位机构的原理

a）楔形销定位 b）楔形滑块定位 c）楔形杠杆定位 d）楔形销加反靠定位

e）杠杆定位，凸轮控制 f）杠杆加反靠定位

$$M_{st} = \frac{\mu_z d_0 P_0}{2}$$

式中 d_0——球轴承的平均直径；

P_0——当量静载荷。

其中，$p_0 = \frac{2\sum_{i=1}^{N} Q_i}{d_m}$（$d_m$ 为滚珠直径，在求当量静载荷的过程中，已经把滚珠直径作为量纲为 1 的常数）。

把 P_0 代入上式中，则有

$$M_{st} = \frac{M_z d_0}{d_m}\sum_{i=1}^{N} Q_i$$

式中 Q_i——轴承内力。

对于静摩擦 $\sum_{i=1}^{N} Q_i = G$（G 为被支撑零部件的重力）

因而有

$$M_{st} = \mu_z \frac{d_0}{d_m} G$$

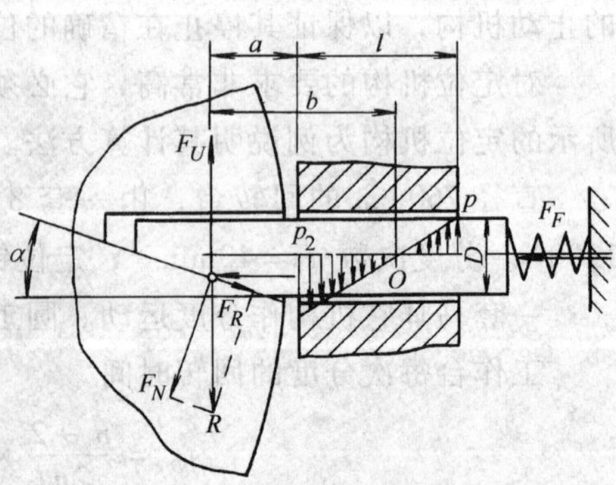

图 3-30 定位销的受力状态

静态力矩 M_{st}（摩擦力矩）由工作台内部的轴颈摩擦产生。轴颈摩擦因数 μ_z 对滚动轴承来说是 0.001 ~0.005，与一般的滑动摩擦因数是不能比拟的。

$$M_{st} = \mu_z \frac{d_0}{d_m} G$$
$$= 0.005 \times \frac{12}{1.27} \times 1200$$
$$= 57\text{N} \cdot \text{cm}$$

动态力矩 $M_{dyn} = J\varepsilon$

首先计算惯性矩 J，对于半径 r 的圆盘

$$J = \frac{r^2 G}{2g} = \frac{0.38^2 \times 1200}{2 \times 9.81}\text{N} \cdot \text{m} \cdot \text{s}^2 = 8.83\text{N} \cdot \text{m} \cdot \text{s}^2$$

式中　g——重力加速度。

考虑定位时间，角加速度 ε 由下式确定

$$\varepsilon = \frac{\varphi}{t^2}$$

$$\varphi = \frac{s}{r}$$

所以

$$\varepsilon = \frac{l_1 \tan\alpha}{r t_x^2} = \frac{30\tan 5°}{380 \times 0.056^2}\text{rad/s}^2 = 2.2\text{rad/s}^2$$

式中　l_1——定位销推入工作台的距离（a + 越程）；

s——与转角 φ 对应的圆工作外周的弧长；

φ——定位过程中工作台的转角。

代入动态力矩公式

$$M_{dyn} = 883 \times 2.2\text{N} \cdot \text{cm} = 1943\text{N} \cdot \text{cm}$$

代入总的力矩公式

$$M = (57 + 1943)\text{N} \cdot \text{cm} = 2000\text{N} \cdot \text{cm}$$

为了把定位销推入最终位置所需要的力

$$F_u = \frac{M}{r} = \frac{2000}{38}\text{N} = 52.6\text{N}$$

这个力是通过弹簧提供一个力 F_F 来实现的，它还必须克服自身运动的摩擦力。

定位销上还作用着由于侧向负载形成的对轴颈的面压力 p_1 和 p_2。受力表面可以看作半圆柱表面，作用于其上的力呈分布状态。在某一点上作用在销子上的横向力为零（即图 3-30 中的 O 点）。必须首先找出这一点，该点两侧的力呈标准分布。距离 b 可以按下式计算

$$b = l + a - \frac{1}{\sqrt{3}} = \left(100 + 25 - \frac{100}{\sqrt{3}}\right)\text{mm} = 67.3\text{mm}$$

表面压力 p_1 和 p_2 可按下式计算

$$p_1 = \frac{Fua}{l(\iota + a - b)D} = \frac{52.6 \times 25}{100 \times (100 + 25 - 67.3) \times 25}\text{N/mm}^2 = 0.009\text{N/mm}^2$$

$$p_2 = \frac{Fua(a + l)}{l(b - a)D} = \frac{52.6 \times (25 + 100)}{100 \times (67.3 - 25) \times 25}\text{N/mm}^2 = 0.06\text{N/mm}^2$$

对于软材料还要根据其极限考虑 2 ~ 4 的保险系数。

另外一种定位方法如图 3-31 所示。定位过程分为 3 个阶段：首先圆柱销由弹簧推动向上，影响这一过程的因素有 3 个：弹簧力、工作台角速度和倒角大小。圆柱销进一步插入定位套，由于工作台的运动惯性，定位销和定位套只在一个侧面接触。在第三阶段锥销也插入定位套，迫使工作台反转一个小角度，距离为间隙 Δs。工作台由此实现准确的定位。当然这一原理也可以应用于直线运动的托盘。

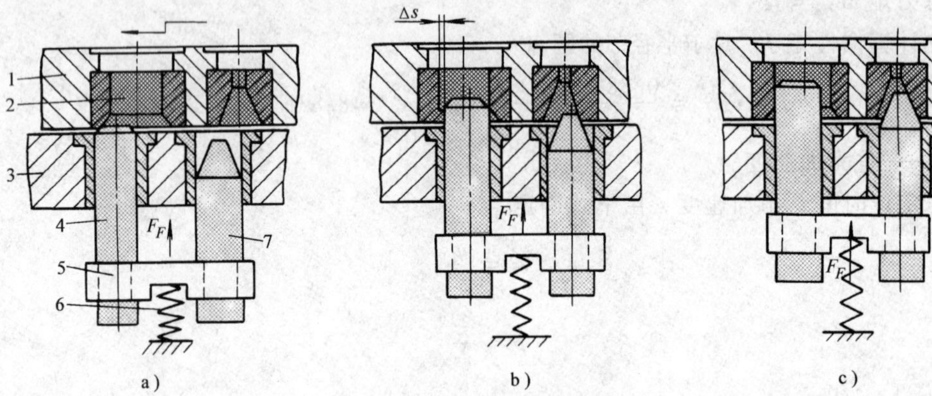

图 3-31 定位销的定位过程（例）

a）销子开始伸出做预定位 b）锥销开始伸出 c）定位结束，两销在相反方向与定位套贴紧

1—工作台 2—定位套，经淬火处理 3—支架 4—预定位销 5—联接板

6—弹簧、弹性力为 F_F 7—锥销

第四节 联 接 方 法

一、螺纹联接

螺纹联接工位用来完成螺钉、螺母或特殊螺纹的联接。

作为一个自动化的螺纹联接工位应该包括以下几部分功能：

1）基础件的供应与定位。

2）联接件的供应与定位。

3）旋入轴。

4）旋入定位和进给。

5）旋入工具和工具进给系统。

6）机架。

7）传感器（控制部分）。

8）向外部的数据接口。

图 3-32 所示的是一个柔性的螺纹联接工位。在这台机器上装有两个独立的料仓和两个可以自动更换的工作头。

每一种工作头，只适用一种规格的螺钉。现在人们试图把各种规格的螺钉分成若干组，每一种工作头适用于一组规格的螺钉，工作头的种类就可以少一些。

图 3-33 重现了螺钉旋入的全过程。当螺钉旋具下行时软管让开，下一个螺钉到位备用。当旋具退回时这个后备的螺钉落入导套。如此循环不已。

整个工位的中心是控制部分。在每一个工作循环之前都要进行全面检测，以保证各个环节和外部设备的功能。经检测证明一切正常之后工作循环才能开始。

在目前的自动化装配工作中，凡是重要的螺纹联接，其全部过程都是采用电子技术监测和控制的，以此保证装配的质量。

旋紧力矩、旋转角和其他旋入过程的诸项参数都被随时监测：

1）旋紧力矩与一个事先输入的极限值作比较。

2）自由旋紧力矩是指旋入或旋出时尚未到达终点时的力矩。

在螺纹加工不合规格，表面有污物或螺纹表面经过处理都会对自由旋紧力矩有影响。

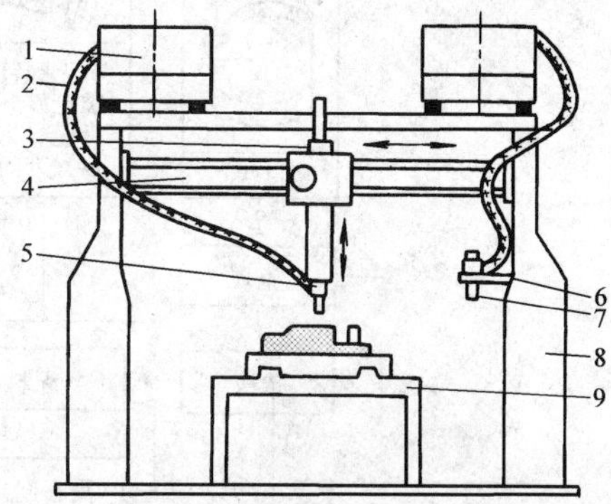

图 3-32　柔性螺纹联接工位

1—振动送料器　2—软管　3—旋入驱动装置　4—直导轨　5—工作头　6—更换系统　7—适合另外一种螺钉的工作头　8—门形支架　9—装配工位

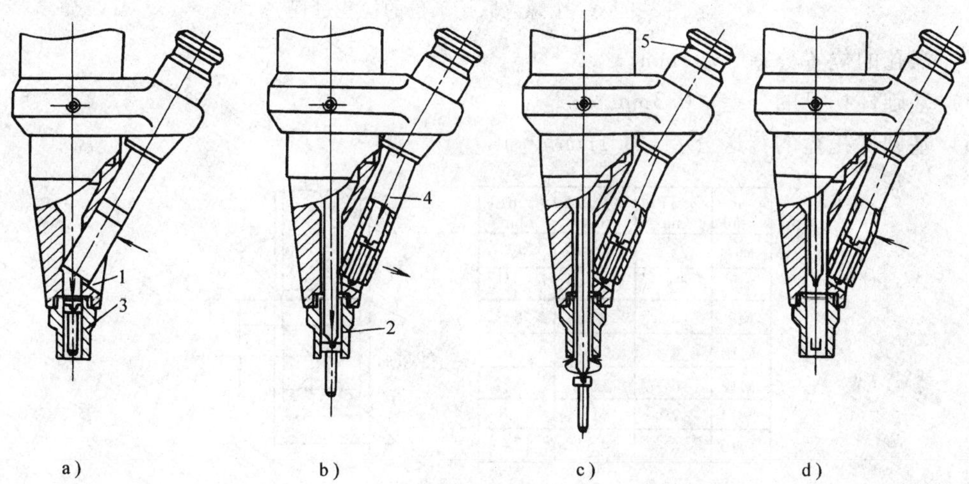

图 3-33　一个螺纹联接工位的工作过程

a）螺钉从软管进入导套　b）软管被挤开，开始旋入　c）一个螺钉已被旋入，下一个螺钉等待　d）螺钉旋具退回，下一个螺钉将要进入导套

1—旋入工作头　2—螺钉旋具　3—导套　4—送料软管　5—通向振动送料器的接头

3）旋入角是指螺钉到达预定位置以后还需要继续旋转的角度，与所需要的紧固力有关。

4）比值 $\Delta M/\Delta W$，在旋入角开始测量时二者呈线性关系；然后曲线上挠，斜率越来越大。

5）电流监测，把流经电机线圈的电流 I_{min} 和预先规定的极限值 I_{max} 作比较。由图 3-34 可以看出螺纹联接设备的技术要求是很高的。

在这里还有一个定位误差的问题没有涉及。在使用装配机器人作为螺纹联接件的定位系统时对定位误差作了如下规定：

1）装配机器人的定位公差　0.5mm。

2）抓钳更换系统的公差　0.1mm。

3）螺钉在螺钉接受器中的位置公差（M6×15）　1.3mm。

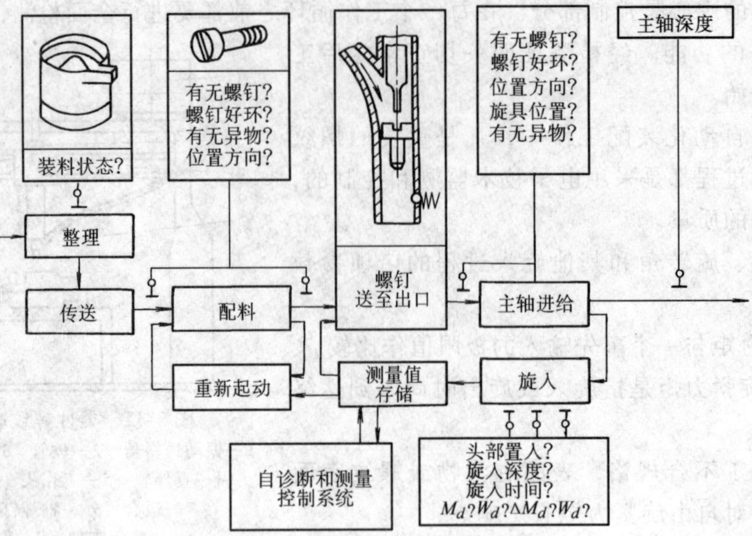

图 3-34 一个螺纹联接工位的检验过程

4）螺孔的位置公差 0.1mm。

5）基础件托盘的公差 0.3mm。

6）基础件托盘的传送公差 0.1mm。

d /mm	Z_2+IT14 /mm	Z_5±0.5 /mm	d_Z h13 /mm
M6	3	1.75	4.5
M7	3.5	2.25	5.4
M8	4	2.5	6
M10	5	3	7.6
M12	6	3.5	9.2
M14	7	4	11.0
M16	8	4.5	12.6

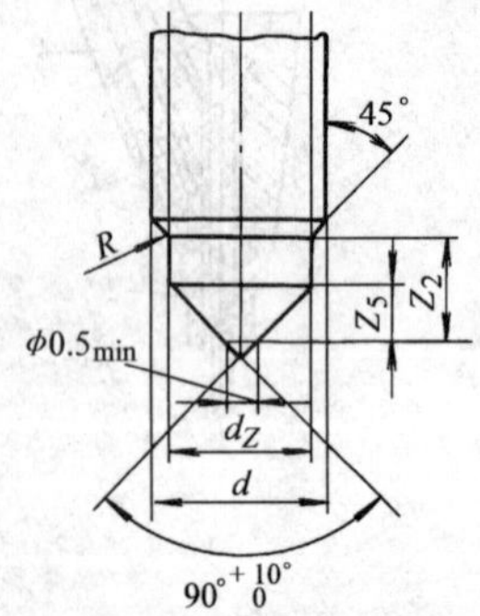

图 3-35 带有引导锥的螺钉

在最严重的情况下相对于理论位置的最大误差可能高达 2.4mm。旋入工作头必须有自动定心的功能。长度、直径比较小的螺钉尽可能避免使用。短螺钉的整理、传送和方向控制都比长螺钉困难。

越来越多的螺钉端部带有引导锥，见图 3-35。螺钉头部压出一个法兰，这都是为了满足自动化装配的要求。

关于螺纹联接单元还需要举出两个例子来说明。图 3-36 所示的是六角螺母的联接方法。

螺母旋紧套由送料系统不断地供应螺母，旋紧套带着螺母上升接近上面的螺栓，驱动齿轮带动旋紧套旋转把螺母拧紧在螺栓上。螺栓上方的辅具保持螺栓不被抬起来和跟着旋转。

图 3-37 所示为装配 M16 的六角螺母的专用设备。螺母由一台振动送料器供应，首先送入螺母料仓，由配料器每次分出一个。配料器退回，主轴一边旋转一边进给，主轴可以提供 200×（1+10%）N·m 的力矩。由隔离设备保持着基础件不跟着螺母一起转动。

二、压入联接

压入动作一般是垂直的，在零件质量大的情况下也采用卧式。如同螺纹联接的情况一样，压入之前必须使配合件与基础件中心对准。如图 3-38 所示，中心单元（左）开始向前滑动，直至与基础件接触，然后一个端部带有锥面的导向杆从里面伸出，这个中心导向杆在导入和压入过程中起到定心作用。压入动作可以碰到挡铁停止，也可以压入到一定的深度停止。在后一种情况下是靠一个路径测量电路发出信号命令压头停止。

压入联接的质量完全取决于压入过程本身。压入过程的监控是通过几个可编程的监控窗来实现的。以上 4 个环节是被监控的：

1）导入过程。

2）压入过程。

3）过程压力。

4）路径、终点控制。

整个系统的安全是由一套内装的监测系统来保证的。

经常碰到的压入联接方式是一经定位，立即压入，这是一种简单压入（图 3-39a），图 3-39b 所示为一种联合单元，这种单元由于力量流的原因，大的压力是无法实现的。

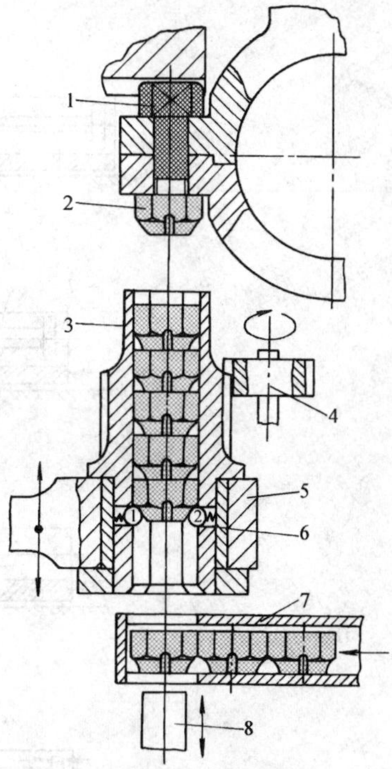

图 3-36　螺母装配器

1—螺栓　2—六角螺母　3—螺母旋紧套，外部是个齿轮　4—驱动齿轮　5—保持架　6—止退器　7—供料器　8—推杆

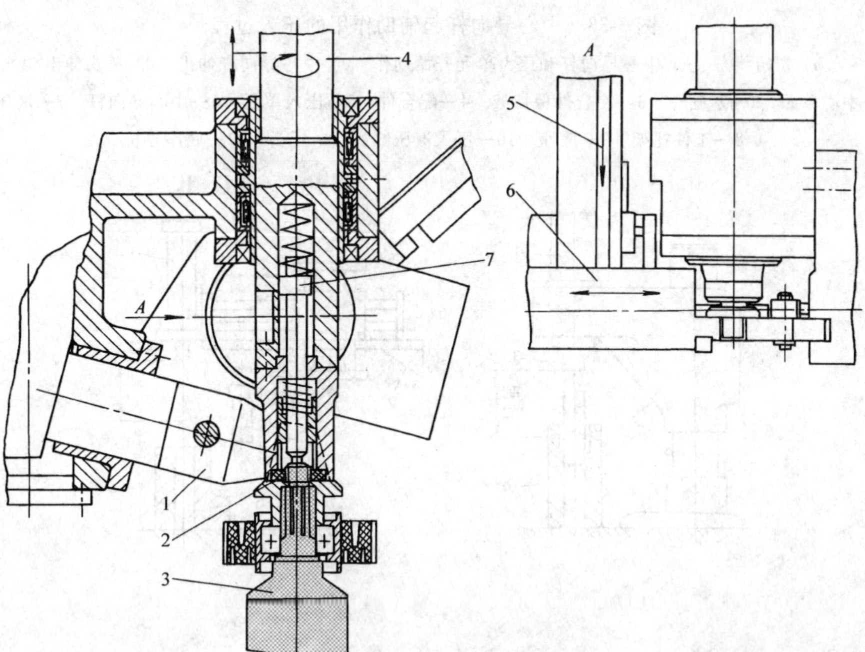

图 3-37　螺母旋紧单元

1—隔离设备　2—配合件　3—基础件　4—螺母拧紧运动主轴　5—螺母料仓　6—配料器　7—主轴

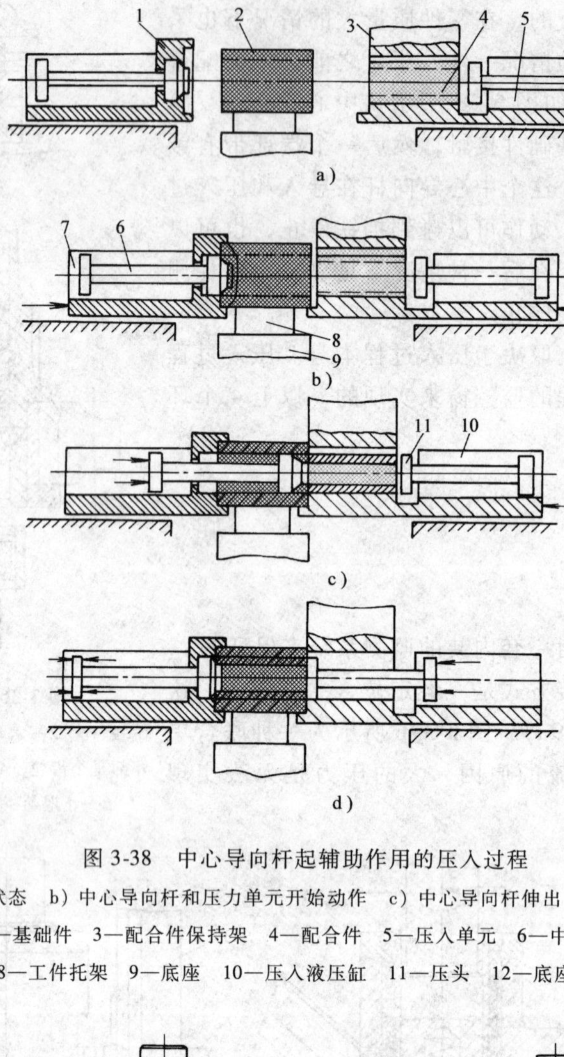

图 3-38　中心导向杆起辅助作用的压入过程

a) 初始状态　b) 中心导向杆和压力单元开始动作　c) 中心导向杆伸出　d) 压头伸出

1—中心单元　2—基础件　3—配合件保持架　4—配合件　5—压入单元　6—中心导向杆　7—液压缸　8—工件托架　9—底座　10—压入液压缸　11—压头　12—底座导轨

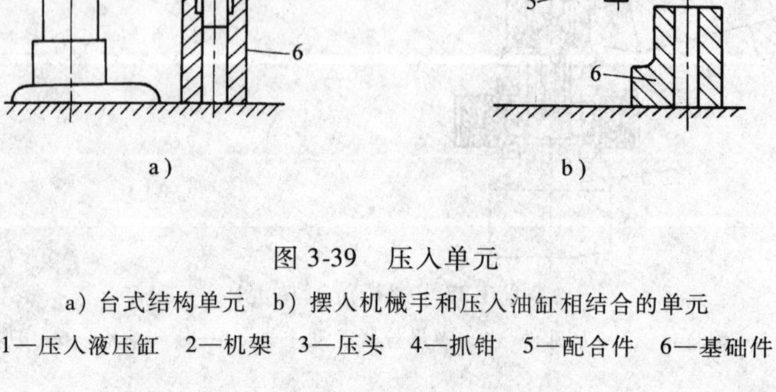

图 3-39　压入单元

a) 台式结构单元　b) 摆入机械手和压入油缸相结合的单元

1—压入液压缸　2—机架　3—压头　4—抓钳　5—配合件　6—基础件

滚动轴承的压装就是把事先联接到一起的两个环状零件套装到轴上（图 3-40），套装之后，基础件的夹具放松，以便定向轴的中心顶尖能够真正与基础件中心孔对准，为后续的装配作好准备。

压力可以由不同的能量转换方式产生，压力单元的驱动可以是：

1）气动。

2）液压。

3）机械动力。

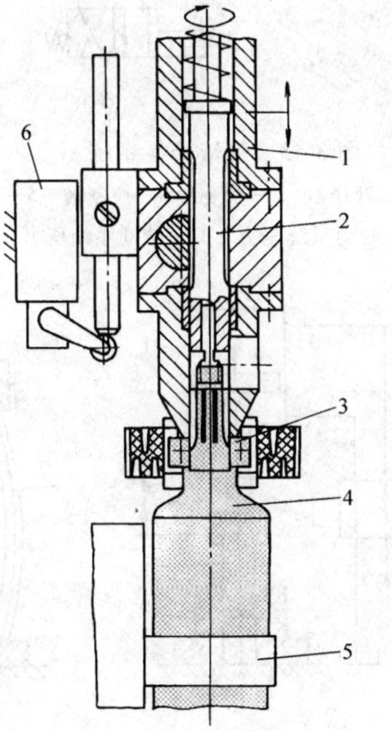

图 3-40 轴承的套装

1—压头 2—定向轴 3—配合件（轴承）4—基础件（轴） 5—夹具 6—行程开关

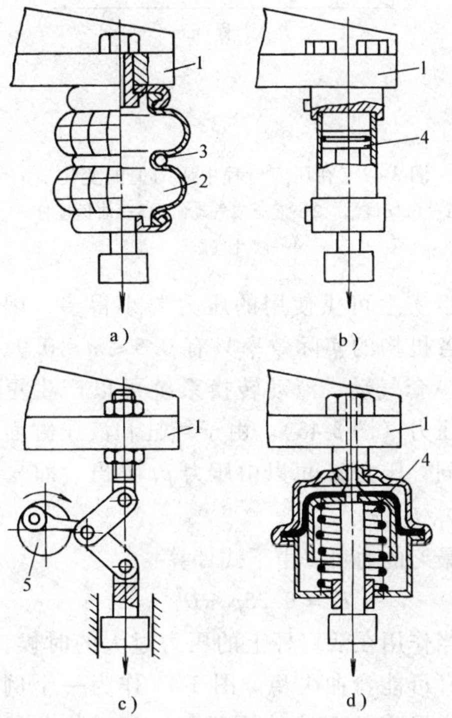

图 3-41 压力单元的驱动

a）Balg 气缸 b）差动气缸 c）曲柄 d）膜片气缸

1—固定支撑板 2—纤维加强橡胶 3—环带 4—活塞 5—偏心轮驱动

图 3-41 包含了几个例子。非常重要的是各种不同能量转换方式下的压力随行程的变化而变化。从图 3-42 看出压力是路径的函数。

膜片气缸具有一个高度柔性的膜气，可以实现没有爬行现象的运动。由于这个特性，可以实现运动过程的精密调节。而活塞却实现不了。在选择差动气缸时，起动时的理论压力可以按下式确定

$$F = p\frac{d^2\pi}{4}$$

式中 p——气体压力；

d——活塞直径。

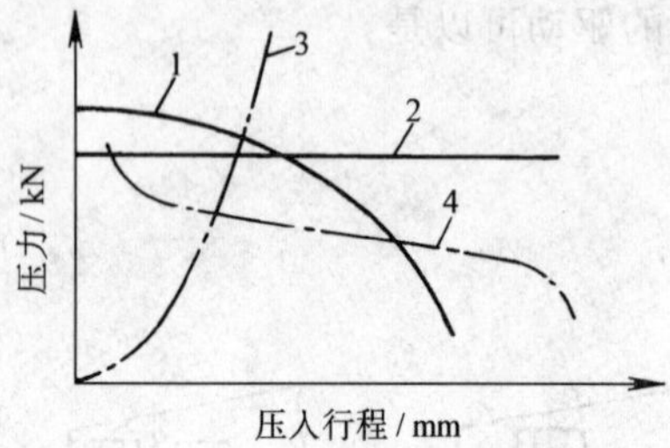

图 3-42 在压入行程中压力值的变化
1—Balg 气缸 2—液压或气动缸 3—曲柄连杆 4—膜片气缸

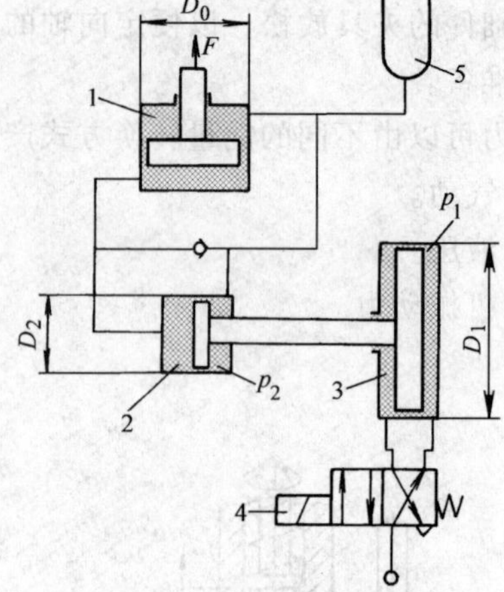

图 3-43 气液转换系统
1—压头 2—液压缸 3—气缸 4—控制阀 5—蓄能罐
p_1—气动系统压力 p_2—液动系统压力

事实上可供使用的压力要小得多，因为这各机构的实际效率只有 $0.5\leqslant\eta\leqslant0.9$。通过一套气动、液动转换系统可以产生更高的压力（图 3-43）。由于气缸和液压缸面积不同，压力 p_2 可以由压力 p_1 导出，即 $p_2=p_1D_1^2/D_2^2$。

最终的力可以由下式计算

$$F=0.25p_2\pi D_3^2$$

当作用在活塞杆上的压力过大的时候，活塞杆可能弯曲失稳。图 3-44 作为一个例子示出了液压系统的原理和活塞杆的负载状态。使活塞杆发生弯曲的压力可以由下式算出

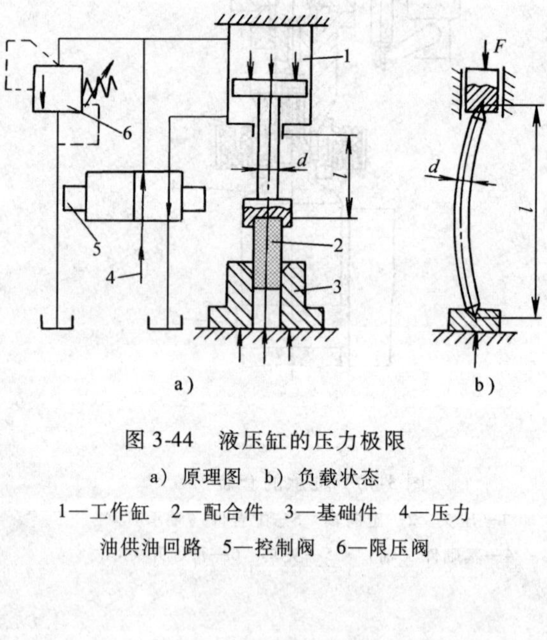

图 3-44 液压缸的压力极限
a) 原理图 b) 负载状态
1—工作缸 2—配合件 3—基础件 4—压力油供油回路 5—控制阀 6—限压阀

$$F=\frac{\pi^2EI}{l^2}$$

式中 E——弹性模量（N/cm^2）；

F——使活塞杆发生弯曲的压力（N）；

I——惯性矩（cm^4），对圆形截面：$I=\pi d^4/64$；

l——活塞杆长度。

为了确定许用压力 F_x，F 还必须除以一个系数 S，S 的取值范围在 3~6。

三、折边（卷边）

折边是一种经济合算的联接方法，而且适于把不同的材料联接到一起。从图 3-45 可以看出，折边的力是由一个弹簧产生的而且可以调整。该图所示的情况是把一只黄铜套与工程陶瓷相联接，而在这一过程中在陶瓷件上没有任何作用力。当压头下行遇到死挡铁，压辊 6

沿着楔形杠杆的斜面相对运动。折边工具因此向外张开。如果工作压力超过了弹簧 4 的力量，楔形杠杆上端合拢。用调整辊 3 可以预调弹簧的压力。

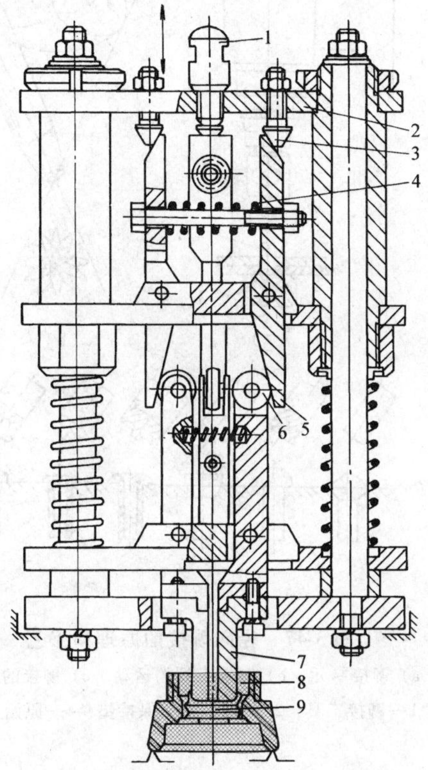

图 3-45 折边（卷边）设备

1—紧固栓 2—机架 3—调整辊 4—弹簧
5—楔形杠杆 6—压辊 7—折边（卷边）工具
8—工程陶瓷（基础件） 9—黄铜套（配合件）

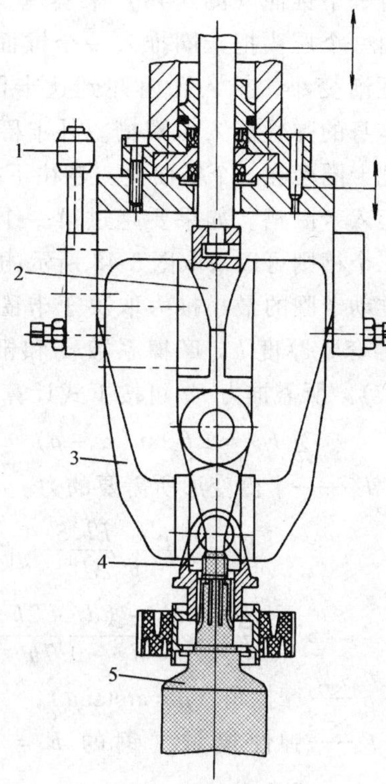

图 3-46 通过一个敛缝装置使六角螺母的紧固位置得以确保

1—行程控制凸轮 2—滑杆 3—敛缝工具
4—螺母 5—基础件（万向轴）

四、敛缝

敛缝是一种不可拆卸的联接方法，经常用于联接件的安全联接。图 3-46 所示的是一种联接工具，通过敛缝燃 3-23）是一种复合抓钳，它戍角螺母上部的圆筒形的沿被压入轴头两侧的槽内。敛缝钳被一个楔形的滑杆推动。

五、铆接

铆接可以以最高的精度联接工件，也是一种不可拆卸的联接方法。铆接机上的铆接工作头一般是由电动机驱动的，运动方式经常是摆动铆接和径向铆接。例如，当钢制铆钉的最大直径为 10mm 时所需要的功率约为 1kW。而进给运动则一般是气动的。

图 3-47 示出了一种径向铆接机的作用原理。这种铆接机噪声很小，而且对构件没有任何损坏，甚至对电镀表面都没有影响。铆钉的头部可以按照要求铆成各种不同的形状，相应的铆接工具也有各种不同的形状（图 3 47c）。

铆接的结构一般是不能回收再利用的。

六、弹性涨入

这种联接方法是通过联接件的预先变形产生联接力。在机械制造中最常用的是用于轴和孔的弹簧卡圈（安全环）。

弹簧卡圈的变形过程和装入过程都可以容易地通过一个锥面（图 3-48）来实现。内卡圈的装配先由一个压头把卡圈推入一个锥面，使卡圈的直径逐渐变小，推入孔内并到达卡圈槽的位置，依靠本身的弹性涨入卡圈槽。外卡圈的装配过程是先把卡圈套在一个锥面上，越往下推直径越大，最后落入卡圈槽。如果要越过第一个槽把卡圈装入第二个槽则可以采取图 3-48 所示的方法。

推动卡圈的最小推力取决于卡圈的名义直径 d_1 和导套壁厚度 h，摩擦系数 μ 和锥面的锥角 α（≤20°）。所需推力 F_F 可按下式计算

$$F_F = 2F_v'\tan(\alpha + \rho)$$

式中 F_v'——卡圈变形所需要的力。

$$F_v' = \frac{p'}{1-p} \cdot \frac{Eb^3S}{3D_n^2}$$

$$p' = \frac{\Delta d}{D_n} = \frac{d_3 - (d_1 - 2h)}{d_1 - 0.7b}$$

式中 ρ——摩擦角（$\rho = \arctan\mu$）；

E——弹性模量（钢的 $E = 2.1 \times 10^5 \text{N/mm}^2$）。

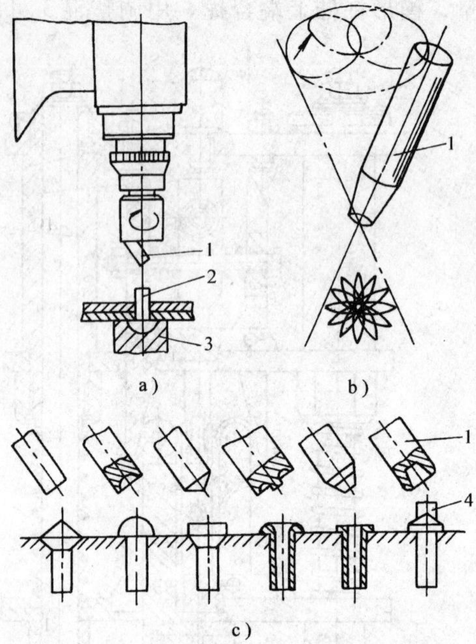

图 3-47 径向铆接的原理和工艺

a）铆接单元 b）铆接工具的运动 c）铆接的例子

1—铆接工具 2—铆钉 3—保持垫 4—原始形状

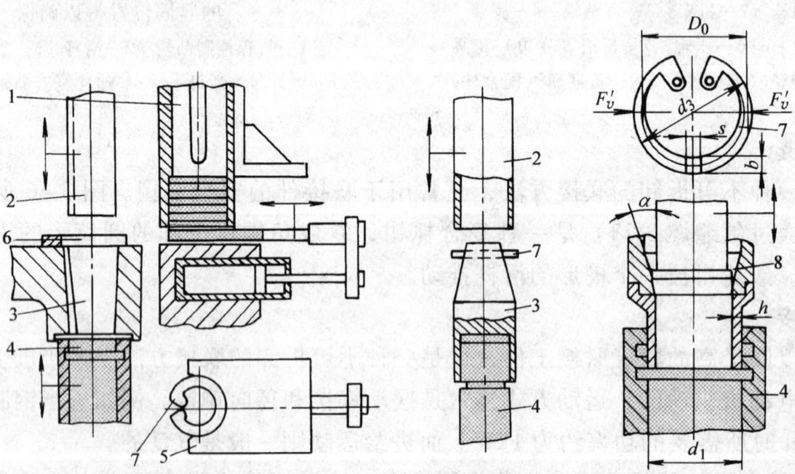

图 3-48 弹簧卡圈的装入方法

a）内卡圈的装配（注意卡圈压入时保持一定的方向） b）外卡圈的装配

c）借助于同心锥面装配内卡圈

1—料仓 2—压头 3—配合锥面 4—基础料 5—给料机 6—保持器 7—配合件 8—同心内锥面

导套的壁厚是个优化的问题。一方面不能过厚而引起卡圈的损坏，另一方面又不能在卡圈的挤压下引起直径扩张。

七、并接

插入或嵌入是经常使用的联接方法。在可能的情况下配合面要有斜面或倒角，这样位置误差可得以补偿。两个联接对象之间的作用力见图 3-49。力 F 是施加的外部压力，也可以由重力 mg 产生。

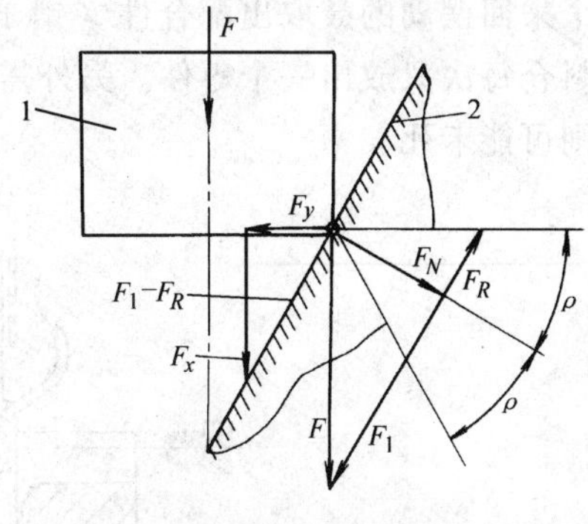

图 3-49　内锥面的受力状态

1—配合件　2—基础件

F_N—法向力　F_R—摩擦力

ρ—摩擦角

在插入或嵌入联接过程中如果两个配合对象卡死了（这种情况并不少见），就必须有一个补偿环节。它可以使配合对象的相对位置和方向稍微发生变化以便能正确地配合。这可以通过一个叠加的振动来实现，也可以通过控制系统检测位置误差再通过运动单元来补偿。

这样的运动单元可以根据要求的功能、空间和时间来选择。图 3-50 中示出了几个典型的例子。

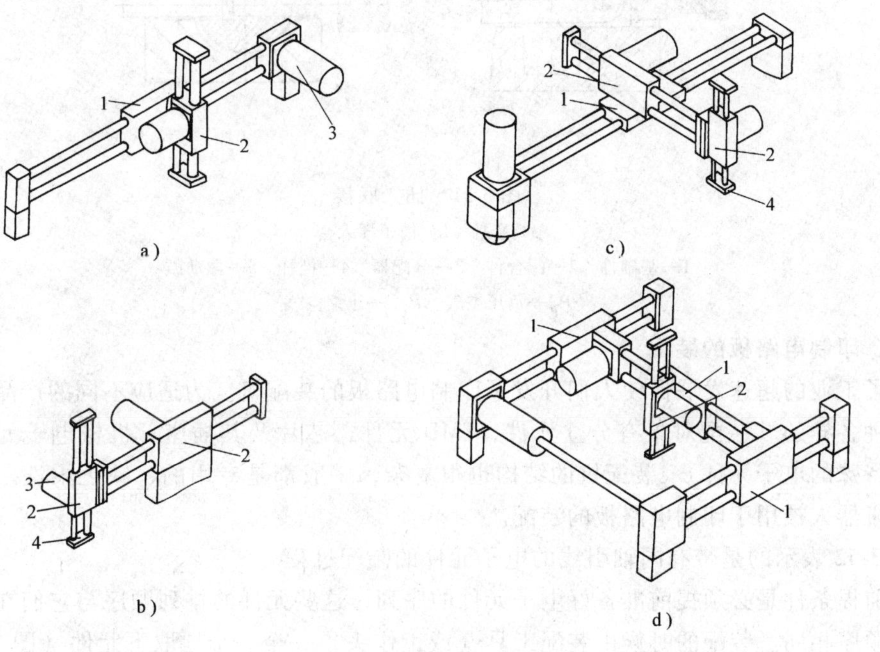

图 3-50　直线运动组合的实例

a）门式直线运动单元（自由度 $F=2$）　b）悬臂式直线运动单元（自由度 $F=2$）

c）上面带悬壁的门式直线运动单元（自由度 $F=3$）　d）矩形直线运动单元（自由度 $F=3$）

1—门式运动单元　2—悬臂轴　3—驱动电动机　4—联接抓钳的法兰盘

图 3 51 则是另　种装配方式的装配机。在这里物流方向是垂直的，装配方向则是水平的。

从料仓里取零件可以由负压空气来吸取。在联接过程中可以再切换成压缩空气。取件和联接动作可以由凸轮来控制，压缩空气和负压空气并不一定是必需的。图 3-51b 就是通过一个来回摆动的鼓取出配合件（销子）并改变它的空间位置和方向，用分配器控制物流，使料仓每次只放出一个零件。另外需要注意的是，在这种情况下销子的长度误差必须要小，否则可能卡死。

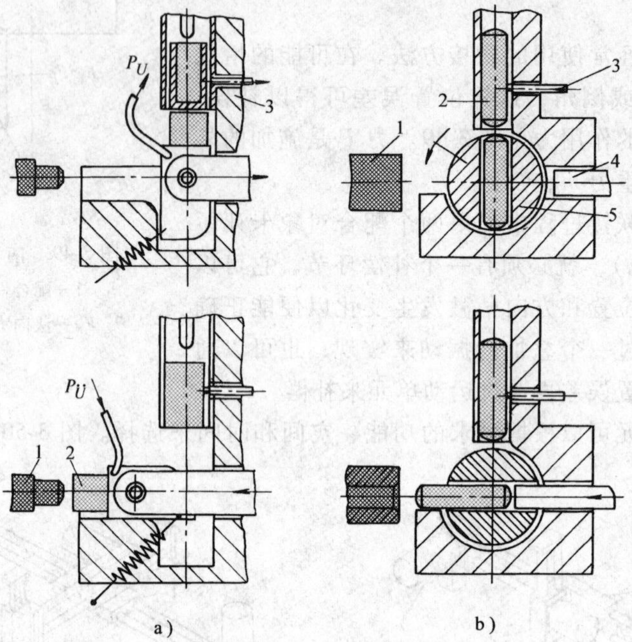

图 3-51 插入联接

a）套插 b）销子插入套

1—基础件 2—配合件 3—分配器 4—推杆 5—摆动鼓

P_U—负压空气 $P_{\ddot{U}}$ —压缩空气

八、印制电路板的装配

电子工业的超速发展促使人们开发了印制电路板的装配机。为适应不同的产品，装配机也是各种各样的（装配对象有分立元件，SMD 元件，芯片及其插座、机械电子元件、机械部件，特殊的电子元件）。装配机的结构也很复杂，一般都是专用的、缺乏柔性。今天越来越多的机器人被用于印制电路板的装配。

图 3-52 表示的是带有同轴引线的电子元件的装配过程。

其前提条件是必须提前准备好电子元件的序列，这些元件的排列顺序与它们在电路板上装配的顺序相同。装配的时候由装配工具（或工作头）一个一个地取下元件（图 3-53），折弯引线、插入电路板。

上述的装配技术今天来看已经是陈旧的了。现为 SMD 电路板的装配开发了专门的机器，这种装配机只适用于可以进行表面装配的元件。电子元件是粘接的而不是插入的，每小时可以装配 3 700 件。这种自动化装配方式每种都需要单独的传送带，8 ~ 12mm 宽的带子共有 60 种。当元件需要更换时，或者只更换一只带盒或更换整个存储块（含有 30 只带盒）。

装配机器人可用于继电器、插件、高压级联元件、紧固件等的装配。装配不同的元件可以使用不用的抓钳，抓钳可以自动更换，这样在很大程度上就实现了柔性。当然装配机器人的工作速度不如专用装配机那么高，它的一般节拍是 1. 5 ~ 2s。

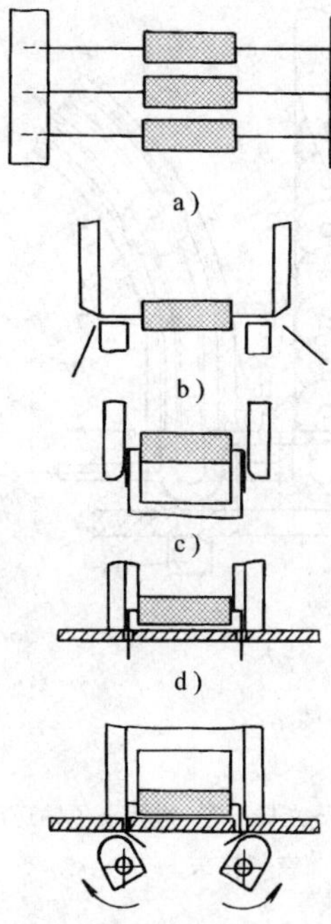

图 3-52　由传送带传送的电子元件的装配过程
a）传送带上的电子元件序列
b）从传送带上分离　c）折弯引线
d）插入印制电路板　e）引线端部折弯

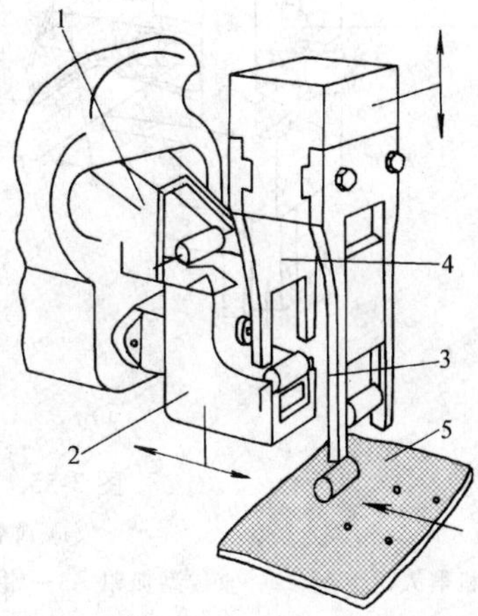

图 3-53　装配机的工作头
1—流动料仓　2—给料机　3—插入工具
4—折弯工具　5—基础件（线路板）

另外，当用装配机器人装配集成电路芯片时，芯片的“腿”应该稍微宽一点叉开（图 3-54）。这样当抓钳抓取芯片时，钳口就可以把芯片的“腿”向里挤到一个精确的尺寸。

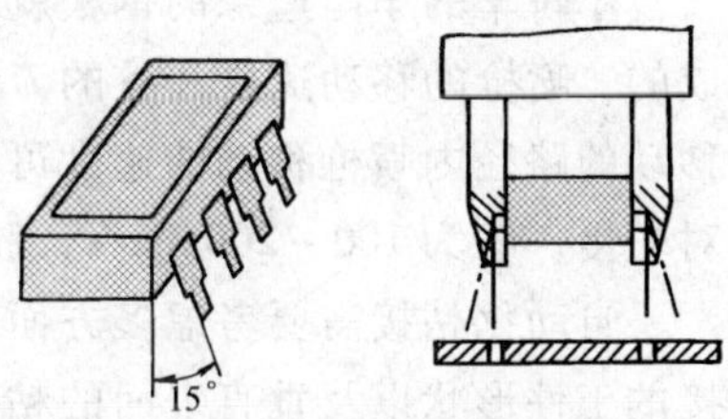

图 3-54　集成电路芯片引线“腿”的正确形状

目前，人们在设计印制电路板时就获得了与装配有关的数据，以便控制装配机器人自动化地装配。

九、弹性夹紧

弹性夹子作为一种联接元件是很经济的。因为它的联接运动最简单。弹性夹子由振动送料器供料、整理排列，然后通过成形管被压缩空气吹给机械手（图 3-55），机械手上的吸盘吸住弹性夹子送到联接工位，然后压缩把弹性夹子推入孔中。

全部联接过程可以分为以下几个阶段：

1）弹性夹子（在这里以胸针为例，见图 3-62）被输送到配合件的孔。

2）胸针的一条腿与配合件的孔接触。

3）胸针的两条腿都和孔接触。

4）联接力最大。

5）两条腿都穿过孔。

6）两条腿靠弹性张开，压紧配合件。

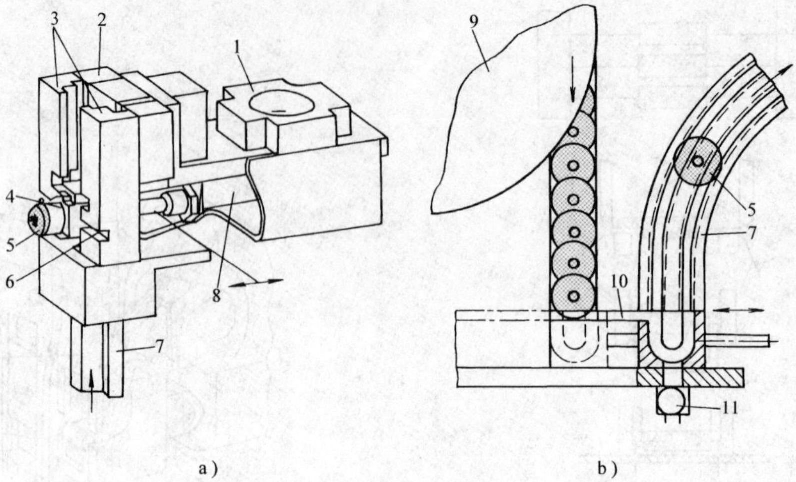

图 3-55　一个机械手中的弹性夹紧工具

a）弹性夹紧工具　b）弹性夹子供给

1—机器人法兰盘　2—直线型抓钳　3—钳口　4—吸头　5—弹性夹子　6—光栅　7—弹性夹子输送用成形管　8—压缩缸　9—振动送料器　10—供料器　11—压缩空气接头

十、粘接

粘结材料属非金属材料。通过它的表面附着力和内部强度把配合件互相联接到一起。粘结过程实现自动化的难度较大，因为它的粘度受到温度、配料等条件的影响，凝固也需要一定的时间。

小轿车的车门边缘的钢板就是用 PVC 胶粘结在一起的。涂胶的过程是由一台机器人完成的，喷枪的移动速度和胶的流动速度都得到精确的控制，所以胶涂得适量而均匀。在直线移动的路径内喷枪移动的速度可以达 500mm/s，在弯曲的路径内机器人手臂的移动的速度相对较慢，约为 100～200mm/s，胶的流动速度也相应地减慢，以保证涂胶的宽度始终一致。

自动化粘接需要考虑多方面的条件，其中包括被粘接表面的预处理、温度控制、适合粘接的工件形状以及垂直表面的粘接技术等。

第五节　位置误差的补偿设备

自动化装配的一个主要问题就是如何保证装配对象之间的确定的几何关系。这一过程称为对准或正确的安置定位。

安置定位就是在装配工作中把配合件按照要求的位置和方向排列的过程。

配合件的自由度由此而被限制，以使配合件的位置误差小于允许值。图 3-56 举出一个例子。这是一种极限情况，在这种情况下还勉强可以装配。总的误差 Δs 可以由下式计算

$$\Delta s = \Delta s_1 + \Delta s_2 + \Delta s_3$$

式中　Δs_1——基础件位置误差，例如由于托盘定位件的间隙造成的；

Δs_2——配合件位置误差，例如由于位置误差造成的；

Δs_3——由于配合件和模板的间隙产生的角度误差引起的中心位置误差。

位置误差 Δs_3 可以由配合的倾斜角 β 计算求得

$$\Delta s_2 = (0.5l + c)\sin\beta$$

式中　$\beta = \arcsin\dfrac{D}{\sqrt{d^2 + l^2}} - \arctan\dfrac{d}{l}$

允许的位置误差根据联接的方法和精度的不同而不同。例如在并接的情况下，在精度范围为 1/100 时允许的位置误差为 ±0.3mm。

关于误差补偿原则上有两种方式：

1）通过安置定位改变一个或两个物体的位置，在这一过程中勿需进行测量。

2）通过安置定位改变一个或两个物体的位置，在这一过程需要测量和定量调整，以实现精确的定位。关于这方面的内容第 6.3 节中还要叙述。

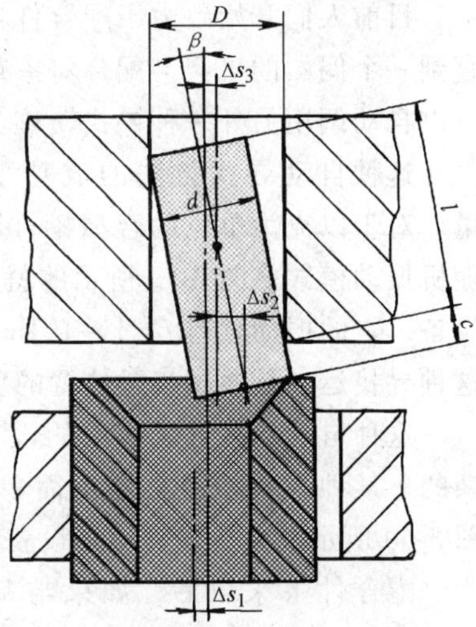

图 3-56　配合联接过程开始阶段的一般情况

第一种误差补偿方式很简单，图 3-57 示出了几种定心机构。这几种机构都是借助于侧向力使两个物体对准。侧向力可以通过弹性元件来实现。锥面可以起到定心作用。一个一个套在一起的弹性套也可以实现定心作用。

另外一种非控制补偿机构件叫做 RCC 环节。这个 RCC 机构（RCC = remote centre compliance）来自 Charles Stark Draper 实验室（USA）。这种机构既能排除中心位置误差又能排除角度误差。图 3-58a 所示机构的连杆可以围绕 D（模糊中心）点回转，侧面误差 Δs 可以通过另外一组连杆补偿（图 3-58b）。图 3-58c 是图 3-58b 的变种。这种补偿方法得以实现的前提条件是：联接辅助表面就是工件的接触表面。作为柔性元件经常选用弹性体或橡胶。

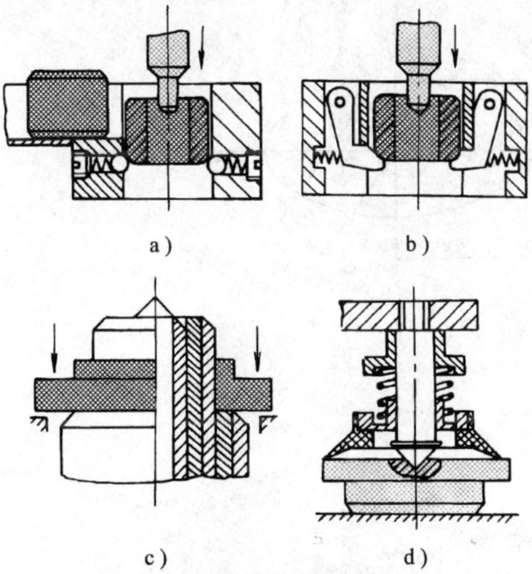

图 3-57　配合件的定心设备

a）钢球推挤　b）定心杠杆　c）弹性套　d）带中心锥的吸盘

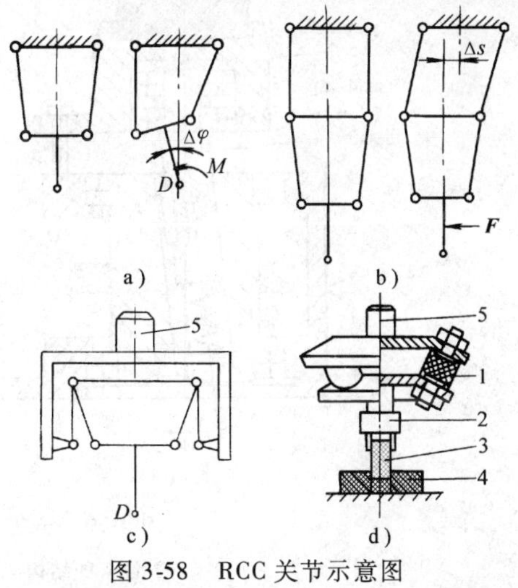

图 3-58　RCC 关节示意图

a）角度补偿　b）位置补偿　c）折叠式结构　d）装有 3 个橡皮弹性元件的执行器

1—橡胶　2—抓钳　3—配合件　4—基础件　5—安装轴颈

D—假想回转点　F—推力　M—力矩　Δs—位置误差　$\Delta\varphi$—角度误差

目前人们开始致力于配合件自动寻找正确位置的研究。配合件按随机的或预想的轨迹，直到一个偶然的机会与配合对象重合。这种寻找过程可以编程，当按照一种轨迹找不到时，可以自动调用另外一种寻找轨迹。

这种自动寻找方法的成功率取决于零件的质量。对于以克为单位的轻型零件可以采用非控制的随机振动模式。图 3-59 所示的就是这种模式的装配设备，它的振动频率 $f=1\sim10\text{Hz}$。在装配机器人上这种寻找运动是通过接触位置的反作用来控制的。

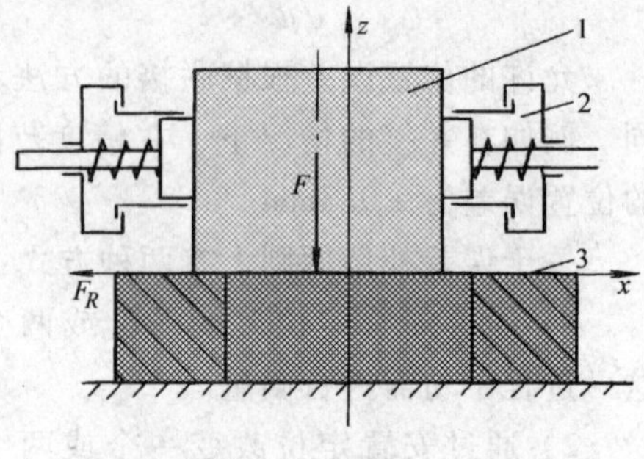

图 3-59 有振动寻找功能的装配设备

1—配合件 2—振动机构 3—基础件

F—联接力 F_R—摩擦力

这种自动寻找方法所用的设备并不一定是很复杂的。某种寻找轨迹可以由简单的机械运动产生。图 3-60 所示的就是这样一种设备。其功能如下：

配合件下来以后，如果与基础件的中心不重合，则配合件对基础件有一定的压力，这是最一般的情况。这时弯成曲柄的轴（倾斜角 $\alpha=3°\sim5°$）下降，基础件托盘沿螺旋线振动。托盘下降得越多，轴心偏移量越大；而在初始位置 $\Delta x=0$，$\Delta y=0$。在振动过程中的某一时刻配合件的位置误差 Δi 与螺旋线轨迹上的一点重合，配合件落入基础件。

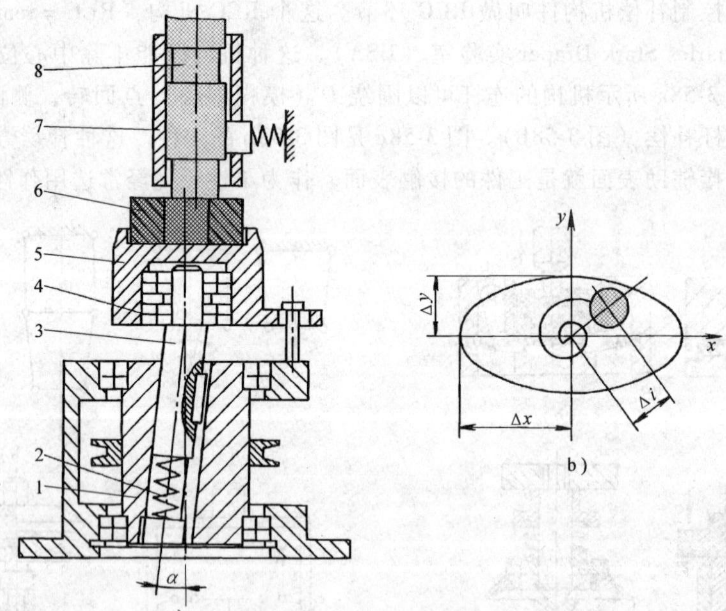

图 3-60 一种位置误差补偿设备

a）设备的结构 b）基础件的运动轨迹

1—转子 2—复往弹簧 3—弯成曲柄的轴 4—滚珠轴承 5—基础件托盘 6—基础件 7—料仓 8—配合件 Δx，Δy—寻找范围的边界 Δi—中心偏移量

如果这种寻找过程以负压空气、压缩空气、束射油流或磁场来辅助就可以避免配合对象在局部受力集中或碰撞。图 3-61a 是磁场辅助定心的方法。磁力线集中于锥形极面的尖端。

在磁场的作用下基础件原地振动，配合件的轴颈一旦对准基础件的圆孔就落入孔中。

图 3-61b 通过切向吹入涡流管的压缩空气使配合件产生蹒跚旋转，跌跌撞撞地就对准了螺孔，而且可以当时就初步旋入螺孔，当然要真正旋紧还要靠以后的工序。

靠气流的空气动力作用也可以使两个零件对准中心。如图 3-61c 所示，销子在气流的作用下可以被吸入孔中。

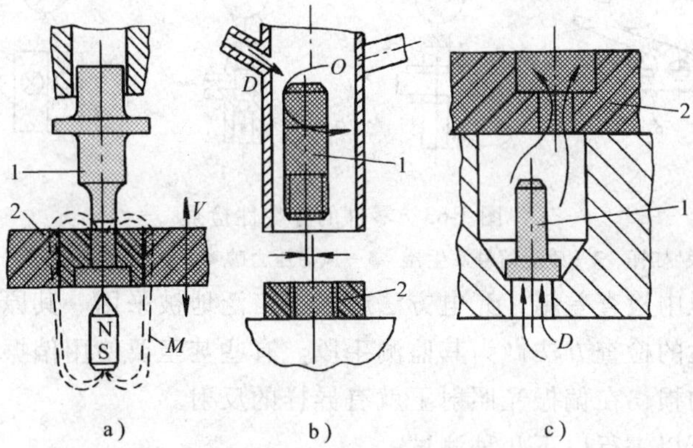

图 3-61　力场辅助定位

a）磁场辅助定心　b）蹒跚旋转法对中　c）空气动力对中法

1—配合件　2—基础件　*D*—压缩气体　*M*—磁场　*V*—振动

第六节　联接控制单元

对装配对象之间是否正确的配合进行检查是一台装配机的内部调整环。之所以这样重要有两个方面的原因：

1）当在一个工位上出现了干扰，例如供料出现差错，节拍误差等都会使整个部件的装配不能进行下去。即必须所有装配操作都准确无误，才能实现一个部件的自动装配。

2）出于生产组织方面的要求，要不断地采集联接质量的信息并记入档案。

联接控制就是要检查和确认在联接以及后续的操作中事先规定的物理量是否得到满足。

要检查某一个被装配件是否存在可以采用直接法或间接法。采用直接法时可以采用接触检查或不接触检查两种方法。若采用间接法时可以比较特征传动参数，包括把联接路径、联接力和电动机电流等与参考值相比较。

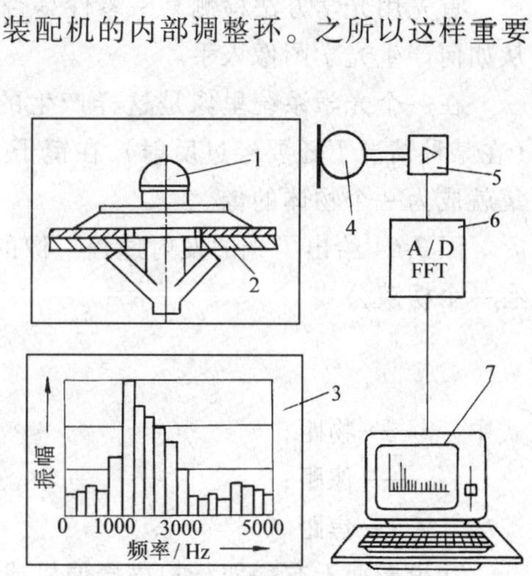

图 3-62　装配噪声的自动化评价

1—弹性夹子　2—配合件　3—频谱　4—麦克风　5—放大器　6—A-D 转换器　7—模式比较（与计算机中的参考模式比较）

图 3-62 示出的是一种噪声测量的原理，在装配过程中如果弹性夹子或配合件发生损坏，必然发出噪声，经过麦克风把噪声变成电流的变化，信号经放大器放大和 *AD* 转换，把所得到的频谱与计算机中预先存入的频谱相比较，就

能确定装配过程是否正常。

检查某个零件是否存在可以采用接触法或非接触法。图 3-63 示出了几种常用的方法。其中用弹性杠杆触摸的方法逐渐被非接触的信号发生器取代。后者可以做到检查过程无磨损，而且可以在高频率情况下可靠地工作。

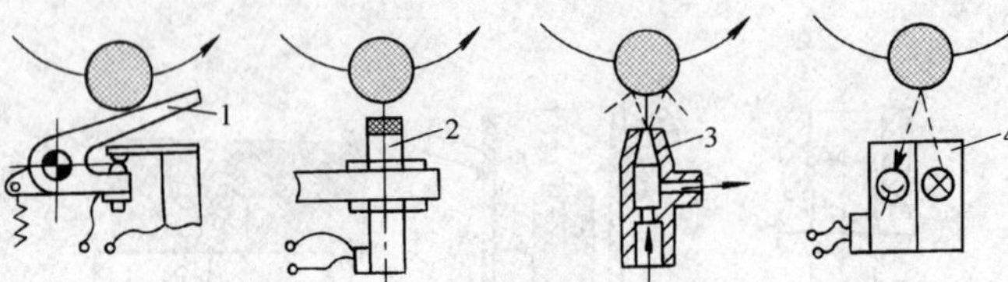

图 3-63 零件的存在性检查

1—接触杠杆 2—感应信号发生器 3—风滞压力喷嘴 4—光线反射信号发生器

为了在装配过程中检查差错，光电方法越来越广泛地被采用。其原因是许多的配合件或部件要求一种可见性的检查方法做为其监测手段。有些甚至要使用偏振光，因为高光洁度的表面如果受到意外的损伤在偏振光照射下就有异样的反射。

使用光谱方法可以进行以下几种测试：

1）确定配合件的一致性和数量。

2）检查装配单元的完整性（或是否完善）。

3）检查配合件的位置和方向是否正确。

4）检查与评价表面质量。

5）检查装配间隙。

首先用光学方法检测某一零件是否存在就不是一件容易的事。为了便于理解，我们可以从如何产生光学图像入手。

在一个光学系统里像是这样产生的：当从物体上的一点发出的一束光经过透镜的折射（在某种情况下还要经过反射）在镜子上形成一个真实的、可以接受的像点。所有像点的聚集就成为一个物体的像。

图 3-64 给出了光的发射过程。像的大小与物体大小之比称为比例尺。对于折射的规律有一个楞莰公式

$$\frac{1}{f}=\frac{1}{a}+\frac{1}{a'}$$

式中 a——物距；

a'——像距；

f——焦距。

在投影面上有一架行扫描摄像机或矩阵摄像机，它按照图像的大小和形状曝光、每一个像点都对应着一定的电压值。图 3-65 示出了如何以上述的方式形成物体局部的图像，并且与另一测量单元配合确定物体的直径。这种装置可以安装在装配机器人上首先检查配合件的直径是否符合要求，然后再进行联接操作。

在某些情况下不允许光线沿着直的路径传到物体，这时可以采用光导纤维。光导纤维是一种塑料纤维或玻璃纤维，光在光导纤维中传导可以做到损失极小。当一束光导纤维的入口排列坐标位置与出口排列坐标位置精确地一致时，光导纤维可以传递图像。光导纤维性能优

良，应用于反射传感器非常合适。

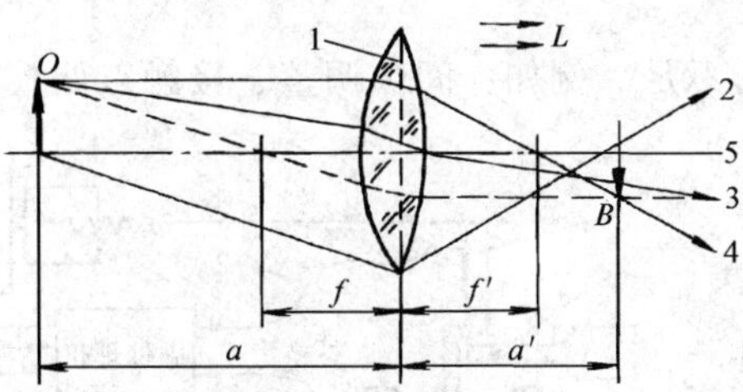

图 3-64　通过双凸透镜形成的物体的实像

1—透镜　2—小孔光束　3—主光束　4—昏光束　5—光轴　L—光的方向　O—物体

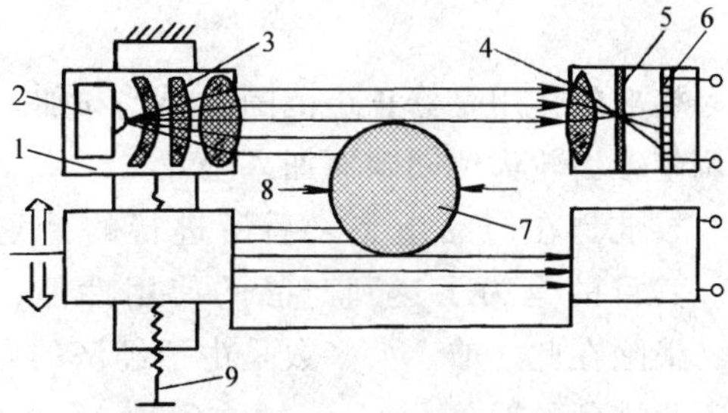

图 3-65　使用光敏二极管排列检测工件直径

1—发光器　2—红外灯　3—平行光管　4—聚光镜　5—滤光器　6—CCD 阵列　7—配合件　8—钳口　9—距离调节机构

一部分光导纤维发射光线，另一部分光导纤维接受反射光。在接受光纤所在平面的视角发射的光越强，光纤接受到的光量也就越多，最好的方案是采用同轴光导纤维（图 3-66a）。按传感器所占体积来比较，光导纤维比其他传感器所占的体积更小，这一点对于装配自动化非常重要。

另一个应用例子是在检查工件是否存在的同时还要检查工件的质量。被检查的工件是一个有内螺纹的衬套（图 3-67）。当一束光线照射到螺纹表面时，光被反射到光敏二极管 2，工件通过时，被反射的光是明暗相间的，光敏二极管里产生同样变化的信号。从信号变化的规律就可以辨别螺纹的精度和表面粗糙度缺陷。当然这种方法所允许的螺孔深度与直径的比值是有限的，螺孔越深越难测量。

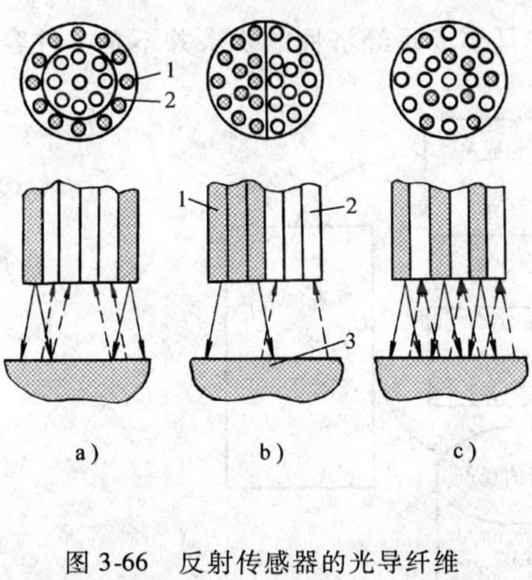

图 3-66　反射传感器的光导纤维

a）同轴光缆　b）分区光缆　c）混合光缆

1—发光纤维　2—受光纤维　3—基础件

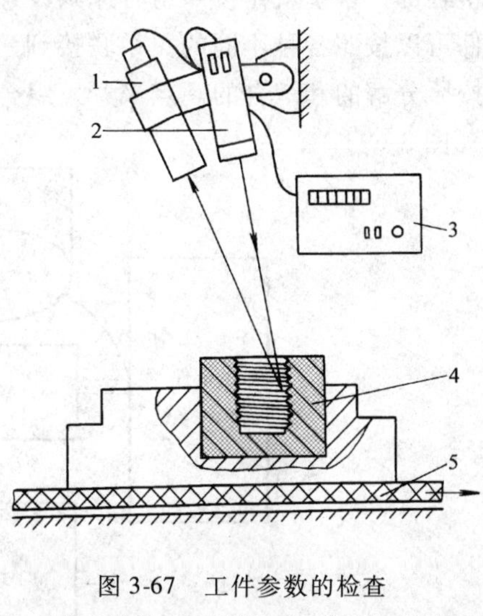

图 3-67　工件参数的检查

1—光敏二极管　2—光源　3—信号加工和指示

4—基础件　5—传送带

第七节 校 准 单 元

校准的作用是修正小范围的误差和加工过程的不足。例如：间隙调整、接触点调整以及为调整锥齿轮齿侧间隙而加入垫片。

校准是在产品组装之后所进行的计划中的工作。其目的是为了达到产品的使用性能，通过调整，消除在此之前、大多数是由于经济的原因产生的不可避免的误差。

间隙的调整可以采用下面的方法来实现：首先把一个螺母以一定的力矩拧紧，然后再退回一个确定的小角度 $\Delta\varphi$。当然这种校准如果通过本身的合理结构或者通过应用磨合来实现就更好。

图 3-68 所示的是一种简化了的原理图。目的是通过继电器元件的变形，精确地校准接触元件距离和连杆距离。这样支撑弹簧和转换弹簧就可以自动地“准确地弯曲”。

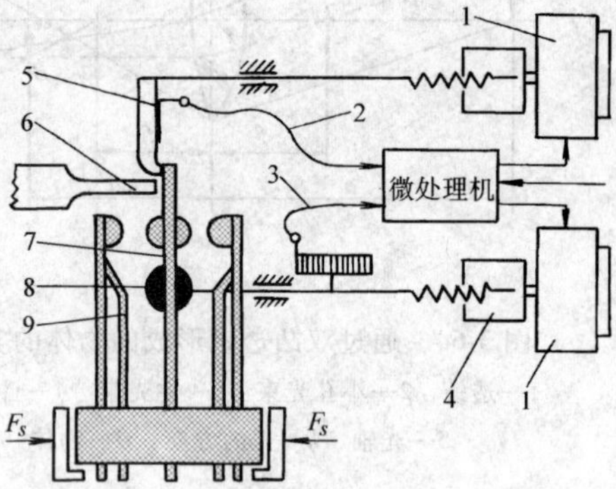

图 3-68 一种校准方法的工艺原理

1—步进电动机 2—力值 3—位置值 4—位置调整机构 5—测量元件 6—连杆 7—开关弹簧 8—校准元件 9—支撑弹簧片 F_s—夹紧力

第八节 组合部件系统

今天的装配机绝大多数都是由组合部件组成的。组合部件可以重复利用，就降低了装配机的制造成本。使用这种组合部件系统，当装配对象改变时，装配机械可以通过调整和改装以适应新的装配对象。

组合部件系统就是按照组合原则设计的所有通用部件的总和。所谓组合原则就是各种功能部件可以按照各种不同的关系联接到一起。

按照分解的和综合的观点来开发组合部件，并且要满足经济性的要求并不是一件容易的事情（图 3-69）。

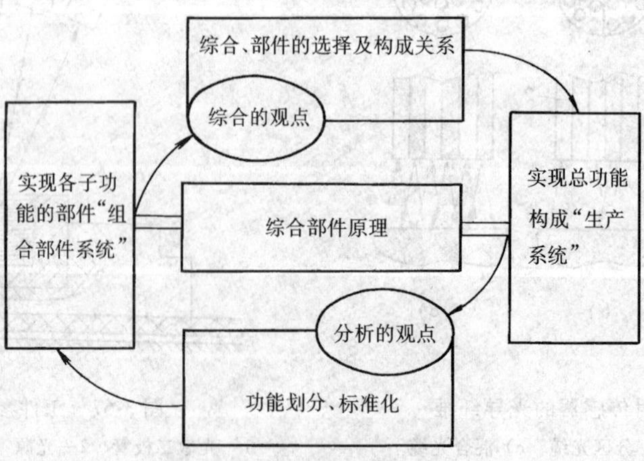

图 3-69 组合部件的分析与综合

首先组合部件系统可以按照它们的尺寸和质量分为几个档次：

1）0 级：装配单元的尺寸≤80mm×80mm，质量小于 30kg。

2）1 级：装配单元尺寸>80mm×80mm 且≤800mm×600mm，质量 60kg。

3）2 级：装配单元的尺寸>800mm×600mm，质量不大于 120kg。

装配工作头，作为柔性自动化装配的执行单元也可以分解成若干个组合单元。它们是按几种典型的装配任务来划分的：

1）回转对称件的联接 SE+UFM+MG。

2）非回转对称件的联接 SE+GLE+GFM+MG。

3）花键轴和齿轮的联接 SE+DE+GLE+UFM+MG。

4）螺纹联接 SE+DE+UFM+ULE+MG。

5）多数个零件联接成一个部件 SE+DE+GLE+UFM+WS+MG/MW。

以上所用的字母组合表示一个个结构单元，这些结构单元组合在一起构成实现一定的装配功能的装配头。它们的含义如下：

DE——回转单元（<360°和 $n\times360°$）。

GFM——受控联接机构。

GLE——受控直线运动单元（用于抓钳的精密运动）。

MG——装配抓钳。

MW——装配工具。

SE——传感器单元（测量力和力矩）。

UFM——非控联接机构（RCC 环节）。

ULE——非控直线运动单元。

WS——变换系统（手动、自动）。

几年前人们首先开发了运动单元作为组合部件。今天又出现各种功能单元。

例如：传送系统、装配单元、抓钳、给料系统、自动编码系统、传感器和软件。图 3-70 举出的各种单元可以给我们一个定性的概念。每一种运动单元又可以按照尺寸、行程、负荷能力和重复精度进一步划分。

现代化可自由编程的 CNC 直线轴近年来取得令人瞩目的进展，下面把伺服驱动单元和电驱动单元的特点加以比较。这一比较关系到具体的产品而没有普遍的意义。这些相互比较的单元可以作为所谓的悬臂轴、门型轴以及短行程往复运动单元使用。

比较：

1）伺服气动 CNC 直线单元。所有传动必需的系统（除了控制电器）都是集成的，如伺服阀、增量式路程传感器、静态制动器、减振器；装有环形钢带的无活塞杆气缸、滚动滑座，重复精度可达 ±0.01mm，移动速度可达 1～3.5m/s。

2）步进电动机直线单元、齿轮带传动。步进电动机的转矩为 1.15N·m，导轨结构可以和气动直线单元相比，重复精度为 ±0.03mm，没有增量式路程传感器，因为它的行程就是以增量方式控制的。移动速度 0.6～1.1m/s，循环时间 t_z（双行程所用的时间）在图 3-71 中是作为行程 h 和总质量的函数。图中的曲线表示的不是最高的运动速度，而是包含往返双向运动。在确定置入操作所需要的循环时间时，当然要考虑到还有一个向上运动和一个向下运动。气动单元所表现出来的时间上的优势显得必要，因为当节拍时间从 2s 缩短到 1.9s，一天两班就可以多生产出 1 600 个部件。所以气动伺服单元对于部件（如电子产品、印制电路板）的装配是有利的。

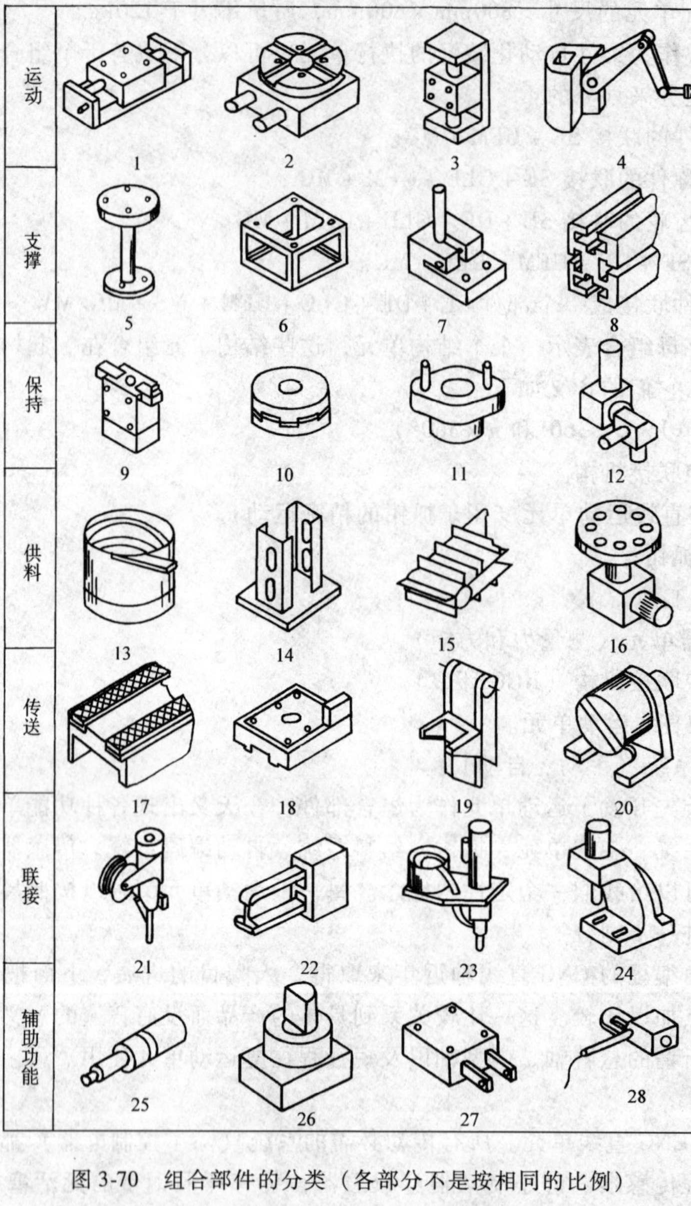

图 3-70 组合部件的分类（各部分不是按相同的比例）

1—直线运动单元 2—回转运动单元 3—短行程往复运动单元 4—摆杆 5—立柱 6—工作台 7—联接块 8—成形轨 9—抓钳体（无钳口） 10—接合机构（RCC） 11—抓钳更换系统 12—多级抓钳 13—振动给料器 14—箱式料仓 15—节拍链式存储器 16—盘形存储器 17—双带输送器 18—工件托盘 19—往复单元 20—回转鼓 21—焊接组合 22—点焊钳 23—旋紧单元 24—压入单元 25—减振器 26—止动器 27—给料器 28—遥控传感器

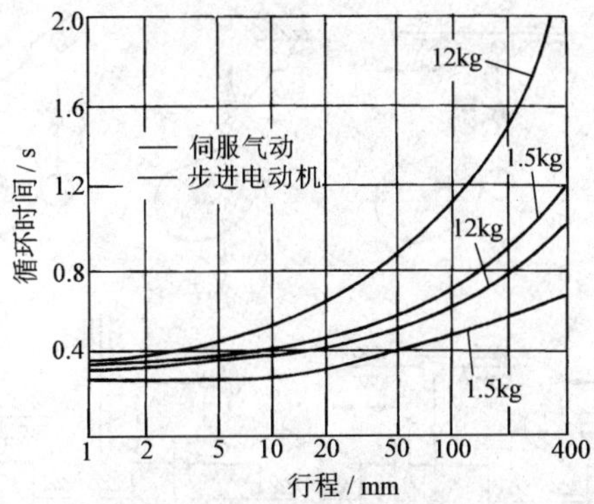

图 3-71　现代化的直线运动单元的循环时间（双行程）

第九节　控　　制

一、控制的任务

装配设备的控制系统对于实现它的功能非常重要。

在装配工作中控制的任务就是：开动运动单元、联接单元和检验单元；实现工艺过程、操作人员、控制系统之间的信息交换；整个装配系统的监控、诊断和安全保证。

此外，在柔性装配工作中要能够实现神经元网络控制，具体为以下几种功能：

1）同时地而且独立地控制多个自由编程的轴。

2）显示类似信号的传感器可以集成起来。

3）变种控制和示教都是可能的。

4）可以和高一级控制计算机联机。

此外，人们还提出了伴随整个装配过程的质量控制。这包括连续的数据采集、数据加工，导出调节信息和过程自适应的程序；求出实现自动的、稳定的工艺过程的措施以及帮助操作、防止事故的备用程序。当然我们首先感兴趣的还是运动单元的控制。

二、凸轮控制

凸轮控制是在大量生产中的固定程序的装配机的重要组成部分，控制凸轮既作为传递运动的驱动环节，又作为信息载体。凸轮控制可以达到很高的运动精度。

凸轮控制被用于装配机上，以节拍时间 0.5 ~ 5s 的情况下工作。当节拍时间小于 3s 时仍可以做到无冲击传动。其节拍顺序和运动规律是事先规定、不能改变的。控制凸轮及其运动原理见图 3-72。

按照凸轮形状分类，有盘形凸轮、圆柱形凸轮和槽形凸轮。

控制凸轮可以按照下列的两条标准来区分：

1）强迫导向（形状耦合）。

2）开放式装置（力耦合）。

在凸轮传动机构中被动环节可以跟随凸轮实现无滞后的运动。凸轮盘可以连续匀速运动。当然也还有另外一种可能性，即采用计算机技术和电控技术调节电动机的运动以实现一定的控制功能。

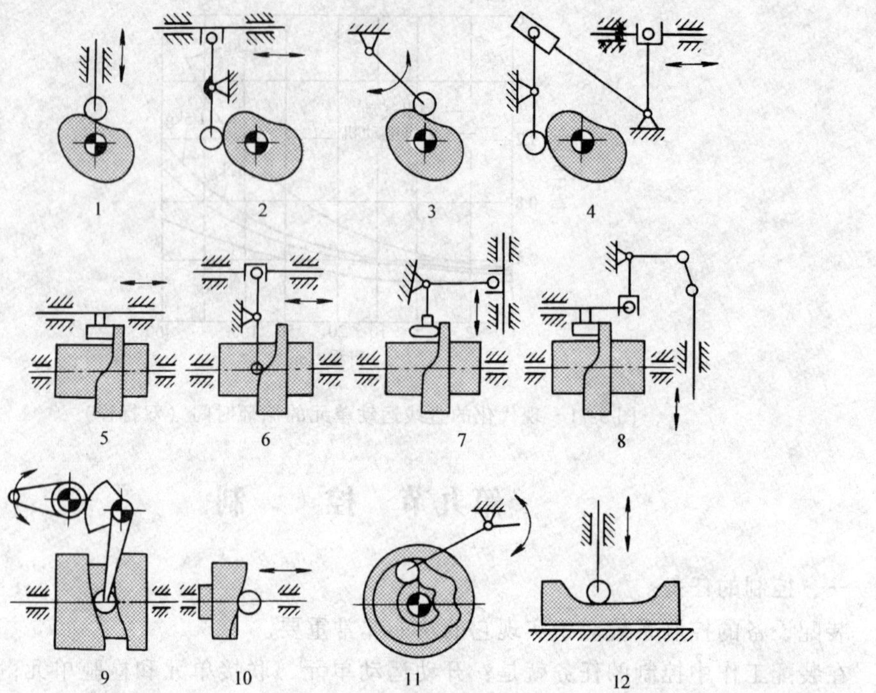

图 3-72 控制凸轮及其运动原理

1—盘形凸轮和直接的直线运动 2—盘形凸轮和间接的直线运动 3—盘形凸轮和摆杆 4—盘形凸轮和杠杆传动 5—鼓形（圆柱形）凸轮和直接的直线运动 6~8—鼓形凸轮和间接的直线运动 9—圆柱形带槽凸轮 10—端面凸轮 11—盘形带槽凸轮 12—板形凸轮

凸轮副的空间配置取决于装配机的结构，在纵向节拍式装配机上一个通长的控制轴是合适的。图 3-73 所示的凸轮传动机构是个较好的方案。凸轮和摆杆的位置可以无级调节。

在圆形回转工作台式装配机上凸轮副的安置一般采用行星式（图 2-10）。在某些情况下也采用辅助轴（图 3-74）。

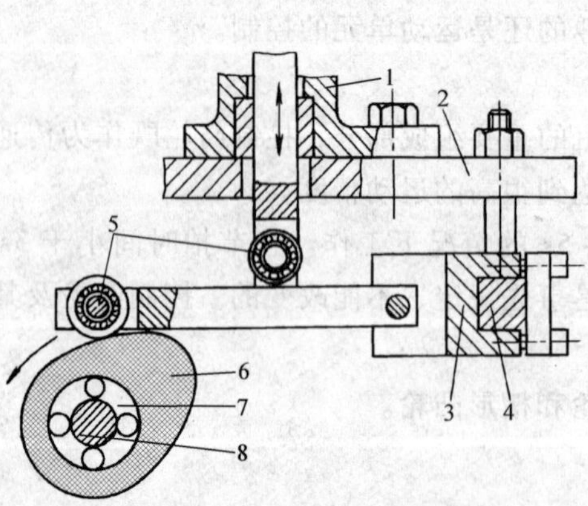

图 3-73 装配机里的控制凸轮

1—装配单元 2—工作台 3—摆杆支架 4—方形导轨 5—球轴承 6—盘形凸轮 7—夹紧装置 8—控制轴

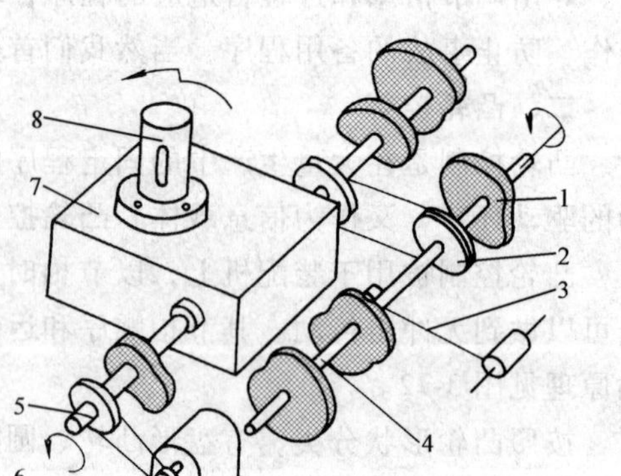

图 3-74 辅助控制轴的排列

1—控制凸轮 2—运动传递 3—接受运动 4—辅助控制轴 5—主控制轴 6—驱动电动机 7—圆形回转台分度运动传动箱 8—圆形回转台的从动轴

从分度传动箱伸出的主控制轴带动辅助控制轴，传动比 $i=1$（无滑动的传动，可以采用链轮、齿轮等）。接受运动的元件在这里只是用示意图来表示，凸轮机构的材料搭配（凸轮—滚子）可以按下列方案：

1）灰铸铁 HB250—碳钢 45（淬火 HRC62）。

2）灰铸铁 HB250—硬胶木。

3）淬火钢—淬火钢。

在选择滚子材料时需要考虑许用的圆周压力。由于加工或装配方面的误差可能造成棱角处的压力集中。许用的倾斜角为 0.25°，采用球形或鼓形滚子也是一个补偿办法。另外，向心滚珠球轴承也可以用来作为接受运动的元件。

控制凸轮可以采用自定心的锥形卡紧套来固定。其定心精度可以达到径向振摆在 0.02 ~ 0.04mm 之间。

使用锥形卡紧套可以把凸轮在光轴上卡紧（图 3-75）。

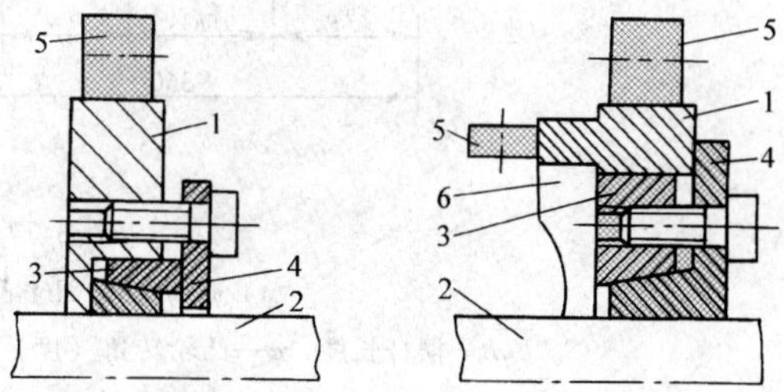

a）　　b）

图 3-75　固定控制凸轮用的锥形卡紧套（径向压力）

1—盘形凸轮　2—轴　3—挤压环　4—挤压盘　5—接触滚子　6—端面凸轮

在调整的时候凸轮可以在轴上回转和滑移。凸轮和光轴之间的卡紧力允许传递的力矩 M 必须大于最大转矩 M_a，最大转矩在起动的瞬间发生。如果使用端面凸轮（图 3-75b），则在接合点上同时作用着力矩和轴向力。

$$M \geqslant \sqrt{M_a^2 + \left(\frac{F_a d}{2}\right)^2}$$

式中　F_a——所传递的轴向力（kN）；

d——轴的直径 = 夹紧元件的内径（mm）；

M_a——所传递的最大力矩（N · m）。

在设计凸轮时存在某种自由：作为供料运动的凸轮没有事先规定的运动轨迹，只要求精确的最终位置。运动的速度和加速度都是可变的。对于这种间歇的运动有以下几种运动规律可以选择：

1）二次抛物线，时间最短。

2）三次抛物线，能量最少。

3）正弦曲线，回程最快。

它们的运动过程如图 3-76 所示。

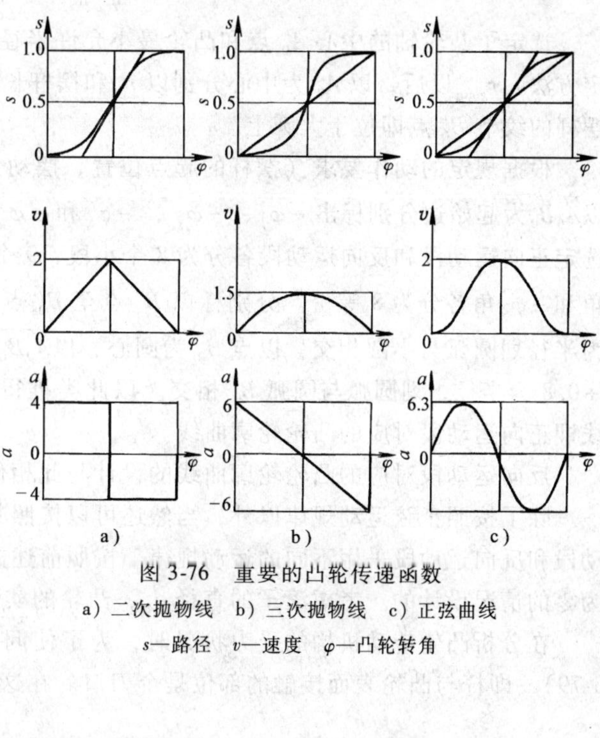

a）　　b）　　c）

图 3-76　重要的凸轮传递函数

a）二次抛物线　b）三次抛物线　c）正弦曲线

s—路径　v—速度　φ—凸轮转角

设计任务：

如何确定装配机的凸轮？

联接任务所要求的运动参数如下：

$\varphi_P=80°$，$\varphi_N=100°$，$\varphi_{R1}=80°$，$\varphi_{R2}=100°$，$\varphi_H=30°$，$\overline{B_0B}=100\text{mm}$，$\mu_{\min}=45°$（图 3-77）

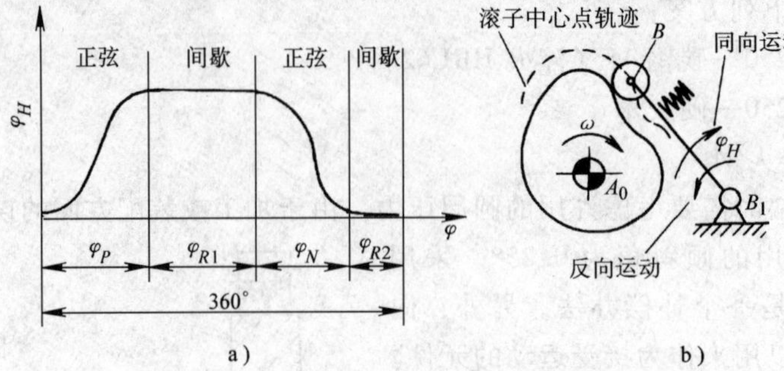

图 3-77 装配机的凸轮

a）运动过程 b）凸轮与作为被动件的滚子摆杆

$\overline{B_0B}$—摆杆长度 φ—凸轮转角（度） φ_N—反向运动段转角 φ_P—同向运动段转角

φ_R—间歇段转角 φ_H—摆杆的摆动角 ω—角速度

作为运动规律，在反向运动段和同向运动段应能实现简化的正弦运动规律。

设计步骤：

按照运动规律，路径 s、速度 v 和加速度 a 可以按下列式子计算

$$s = s_H f\left(\frac{\varphi}{\varphi_P}\right)$$

$$v = \frac{s_H 180°}{\varphi_P \pi}\omega f'\left(\frac{\varphi}{\varphi_P}\right)$$

$$a = \frac{s_H 180^2}{\varphi_P^2 \pi^2}\omega^2 f''\left(\frac{\varphi}{\varphi_P}\right)$$

选定了凸轮轴的中心 A_0 点和凸轮最小允许半径（主要考虑轴的直径和凸轮在轴上的固定方法）$r_{g\min}$以后，以 A_0 为中心分别以 r_g 和摆杆长度 A_0B_0 为半径作两个同心圆（图 3-78）。摆杆的绞节 B_0 点即位于大圆上。

根据规定的动作要求（摆杆的起点位置、摆动角）确定 B_0 点的位置。以 A_0 点为中心，以$\overline{A_0B_0}$为起始边分别标出 $-\varphi_P$、$-\varphi_{R1}$、$-\varphi_N$和 $-\varphi_{R2}$ 4 个角度。根据选定的位置点数（这里选定正向运动段和反向运动段各分为 8 个小段，9 个点具体设计时可以选更多的点）把 $-\varphi_P$ 角和 $-\varphi_N$角各分为 8 等份。分别标以 B_{01}点至 B_{08}点，B_{09}点至 B_{17}点。以 B_0 为圆心，以$\overline{A_0B_0}$为半径划圆弧与小圆相交。以点 B_{01}为圆心，以$\overline{A_0B_0}$为半径划圆弧 B_1；以 A_0 点为圆心，以 $r_g+0.8$ 为半径，划圆弧与圆弧 B_1 相交。以此类推得到 9 个交点。联接 9 个交点所得到的曲线即正向运动段对应的凸轮轮廓曲线。

反向运动段对应的凸轮轮廓曲线的设计与此相似。

除了按照正弦运动规律以外，当然还可以按照其他运动规律来设计凸轮，也可以正向运动段和反向运动段采用不同的运动规律。按照前述方法设计的凸轮轮廓是按摆杆的滚子直径为零的情况设计的。考虑滚子的直径 d_R，凸轮的实际轮廓是 AK。

在分析凸轮传动机构的受力状况时，为了使问题简化，可以假定滚子的直径为零（图 3-79），即杆与凸轮表面接触的部位是个刀口。在这一前提下其受力状况如下：

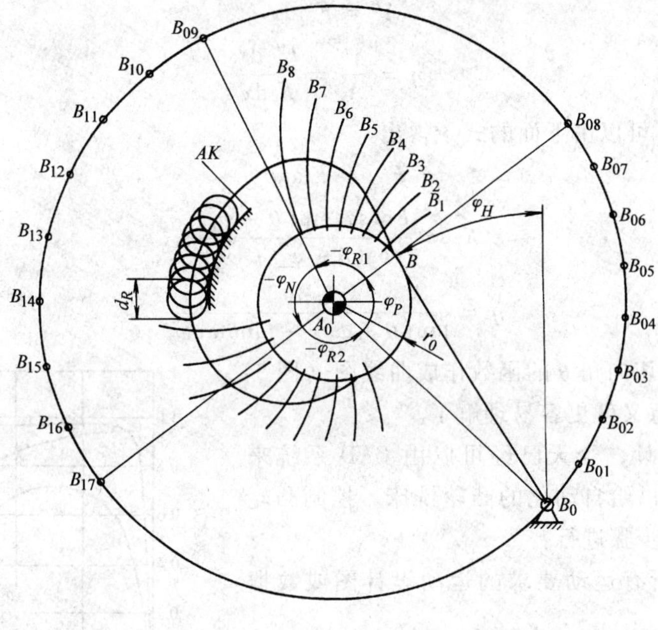

图 3-78　凸轮的设计

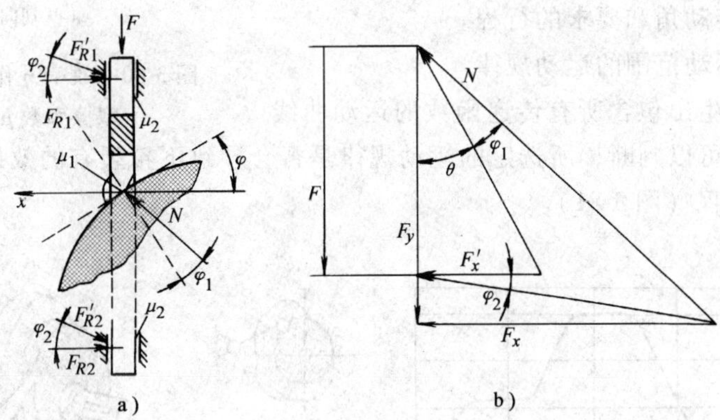

图 3-79　凸轮表面与杆的接触

a）接触原理　b）受力图

F_{R1}，F_{R2}——不考虑摩擦力的反力；

F'_{R1}，F'_{R2}——考虑摩擦力的反力；

F'_x——不考虑摩擦力时，在方向的分量；

F——滑杆所受外力；

N——法向力；

θ——切向角；

μ　摩擦系数，

φ_1，φ_2——摩擦角（$\mu_1 = \tan\varphi_1$，$\mu_2 = \tan\varphi_2$）。

如何确定其机械效率呢？

所消耗的功　$A = F_x \mathrm{d}x$

有用功 $$A' = F'_x \mathrm{d}x$$

效率 $$\eta = \frac{A'}{A} = \frac{F'_x \mathrm{d}x}{F_x \mathrm{d}x}$$

而力 F_x 和 F'_x 可以由下面的式子得出

$$F'_x = F\tan\theta$$

$$F_x = \frac{F\cos\varphi_2 \sin(\theta + \varphi_1)}{\cos(\theta + \varphi_1 + \varphi_2)}$$

所以 $$\eta = \frac{\tan\theta}{\tan(\theta + \varphi_1) - \tan\theta\tan\varphi_2}$$

把效率 η 作为切向角 θ 的函数作成曲线图（图 3-80），效率公式的意义就更容易理解了。

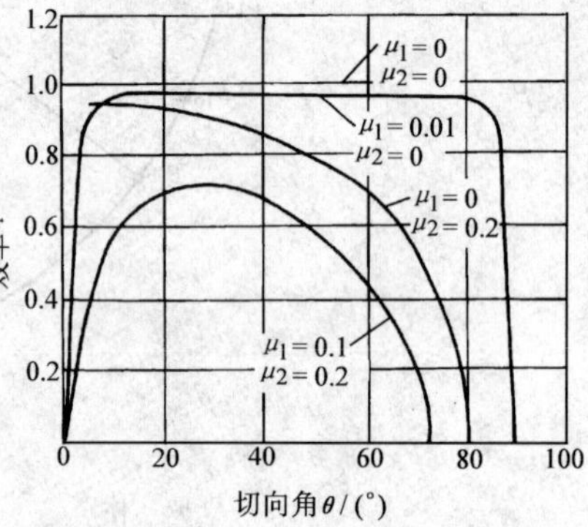

图 3-80 效率 η 作为切向角 θ 和摩擦系数 μ 的函数

凸轮传动的设计，今天已经可以由 CAD 系统来完成。设计数据提供给自动化的凸轮铣床。控制凸轮的合成可以按以下步骤进行：

1）提出包含所有运动要求的运动设计图或数据表格。

2）划分成小段而且确定有代表性的点。

3）给出极限传动角和要求的行程。

4）选定各段运动范围的运动规律。

在此基础上产生出包含所有传递函数的运动曲线图。由运动曲线图可以判断，所选定的运动规律是否会导致不希望有的效果。同样可以看出速度和加速度的过程（图 3-81）。

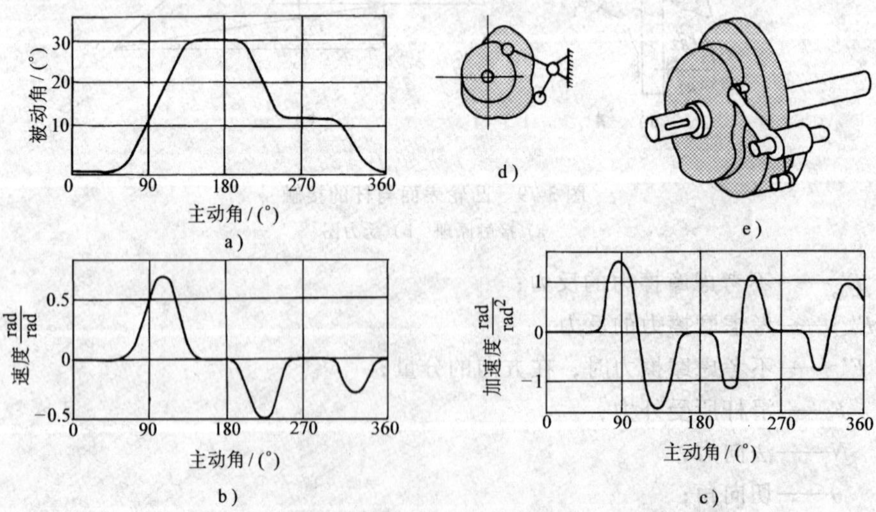

图 3-81 凸轮传动的设计

a）运动曲线图 b）速度变化过程 c）加速度变化过程

d）运动模拟 e）互补凸轮的空间展示和运动模拟

接着要确定凸轮的运动学尺寸。如果选择一个形状配偶，也就是一个凸轮对（图 3-81d、e），计算机就可以在屏幕上模拟这个运动过程。

装配过程中，为了起动联接单元，运动单元必须发出一个配合件到位信号（相当于得到配合件的“收据”），这个信号也可以由一个小凸轮推动信号发生器发出。这一信号发生器的原理可以是接触式的或非接触式的。接触式的有碰撞键（图 3-82d）或滚子键（图 3-82c）；非接触式的有光栅，叉形的气栅，起始器（图 3-82b）和缝隙式起始器（图 3-82a）。

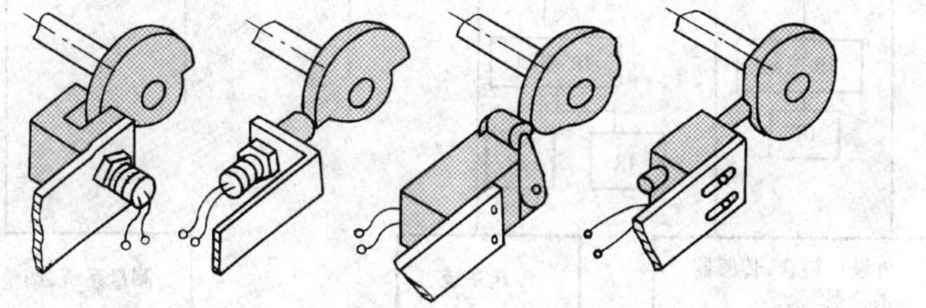

a)　b)　c)　d)

图 3-82　用小凸轮控制信号发生器

a）缝隙式起始器　b）起始器　c）滚子键　d）碰撞键

三、电器、机械控制

电器、机械控制是一种与终端键、小凸轮、凸块相结合的继电器控制。寿命可以达到 $10^6 \sim 10^7$ 次，节拍时间一般 >2.5s。用于装配过程的控制，其可靠性达到 99.5%。而且信号可以远距离传送。这种控制方式经常用于检验过程和外部设备（单元）的控制。

四、气动、液动控制

气动和（电）液动控制是和流体（气压、液压）元件及模块结合在一起的。这种控制方式的应用也是和流体传动相结合的。

采用气动控制节拍时间（周期）可以达到 1.5s。但是流体的准备和净化需要比较高的成本。气动控制节省了附加元件和附加能量。气动控制适用防爆空间。

五、电子控制

电子控制具有突出的优点：开关速度快、寿命长、可靠性好。而且经常是采用模块化结构和计算机控制的方式。特别是柔性装配系统，它的控制系统是由若干个子系统组成的（如图 3-83 所示的那种划分方式）。这样的控制系统包含微型机并且应满足以下的要求：

1）可以用高级语言编程。

2）对速度和加速度能够采用程序控制。

3）对运动可以采用点位控制和轨迹控制。

4）可以通过传感器采集信息。

5）使用若干个微处理器，它们位于不同的等级。

装配间的控制包括机器人的运动轴的控制和外部设备的控制。具体来说就是至少可以控制 12 根轴，每根轴都要能独立自由编程；要有至少 200 个自由的输入输出通道，以及 120KB 的内存空间和程序自动转换的能力。为了能够较快地处理传感器送来的信号，需要 16 位或 32 位的多微机系统。当然数模转换是一定不能缺少的。

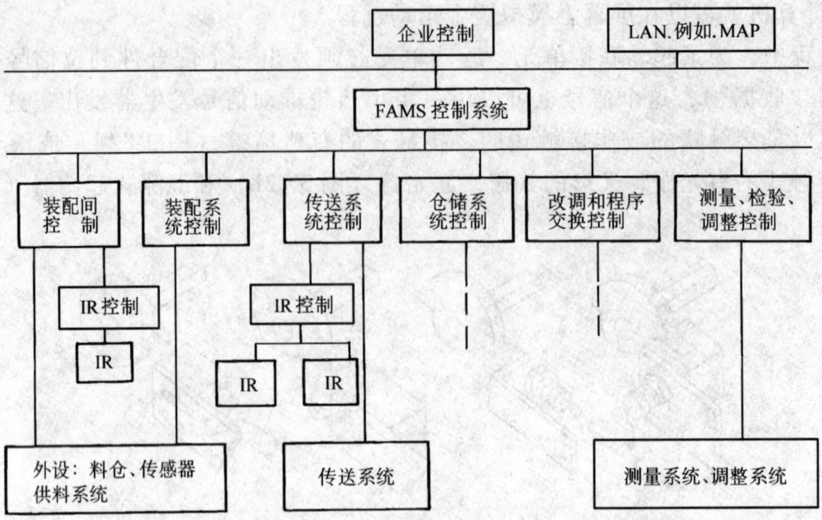

图 3-83　组成柔性自动化装配系统的控制系统的子系统

IR—工业机器人　LAN—局部网络　MAP—局部网络的信息交换系统

为了满足以上的要求，必须有一套能够进行实时控制的软件，整个控制系统的反应时间最大不得超过1/10s。在软件的设计方面人们一直在致力于创造一种适应高度柔性化的装配间的软件系统。

这种软件必须能够处理所有可能发生的情况：

1）初始状态。

2）起初状态。

3）自动运行状态。

4）紧急停止状态。

5）诊断状态。

6）重新起动状态。

7）停止状态。

对于机器人的控制，从控制算法上必须能够预防碰撞。这里首先要对各种不同的碰撞危险加以区分：

1）机器人内部的碰撞，可能导致传送系统的自我干扰。

2）机器人与一个位于它的工作空间里的一个确定的障碍物碰撞。

3）机器人与一个位于它的工作空间里的随机出现的障碍物碰撞。

对于编程来说必须首先选定一种与任务相适应的编程语言。程序的执行过程可以通过图形显示出来。

为了简化机器人的编程，人们致力于一种智能方式的编程方法，凭借这种方法，就不再需要输入大量的控制命令。

在编程之前必须首先把整个系统的运动和信息的逻辑关系搞清楚，对此功能流程图（图 3-84b）是个有用的工具。

在图示的例子中基础件由料仓供给，料仓上装备有一个光反射式监测器，以监测工件是否存在。工件的传递由棘爪推杆来完成。基础件由一只工作缸 Z3 从侧面夹紧。基础件即将到达预定位置时工作缸 Z3 才能开始动作。推杆返回时，当棘爪碰到工件会自动向下翻转躲开工件。所有这些运动的控制都由一台 SPS 来完成。图 3-84c 中列出了所有需要的输入和输出信号以及它们所控制的功能。所有的运动都由终端开关和起始器来监测。

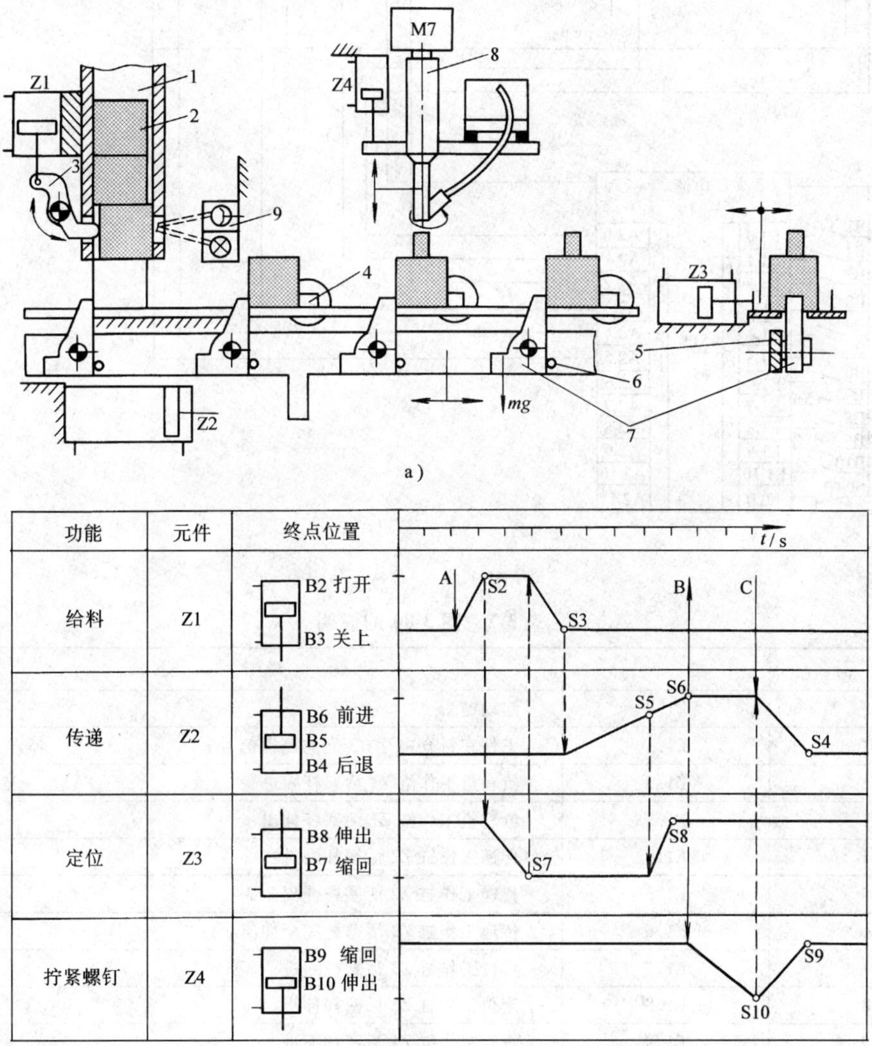

a）

b）

图 3-84　装配机的运动控制

a）工艺简图　b）功能流程图　c）与 SPS 的联接

A—所有工序松开工件　B—工件夹紧动作开始　C—所有工位的工件已被夹紧　S1—压力开关　S2～S10—终点开关　Z1～Z4—工作缸

1—料仓　2—工件（基础件）　3—给料机　4—工件挡块　5—推杆　6—碰销　7—棘爪　8—联接工位（例如：旋紧螺钉工位）　9—反射式监测器（这里作用是监测工件是否存在）

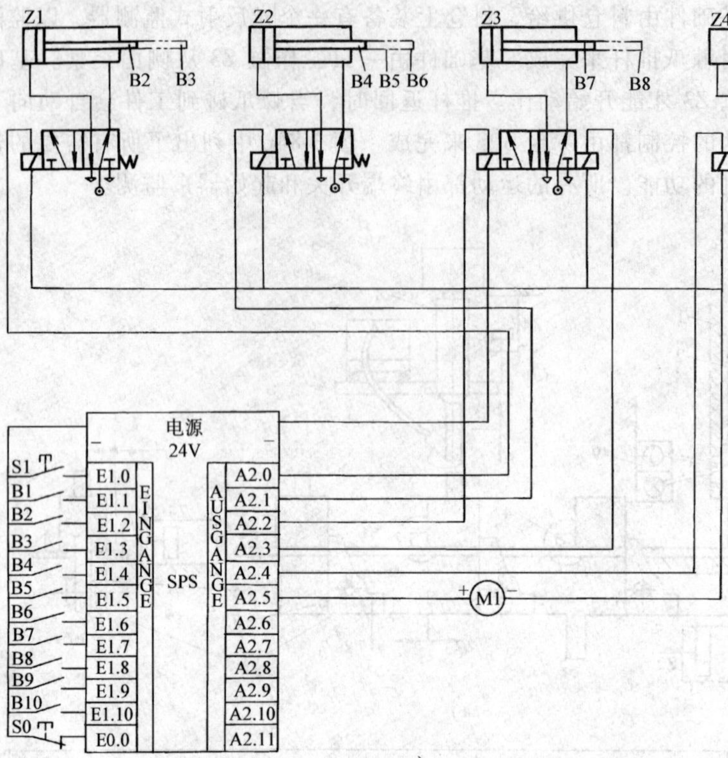

c)

图 3-84　（续）

表 3-7　图 3-84 的说明

符　号	接　点	说　明
S1	E1.0	起动键
B1	E1.1	工件在料仓中存在(光监测器信号)
B2	E1.2	给料机工作缸 Z1 活塞杆缩进
B3	E1.3	给料机工作缸 Z1 活塞杆伸出
B4	E1.4	传递工作缸 Z2 活塞杆缩进
B5	E1.5	传递工作缸 Z2 活塞杆伸出 2/3
B6	E1.6	传递工作缸 Z2 活塞杆完全伸出
B7	E1.7	定位工作缸 Z3 活塞杆缩进
B8	E1.8	定位工作缸 Z3 活塞杆伸出
B9	E1.9	进给工作缸 Z4 活塞杆缩进
B10	E1.10	进给工作缸 Z4 活塞件伸出
S0	E0.0	复位按钮“关”
Y1	E2.0	给料机工作缸 Z1 活塞杆伸出 = 夹紧
Y2	E2.1	传递工作缸 Z2 活塞杆伸出 = 节拍送进
Y3	E2.2	定位工作缸 Z3 伸出 = 夹紧工件
Y4	E2.3	定位工作缸 Z3 伸出 = 放松工件
Y5	E2.4	进给工作缸 Z4 伸出 = 拧螺钉
M1	E2.5	旋紧螺钉的工作头的电动机

在现代化的装配系统中除了传送设备和联接设备的控制系统以外，还有一台上级计算机，这台计算机监控着整个装配系统。所有功能单元的可使用性始终被监视、记录和显示。

复 习 与 练 习

一、基本概念

1. 试述推动装配运动的各种能量的优缺点。

2. 说明下列几种定位机构的定位过程（图 3-85）：

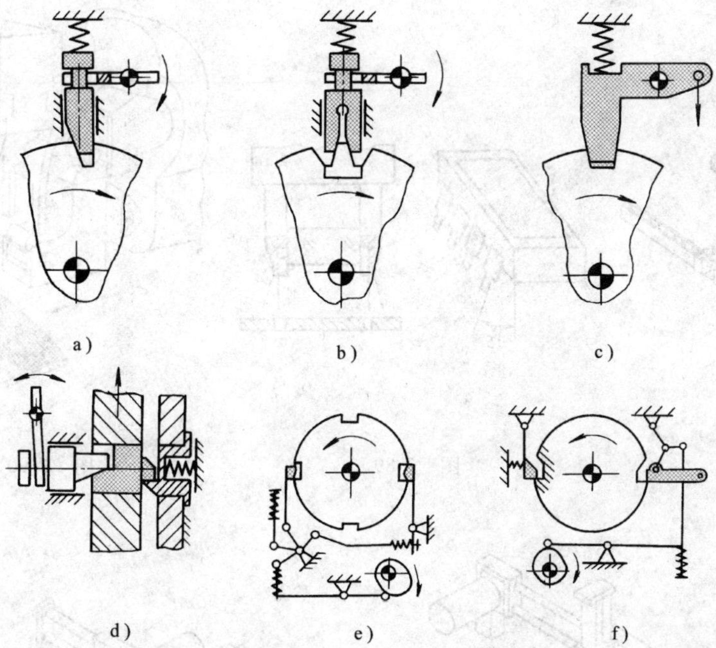

图　3-85

3. 什么是组合部件系统？为什么要发展组合部件系统？装配机的组合部件系统包括哪几类？

4. 装配机的控制方法有哪几种？各有什么特点？最常用的控制方法是什么？

二、应用

1. 参考下图计算在给定条件下所要求的机械手的抓紧力（图 3-86）。

条件：$g=9.81\text{m/s}^2$，$m=1\text{kg}$，$r=500\text{mm}$，$\varepsilon=1\text{rad/s}^2$，$\varepsilon=3\text{rad/s}^2$，$\mu=0.05$

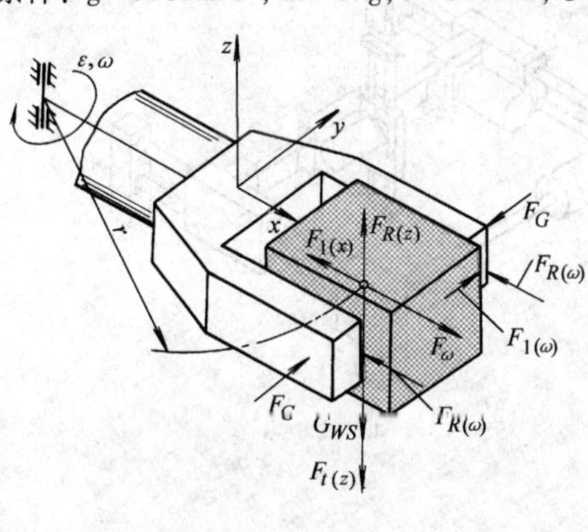

图　3-86

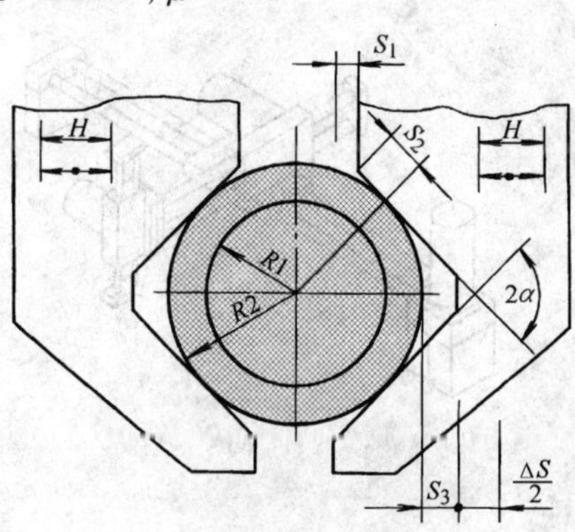

图　3-87

2. 参考下图计算在给定条件下所需要的钳口行程（图 3-87）。

条件：

$R_1=80\text{mm}$，$R_2=100\text{mm}$，$\alpha=45°$，$S_1=2\text{mm}$，$S_2=8\text{mm}$，$S_3=5\text{mm}$，$S_4=0.05\text{mm}$，$S_5=0.5\text{mm}$，$S_6=0.3\text{mm}$，$k=1.5$

3. 参考下面图例设计一台能完成印制电路板装配的自动装配机的方案（图 3-88，图 3-89，图 3-90，图 3-91，图 3-92）。

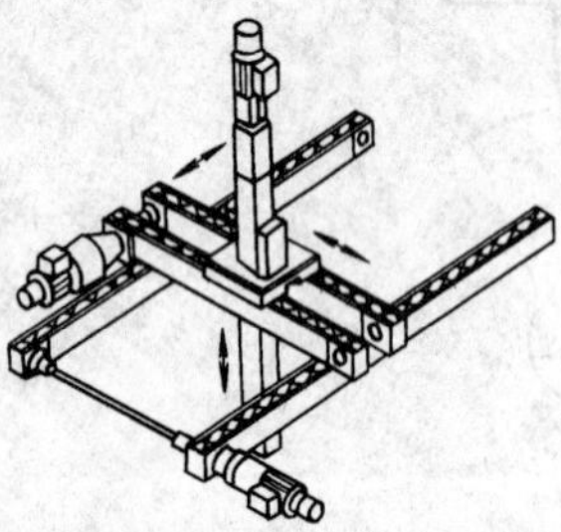

图　3-88

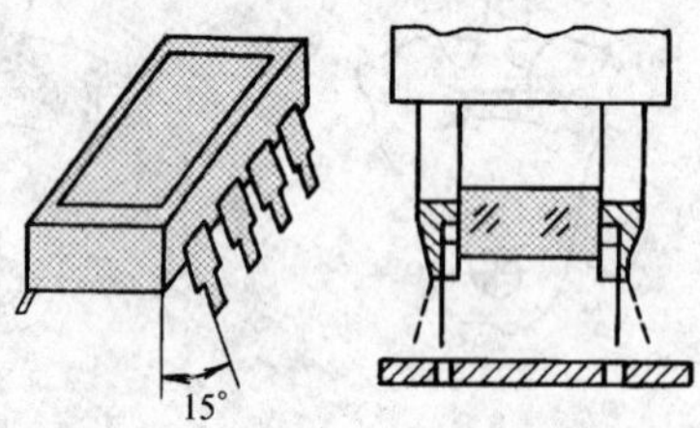

图　3-89

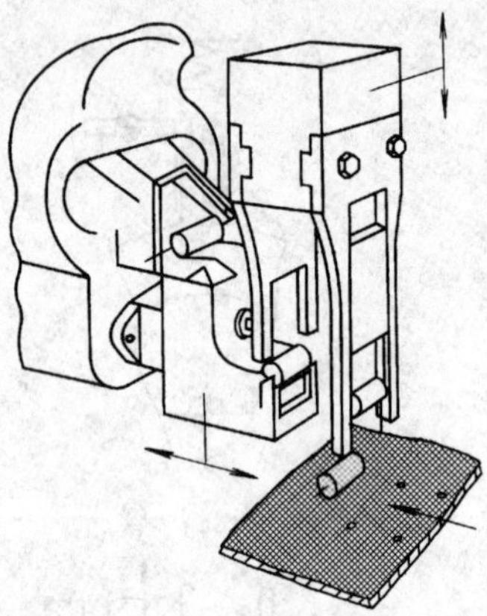

图　3-90

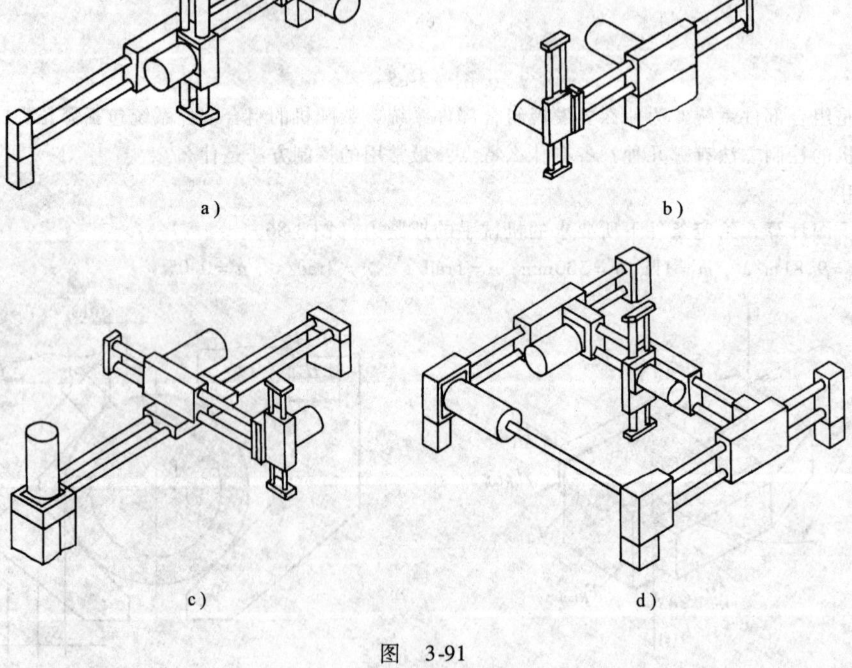

a）　b）　c）　d）

图　3-91

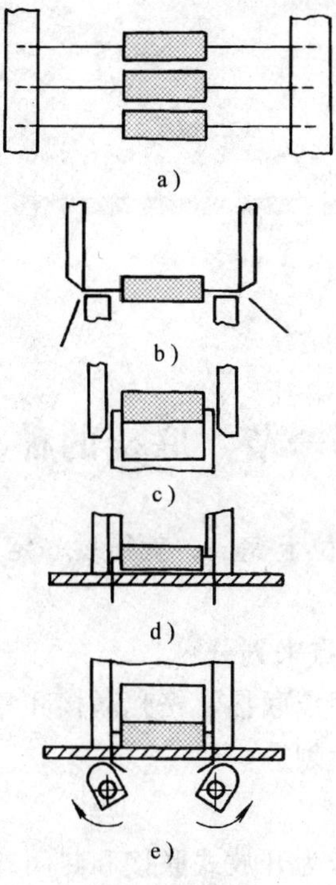

图 3-92

第四章

联接方法

第一节　联接的种类

如果装配工作需要在若干个工位上完成，就需要一定的工艺设备把各个装配工位联接起来。这种设备被称为联接工具。

联接的种类可以按照以下的观点来划分：

1）按照耦合的程度可以分为固定联接、松弛联接和复合联接 3 种方式。

2）按照相对于装配机的平行性划分。

3）按照主要传送方向划分。

4）按照传送系统的封闭性可分为开放式联接和封闭式联接。

图 4-1 列举出了几个联接的实际例子。它们重要的区别是松弛的还是固定的（刚性的）。如果是松弛联接，就要有一个存储基础件或工件托盘的存储区。如果在一台装配机上出了故障，存储区可以缓解紧张状态，不至于整个装配系统立即停止。存储区的作用取决于存储区的尺寸大小。

固定联接就是直接把各个装配工位联接在一起，中间没有基础件或工件托盘的存储区，在所有工位上的基础件或托盘的向前传递都是和时间同步的。

松弛联接就是通过中间存储区联接各装配工位。基础件或托盘的向前传递在时间上是不同步的。在每个装配工位前面都有等待区。

复合联接就是各装配工段之间是松弛联接，而工段内部的工位之间是固定联接。最典型的例子是采用松弛联接方式把若干台回转台式自动装配机联接成一条装配线。

各装配工位之间的联接一般采用通用的或专用的联接设备。随着自动化的发展，在柔性自动化的领域出现了星形的或网形的联接结构，而且采用了可自由编程的联接工具。为此有两种可能性：

1）自动行走式或自主式的装配机器人按照事先编好的程序独立行走于各装配工位之间。这种方式主要用在大型产品装配。

2）基础件（例如小轿车的底盘）被一个传送机器人传递到各个装配工位去装配。

联接种类划分为内部联接和外部联接。这种划分方法是与装配工位和传送系统排列的集中程度密切相关的。如果是集中排列，则按照一定节拍运行的内部联接是合适的；如果不是集中排列，就不按照统一的节拍运行，而且还有一定的附加的或扩展的联接工具（表 4-1）。

内部联接是指联接工具按下面的要求联接各个装配工位；基础件的主要传送方向穿过装配工位。

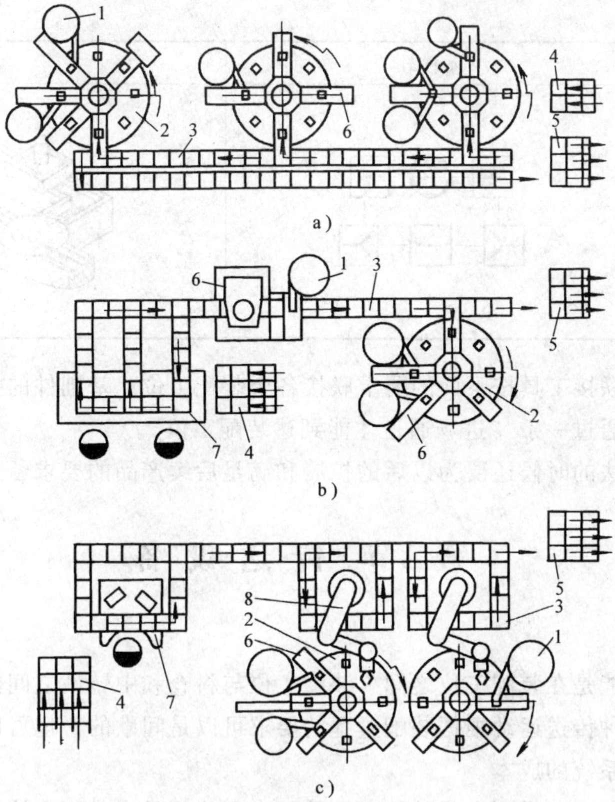

图 4-1 联接装配机成为系统

a）以直线联接方式联接若干台回转工作台式自动装配机（复合联接）

b）松弛联接的装配系统，部分采用侧面通过式，部分内部联接

c）柔性装配系统，包括直线联接、圆工作台和机器人工作间

1—给料设备 2—回转工作台 3—联接系统 4—准备系统 5—输出系统

6—联接工位 7—手工装配工位 8—装配机器人

表 4-1 联接种类的划分（按照主要传送方向的通过方式）

名称	示意图	实例
内部联接	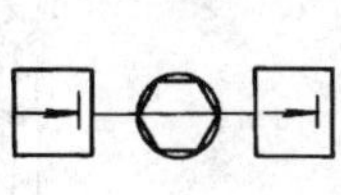	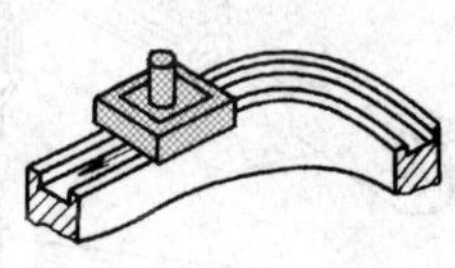
外部联接	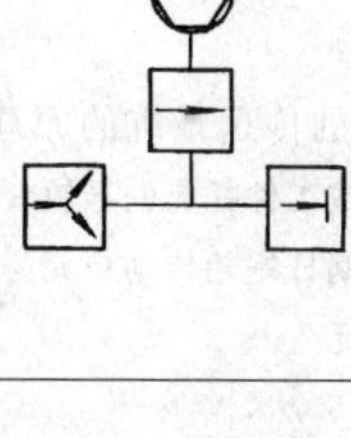	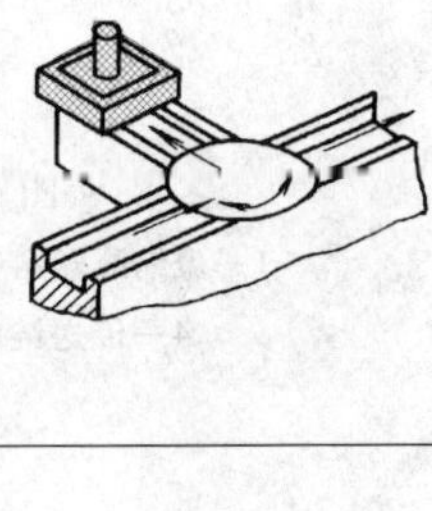

（续）

名称	示意图	实例
外部联接分支通道通过装配工位	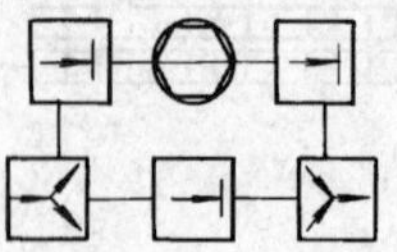	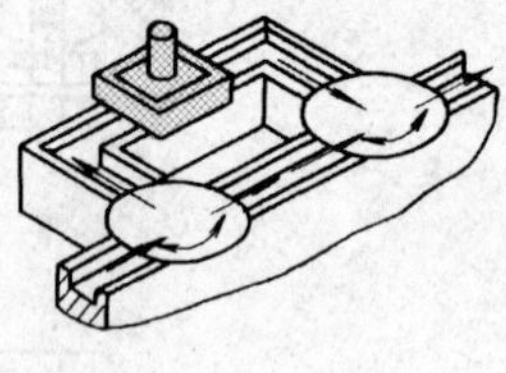

外部联接是指联接工具按下面的要求联接各个装配工位；基础件的主要传送方向从装配工位一侧通过，再通过一条“进场通道才能到达装配工位”。

在选择联接方法的时候还要为以后的扩展和满足后续产品的要求留下一定的储备。

第二节 传送设备

一、传送设备

传送设备的功能是在装配工位之间、装配工位与料仓和中转站之间传送工件托盘、基础件和其他零件。这种传送运动根据装配过程的要求可以是间歇的，也可以是连续的。传送设备的集中程度影响系统的成本。

在传送系统中，方向需要变化的传送链的每个环节都是通过万向接头联接的。在水平面和垂直平面内都可以弯成圆弧形。在垂直传送时传送链的某些环节上装有携带爪。传送链的传送速度可以达到5m/min至最大60m/min（图4-2）。小质量的零件使用双带传送系统传送

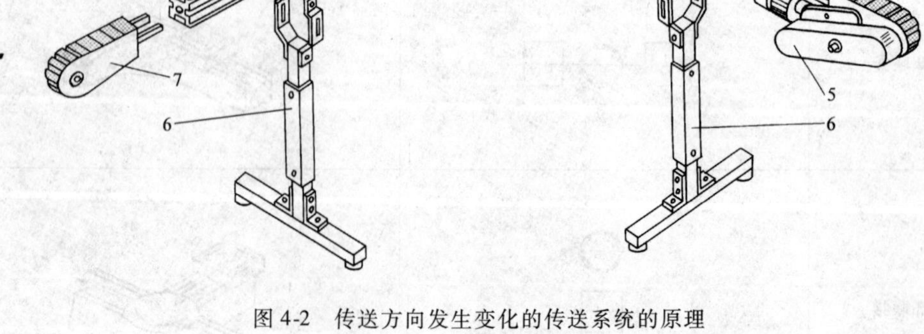

图4-2 传送方向发生变化的传送系统的原理

1—聚缩醛塑料制成的链节 2—传送平带或工件托盘的导轨 3—圆弧导轮 4—传送链的成形导轨 5—电动机、蜗杆蜗轮传动单元 6—支架 7—换向单元

是很可靠的。工件托盘位于两股传送带上面，装配操作时一般要从传送带上取下来。负荷极限为30kg，传送带连续运转。

对于大的工件托盘可以使用滚道，辊子可以由链或平带带动。

如图4-3所示阻挡滚动链具有240kg的承载能力，以6~12m/min的速度连续匀速运转。大承载辊1承载工件托盘或基础件，小承载辊2在成形导轨4上滚动。当工件托盘被挡铁6挡住时，传送链并不停止运动，大承载辊只在工件托盘下面空转。每一个链节的长度为

$$L = 2S + U_A + U_B$$

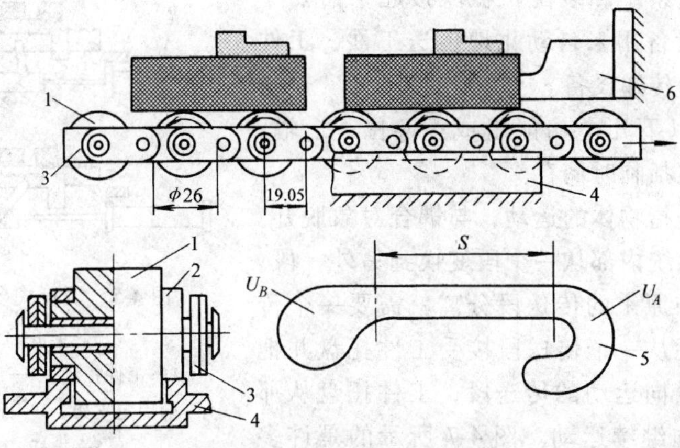

图4-3　阻挡式滚动链的原理

S—链节距　U_A—包缠传动　U_B—包缠转向

1—大承载辊　2—小承载辊　3—基础链　4—成形导轨　5—链节　6—挡铁

联接设备的安置可以根据装配系统的具体要求采用顶置式、下置式或通过式传送系统。结构形式一经确定，传送运动的方式也就基本确定了（图4-4）。

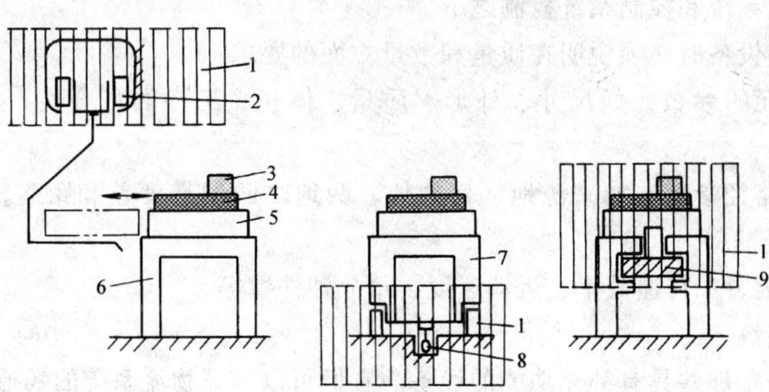

图4-4　联接设备的安置

a）顶置式传送系统　b）下置式传送系统　c）通过式传送系统

1—走廊范围　2—环形传输机　3—配合件　4—基础件　5—工件托盘

6—机架　7—可行走机架　8—装有拖勾的下置式传送系统

9—传送工具（链、平带、钢带）

其中顶置式传输机适用于大批量连续生产，而且可以和其他种类的传送工具联合使用。

重量大的装配单元可以由另外的支架来支承。

除了连续运行的传送系统以外还有另一类间歇运行的传送系统，图 4-5 示出了这种传送系统的工作原理。

市场上出现了多种多样的传送设备。如何选择这些设备，图 4-6 提供了一些基本的方法。

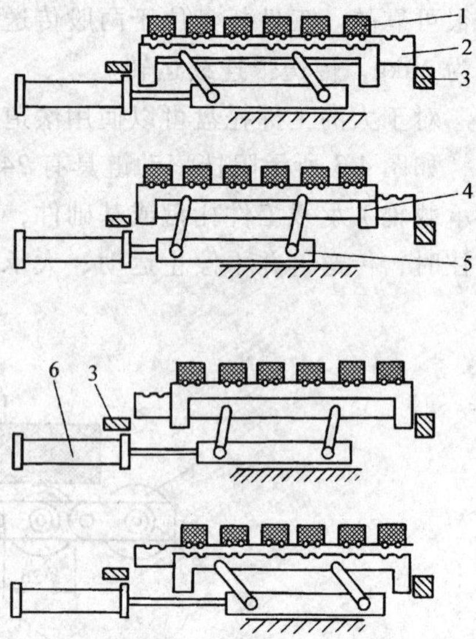

图 4-5 滑板式多工位自动送料装置的工作原理

1—工件托盘 2—带有工位定位机构的固定支架 3—行程挡铁 4—滑板 5—推杆 6—工作缸

二、传递设备

把仓库、传送系统和装配机械联接起来需要一定的设备。该类设备用来自动化地传送工件、工件托盘和部件，称为传递设备。

传递过程由以下几个功能组成：换位；运输；在某些情况下还包括临时储存。

所谓换位，是指物体的运动，与耦合对象脱开。传递就是在传送系统内部从一个段变换到另外一段。为了使工件托盘与原来的传送段分离就需要一个传递单元，传递单元从一个传送段接受工件托盘并把它遣送到另一个横向运动的传送段，工件托盘从那里获取能量沿横向继续运动。图 4-7 所示的是许多种类传递设备中的两种。这两种当中抓钳系统的速度比平带系统要快。

自动化装配设备经常被称为自动化岛。这里指的不仅是自动化装配机，而且还包括生产组织信息和工件流。

在图 4-8 中显示出了怎样把工件托盘送入集装箱式的托盘仓库。当然这一部分功能也必须纳入总的信息系统和控制系统控制之下。

在选择传递设备时必须说明在质量和数量方面的要求：

1）联接单元的参数，如尺寸、外形、质量、体积、工件的可叠性、敏感性和包装密度。

2）地点和路径参数，如来源地、目的地、两地之间的高度差和距离，最小路径宽度，可使用的能量。

3）功率参数，如传递效率、运动速度、每分钟件数等。

三、辅助系统

辅助系统是指那些具有补充功能的设备。它们可以保证物流系统的畅通。回转单元、转向单元和往复运动单元也都属于辅助系统。

图 4-9 示出的是一个转向单元。转向单元或用在一条装配线中间使一直压在下面的面翻到上面来，或用在装配线末以包装产品。对于较大的平面型的产品适宜采用吸盘来抓取。如果是敏感的表面（易损坏），还可以在吸盘和工件表面之间衬一层柔软透气的织物。

图 4-10 所示的是回转单元。它也是应用在一条装配线中间，适合于使较大的部件在空间位置上转动 90°或 180°。

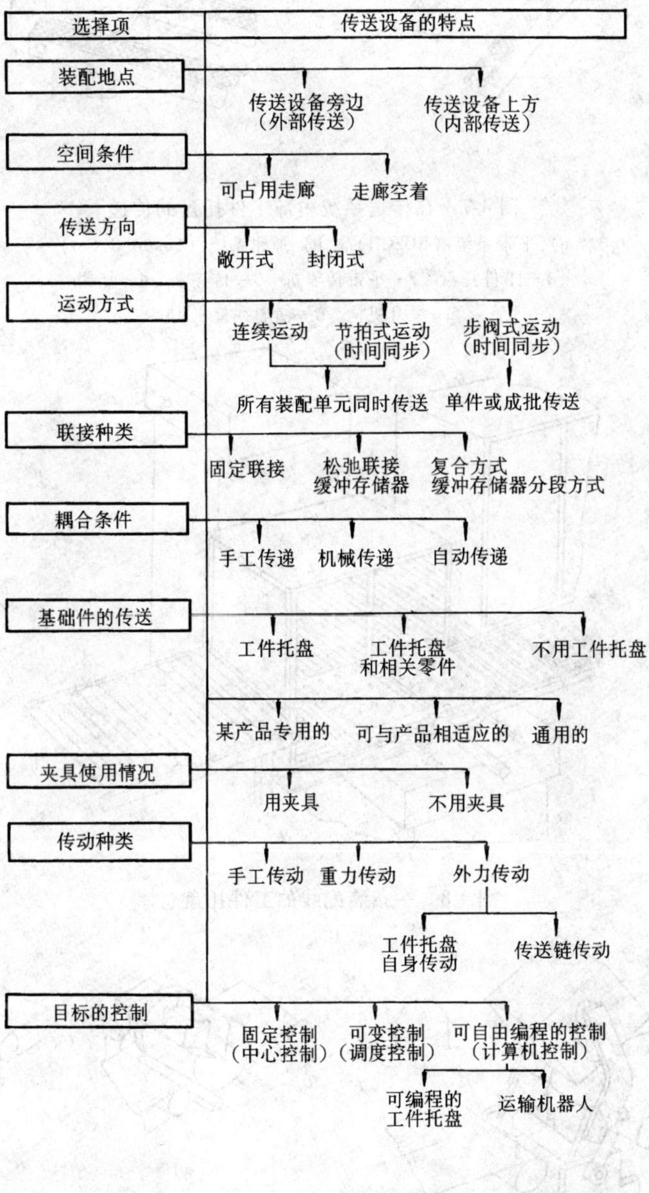

图 4-6　自动化装配所用的联接设备的选择规范

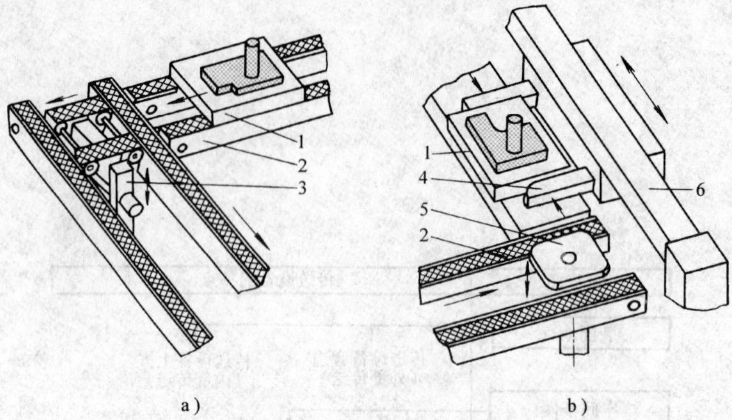

图 4-7 在传送系统内部工件托盘的传递

a) 平带系统（BOSCH） b) 抓钳系统（Landix & Gyr）

1—工件托盘 2—平带传输机 3—传递器 4—抓钳

5—举升机构 6—横向往复机构

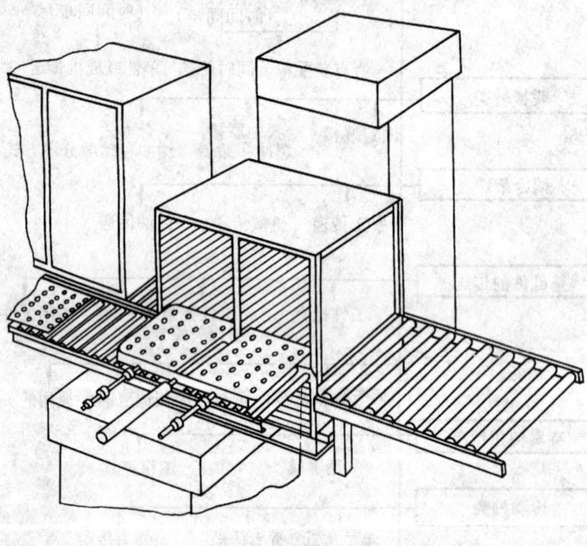

图 4-8 一条装配线的工件托盘仓库

图 4-9 用于装配线中间使产品翻转的转向单元（Schmidt Mandling 公司）

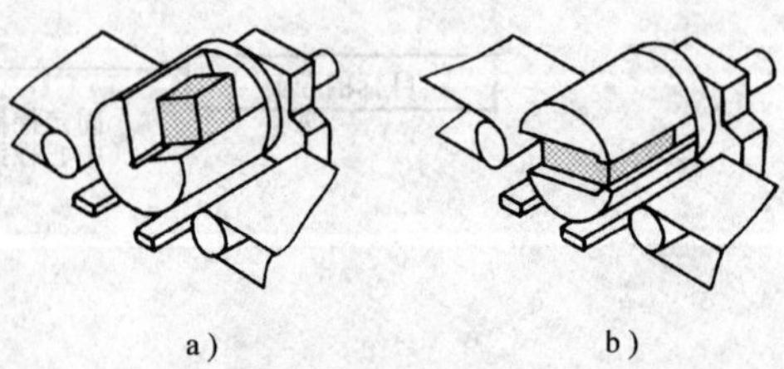

图 4-10 用于装配线中间使大部件回转的回转单元

a) 回转 90° b) 回转 180°

第三节　工 件 托 盘

基础件的直接传送必须满足一定的条件：在运动中能保持稳定，有光滑而不怕磨损的传送平面。而一般情况下基础件都不具有这样的条件，所以大多数情况下基础件都要安置在工件托盘上传送。

工件托盘是承载着工件穿行于各个装配工位之间的装置。工件托盘上装备有工件的定位元件和夹紧元件。

工件托盘既要适应工件又要适应联接系统，它必须满足以下要求：

1）对于那些形状复杂的工件也要能够在各工位之间安全可靠地传递。工件托盘必须具有好的导向性（边沿带有一定的成形结构）。

2）工件托盘必须在装配过程中承受操作力，在操作力的作用下工件不能移位，除非装配过程中要求把工件取下来。当由于工艺要求需要把工件从托盘上取下时，必须为抓取设备保留动作的空间。

3）在某些情况下工件托盘上要有辅助夹具，以便装配形状特殊的零件。

4）保证工件在托盘上精确定位的定位元件和托盘在装配工位精确定位的定位元件，托盘上的止动表面就属于后者。

5）保证安装或取下工件时不发生碰撞的自由空间。

6）给编码工具保留位置。

7）在不同的方向、位置装配时搬送过程简单，例如可以利用前述的回转单元或转向单元。

8）可以同时携带若干个同类构件（图 4-11）。

9）可以同时作为传送单元、仓储单元和检验单元来使用。

作为仓储单元，要求工件托盘的边沿和角具有特定的形状，以便堆垛。

某些特殊功用的工件托盘，如印制电路板装配用的托盘，要求下面是完全敞开的。这是因为某些电子元件的导线还要从下面折弯，所以托盘下面要给折弯设备保留敞开的操作空间。

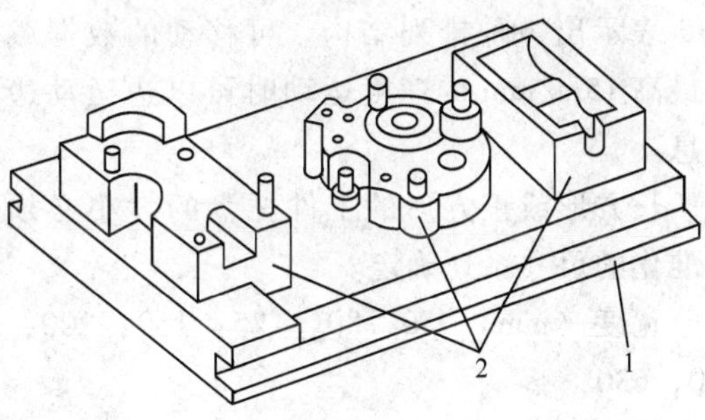

图 4-11　可以同时携带若干零件的托盘
1—圆形回转工作台　2—基体

工件托盘要有相当高的制造精度，在 100mm × 100mm 大小的范围的位置误差不得超过 ±0.01mm。

工件托盘同时又是一个信息载体，在柔性自动化装配过程中，控制系统通过识别和处理工件托盘的信息控制物流。在工件托盘上设置了编码，当工件托盘在传送系统中运行的同时，电子阅读装置就可以读取编码的信息。

现代化的电子信息系统可以非接触方式获取被装配部件的运转数据，并与控制系统一起实现以下的功能：

1）工件托盘的进闸和出闸。

2）工件托盘和定位。

3）误差识别和存储。

工件托盘的识别系统按照物理原理可以分为下面几类：

1）机械识别系统。

2）微波识别系统。

3）感应识别系统。

4）二次雷达识别系统。

5）光学识别系统。

最简单的是机械识别系统。图 4-12 所示的是使用编码销的方法。这种编码在圆形回转台式装配机上也作为被装配部件的临时标记。编码销可以按两个确定的位置调整，上调表示 1，下调表示 0。编码销的上调可以通过行程挡块。编码读取既可以有触键，也可以用非接触读取法。编码销的下调可以通过一个往复运动单元。用两个编码销只能表示很少的信息（00，01，10，11），而其中的 00 表示初始状态而不能作为它用。

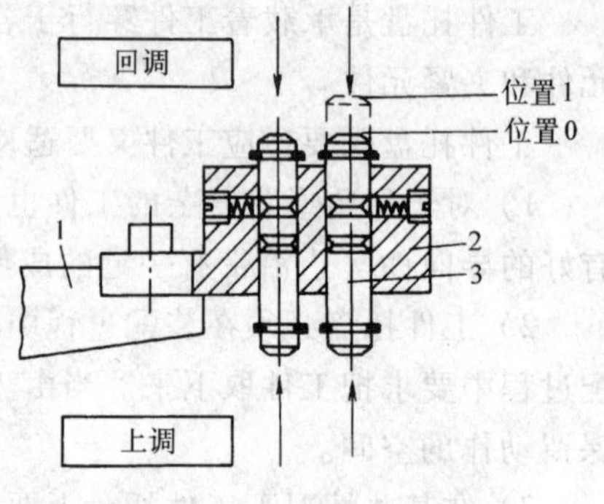

图 4-12　机械编码方法

1—托盘　2—零件定位元件　3—编码销

作为光学可读信息存储器，人们越来越多地使用条形码。有的系统只把各条纹作为数字信息，有的系统则把条纹和空隙都作为数字信息。

电子信息存储器也可以采用非接触存取，图 4-13 表示出一种排列结构。可移动的数据载体在以最高 15m/min 的速度运动时可以边运动边读取信息。

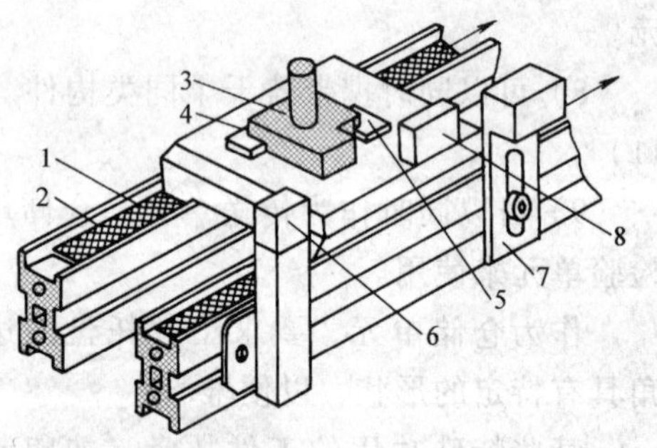

图 4-13　系统中的工件托盘

1—平带　2—成形导轨　3—部件　4—工件托盘　5—定位元件　6—读码器　7—置码器　8—数据载体

长方形或正方形的工件托盘的大小必须按照标准化的尺寸系列确定。

宽度（mm）：50，80，125，160，200，250，400，630

长度（mm）：80，125，160，200，250，315，400，500，630

对于松弛联接和复合联接的装配设备，它所要求的工件托盘的数量不容易简单地确定，因为托盘存储仓的充填程度也是随机的。使用计算机辅助的计划系统可以模拟传送系统中的堵塞现象，导出所需要的工件托盘数。

工件托盘的形状也可以不采用通常的直角形状，如果其他的形状对于传送系统更合适的话。图 4-14 和图 4-15 就示出了另外的选择方案。

在一个托盘推进系统中，工件托盘直接互相碰撞而向前推进。在装配工位并没有专门的定位机构。托盘的位置误差直接取决于工件托盘长度的公差和托盘的数量，以及行程挡块的位置精度（图 4-16a）。设托盘的长度误差为 ±0.05mm，则 A 工位和 C 工位之间的位置误差

已累积到 $\Delta s = 0.6\text{mm}$。

在一个平带传送系统中，定位运动必须与传送运动反向（图 4-16b）。在一个棘爪推杆系统中，定位运动则与传送运动同向（图 4-16c）。

为了避免采用工件托盘从纵向运动向横向运动过渡的专门设备而造成过高的成本，人们开发了另外一种工件托盘，这种托盘可以借助于导向元件的特殊的几何形状自行转弯。图 4-17 显示出了这种平滑的过渡方法。图中所示的椭圆形托盘的运动与方形托盘的运动有本质的区别。椭圆形托盘的方向一直顺着传送带的运动方向。而方形托盘的方向则每经过一个拐角就转 90°，也就是说，方形托盘的每一个侧面都有向外的机会。这对于从几个方向进行装配是有利的。

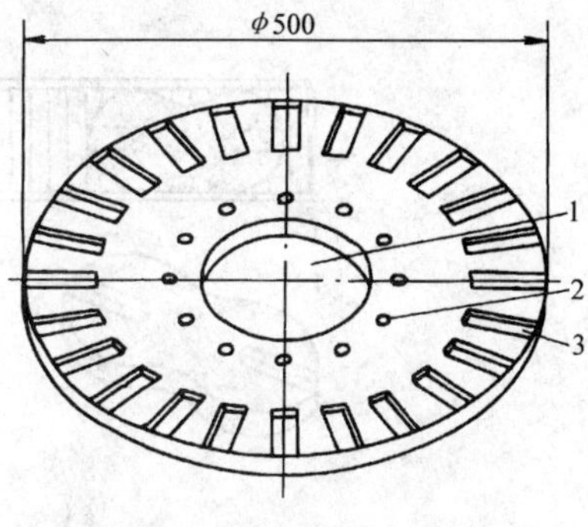

图 4-14　圆盘形的工件托盘

1—中心孔　2—定位孔

3—基础件接受器

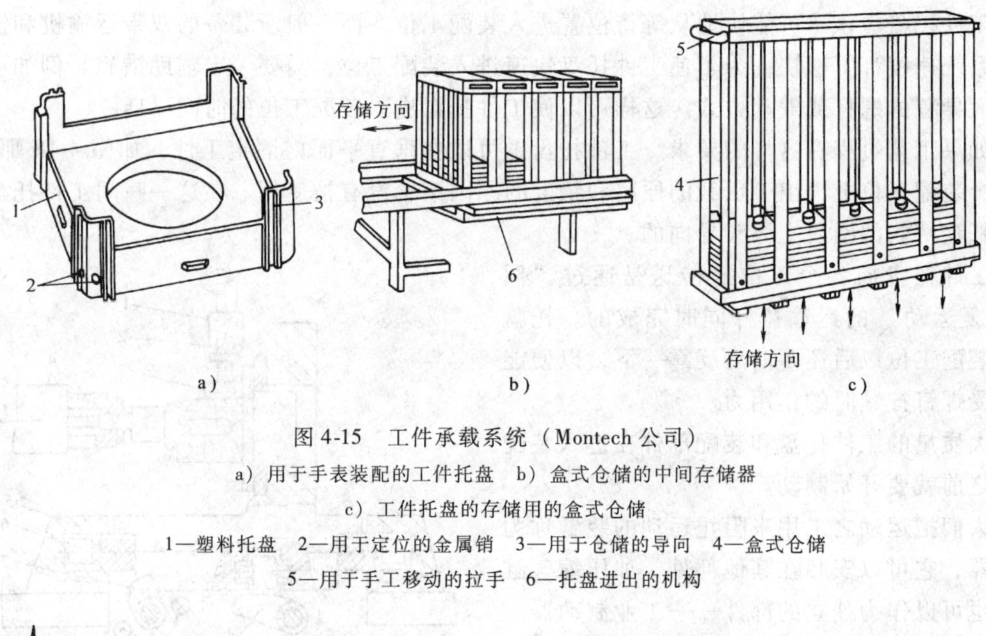

图 4-15　工件承载系统（Montech 公司）

a）用于手表装配的工件托盘　b）盒式仓储的中间存储器

c）工件托盘的存储用的盒式仓储

1—塑料托盘　2—用于定位的金属销　3—用于仓储的导向　4—盒式仓储

5—用于手工移动的拉手　6—托盘进出的机构

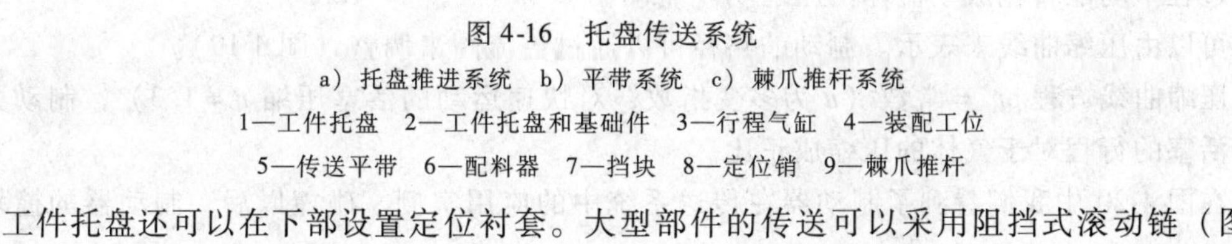

图 4-16　托盘传送系统

a）托盘推进系统　b）平带系统　c）棘爪推杆系统

1—工件托盘　2—工件托盘和基础件　3—行程气缸　4—装配工位

5—传送平带　6—配料器　7—挡块　8—定位销　9—棘爪推杆

工件托盘还可以在下部设置定位衬套。大型部件的传送可以采用阻挡式滚动链（图 4-

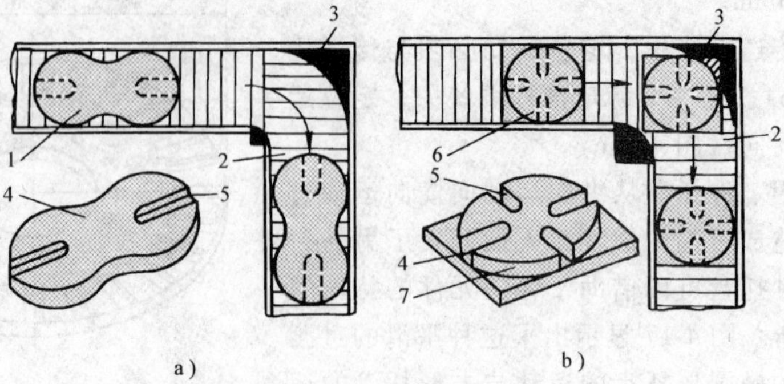

图 4-17 可以自行转弯的工件托盘

a）椭圆形托盘 b）方形托盘

1—椭圆形托盘 2—滚道 3—导向模板 4—托盘下面外观

5—用于托盘制动和定位的槽 6—方形托盘 7—导向盘

3)，小部件的传送可采用双带传送方式。

工件托盘应该尽可能快地从等待位置进入装配工位。而一般所装备的双带运输机和链式传送系统速度都不够快。为了使工件托盘快速进入装配工位，需要一定辅助措施。例如可以使用大导程的螺杆或气动方式。这样可以使工件托盘进入装配工位的时间 $<1s$。

如果工艺过程有这样的要求，工件托盘也可以在垂直平面内固定工件，如图 4-18 那样。在这个装配工位上，出于负载的原因和精度的原因滚子没有被使用。在这一瞬间工件托盘是通过托盘两侧的滑块支撑和导向的。

工件托盘向各个工位的传送是通过"回转-往复运动"的运输拉杆同时完成的。托盘进入装配工位以后还要向后反靠一下，以便能够承受螺钉拧紧时的作用力。

大质量的工件托盘和装配部件在进入装配工位之前就要开始制动。

人们把运动之末用来阻止运动的装置称为制动器，它可以安装在其他部件，如压缩气缸上，也可以作为独立的部件——工业制动器。

制动器制动有两种方式：

1）允许有超程，最后贴紧制动元件定位。

2）不允许有超程，即必须提前制动，最后调整定位。

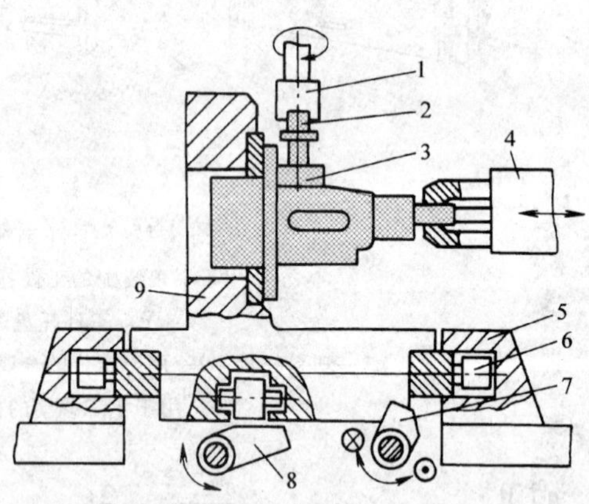

图 4-18 用于水泵装配的工件托盘

1—螺钉旋紧主轴 2—配合件 3—基础件 4—稳定保持架 5—滑动导轨 6—滚子 7—运输拉杆（回转-往复运动） 8—定位杠杆 9—工件托盘

液压缸或气缸经常作为制动器来使用，在制动过程中动能转化成了流体的压缩功。制动过程可以由压缩曲线来表示。制动的路径可以通过溢流阀来调整（图 4-19）。

压缩曲线方程 pv^n = 常数（n 为多变指数，对快速运动的活塞压缩 $n=1.3$），制动力与由于活塞的行程对于气体的压缩成正比。

在图 4-20 中我们看到了制动器在传送系统中的应用实例。碰撞以后，制动器的撞块可以下降或向下翻转，以便让工件托盘继续向前运动一小段距离。

制动力一般是可以调整的。如果工件托盘的运动速度低于 24m/min，制动过程不发生振动。图 4-20 示出了一种允许超程的制动器，它起到阻尼、减速的作用，并不能使工件托盘立即停止运动。这种办法对于圆形回转工作台的制动是很合适的，因为圆形回转工作台的准确定位还要通过反靠来实现。

对于重量大的装配部件，要考虑是否可以让工件托盘在“空气垫”上滑动。这样托盘运动的摩擦力极小。滑槽中的孔和间隙可以是

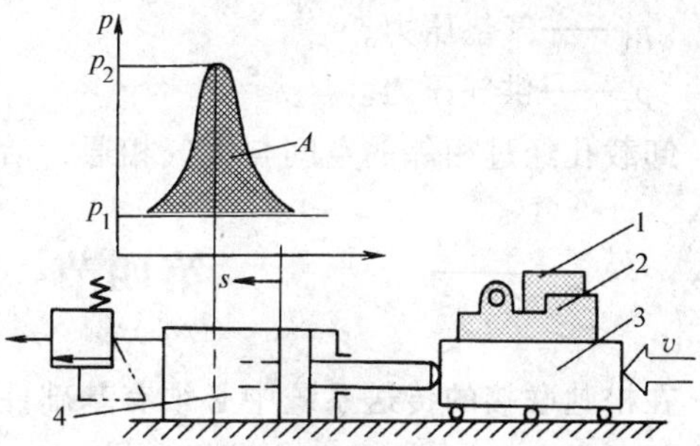

图 4-19 气体制动原理

A—压缩功 p_1—充气压力 p_2—最大压力 s—路径

1—配合件 2—基础件 3—工件托盘

4—制动气缸

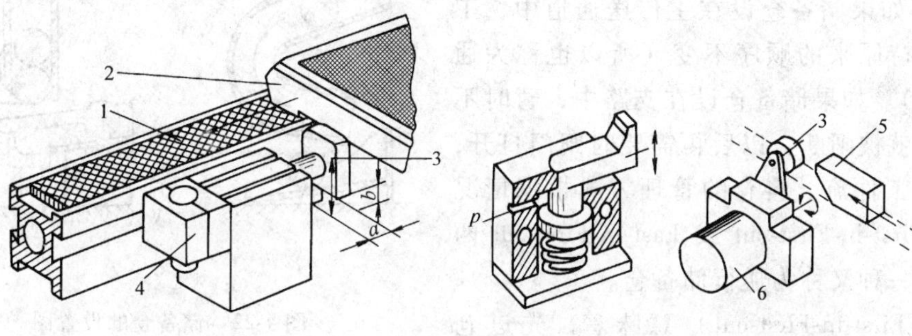

a） b） c）

图 4-20 碰撞制动器的应用

a）阻尼撞块 b）专用撞块 c）允许超程的制动器

a—制动距离 b—放开行程 p—压缩空气

1—传送平带 2—工件托盘 3—制动器撞块 4—紧固件 5—撞块 6—回转式制动器

持续打开的，也可以是当工件托盘靠近时接触（带压簧的球阀）打开，通过控制脉冲或通过不等截面活塞打开。

不等截面活塞滑阀的作用可以根据图 4-21 来说明。空气滑槽的初始状态必须有几个喷嘴是打开的，工件托盘一开始就可以滑动。当工件托盘运动通过作为不等截面活塞滑阀的喷嘴时，支撑工件托盘的压力不是大气压力 p_0，而是压力 p_1。滑阀被向下压，供气气路打开。

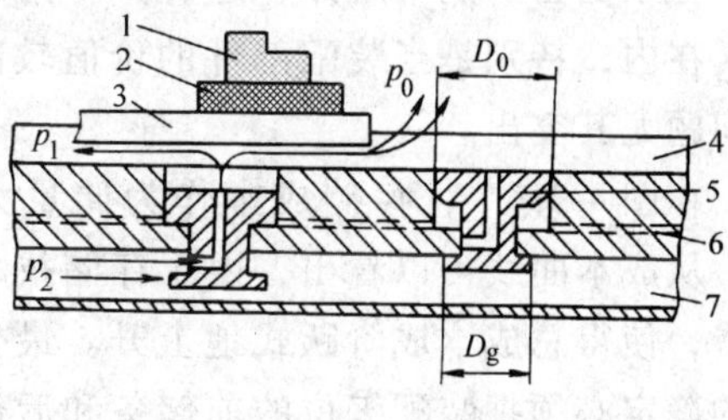

图 4-21 托盘通过一个空气滑槽的剖面图

1—配合件 2—基础件 3—工件托盘

4—空气滑槽 5—不等截面活塞

6—卸荷孔 7—压缩空气道

为了确保以上功能的实现，必须满足以下的尺寸参数

$$p_1A_0 > p_2A_u + p_0\ (A_0 - A_u)$$

$$p_2p_u > p_0A_0 - p_0\ (A_0 - A_u)$$

式中 A——活塞面积（$A_0 = D_0^2\pi/4$，$A_u = D_u^2\pi/4$）；

p_0——大气压力；

p_1——气垫压力；

p_2——供气压力。

卸载孔经过相邻的空间与大气相通，活塞移动时排出的空气可以通过卸载孔逸出。

第四节 联接料仓

在松弛联接的传送系统中必须有基础件或工件托盘的储备仓。储备仓又称为故障应急储备仓。

故障应急储备仓位于装配工位之间，以避免临时出现的故障不至于干扰整个装配系统的正常运行。在混合联接（松弛联接和固定联接）的装配线中，储备仓位于手工装配工位和自动装配工位之间，以避免二者被迫地相互适应。

储备仓可以设置在主传送通道中或支路中（图 4-22）。如果储备仓设在主传送通道中，工件或托盘保持原来的顺序不变（所以也称为通过式储备仓）。如果储备仓设在支路中，暂时不需要的工件就被闸断，以后再需要时闸门打开，储备件加入工件流。料仓的管理方式根据情况可以采用 First-in-First-out 或 Last-in-First-out 两种方式。后一种又称为逆行储备仓。

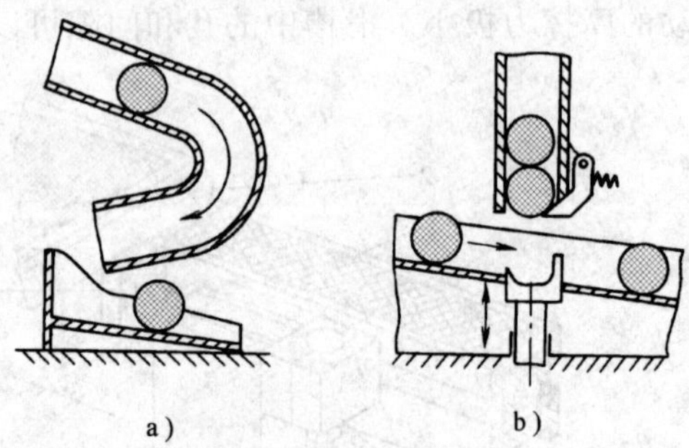

图 4-22 储备仓的设置图

a）在主传送通道中 b）在支路中

FIFO（First-in-First-out）意味着，先进仓的工件先出仓；

LIFO（Last-in-First-out）意味着，后进仓的工件先出仓。

如何确定储备仓的存储能力是个优化的问题。储备仓的使用与故障出现的概率和停机成本有关，而停机成本又取决于购置成本和运行成本。如果储备的是半成品，还有一个附加的成本因素在内，特别是当装配部件的价值较高时，这个问题尤其突出。

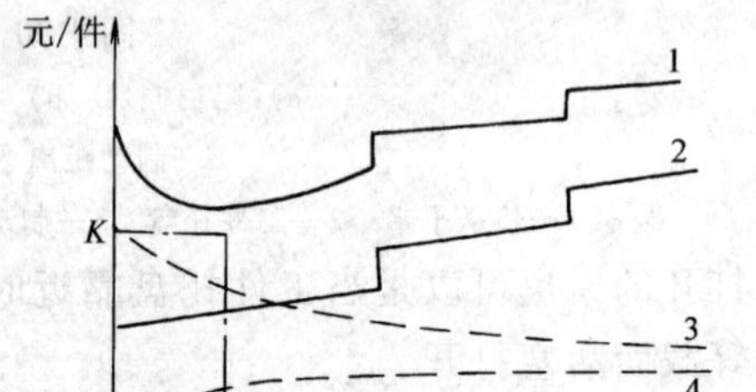

图 4-23 工件储备的经济性

K—与储备有关的成本 Q—存储能力

Q_{opt}—最佳储备仓大小

1—总成本 2—存储成本 3—停机成本

4—储备仓充填成本

在图 4-23 中，存储成本作为储量大小的函数。从成本曲线可以看出，由于存储技术方面的花费，使得总成本成阶跃式地上升。最佳存储能力的确定必须把装配工位的前储备和后储备的情况综合起来考虑。具体的计算可以借助于计算机模拟来进行。一种简化的概算方法如下

$$Q = \frac{D1 + D2}{T} \times 100$$

式中 Q——存储能力（件数）；

$D1$，$D2$——故障发生的时间和储备仓供料的时间；

T——生产 100 件的额定工时。

复习与练习

一、基本概念

1. 结合图 4-24 说明各种联接方式的特点（按地点划分）。

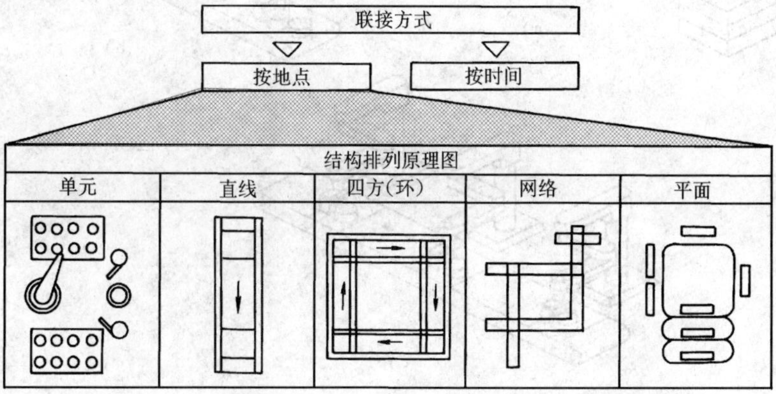

图 4-24　联接方式分类（按地点）

2. 结合图 4-25 说明各种联接方式的特点（按时间划分）。

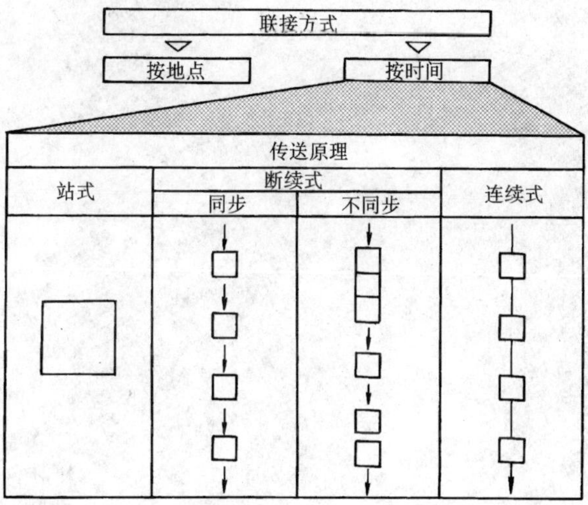

图 4-25　联接方式分类（按时间）

3. 什么是松弛联接、弹性联接和刚性联接？结合图 4-26 说明它们的特点。

4. 什么是内部联接、外部联接？绘出示意图。

二、应用

如何选择自动化装配系统的联接方式？参考教材图 4-6 为本章作一个小结。

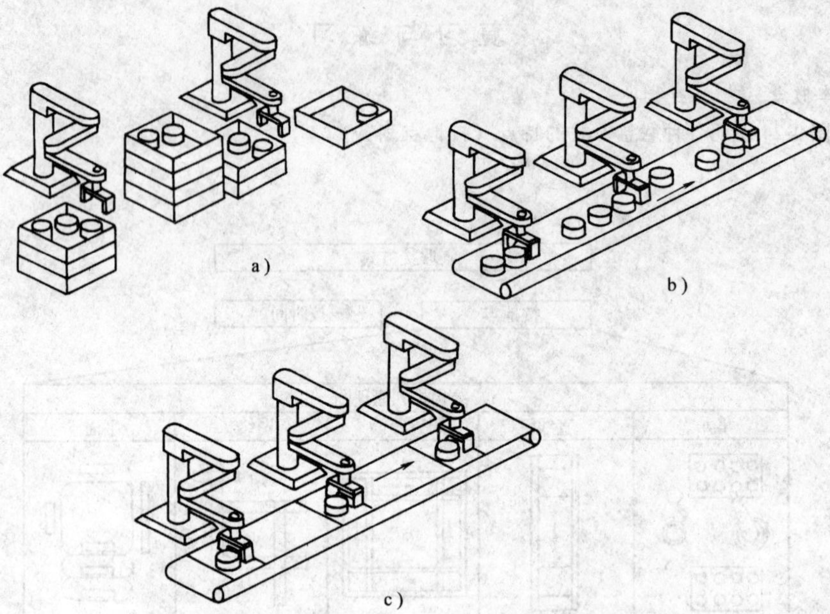

图 4-26　松弛联接、弹性联接和刚性联接

第五章

零件的准备

第一节　给料系统

给料系统的结构部件包括各种传输设备，特别是料仓、给料机、整理设备和传送设备。

给料系统的作用是把工件向装配机柔性地、自动化地传送和定位。给料系统完成为此所需要的一切功能，包括工件的正确的数量、准确的位置（坐标位置和方向）以及正确的时间。给料系统包括以下几个部分：

1）料仓：被输送的零件的储备仓。

2）配料机：配料机从大批零件中分出一部分并把它们送到预备位置。

3）整理设备：把零件从随机的位置、方向整理成确定的位置和方向。

4）传送设备：把零件从 A 处送到 B 处（未经整理或经过整理的状态下）。

给料系统的生产能力可以用以下几个标准来说明：

1）零件方面：零件整理的程度、运动特性等。

2）空间方面：到联接位置的可通过性等。

3）运动方面：运动的数量和方向等。

4）操作方面：联接表面的数量、操作力等。

5）数量方面：给料的数量和节奏，见图 5-1。

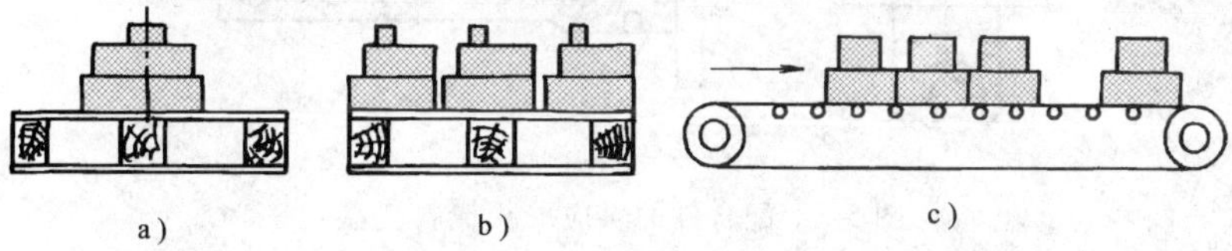

图 5-1　给料过程的数量特征

a）单件供给　b）成组（成批）供给　c）连续供给

图 5-2 是一个连续供给的例子。可以看出给料和联接以非常简单的方式在同一设备上巧妙地结合。强迫运动也被自由运动所取代。因为在这里自由运动也是准确可靠的。图 5-3 则是采用抓取的方法给料的例子。在给料过程的每个阶段，抓钳的动作姿势都是根据装配过程的工艺要求事先设计的。

如果配合件没有事先整理好，装配之前一定要先整理好，这一过程可以直接在装配工位旁边进行（图 5-4）。一个供料站整理这些零件，通过一个直线摆动槽把它们送到装配工位附近并把它们一个一个分开。

配料器 6 使工件回转 90°，以使得它和装配时的姿势完全一致。因为主要的故障或干扰

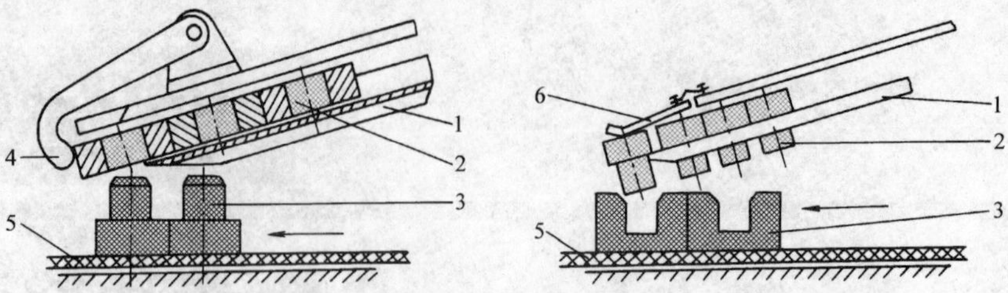

图 5-2 借助于工件的自由运动实现配合件与基础件的联接
1—滑槽 2—配合件 3—基础件 4—擒勾 5—传送带 6—弹簧片

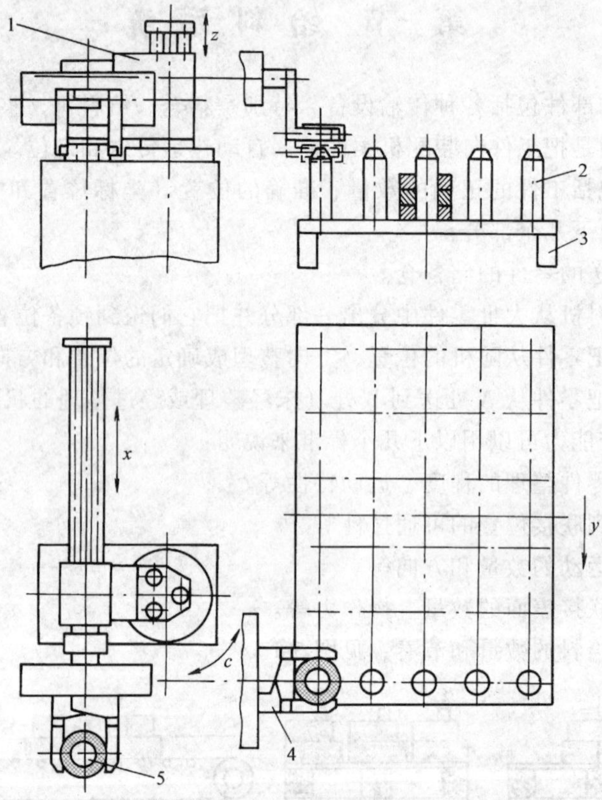

图 5-3 配合件的供应（由储料托盘）
1—传送设备 2—堆垛心轴 3—在一个移动设备上的平托盘
4—抓钳 5—在装配工位上的配合件

都出在振动送料机，所以工件流一直处于控制系统的监控之下。振动送料机对于小的干扰可以自我排除。例如通过压缩空气把方向位置不正确的零件吹开或用一个电磁铁把它推开。这样的故障排除装置可以在查明了故障发生的准确位置以后再安装。

另外一个思路是，对于那些形状复杂的零件，如几面都有弯儿的薄板零件，可以直接在装配机里加工，从料仓里取出板材，在装配机里折弯成形紧接着进行装配。

图 5-5 所示的是在螺钉输送过程中自我排除干扰的例子。通过超声波在供料槽里发现了一个干扰，就放出一个压缩空气脉冲把干扰（姿势不正确的螺钉）吹掉。超声波发射仪发出超声波，接受器接受超声波并和事先输入的参考模式作比较，如果螺钉的位置都正确，接受到的超声波的模式与参考模式相同。如果螺钉的位置异常，接受到的超声波的模式与参考

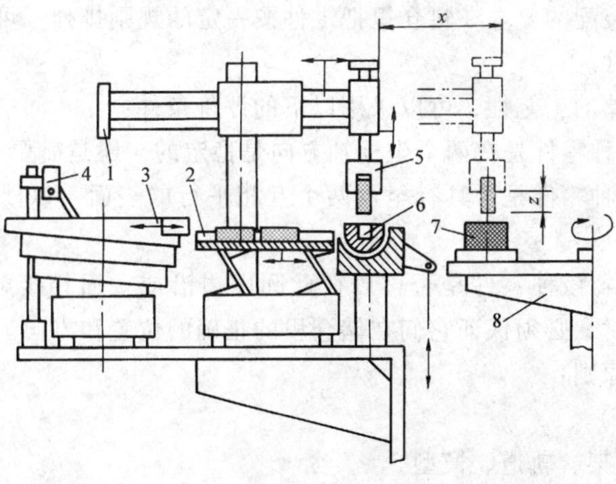

图 5-4　一个供料站的典型结构

1—Pick-and-Place 设备　2—直线摆动槽　3—振动送料机　4—装料状态监视器　5—抓钳　6—配料器及立柱　7—基础件　8—圆形回转工作台

模式不同，控制系统据此判断为出现了干扰，就打开压缩空气供给通道的开关。

在某些情况下嵌入设备是和料仓相结合的，即料仓就安装在联接设备的机架上。图 5-6 就是其中一例。这种结构的优点是节省了从料仓到装配机的传送时间。

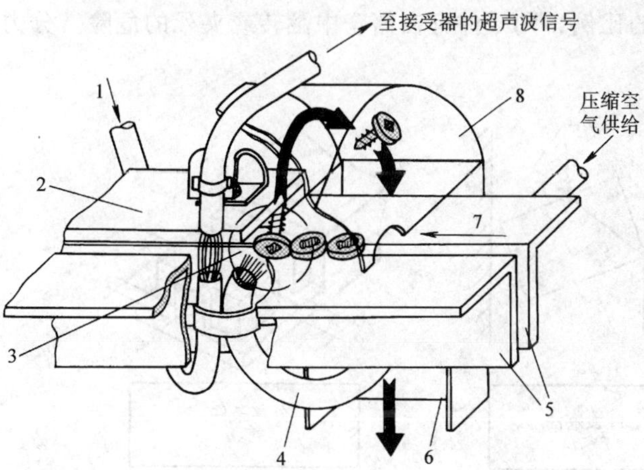

图 5-5　螺钉输送过程中排除干扰

1—来自发射仪的超声波　2—供料通道的导轨顶部　3—位置不正确的螺钉的堵塞范围　4—压缩空气导管　5—直线输送导轨　6—底座　7—平台　8—压缩空气供给

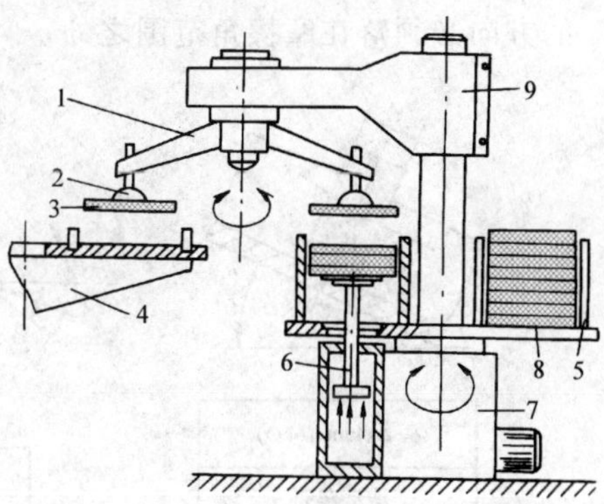

图 5-6　平面零件的供料系统

1—双臂机械手　2—吸盘　3—配合件　4—装有工件接受器的回转工作台　5—盒式料仓　6—举升装置　7—机架　8—料仓回转台　9—悬臂梁

第二节　零 件 储 仓

单节拍装配机的装配节拍时间在 1.5 ~ 8s，每小时产量 400 ~ 2000 件（套），装配机的利用率约为 80%。要实现这一效率，必须首先保证准确及时的零件供应，对此零件储仓起着关键性的作用。

零件准备是指按装配的要求在料仓里把零件按一定的规则排列。可以按照直线型、平面型和空间形式排列零件。

为了判断零件仓储的工艺性，可以采用以下的评价条件：

1）可安置性：该种零件是在两个坐标轴方向是稳定的，还是需要一定的辅助定位？

2）可重叠性：该种零件是否具有至少两个互相平行的表面，以便没有辅助支撑就可以稳定地堆垛？

3）可顺序排列性：该种零件是否可以彼此间以边沿或一面相接触按顺序规则地排列。当在储仓中装入零件时，必须保证它们在储仓里的正确的位置和方向。零件在料仓里的定位可以采用以下的物理原则：

1）力结合（夹紧）。

2）形状结合（支架、轨道、模型）。

3）材料结合（粘附层、粘结带）。

其中形状结合是最常用的。最简单的零件储仓是直线型的，它不需要任何的辅助机构就可以直接把零件送至装配工位附近。在设计直线型料仓时必须注意以下几点：

1）零件不能翻转（图 5-7a）。

2）零件不能夹死（图 5-7b）。

3）零件必须在一个合理的方向上向装配机供应（图 5-7c）。

如果处理不好导向长度和导向间隙的比例，则零件有在储仓中翻转或夹死的危险。分力 F_x 的方向必须落在摩擦角范围之外。

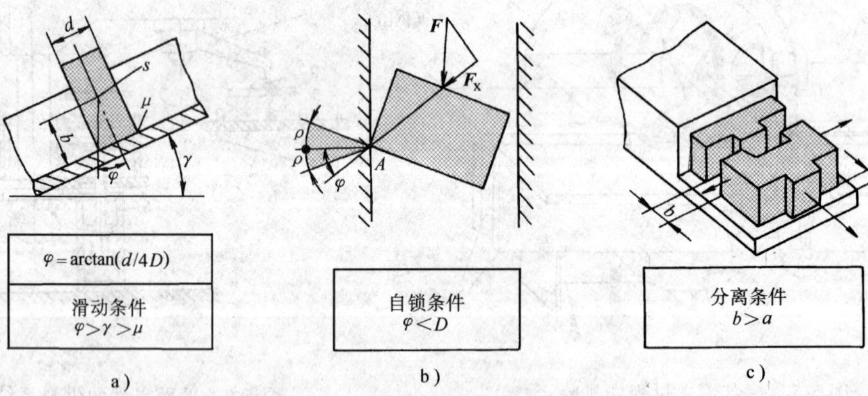

图 5-7 直线型储仓中的比例关系

a）翻转 b）滑落 c）分配（供料）

a，b，d—尺寸

s—重心 γ—角度 ρ—摩擦角 μ—摩擦系数

必须按图 5-8 所示的原则对各种不同的零件选择相应的储仓。

图 5-9 所示的方案对于机器人装配间是非常合适的。同一个零件储仓可以供应不同种类的零件，机器人可以只在同一个位置抓取不同的零件，并按先后顺序装配到部件（或产品）上。

箱式料仓可以根据工件的形状调节辅导支撑以适应不同形状的零件。图 5-10 所示的就是这种可调式的箱式料仓。

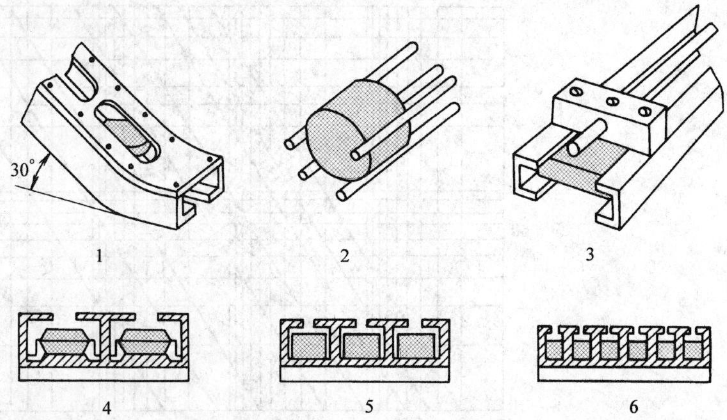

图 5-8　直线型储仓的变种

1—带盖顶的滑道　2—成形导轨　3—平板零件的储仓　4—成形槽式料仓，用于电子元件的仓储，轨宽 2mm × 15mm　5—成型槽式料仓，轨宽 3mm × 9.5mm　6—成型槽式料仓，轨宽 6mm × 4.5mm

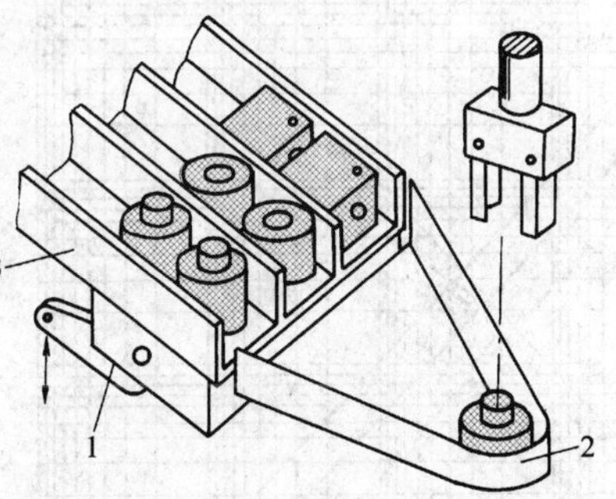

图 5-9　用一个滑道式储仓可以供应不同的零件

1—分配器　2—抓取位置　3—槽式储仓

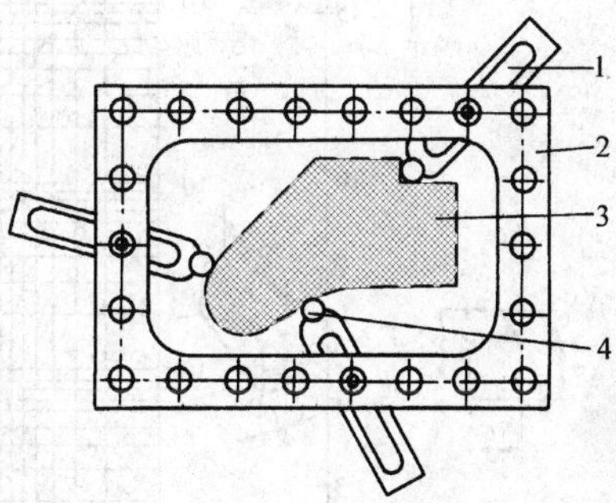

图 5-10　可调式箱式料仓

1—调节单元　2—料仓外框　3—零件　4—调节杆

为了估算必要的料仓的“建筑空间”，可以把料仓简化为一个体积为 V_B 的长方形并把它与 1 个 $1m^3$ 的标准空间比较，得到一个理论存储系数 S_{th}

$$S_{th} = \mathrm{INT}\ (V_B/V_H)$$

在图 5-11 中，使用理论存储系数 S_{th}，可以求出为了满足给定的不看管时间（自动时间）t_B 所要求的储仓大小。图 5-11a 中首先确定为了满足给定的不看管时间所要求的件数 n，然后用图 5-11b 从 V_H 出发确定 S_{th}。S_{th}之所以作为一个理论值，就是因为把存储设想为无间隙的理想状态。

若 $S_{th} = 1$，即 $1m^3$ 的储仓体积，相当于 0 号托盘（1200mm × 80mm），堆垛高度 1000mm。

若 $S_{th} = 0.5$，相当于 1 号托盘（600mm × 800mm），堆垛高度 1000mm。

若 $S_{th} = 0.25$，相当于 2 号托盘（400mm × 600mm），堆垛高度 1000mm。

例如：一个零件的填充空间 V_H 为 30mm × 30mm × 90mm = $81cm^3$，使用 2 号托盘，装配

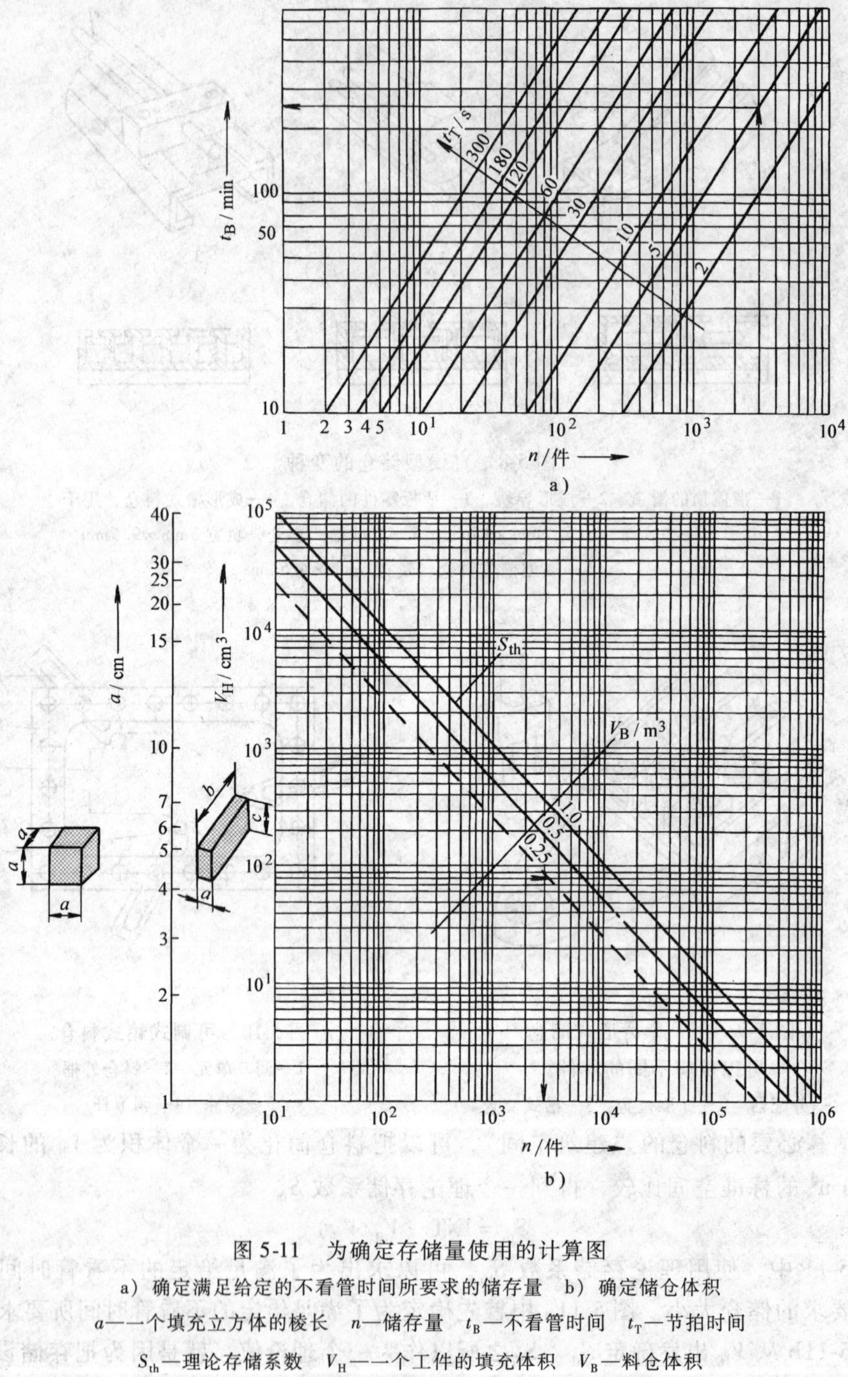

图 5-11 为确定存储量使用的计算图

a）确定满足给定的不看管时间所要求的储存量 b）确定储仓体积

a——一个填充立方体的棱长 n—储存量 t_B—不看管时间 t_T—节拍时间

S_{th}—理论存储系数 V_H——一个工件的填充体积 V_B—料仓体积

工位的节拍时间为 5s。从计算图可以得到存储量约为 3 000 件（3 086），从图 5-11a 可以得出不看管时间为 257min。

在图 5-11 中应用理论存储系数 S_{th} 确定存储方案。推荐使用的托盘是 0 号托盘和 1 号托盘。因为在零件制造过程中也使用这些托盘，这样从加工到装配就不需要更换托盘。可重叠式托盘因为可以显著地扩大储仓的可利用空间而备受重视。对于堆垛式存储和平面托盘，适于采用专用的抓取设备、节拍式平托盘操作设备和装配机器人。表 5-1 是应用这种方法得出的几种存储方案。

表 5-1　存储方案的比较

零件尺寸 （料仓存储零件数）	可能的零件 等　级	无人管理 时间/h	存储方案
小零件 ＞125 000	小成形件、散件	＞8	装配工位旁边的料仓、料斗
中等尺寸零件 125～125 000	长或短的对称回转体零件、板形回转体零件	1～8	装配工位旁边的料仓和平托盘
小到中等尺寸零件 ≥125	板状或环状零件，杂件，刚性差的零件或无确定形状的材料	1～8	外设储仓或外部工序（操作，完成量）存放联接工具的外部料仓和续料单元
大尺寸 ＜125	壳形零件和长对称回转零件	＜1	从适合抓取的料仓抓取
		1～8	可重叠式托盘
		＞8	与自动化传送系统联接

振动送料设备适于小零件的供应。它不仅具有料仓的作用，而且可以把零件排成一定的序列（图 5-12）。一经排成一定的序列，抓取设备就可以从一个确定的位置连续抓取零件。对于振动送料器，必须注意它的续料时间。如果带有附加料仓或料仓本身带连续推进机构，一次加料所能持续的时间就长。许多形状不规则的小零件也常采用振动送料器来输送。

自动化装配中如果零件的位姿不正确就会造成装配的故障。图 5-13 中表示的是如何整

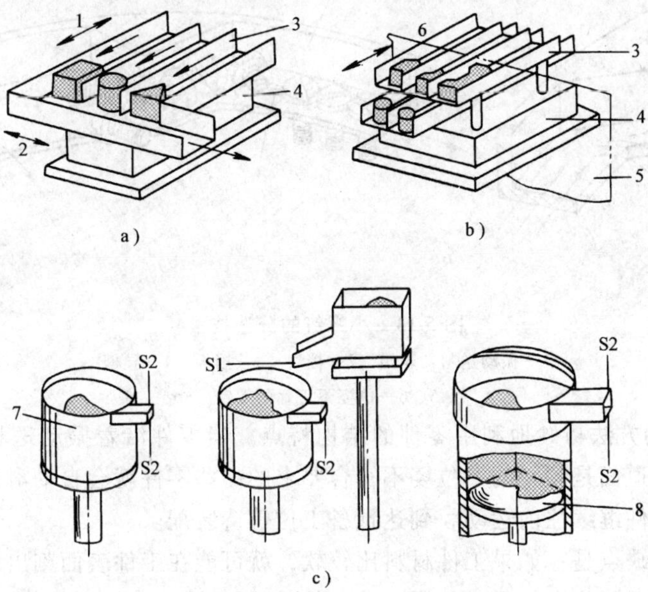

图 5-12　振动送料器

a）按时间顺序前后相接的两个方向的振动使零件排序

b）双层振动料仓　c）带有接口的振动送料器

1—第一阶段振动　2—第二阶段振动　3—料仓结构　4—振动台

5—抓取设备的工作空间　6—后续区　7—圆形振动送料器

8—往复运动锥

理排列一种杯形小零件。当零件顺着振动送料器的螺旋轨道从底部的料仓爬上来，经过轨道上的豁口 4 时，杯口朝上的小零件可以顺利通过，杯口朝下的零件又重新落回料仓。

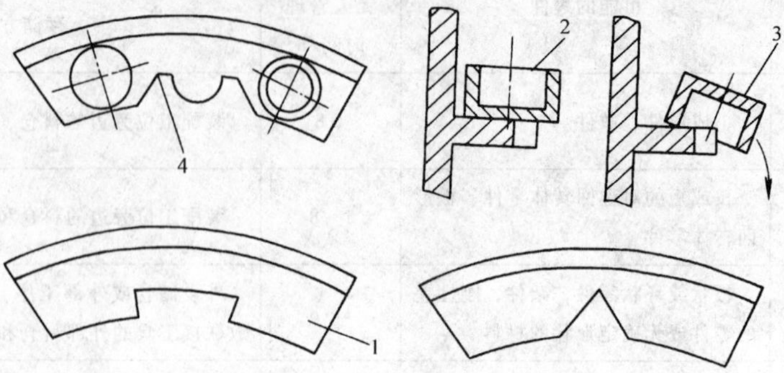

图 5-13　杯形小零件的分选

1—轨道　2—位姿正确的零件　3—位姿不正确的零件　4—轨道上的豁口

图 5-14 中被整理的零件是小螺钉。螺纹联接是装配中最常遇到的一种联接方式，如果螺钉的位姿不正确，装配机器人便无法正常操作。而短小螺钉的整理比长螺钉整理更难进行。图中所示的方法巧妙地利用了导轨和挡板的组合，通过挡板 3 先把倒立的螺钉挡住使之脱离导轨，然后又通过后面导轨上的挡块 2 把不能正确落入槽中的螺钉分离出来，并使之脱离导轨，最后只剩下能够落入导槽继续往前走的螺钉到达预备工位等待装配。

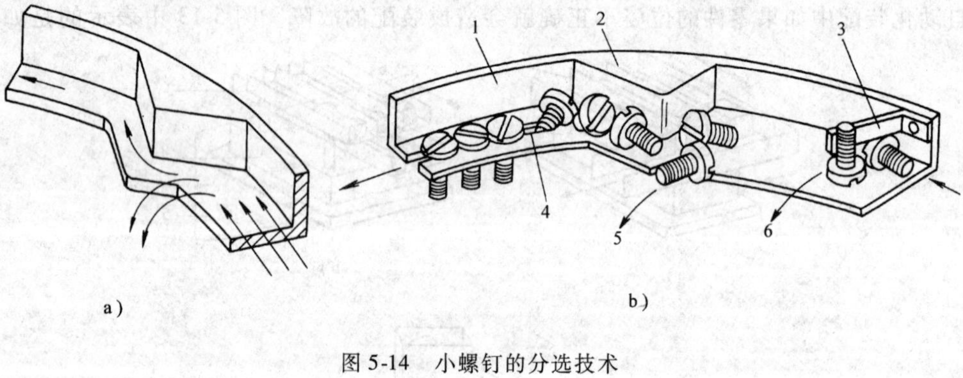

图 5-14　小螺钉的分选技术

1—振动送料器轨道　2—挡块　3—挡板　4—导槽

5、6—位姿不正确的螺钉

图 5-15 所示的方法巧妙地利用零件的结构特点。当零件沿着振动送料器的螺旋轨道爬上来以后，由于轨道面是倾斜的，位姿不符合要求的那些零件就会自动滑落翻滚下去。剩下位姿符合要求的零件继续往前运动，到达预备工位等待装配。

振动送料器的缺点是：如果工件材料比较软，就可能在工件表面刻出划痕。这种质量上的缺陷在今天越来越不能被容忍。如果一种零件通过振动送料器送料而失去光泽变得暗淡和粗糙，人们宁可放弃振动送料器而采用其他设备。例如可以通过调整料仓结构或直接送到装配工位（多用于电子元件的装配）。后一种情况下必须把零件按一定的要求包装好，以免传送时发生堵塞或侵蚀。在装配工位上还需要一个专门打开包装的设备（图 5-16）。

零件的整理可以采用机械方法、流体方法、电磁方法或借助光学识别来完成。识别传感器可以装在搬送系统或专用的整理设备上，两种方案各有优点。

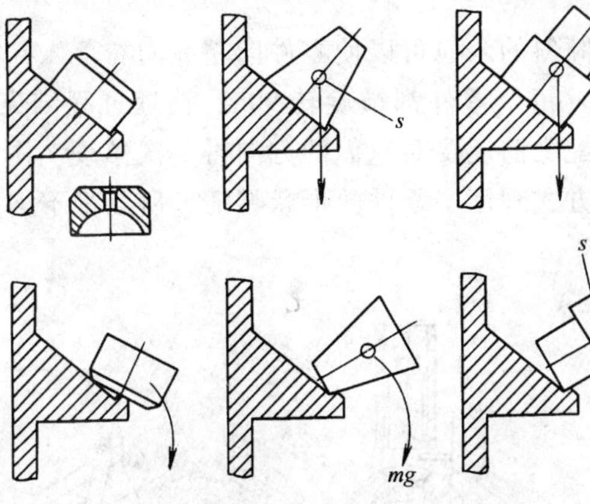

图 5-15　利用倾斜轨道分选零件

m—质量　g—重力加速度　s—重心

整理就是在装配技术中把某一个在几何上属于一定种类的物体从任意位置（方向和位置）向希望的位置的移动。

如果使用机械式的整理方法则识别过程就比较简单。图 5-17 中示出了套类零件的整理过程。应该注意，在自由运动的搬送过程中可能会遇到一些问题，必须有自我排除故障的手段和缓冲料仓。

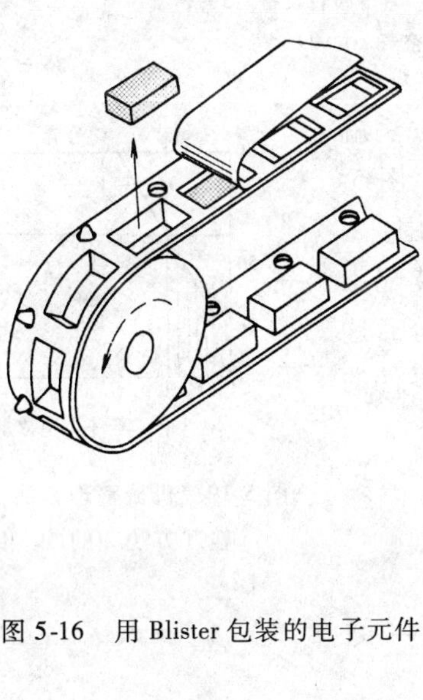

图 5-16　用 Blister 包装的电子元件

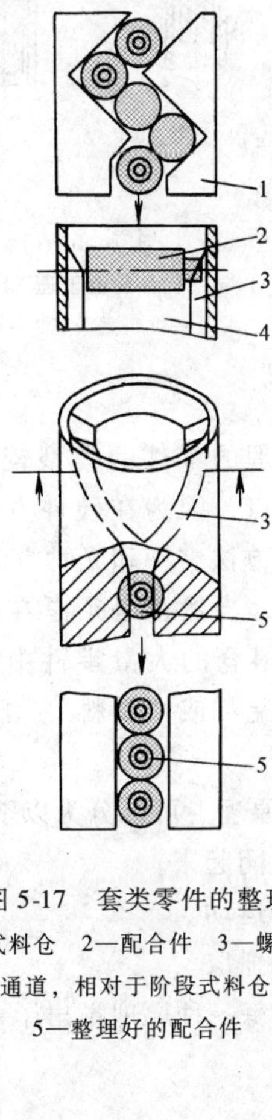

图 5-17　套类零件的整理

1—段式料仓　2—配合件　3—螺旋导槽

4—整理通道，相对于阶段式料仓旋转 90°

5—整理好的配合件

整理功能：

配合件落入整理通道，倾斜的入口可以使零件向左或向右落入导槽。两个导槽都是螺旋状的并且在下面汇合到一起。每个零件都被旋转 90°，整理过程结束。经常有这样的情况，经过预整理的配合件在临装配之前还要对它们的方向再一次整理。图 5-18 示出了几种方法。这三种情况都是以很简单的方式利用了零件的形状特征，所以都不需要传感器。

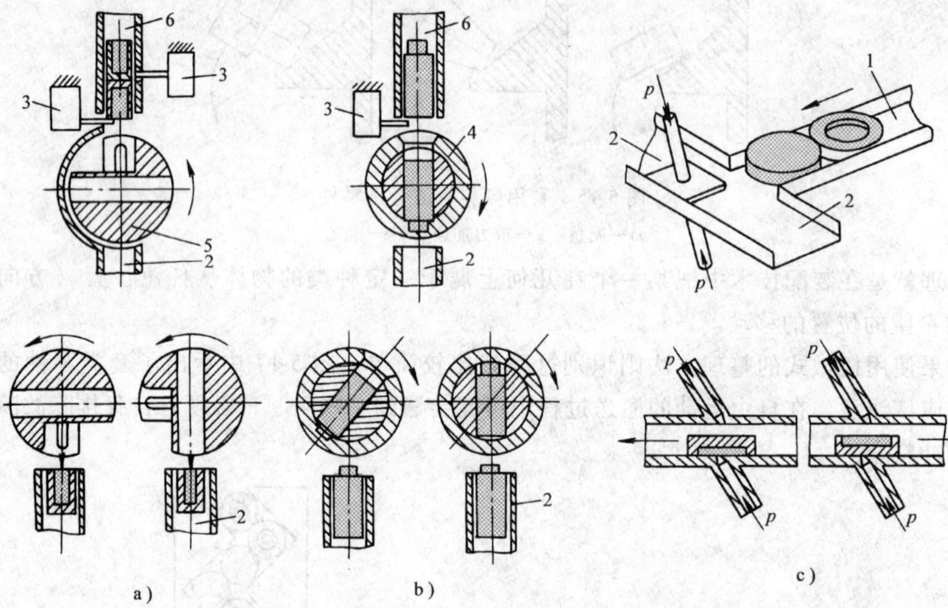

图 5-18 配合件的整理

a）按照内部轮廓整理 b）按照外部轮廓整理 c）用压缩气流进行气动整理

1—供料系统 2—导出通道 3—配料器 4—回转设备 5—转子

6—料仓 p—压缩空气

如果需要整理的零件的类型较多，光学识别方法就显出其特有的优点，因为在硬件方面不需要改装。图 5-19 中示出了机械方法整理和光学方法整理的使用范围。

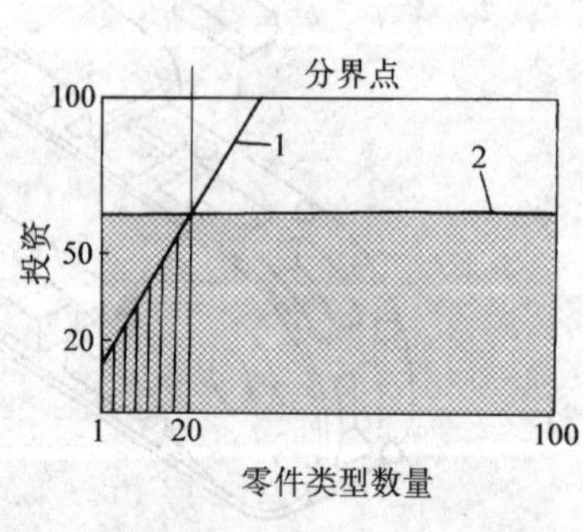

图 5-19 机械整理方法 1 和光学整理方法 2 的成本比较

在整理之前，当然也必须是在配合件被送到装配工位之前，先要从料仓的大量零件中分离出一小部分。这个过程称为“分配”或“供料”。配料机必须适合零件的特性和尺寸。

供料过程从原理上可以分为以下 3 种：

1）保持并封闭起来。

2）滑板往复运动。

3）用机械手抓取。

图 5-20 中就每一种原理举出了一个例子。

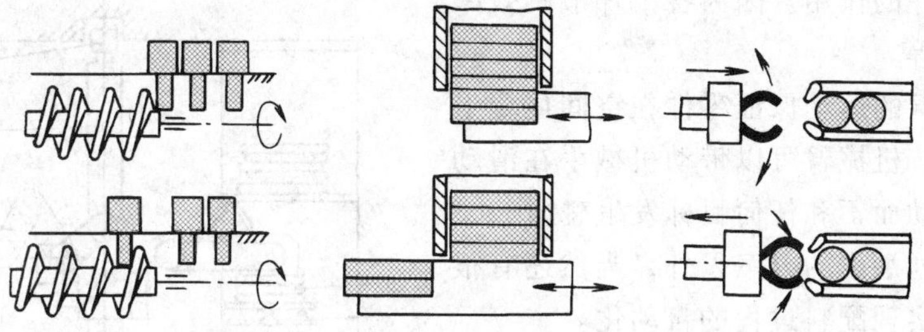

a)　　b)　　c)

图 5-20　供料机的结构形式
a）蜗杆式供料机　b）滑板式供料机　c）抓钳式供料机

第三节　配　　料

装配系统必须按照一定的“工艺配方”来工作。配合件、联接件、辅助材料等都从料库的货架上拿取。

图 5-21 所示的方法是一种单阶段的手工配料方法。这些工作也可以由机器人或一个专用的配料设备代替人工自动化地进行。目前这种自动化的程度还很有限，因为这种自动化仓库的管理和机器人的介入必须有一个前提，那就是需要大量的传感器，这无疑需要大量的投资。

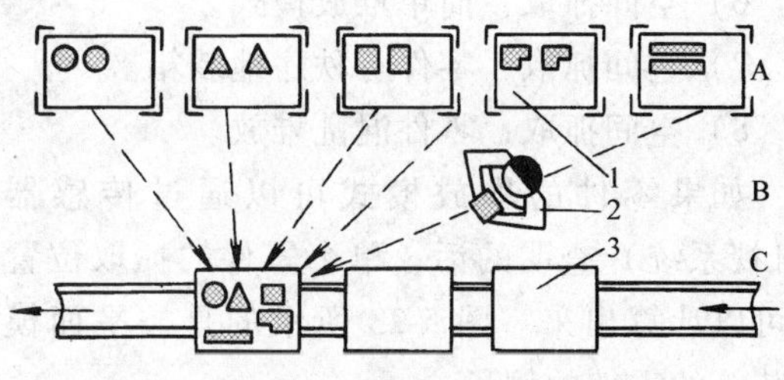

图 5-21　手工配料方法
A—料库　B—配料工作区　C—通往装配系统的传送带
1—分类货架单元　2—配料工　3—零件托盘

配料机器人的搬送能力 < 500N，每小时可完成配料 120 次。配料过程的原理可以分为以下两种：

（1）人到货前　配料工手持工艺卡走到各个货架跟前拿装配所需要的配合件、联接件、辅助材料等。

（2）货到人前　配料工原地不动，循环运动的货架来到前面时配料工根据装配工作的需要从流动货架上拿取需要的配合件、联接件、辅助材料等。

不论是“人到货前”还是“货到人前”，这两种原理既可以人工实现，也可以自动化地实现。图 5-22 所示的就是“机器人到货前”的动作方式。机器人首先移动到确定的目的地，然后从确定的格子中抓取零件。

被抓取目标在托盘上的位置受几个不确定的因素的影响。控制计算机必须一方面明确层和堆栈的模式，以便产生相应的运动命令；另一方面还要注意不能把堆栈碰乱。

为此目的开发了图形处理系统，用这个系统可以把计算出来的抓取点按照实际情况进行修正。借助于传感器（可视）系统和相当通用化的机械手（例如多头吸盘）机器人就可以准确地从确定的位置抓取一定数量的零件并按一定的秩序放到零件托盘上或配料容器中。在大多数情况下配好的料首先被运送到一个中间料仓，中间料仓在料库 - 配料区 - 装配系统之间起到平衡缓冲的作用，因为各个环节的效率不可能恰好相等。

机器人手臂的运动保证零件在空间位置上永远保持水平。机械臂可以带动机械手在滑动立柱上自由运动而不和任何目标发生碰撞。

除了这里列举出的方案以外，当然还有很多的方案可以实现配料过程的自动化。

零件的备料位置对于配料过程有非常重要的影响。基本的备料位置及抓取方式可以分为以下几种：

1）点抓取，不确定（杂乱）。

2）点抓取，确定（料仓）。

3）直线多点抓取。

4）平面抓取，简单堆放模式。

5）平面抓取，零件有秩序地装箱。

6）空间抓取，简单堆放模式。

7）空间抓取，零件有秩序地装箱。

8）空间抓取，零件混乱堆放。

如果零件的堆放模式可以通过传感器（可视系统）查明的话，单个零件的抓取位置就可以计算出来。图 5-23 所示的是按平面模式装箱的零件的例子。

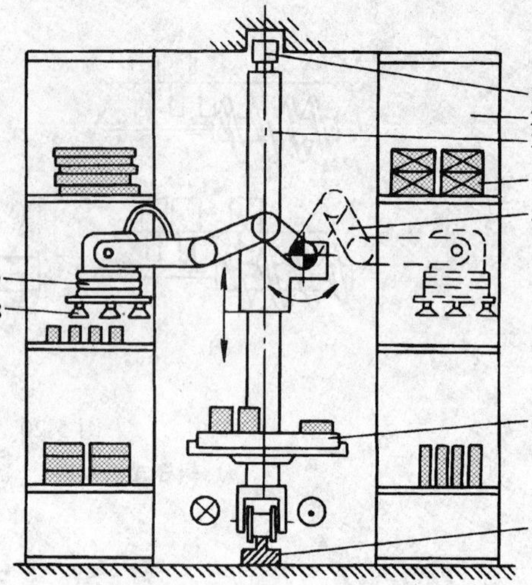

图 5-22　配料机器人

1—导辊　2—货架格子　3—滑动立柱　4—存储单元　5—机器人手臂　6—配料容器　7—轨道　8—吸盘　9—装有传感器的关节

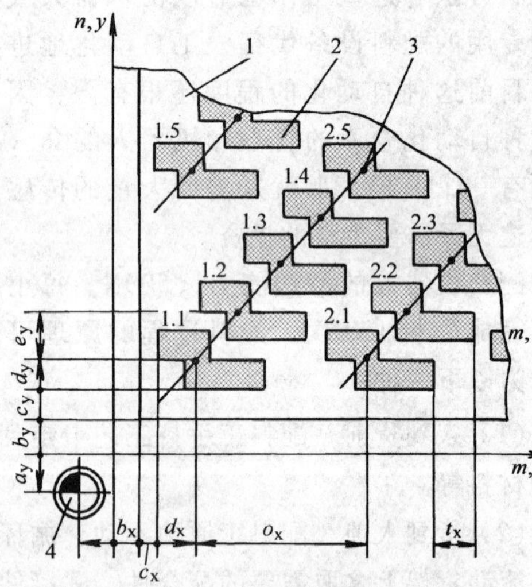

图 5-23　平面模式装箱的实例

1—承载单元（如平托盘）　2—零件　3—零件参考点　4—零点

参考点坐标的计算可以按下式进行

$$x_{m,n} = a_x + b_x + c_x + d_x + (m-1)e_x + (n-1)f_x - e_x \mathrm{INT}\left[\frac{(n-1)f_x + c_x}{e_x}\right]$$

$$y_{m,n} = a_y + b_y + c_y + d_y + (n-1)e_y$$

现在已经有了相应的软件包可以对托盘平面进行图形编程，而且对非均匀模式也可以处理。从输入的已知数据可以产生出托盘上的位置分配信息，这些信息可以自动传送给脱机编程软件。用脱机编程系统可以把新生成的程序翻译成控制语言，并传送给控制计算机。

复习与练习

一、基本概念

1. 什么是给料系统？它由哪几部分组成？

2. 给料系统应该实现什么功能？

二、应用

1. 在图 5-24a、b 、c 、d4 个图中要求按一定的位姿整理 4 种小零件，图中 3 为被整理的零件。请按图说明在这 4 种情况下分别按照什么原理区分出位姿不符合要求的零件。

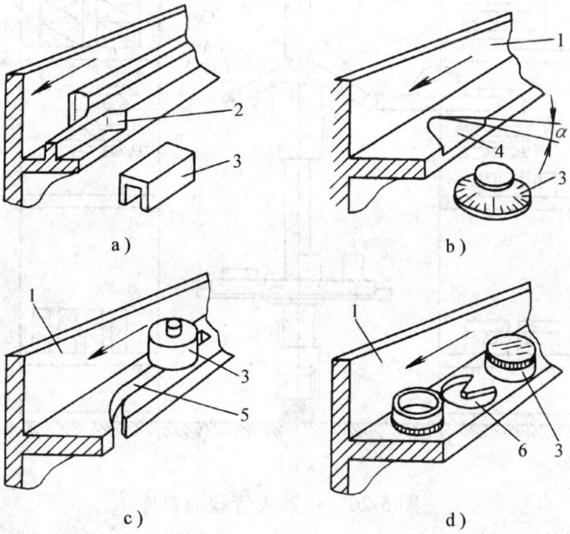

图 5-24　小零件的位姿整理方法

2. 图 5-25 中的零件还没经过整理，请您想出一种整理方案以使它们便于装配，并把您的方案示意图填入图表。

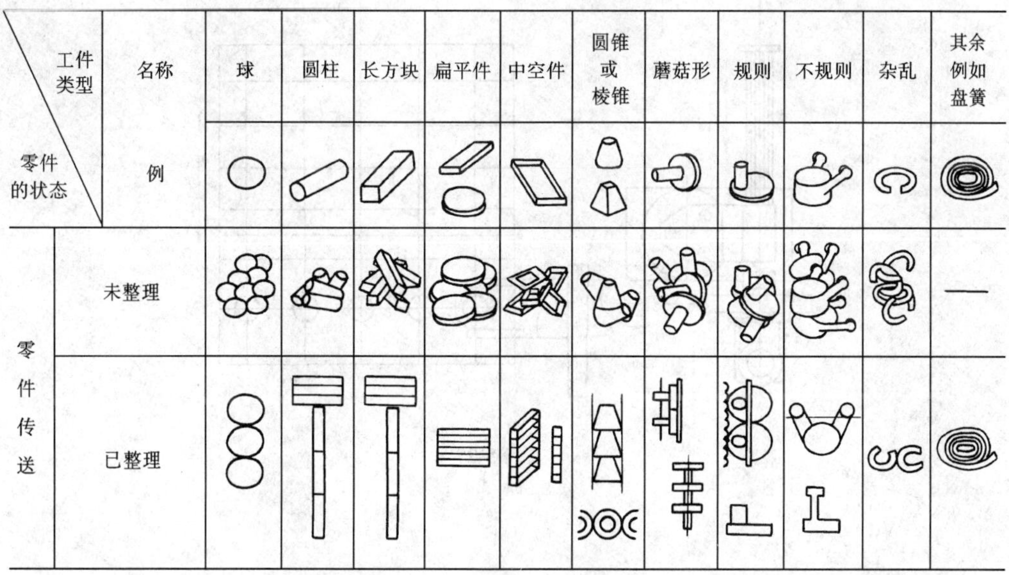

图 5-25　不同类型零件的排列方法

3. 参考图 5-26、图 5-27 构思一个机器人管理的料库，并为配料机器人设计一个动作顺序表（配料零件数不少于 5 个）。

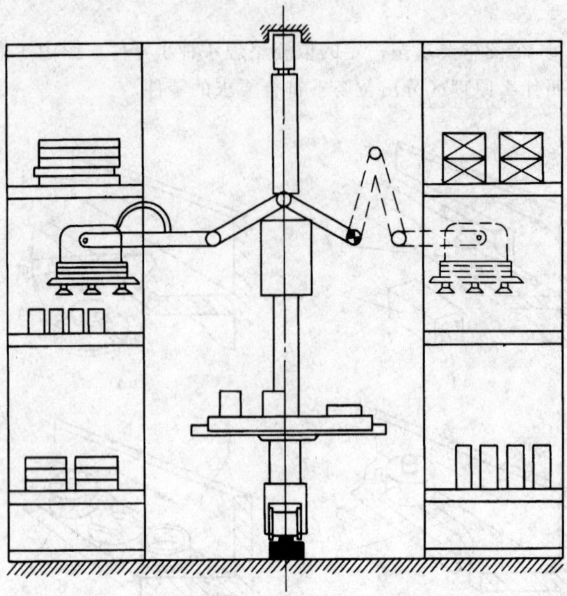

图 5-26 机器人管理的料库

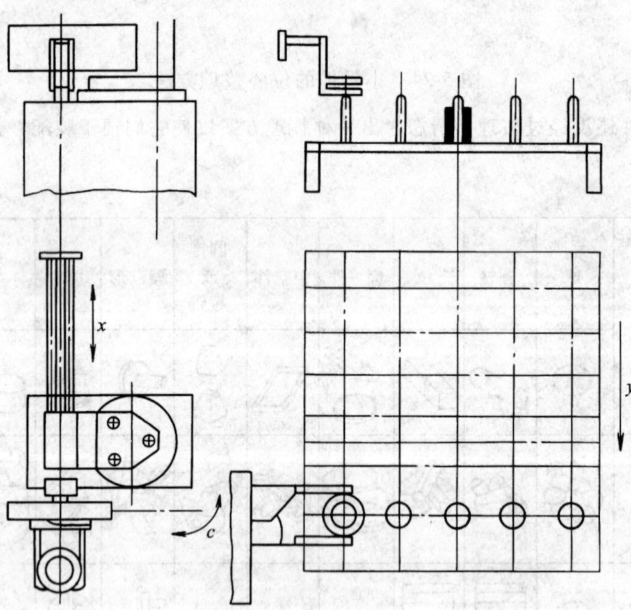

图 5-27

第六章

装配机器人

第一节　柔性自动化的要求

市场的饱和，特别是消费品市场的饱和，要求企业不断推出新产品，以满足新的消费愿望。产品的类型增加的同时批量减小，产品的寿命也缩短。由于这一发展趋势，就要求产品能够实行柔性自动化装配。为此目的而发展起来的装配机器人有极好的前景而且已经取得了重要的进展。在机器人大国日本，20 世纪 90 年代中期，装配机器人已占到机器人总数的 40% 以上。装配机器人将成为“未来工厂”的重要组成部分。

在装配机器人问世之前，实现装配自动化的方案很窄。自从出现了装配机器人，装配机械的“武库”得到显著的补充。与凸轮控制的自动化装配机相比，装配机器人的装配速度要慢些，但装配机器人也带来一些突出的优点：

1）可自由编程的运动控制。

2）通过传感器可以适应产品变种的装配。

3）可以与 CAD 系统和 PPS 系统联接。

当然还有一些难以解决的任务，必须通过实验研究才能实现自动化的装配。使用装配机器人必须满足以下几个前提条件：

1）装配过程必须是完全自动化的。

2）零件必须事先整理好再传送到装配工位或就地自动化地整理。如果装配时间比较长也可以人工整理零件或向料仓加料。

3）夹具必须自动夹紧，零件在夹具中必须能自动定位。

4）加工设备和外围设备必须带有自动检测系统。

5）过程辅助功能或者不需要，或者可以由专用设备自动化地实现。

6）由机器人自动完成的功能代替绝大部分人工工作。

7）机器人向工件施加的压力取决于机械臂的空间位置和作用方向，根据不同的机器人类型，该压力可以达到机器人可靠搬送质量的 5 ~ 15 倍。

当使用机器人柔性装配小零件时，经常由于过长的循环时间而效果不理想。因为机器人运动质量较大而限制了运动速度。对此人们采取了两方面的措施：一方面减轻机器人构件的质量，另一方面使运动的质量分散。例如，让装配工具和基础件都能独立地运动。

在中小批量生产中，装配过程必须具有一定的柔性，如图 6-1 所示。这个图包含了可以很快调整的外部支撑条件的问题。人们希望有一种可以快速调整的外部设备。

外围设备为位于机器人工作位置旁边的设备。这些设备为保证机器人完成装配任务是必须的，可以根据具体的装配任务来选择。

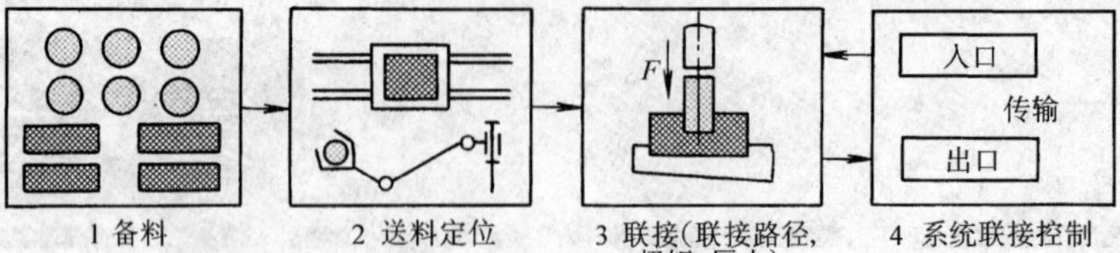

	1	2	3	4
尺寸	●	○	○	—
形状	●	○	○	—
材料	●	○	○	—
颜色	●	—	○	—
辅助件	—	—	—	●

图 6-1　装配过程的柔性要求

（●—总是　○—根据产品的要求　——永不）

外部设备的快速调整可以通过几种途径来实现：

1）构件本身可以按照要求调整。这种调整是事先设定的，可以由程序打开。图 6-2 作为一个例子示出了一种带有几个可以选择开和关的整理段的振动供料器。

每一层振动供料器都可以通过预选器选择 3 种不同零件进行整理。整理设备位于振动供料器之外。

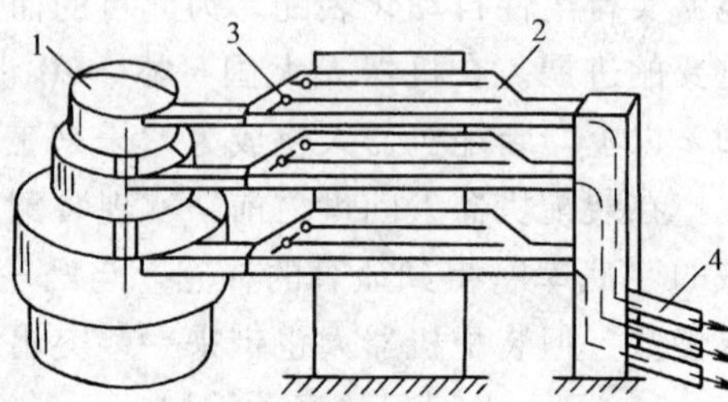

图 6-2　各个整理段可以开关的供料系统

1—塔式振动供料器　2—带分支有线型振动料槽，用于三种不同的整理工艺　3—预选器　4—零件输出

2）外设的构件是为特定的零件设计的，但又是可以自动更换的。这就要求外设的构件具有统一的接口。例如，机器人的抓钳的更换就属于这一类。还有一种模块方案，外设模块有秩序地排列在托盘上供机器人选用。

3）对于小批量产品的装配，在零件托盘上除了零件以外，装配夹具和预装配夹具也可以“搭车”。图 6-3 就是一个例子。

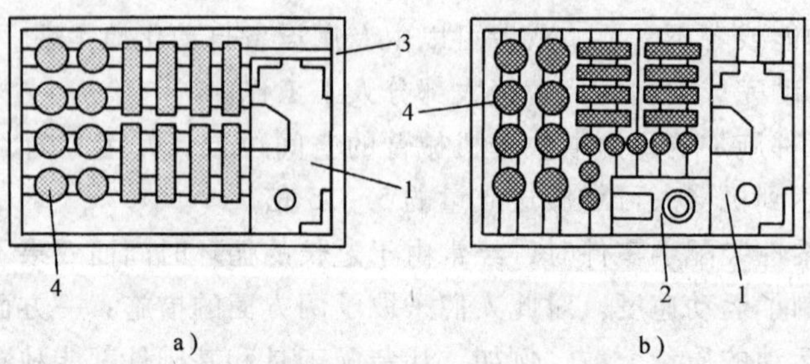

图 6-3　小批量产品的零件托盘

a）带有装配夹具的平托盘　b）带有预装配夹具和装配夹具的平托盘

1—装配夹具　2—预装配夹具　3—平托盘　4—配合件

第二节　装配机器人的结构形式

装配机器人是柔性自动化装配工作现场中的主动部分。它可以在 2s 至几分钟的时间里搬送质量从几克到 100kg 的工件。装配机器人有至少 3 个可编程的运动轴，经常用来完成自动化装配工作。装配机器人也可以作为装配线的一部分介入节拍自动化装配。

1. 装配机器人的分类

装配机器人可以按照示意图 6-4 划分成几类。根据它们的运动学结构，装配机器人有各种不同的工作空间和坐标系统。以下的特征参数对于装配机器人的使用是必须掌握的：

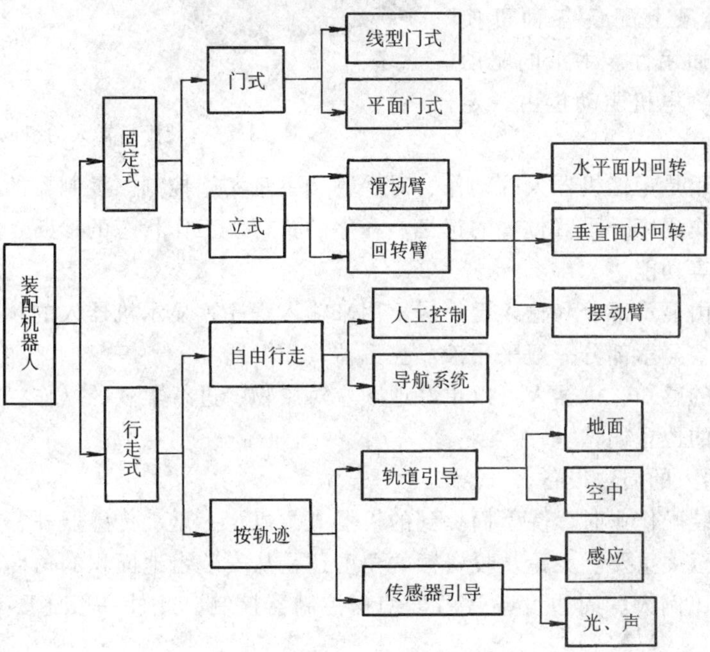

图 6-4　按照用途划分机器人的种类

1）工作空间的大小和形状。

2）联接运动的方向。

3）联接力的大小。

4）能搬送多大质量的工件。

5）定位误差的大小。

6）运动速度（循环时间、节拍时间）。

2. 装配机器人的组成

装配机器人的组成如图 6-5 所示，它分为以下几个大部分：①手臂；②手（手爪）；③控制器；④示教盒；⑤传感器。

手臂是装配机器人的主机部分，由若干驱动机构和支持部分组成。为适应各种用途，它有不同组成方式和尺寸。

驱动装置是带动臂部到达指定位置的动力源。动力一般是直接或经电缆、齿轮箱或其他方法送至臂部。目前主要有液动、气动、电动三种驱动方式。电动又有直流电动机、步进电动机和交流电动机驱动。

关节型装配机器人几乎都采取电机驱动方式。伺服电动机速度快，容易控制，现在已十分普及。只有部分廉价的机器人采用步进电机。手爪安装在手部前端，担负抓握对象物的任务，相当于人手。事实上用一种手爪很难适应形状各异的工件，通常，按抓拿对象的不同需要设计特定的手爪。在一些机器人上配备各种可换手，则可以增加通用性。手爪的驱动以压缩空气居多，电机驱动也占一定比例。

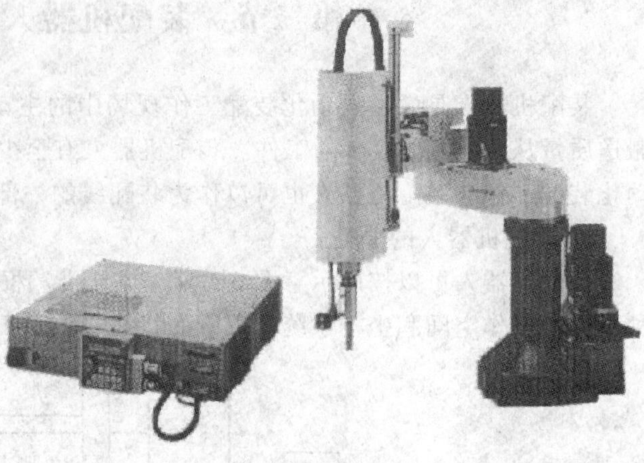

图 6-5 装配机器人的组成

控制器的作用是记忆机器人的动作，对手臂和手爪实施控制。控制器的核心是微型计算机，它能完成动作程序、手臂位置的记忆、程序的执行、工作状态的诊断、与传感器的信息交流、状态显示等功能。

示教盒主要由显示部分和输入键组成，用来输入程序、显示机器人的状态等。这是人机对话的主要渠道。显示部分一般采用液晶显示器（LCD）。

借助传感器的感知，机器人可以更好地顺应对象物，进行柔软的操作。视觉传感器常常用来修正对象物的位置偏移。

3. 装配机器人的周边设备

机器人进行装配作业时，除上面提到的机器人主机、手爪、传感器外，零件供给装置和工件搬运装置也至关重要。无论从投资额的角度还是从安装占地面积的角度，它们往往比机器人主机所占的比例大。周边设备常由可编程控制器控制，此外一般还要有台架、安全栏等。

（1）手　双指气动手价格便宜，因而经常使用。如果给手腕赋予柔顺性，便可以在一定程度上消除装配时零件相互的定位误差，对配合作业很有利。图 3-58 的 RCC 柔顺手就是一个典型例子。

（2）传感器　装配机器人经常使用的传感器有视觉、触觉、接近觉和力传感器等（见第四节）。

视觉传感器主要用于零件或工件位置补偿，零件的判别、确认等。

触觉和接近觉传感器一般固定在指端，用来补偿零件或工件的位置误差，防止碰撞等。恰当地配置传感器能有效地降低机器人的价格，改善它的性能。

力传感器一般装在腕部，用来检测腕部受力情况。一般在精密装配或去飞边一类需要力控制的作业中使用。

（3）零件供给器　零件供给器的作用是保证机器人能逐个正确地抓拿待装配零件，保证装配作业正常进行。最近机器人利用视觉和触觉传感技术，已经达到能够从散堆（适度的堆积）状态把零件一一分检出来的水平，部分技术已投入实用。可以预料，不久之后在零件的供给方式上可能会发生显著的改观。目前多采用下述几种零件供给器。

1）给料器。用振动或回转机构把零件排齐，并逐个送到指定位置。送料器以输送小零件为主。实际上在引入装配机器人以前，已有许多专用给料设备在小零件的装配线上服务。

2）托盘。大零件或易磕碰划伤的零件加工完毕后一般应码放在称为“托盘”的容器中运输。托盘装置能按一定精度要求把零件送到给定位置，然后再由机器人一个一个取出。由于托盘容纳的零件有限，所以托盘装置往往带有托盘自动更换机构。

3）其他。IC零件通常排列在长形料盘（Stick）内输送，对薄片状零件也有许多巧妙的办法，如码放若干层、机器人逐个取走装配等。

（4）输送装置　在机器人装配线上，输送装置承担把工件搬运到各作业地点的任务。输送装置中以传送带居多。理论上说，零件即使随传送带一起移动，借助传感器机器人也能实现所谓“动态”装配，但原则上，作业时工件都处于静止。所以最常采用的传送带为游离式。这样，装载工件的托盘容易同步停止。

输送装置的技术难点是停止时的定位精度、冲击和减振。用减震器可以吸收冲击能。

图6-6是几种典型的装配机器人结构。

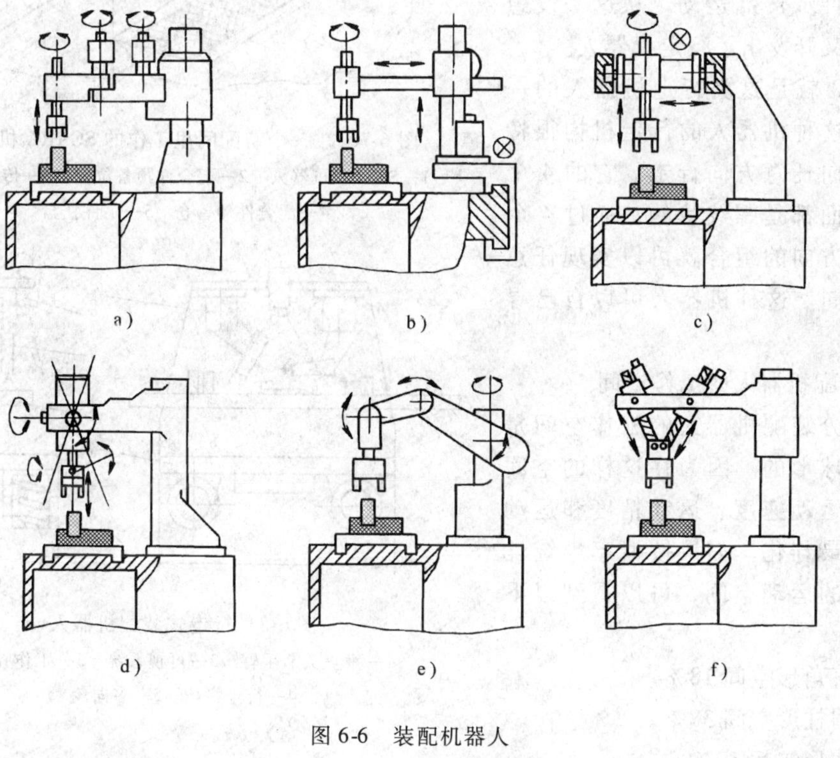

图6-6　装配机器人

a）SCARA机器人，例：Skilam，日本　b）悬臂机器人，例：Pragma，意大利
c）十字龙门式机器人，例：Olivetti，意大利　d）摆臂机器人，例：ASEA，瑞典
e）垂直关节机器人，例：Puma，美国　f）摆头机器人，例：ARIA Delta，法国

图6-6a所示的SCARA机器人由于其运动精度高、结构简单、价格便宜而广泛地使用。SCARA机器人于1981首次进入市场。1989年FANUC公司的SCARA机器人A-600型的运动速度达到11m/s。可以达到的定位精度为±0.01mm。图6-7是SCARA机器人的一个使用的例子。悬臂机器人和“十”字龙门机器人的工作空间是直角空间，因为它的三个执行环节都能直线运动。图6-6d所示的摆臂机器人的臂是通过一个万向节悬挂的，它的运动速度极

快。能够实现6轴运动的垂直关节机器人是专为小零件的装配而开发的，它的手臂又称为弯曲臂，结构特征极像人的手臂（图6-6e）。图6-6f所示的摆头机器是通过丝杠的运动带动机械手运动。如果两边丝杠（螺母旋转）都以相同的速度向下运动，机械手向下垂直运动。如果以不同的速度或方向运动，机械手则摆动。这种轻型结构只允许较小的载荷，如用于小产品的自动化包装等。同样由于运动部分的质量小，所以运动速度相当高。

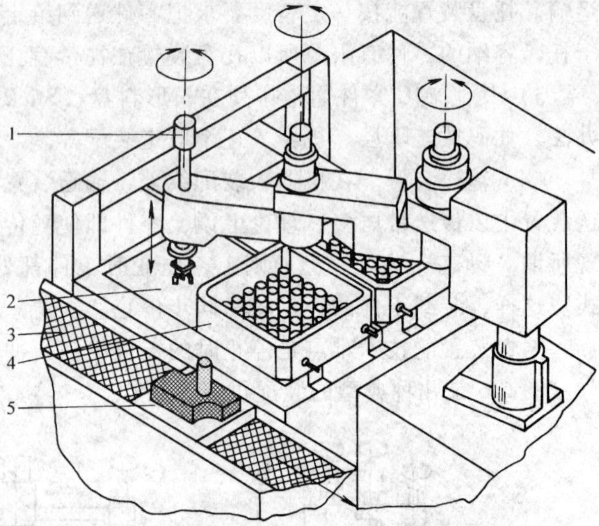

图6-7　在一个装配间里工作的SCARA机器人
1—SCARA机器人　2—配合件预备位置　3—传送系统
4—配合件储备仓　5—工件托盘

大型部件或产品的装配在节拍式的装配线上是难以实现的。所以人们想到另外一种方案：让装配者和装配对象调换位置，被装配的部件或产品位置不动，装配工或装配机械围绕被装配的部件或产品运动。从这一设想出发人们又开发出了行走机器人。

图6-8就是这类行走机器人的一个例子。这种机器人的行走机构很特殊，可以向任意方向行走。它的4个轮子的表面都是螺纹状的，通过4个轮子转动方向的组合就可以实现任意的运动方向。这种机器人可以自己寻找目标。

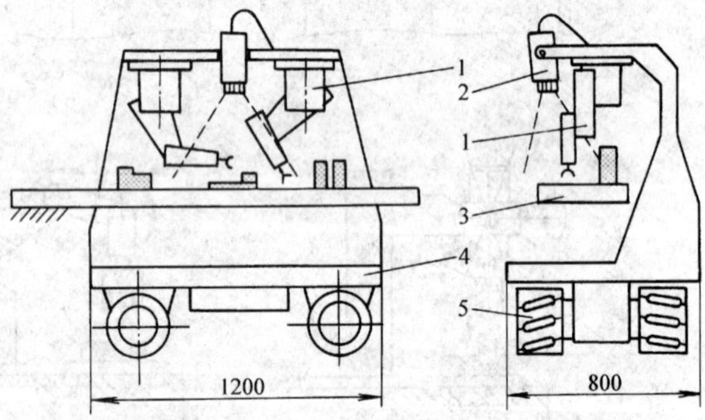

图6-8　行走式装配机器人
1—垂直关节手臂　2—可视系统　3—工作托盘
4—行走机构　5—多向轮

4. 装配机器人的工作空间

大部分装配机器人的工作空间是圆柱形或球形的。因为在这样的空间容易实现运动速度、运动精度和运动灵活性的最佳化。如果按概率来统计各机器人的运动空间，可以得到以下的结果：

1）直角形空间18%。

2）圆柱形空间38%。

3）球形空间19%。

4）环形空间25%。

形成什么样的工作空间取决于运动轴和它们之间的联接方式。如图6-9所示，*X*、*Y*、*Z*是主坐标轴，*U*、*V*、*W*是副坐标轴，*P*、*Q*、*R*是附加坐标轴。*A*、*B*、*C*、*D*、*E*、*F*是回转轴。（本章课后习题二.1是几种常见的机器人运动空间形式）。

机器人的运动轴指的是不互相依赖的、可以独立控制的导向机构和执行机构的直线运动和回转运动。

机器人的选择，首先是它的自由度的选择，主要考虑要实现哪些功能，需要哪些运动和哪些外部设备。在考虑到所有边界条件的同时还要力求做到用较少的投资实现要求的功能。

图 6-10 给出一个例子。第一种类型（图 6-10a）是装配机器人承担了所有的运动，每轴都必须能够自由编程。第二种类型（图 6-10b）是机器人只须实现定点抓取，工件托盘在 x-y 平面实现受控运动。

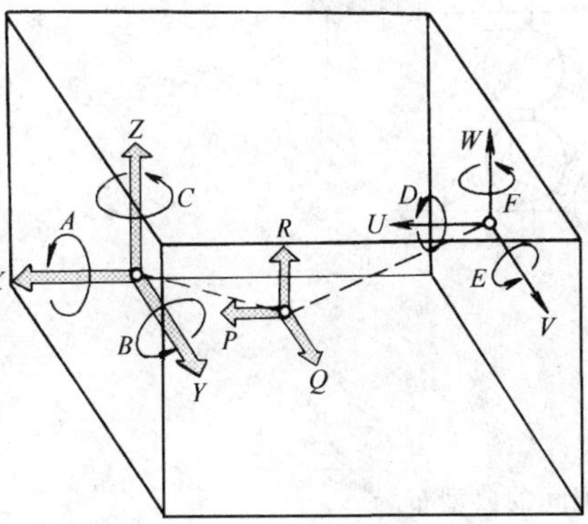

图 6-9　工业机器人的坐标轴

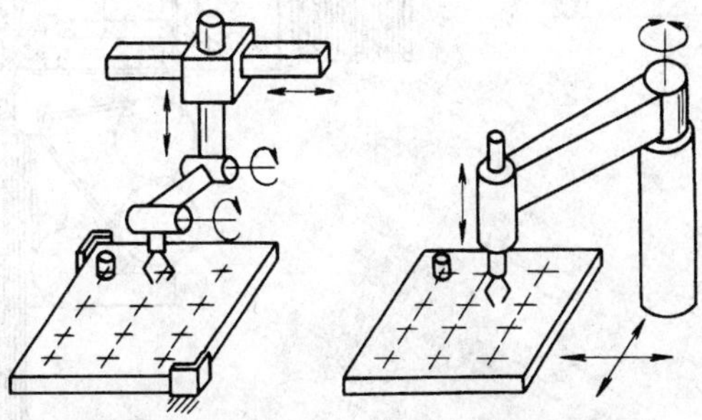

机器人	外设
$F=4$	$F=0$

a）

机器人	外设
$F=2$	$F=2$

b）

图 6-10　机器人和外设间自由度分配的多样性

a）被动的外部设备　b）主动的外部设备

自由度就是在一个机构中相互独立变化的运动坐标数。其同意词有传动自由度、活动度。自由度可能用一个公式来表示 $F=6\ (n-1)\ \ \Sigma\mu$。其中，n 是环节数；μ 是约束数。

技术上和结构上的设计的多样性导致了装配机器人的方案的多样性。图 6-11 所示的就是一种很有意思的装配系统。工件托盘是圆柱形的塑料块，塑料块中有一块永久磁铁。借助磁铁的吸力工件托盘可以被传送钢带带着走，如发生堵塞，工件托盘则在钢带上打滑，利用这一点就形成了一个小的缓冲料仓。

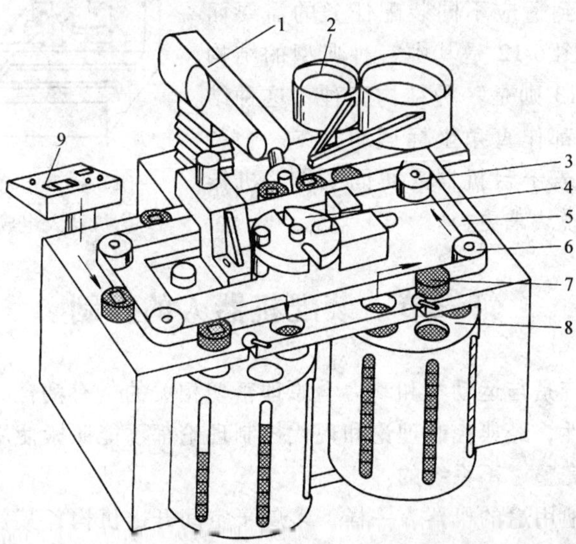

图 6-11　小部件的装配系统

1—装配机器人（搬送力 1kg，重复精度 ±0.1mm）　2—供料器　3—传动辊　4—抓钳库或工具库　5—传送带　6—导辊　7—零件托盘　8—鼓形储仓（存零件托盘）　9—操作台

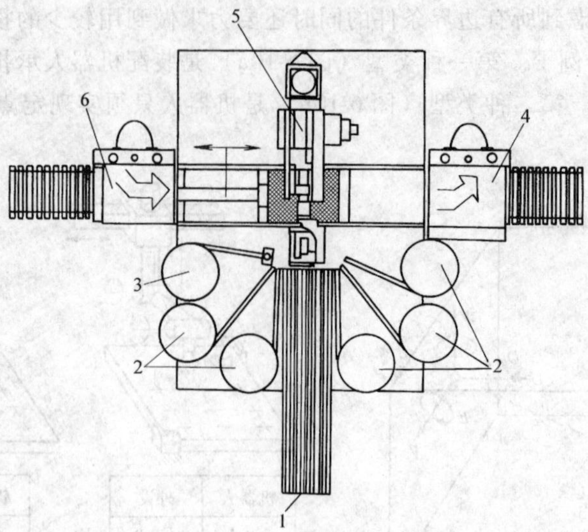

图 6-12　用于电子元件装配的装配间的典型布局

1—供应开关电路元件的料仓　2—供应联接元件的振动送料器　3—接线端子送料器　4—印刷电路板出口　5—装配机器人　6—印刷电路板入口

在装配工位上，工件托盘可以用一个销子准确地定位。工件托盘可以由一鼓形的储备仓供给。钢带可以在两个方向运动（即托盘的运动），即可以反向运动。配合件可以由外部设备（例如振动送料器）供应。在这样的装配系统上，根据装配工艺的需要，也可以配置多台机器人。

为了实现印刷电路板的自动化装配，开发出了许多种装配机（有些使用机器人，有些没有使用机器人）。有些是高度专用化的，可以达到很高的工作效率；另外一些考虑到适应不同装配任务的需要而具有较好的可调性。图 6-12 是其中一种典型的结构方式的俯视图。图 6-13 则是一种结构变种，这种结构方式的特点是机器都作直角坐标运动，在一个装配间里可以平行安置若干台机器人协同工作，机器人可以作为一个功能模块来更换。

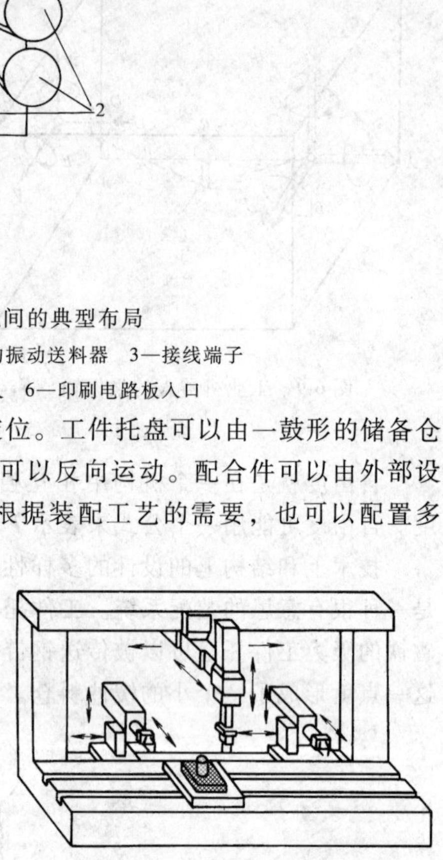

图 6-13　由可以在导轨上移动的机器人组成的柔性装配系统

第三节　装配机器人的控制

机器人的控制系统是与运动学和动力学原理密切相关的、有耦合的、非线性的多变量控制系统。由于其特殊性，经典控制理论和现代控制理论都不能照搬使用。到目前为止，机器人的控制理论还是不完整、不系统的。

装配机器人和其他用途的机器人一样，多属于空间开链机构，其各个关节的运动是独立的，为了实现末端点的运动轨迹，需要多关节的运动协调。

机器人的控制方式有点位式、轨迹式、力（力矩）控制方式和智能控制方式等。装配机器人的主要控制方式是点位式和力（力矩）控制方式。

(1) 点位式　装配机器人要求能准确控制末端执行器的工作位置，如果在其工作空间内没有障碍物，则其路径不是重要的。这种方式比较简单。

(2) 力（力矩）控制方式　装配机器人在工作时，除了需要准确定位外，还要求使用适度的力或力矩进行工作，这时就要用力（力矩）伺服方式，故系统中必须有力（力矩）传感器。

1. 机器人控制的基本原理

要使机器人按照要求完成特定的作业，要做下述几件事情：

1）告诉机器人要做什么。

2）机器人接受命令，并形成作业的控制策略。

3）完成作业。

4）保证正确完成作业，并通报作业已完成。

上述4个过程是通过机器人控制器来完成的，也是机器人控制器的基本原理。第一个过程在机器人控制中称为示教，即通过计算机可接受的方式告诉机器人做什么，给机器人作业命令；第二个过程是机器人控制系统中的计算机部分，它负责整个机器人系统的管理、信息获取及处理、控制策略的制定，作业轨迹的规划等任务，是机器人控制系统的核心。第三个过程是机器人控制中的伺服驱动部分，它通过不同的控制算法，将机器人控制策略转化为驱动信号，驱动伺服电机实现机器人完成指定的作业。最后一个过程是机器人控制中的传感器部分，通过传感器的反馈，保证机器人正确地完成指定的作业，同时将各种姿态反馈到计算机中，以使计算机实时监控整个系统的运动情况。图6-14是机器人控制原理框图。

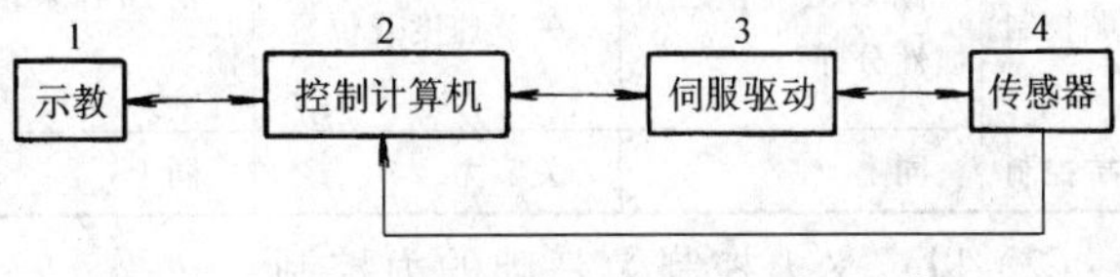

图6-14　机器人控制基本原理框图

对装配机器人来说，既需要控制手部运动，还要控制手部的作用力，这就需要在手部施加一定的力（力矩）才能完成作业任务。

从控制的角度看，在同一时刻，很难做到对同一关节既实行运动控制又施加力控制，因为在大部分情况下，关节力是通过一定的关节位移来产生的。如果该关节的控制回路增益很大（刚度很大），则一个小的误差就会引起很大的力变化；反之，如果关节控制回路的增益很小，要调整一个比较小的力，可能会引起一个很大的位置误差。因此，机器人的力控制问题，一般要根据具体的作业特点选择合适的方法。表6-1是几种力控制方式的介绍。

2. 3种基本的力控制方式

(1) 以位移控制为基础的力控制　这种方式是在位置闭环之外加上一个力闭环，如图6-15所示。图中P_c是机器人手部位移，Q_c是操作对象的输出力。力传感器检测输出力，并与设定的力目标值进行比较，力值误差经过力/位移变化环节转换为目标位移，参与位移控制。位移控制是内环，也是主环，力控制是外环。这种方式结构简单，但由于力和位移都在同一个前向环节内施加控制，因此，很难使力和位移都得到较满意的结果。力/位移变换环节的设计需要知道手部的刚度，若刚度太大，微量的位移

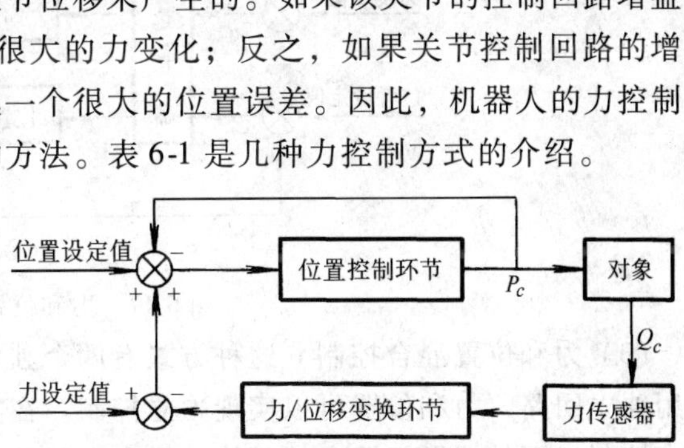

图6-15　以位移为基础的力控制

可导致大的力变化，严重时会造成手部破坏。因此，为保护系统，手部需要有一定的柔性。

表 6-1 机器人几种力控制方式的比较

	力和位置混合方式	基本操作量	力反馈	动态补偿	使用情况
混合控制	作业空间的各自由度均将位置控制和力控制分开	关节力	没有末端近处的力反馈	没有	多数应用于纯粹的位置和力控制不能完成的作业
刚性控制	基本将弹簧特性和阻尼特性分开，实现位置控制时将弹簧特性加大，实现力控制时将阻尼特性加大	关节力	利用关节力的正确控制可省略力反馈，为提高控制精度，可利用关节力或末端力反馈	基本没有，可以用加速度分解控制	能构成稳定系统，除去规划的轨迹动作，其惯性补偿的稳定度较低
柔顺控制	除以上外，还将惯性分开	关节速度或位置	必须有末端力反馈	没有，主要由关节系统的偏差产生控制力	系统构成容易，有良好的柔顺特性
阻抗控制	同上	关节力	同上	有	近刚性控制

（2）以广义力控制为基础的力控制　这种方式的特点是在力闭环的基础上加上位置闭环，如图 6-16 所示。通过传感器检测手部的位移，经位移/力变换环节转换为输入力，与力的设定值合成后作为控制的给定量。和前一种方法比，它可避免小的位移引起大的力变化，故对手部有保护作用。缺点是力和位移都由一个前向通道控制，在位置精度要求较高的场合不太适应。

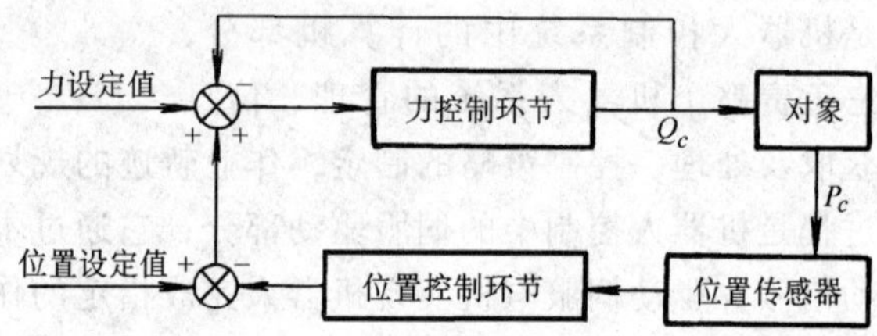

图 6-16 以广义力控制为基础的力控制

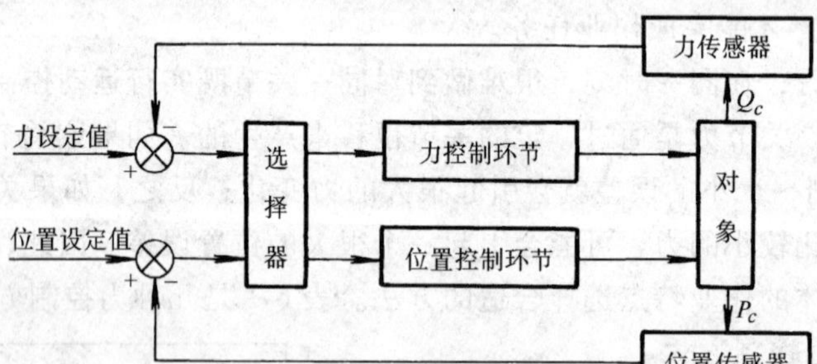

图 6-17 力和位置混合控制

（3）力和位置混合控制　这种方式有两个独立的闭环来分别实施力和位置的控制。由于采用独立回路，力和位置可以实现独立控制。在实际应用中，一般并非所有的关节都需要进行力控制，而是根据机器人的具体结构和实际的作业工况来定。对同一机器人，不同的作业情况需要力控制的关节可能也不同，因而常需要由选择器来控制。图 6-17 是力和位置混合控制的结构示意图。这种方式由于具有显而易见的优点，在工业机器人的控制中得到了广泛的应用。

第四节　装配机器人的传感器

现代化的装配设备要求复杂的运动和准确的协调。人们不愿放弃对全部过程“感觉”的权利。传感器就可以部分地满足这一要求。

传感技术就是获取信息的手段和方法的总和。装配系统中使用的传感器可以大致分为内部传感器和外部传感器两类。内部传感器用于装配机器人的路径和轴的定位角度测量，包括位置（角度）传感器、速度（加速度）传感器等。自动化装配工作中的外部传感器用来获取视觉的采样信息，包括视觉、触觉、力觉和接近觉传感器等。

工件识别（测量）的方法有如下几种：

1）接触识别：在一点或几点上接触以测量力。这种测量一般不是很精确。

2）采样式测量：在一定范围内连续测量，比如测量某一目标的位置，方向和形状。在装配过程中的力和扭矩的测量都可以采用这种方法，这些物理量的测量对于装配过程非常重要。

3）邻近探测：邻近探测属非接触测量，用来测量附近的范围内是否有目标存在。经常用来安装在机器人的抓钳内侧，以探测被抓的目标是否存在以及方向、位置是否正确。测量原理可以是气动的、声学的、电磁的和光学的。

4）距离测量：距离测量也属非接触测量。测量某一目标到某一基准点的距离。例如，一只在抓钳里内装的超声波传感器就可以进行这种测量。

5）机械视觉识别：机械视觉识别方法可以测量某一目标相对于一基准点的位置方向和距离。

图 6-18 包括了这类测量方法的几个简单例子。对于这种方法的使用仍然存在以下的问题：测量一个物体，最少需要多少测点才足够精确？测量只在物体的边沿还是应在空间？要求什么样的识别精细度？如果是粗略识别，工件的精细部分的数据可能丢失。如果精细度较高，测量设备本身投资就大，数据处理的时间长，又影响了控制系统的反应速度。

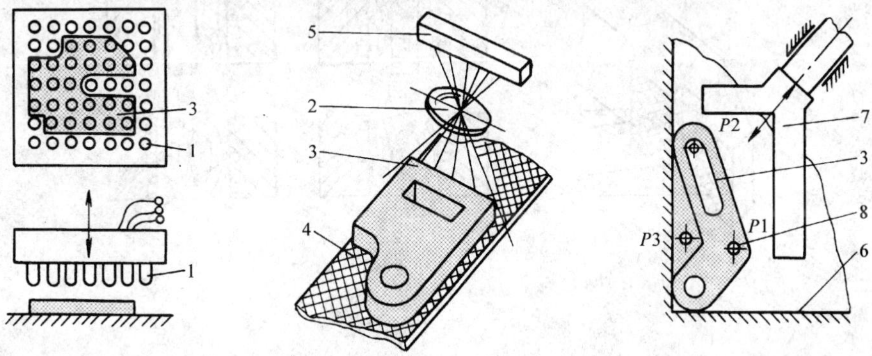

a）　　　b）　　　c）

图 6-18　工件识别

a）使用探针矩阵粗略识别　b）直线性测量传感器　c）点传感技术

1—探针　2—透镜　3—工件　4—传送带　5—行扫描摄像机

6—固定直角　7—探测杆　8—光敏二极管（$P1$，$P2$，$P3$）

为了更好地理解零件识别的原理和方法，下面举例来说明。当采用接触式（探针）或非接触式探测器（光敏二极管）识别工件时，识别误差为 ΔE，这一误差与网栅的尺寸有关。按照图 6-19，在工件尺寸 b 的方向的识别误差可按下面的分式计算

$$\Delta E = t(1 + n) - \left(b + \frac{d}{2}\right)$$

式中 b——工件尺寸（mm）；

d——光敏二极管直径（mm）；

n——所覆盖的网栅节距数；

t——网栅尺寸。

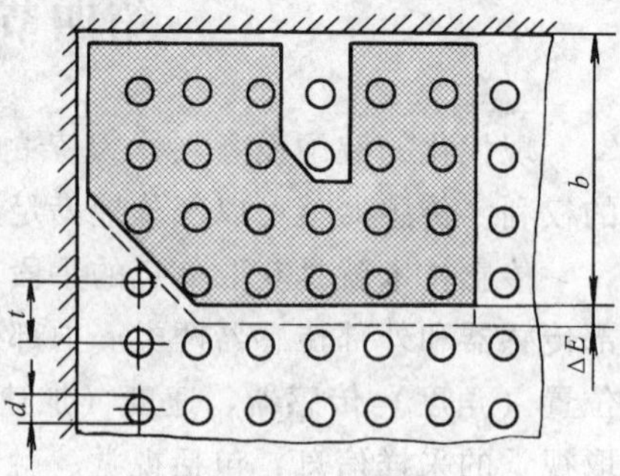

图 6-19 用网栅中的探测器识别工件

如果有的光敏二极管没有被全部覆盖，上面的公式就不适用。因为当光敏二极管被部分覆盖时，求值计算比较困难。

根据光敏二极管被覆盖的程度，可以求出相应的光通量 Φ

$$\Phi = \frac{IA\cos\alpha}{l^2}$$

式中 A——感受器面积（mm^2）；

I——发光强度（cd）；

l——到光源的距离（mm）；

α——冲击角度。

作为一种近似的结果，识别误差可以按下面的公式来确定：

$$\Delta E = t(1 + n) - b$$

在装配机器人的抓钳中设置传感器可以保证抓取过程的安全可靠。这有 3 种方式：

1）把可视系统（眼睛）设置在机械手的联接盘中监视抓钳弹簧的状态。

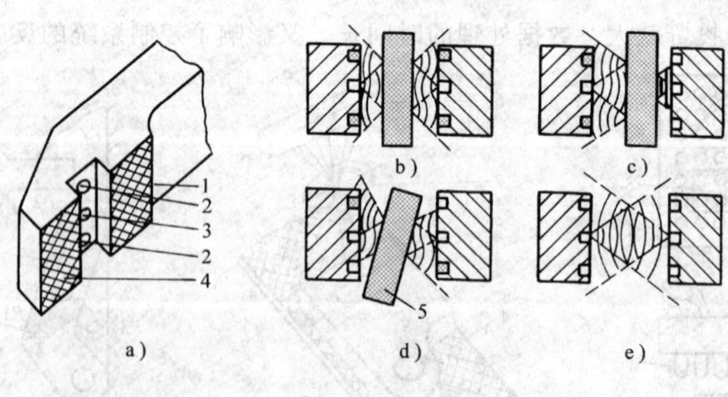

图 6-20 用光电法判别物体的位置

a）钳口 b）对称反射信号 c）一边有反射信号

d）非对称反射信号 e）无反射信号

1—钳口 2—反射信号接受器 3—信号发送器

4—抓钳工作表面 5—被抓取的物体

2）测定反射到抓钳钳口表面的光，以确定钳口之间有没有物体或物体的位置是否正确（图6-20）。

3）监测，如真空压力、负载、钳口行程等参数的监测。

传感器的元件不一定必须设置在装配机器人的抓钳里。例如用来补偿基础件位置误差的传感器设置在基础件支撑单元里比设置在机器人的抓钳里更合理也更简单。图6-21就是一个实例。

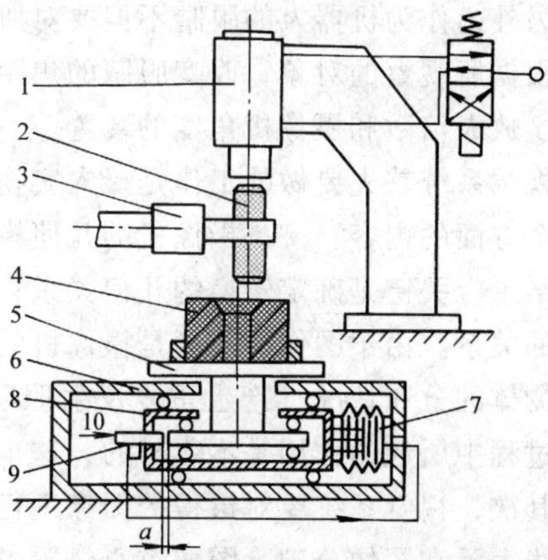

图6-21　安装了传感器的基础单元

1—压头　2—配合件　3—抓钳　4—基础件　5—支承台　6—座箱　7—气室驱动装置　8—中间体　9—风滞压力传感器　10—压缩气

一个气动的传感器和运动单元安装在工件托盘的支撑部件内部。

基础件与支承台位置的极小的侧向偏差都可以被风滞压力传感器测出来。当支承台向左偏时，由于间隙 a 变小使得风滞压力升高。风滞压力传感器发出信号开动气室驱动装置，供气压力升高，把支承台轻巧地向右推，使得配合件与基础件中心对正。

第五节　装配机器人的视觉技术

一、视觉系统的基本原理

机器人视觉是研究怎样用人工的方法，实现对外部世界的描述和理解。它的输入是外部景物，输出是对所观察到的景物的高度概括性的描述和理解。

类似人的视觉系统，机器人的视觉系统是通过图像和距离等传感器来获取环境对象的图像、颜色和距离等信息，然后传递给图像处理器，利用计算机从二维图像中理解和构造出三维世界的真实模型。图6-22是机器人视觉系统的原理图。

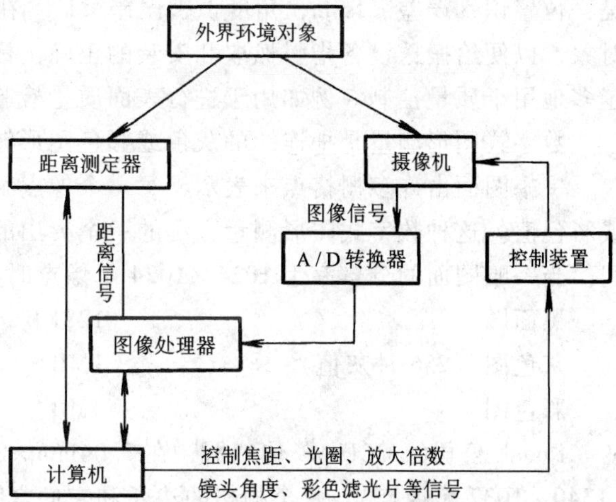

图6-22　视觉系统原理图

摄像机获取环境对象的图像，经A/D变换器转换成数字量，从而变成数字化图形。通常一幅图像划分为512×512或者256×256，各点亮度用8位二进制表示，即可表示256个灰度。图像输入以后进行各种各样的处理、识别以及理解，另外通过距离测定器得到距离信息，经过计算机处理得到物体的空间位置和方位，通过彩色滤光片得到颜色信息。上述信息经图像处理器进行处理，提取特征，处理的结果再输出到机器人，以控制它进行动作。

另外，作为机器人的眼睛不但要对所得到的图像进行静止的处理，而且要积极地扩大视野，根据所观察的对象，改变眼睛的焦距和光圈。因此机器人视觉系统还应具有调节焦距、光圈、放大倍数和摄像机角度的装置。

视觉系统首先要做的工作是摄入实物对象的图形，即解决摄像机的图像生成模型。其包含两个方面的内容：一是摄像机的几何模型，即实物对象从三维景物空间转换到二维图像空间的结果，关键是确定转换的几何关系；二是摄像机的光学模型，即摄像机的图像灰度与景物间的关系。由于图像的灰度是摄像机的光学特性、物体表面的反射特性、照明情况、景物中各物体的分布情况（产生重复反射照明）的综合结果，所以从摄得的图像分解出各因素在此过程中所起的作用是不容易的，这也是实现机器人视觉的难点之一。

其次，视觉系统要对摄得的图像进行初级处理，主要通过图像灰度的变化来实现对图像的棱线表示和图像分割、图像重心位置以及图像两个垂直主惯性轴的提取。图像的初级处理包括以下方面的内容：

1）图像的预处理。对图像进行处理前，首先对输入的图像信号进行预处理，以获得能正确反映外部景物的高质量图像，为以后的视觉处理创造条件。其主要的工作是通过相关的算法进行图像几何失真的校正、灰度的修正、图像的平滑处理，从而提高图像的质量。

2）图像的分离。机器人一般只关心某一特定的物体，因此需要把所关心图像与其他部分区别开，这个区别与提取的过程就称为分离。图像分离的方法很多，如阈值处理法和边缘检测法。

3）图像重心位置及惯性轴矩的计算。由于摄像机获得的平面物体图像的位姿是任意的，为了与存储器中的标准图像比较，需要计算任意位姿图像的重心坐标和图像两个垂直主惯性轴。在不同零件的识别应用中，这些参数可以提供零件的特征而加以区分。

二、视觉系统图像处理的方法

在视觉系统中图形的处理是按照数字化的方法进行的。大多数场合对于识别误差的要求是：位置识别误差 <1mm，角度识别误差 <1°。在装配系统中，视觉系统的任务是识别装配对象，以便给搬送设备指引抓取和安装的正确坐标。随着自动化技术的发展，视觉系统越来越多地用于质量控制。例如用于进行表面质量检验和工作的完善性检验。

数字式图形测量是把连续的灰色或彩色图形转化成不连续的数字形式的测量方法。

一幅图面由许多栅格点来表示，每一个像点都有自己确定的坐标位置。和相应的灰色值或彩色值。这种数字式图形测量方法的一个突出的问题是要求很大的存储量和较长的识别时间。当一幅图面的分辨率为 1024 ×1024 个像点时要求的存储时如下：

黑面图	128KB
灰色图（256 种灰值）	1MB
彩色图	3MB

Kodak 公司的 CCD-M^{+} 传感器，在 7.04mm ×8.98mm 的敏感表面上分布着 1.4M 个栅格（1340 ×1037 个像点）。每个栅格的边长和它们之间的中心距为 6.8μm。

在装配过程中可以使用视觉系统解决以下的问题：

1）零件平面测量。

2）字符识别（文字、条码、符号等的识别）。

3）完善性检测。

4）表面检查（刻痕、纹理）。

5）三维测量。

首先必须对一幅图进行数字式的描述，然后才能借助数学的处理方法转化成数据模式并且可以在屏幕上显示。图 6-23 可以帮助我们理解图形的数字化过程。

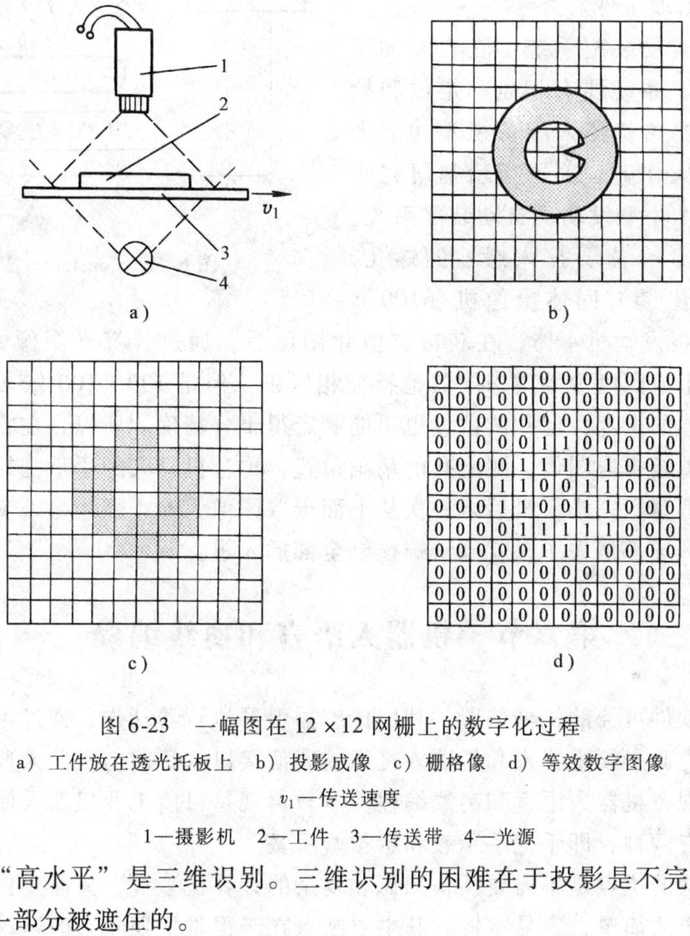

图 6-23　一幅图在 12×12 网栅上的数字化过程

a）工件放在透光托板上　b）投影成像　c）栅格像　d）等效数字图像

v_1—传送速度

1—摄影机　2—工件　3—传送带　4—光源

图形识别的“高水平”是三维识别。三维识别的困难在于投影是不完全的，也就是说投影物体总是有一部分被遮住的。

在视觉系统中“照明”起着很重要的作用。希望有一种对照净化的场景，也就是说附近不允许有强反射表面。

下面是机器人视觉系统的两个实例。

（1）利用视觉识别抓取工件的机器人系统　图 6-24 是美国通用汽车公司研究的一种在制造装置中安装的，且能在噪声环境下操作的机器人视觉系统，称为 Consight—Ⅰ型系统。

该系统为了从零件的外形获得准确、稳定的识别信息，巧妙地设置照明光，从倾斜方向向传送带发送两条窄条缝隙光，用安装在传送带上方的固态线性传感器摄取其图像，而且预先把两条缝隙光调整到刚好在传送带上重合的位置。这样，当传送带上没有零件时，缝隙光合成了一条直线，可是当零件随传送带通过时，缝隙光变成两条线，其分开的距离同零件的厚度成正比。由于光线的分离之处正好就是零件的边界，所以利用零件在传感器下通过的时间就可以取出准确的边界信息。主计算机可处理装在机器人工作位置上方的固态线性阵列摄像机所检测的工件，有关传送带速度的数据也送到计算机中处理。当工件从视觉系统位置移动到机器人位置时，计算机利用视觉和速度数据确定工件的位置、取向和形状，并把这种信息经接口送到机器人控制器。根据这种信息，工件仍在传动带上移动时，机器人便能成功地接近和拾取工件。

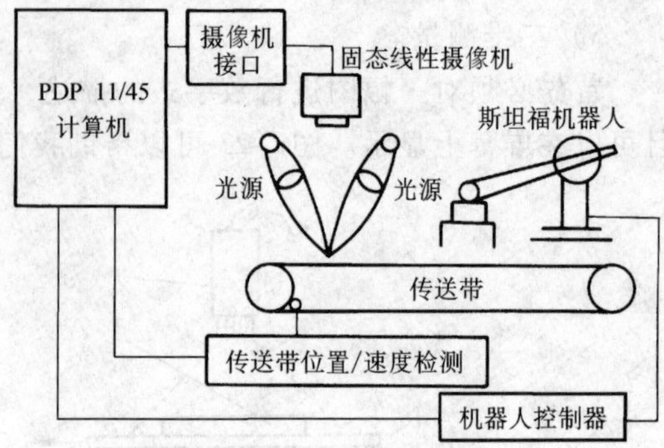

图 6-24 Consight—Ⅰ型系统

（2）发动机自动装配系统 在自动加工和装配生产线中，系统要有识别、定位和检查等功能，这需要给机器人配备视觉功能来协助和指导机器人作业。美国斯坦福研究所（SRI）研制了一个小型发动机自动装配系统。发动机本体上有 8 个需要拧入螺栓的螺孔，在机器人的手指上装有固体摄像机（100 × 100 像素），可俯视发动机本体，在获得二值化图像后，通过计算在图像中寻找孔的边缘，并可根据孔的大小或圆度等性质来同其他特征相区别。但是 100 × 100 像素的分辨率，即使能观察到发动机体的全部，但孔的位置也不能测定得十分精确。所以，在粗略地测定了孔的位置以后，需要重新摄取图像，测定孔的精确位置，再让机器人的手爪把螺栓旋进螺孔并拧紧。当所有螺栓都紧固完毕，最后再一次从上面摄取图像，检查螺栓是否安装无误。如果前边所检测的孔的图像都消失了，就确认螺栓已全部插入了。

第六节 机器人语言和离线编程

机器人是个软件可控的机械装置，利用传感器引导执行器动作，通过可编程运动操作物体，进行作业。为此必须重视人和机器人之间的通信接口。目前与机器人通信的方法主要是有 3 种：示教再现，机器人语言和离线编程。示教再现是目前工业机器人使用的最广泛的方法。其示教方式有两种，即手把手示教和示教盒示教。

示教再现方法的优点是不需要预备知识和复杂的计算机装置，只需要比较小的存储空间记录位姿信息，方法简单，容易掌握。其主要缺点在于很难规划复杂的运动轨迹以及接收传感器的反馈信息。

机器人语言提供了一种通用方式来解决人机通信问题。它是一种专用语言，用符号描述机器人的动作，与计算机的程序设计语言相似。这种方法的优点是：可提高编程效率，接受传感器的信息，并协调多台机器人工作；还可以引入逻辑判断、决策和规划功能。具有机器人语言编程能力的机器人通常仍然保留示教盒功能。

离线编程与 CAD/CAM 一体化紧密相连，包括离线轨迹规划、加工作业过程的图形仿真、程序校验和碰撞干涉检验等。离线编程系统是动作级和对象级语言图形方式的延伸，并向任务级语言过渡的必要阶段。

一、机器人语言

（一）机器人语言概述

自第一台机器人问世以来，人们就开始了对机器人语言的研究。1973 年 Stanford 人工智能实验室开发了第一种机器人语言——WAVE 语言。它具有动作描述，配合视觉传感器，进行手眼协调控制等功能。1974 年，该实验室在 WAVE 语言的基础上开发了 AL 语言，它对后来机器人语言的发展有很大的影响。

1979 年，美国 Unimation 公司开发了 VAL 语言，并配置在 PUMA 系列机器人上，成为实用的机器人语言。VAL 语言类似于 BASIC 语言，语句结构比较简单，易于编程。

美国 IBM 公司在 1975 年研制了 ML 语言，并用于机器人装配作业。后来 IBM 公司又推出了 AML 语言，AML 语言目前已作为商品化产品用于 IBM 机器人的控制。

表 6-2 是几种常用的装配机器人的编程语言。好的语言应该使编程容易。

表 6-2　装配机器人的几种编程语言及其功能

VAL	URL	SIGAL	ROBOTLAN	ML	ALFA	编程语言		
·		·	·	·		装配		应用
·	·				·	搬送		
				·		外部		结构
			·			内部		
·	·	·		·	·	解释		
		·		·		数学语句		程序单元
·	·	·	·	·	·	点	几何语句	
·						图形		
·		·				直线		
·		·				轨迹		
·	·	·	·	·	·	停止		过程语言
·		·	·	·	·	跳跃		
·			·	·		滑动		
·		·		·		中断程序		
		·	·	·	·	逻辑判断		
		·	·	·	·	传感器指示		控制语言
·		·	·		·	紧急指示		
·			·		·	故障		
·		·		·		输入		通信语言
·		·		·		输出		
		·		·		外部		编程过程
·	·	·	·		·	外部，示教		

机器人编程语言的基本功能包括运算、决策、通信、机械手运动、工具指令以及传感器数据处理等。当前流行的许多机器人系统，只提供机械手运动和工具指令以及某些简单的传感数据处理功能。

控制装配机器人的运动必须根据装配任务来编程。装配机器人的控制程序包括以下 4 方面的内容：

1）动几何的描述。

2）过程顺序的描述。

3）控制与监测。

4）信息交换。

实现第一部分任务，困难的是复杂的空间曲线的描述。这可借助于下述技术手段来进行：

1）用运动学模型进行运动预测。

2）借助计算机辅助系统，用光笔在屏幕上设计机器人的运动轨迹。

3）直线和间接的传感器导向。

在机器人编程工作中经常使用空间坐标，即用 6 个分矢量（x，y，t，α，β，γ）来描述物体在一个参考虑坐标中的空间位置。这 6 个矢量分别称为平移矢量和转角。

机器人编程的一个辅助任务，就是寻找无碰撞路径（图 6-25）。这也是当两台机器人协作时的特殊问题。

一般来说，机器人的每一个运动必须进行人工的无碰撞示教。但是这样一来，在装配任务变化时，调整停机的时间就长了。所以人们正在寻找一种使这一过程能够自动进行的方法。以后人们就不需要给机器人规定路径，只给出目标点。机器人的控制系统可以根据装配对象的精确的空间位置和装配工作空间，借助于传感器自动确定机器人的无碰撞路径。

为了实现这一功能，从原则上来说必须解决以下 3 项任务：

1）建立环境的数学模型。

2）碰撞识别。

3）路径计划。

对装配工作中的典型的搬送过程进行研究，以便实现自动地产生机器人的运动控制程序，这是人工智能研究的课题之一。

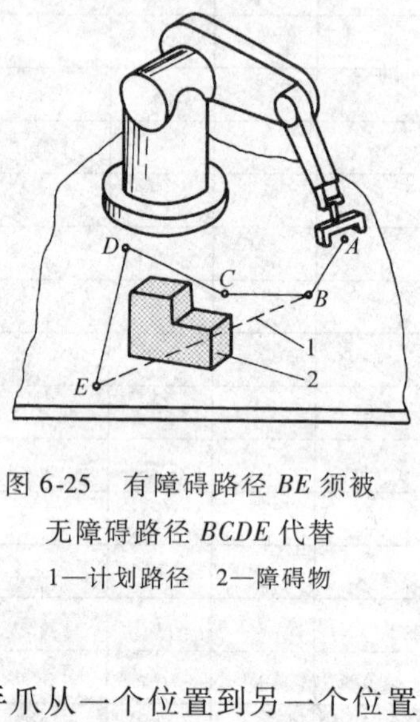

图 6-25　有障碍路径 BE 须被无障碍路径 $BCDE$ 代替
1—计划路径　2—障碍物

根据作业描述水平的高低，机器人语言通常可分为 3 级：①动作级；②对象级；③任务级。

动作级语言是以机器人的运动作为描述的中心，通常由使手爪从一个位置到另一个位置的一系列命令组成。动作级语言每一个命令（指令）对应于一个动作，命令比较容易。如可以定义机器人的运动序列（MOVE），基本语句形式为：

MOVE TO <destination>。

动作级语言的代表是 VAL 语言。它的语句比较简单，易于编程。动作级语言的缺点是不能进行复杂的数学运算，不能接受复杂的传感器信息，仅能接受传感器的开关信号，并且和其他计算机的通信能力很差。

对象级语言解决了动作级语言的不足。它是描述操作物体间关系使机器人动作的语言，即是以描述操作物体之间的关系为中心的语言。这类语言有 AML，AUTOPASS 等，它具有以下特点：

1）运动控制。具有与动作级语言类似的功能。

2）处理传感器的信息。可以接受比开关信号复杂的传感器信号，并可利用传感器的信号进行控制、监督以及修改和更新环境模型。

3）通信和数字运算。能方便地和计算机的数据文件进行通信，数字计算功能强，可以进行浮点计算。

另外，对象级语言具有很好的扩展性，用户可以根据实际需要，扩展语言的功能，如增加指令等。

任务级语言是比较高级的机器人语言，这类语言允许使用者对工作任务所要求达到的目标直接下命令，不需要规定机器人所做的每一个动作的细节。只要按某种原则给出最初的环境模型和最终的工作状态，机器人可自动进行推理、计算，最后自动生成机器人的动作。任务级语言的概念类似于人工智能中程序自动生成的概念。

目前还没有真正的任务级编程系统，但它是一个有实用意义的研究课题。

（二）机器人语言结构

机器人语言实际上是一个语言系统，机器人语言系统既包含语言本身——给出作业指示和动作指示，同时又包含处理系统——根据上述指示来控制机器人系统。机器人语言系统如图 6-26 所示，它能够支持机器人编程、控制，以及与外围设备、传感器和机器人的接口；同时还能支持和计算机系统的通信。

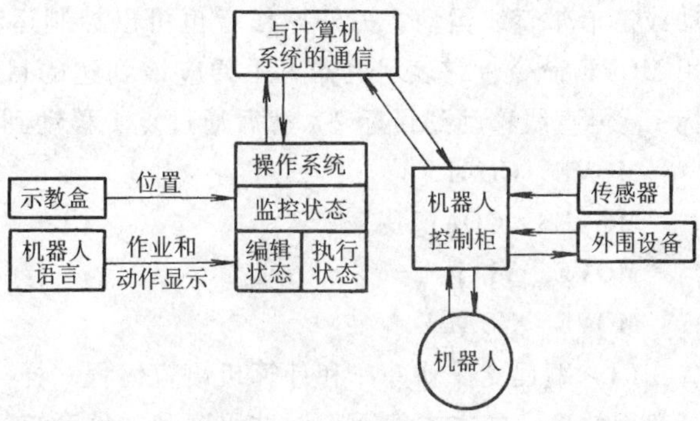

图 6-26　机器人语言系统

1．操作系统

机器人语言操作系统包括 3 个基本的操作状态：①监控状态；②编辑状态；③执行状态。

监控状态是用来进行整个系统的监督控制的。在监控状态，操作者可以用示教盒定义机器人在空间的位置，设置机器人的运动速度、存储和调出程序等。

编辑状态是提供操作者编制程序或编辑程序的。

执行状态是用来执行机器人程序的。在执行状态，机器人执行程序的每一条指令，操作者可通过调试程序修改错误。例如，在程序执行过程中，某一位置关节角超过限制，则机器人不能执行，在 CRT 上显示错误信息，并停止运行。操作者可返回到编辑状态修改程序。目前大多数机器人语言允许在程序执行过程中，直接返回到监控或编辑状态。

和计算机编程语言类似，机器人语言程序可以编译，即把机器人源程序转换成机器码，以便机器人控制柜能直接读取和执行，编译后的程序，运行速度将大大加快。

2．机器人语言的要素

机器人语言与一般程序设计语言有不同的功能要素，它主要包括：

（1）外部世界的建模　机器人程序是描述三维空间中运动物体的，因此机器人语言应具有外部世界的建模功能，只有具备了外部世界模型的信息，机器人程序才能完成给定的任务。在许多机器人语言中，规定各种几何体的命名变量，并在程序中访问它们，这种能力构成了外部世界建模的基础。

一个世界模型系统应当包括尽可能多的关于机械手所处理物体以及机械手本身的信息，

这样就可以实现任务级编程系统的一些特性，如自动碰撞检测特性，包括计算无碰撞路径的自动路径规划问题。

（2）作业的描述　作业的描述与环境的模型有密切的关系，而且描述水平决定了语言的水平。其中以自然语言输入作为最高水平。现在的机器人语言需要给出作业顺序，并通过使用语法和词法定义，输入语言，再由它完成整个作业。装配作业可以描述为世界模型的一系列状态，这些状态可用工作空间中所有物体的形态给定。说明形态的一种方法是利用物体之间的空间关系，使用这类方法表示作业的优点是人们容易理解，并且容易说明和修改。其缺点是没有提供操作所需的全部信息。另一种方法是把任务描述为对物体的一系列符号操作，这种描述形式类似于工业装配任务书中所用的说明。

（3）运动说明　机器人语言的一个最基本的功能是能够描述机器人的运动。运动语句允许通过规定点和目标点，可以在关节空间或笛卡尔空间说明定位目标，可以采用关节插补运动或笛卡尔直线运动，另外操作者也可以控制运动持续时间等。在 VAL 语言中，运动说明用 MOVE 命令，它表示机器人手臂应该到达的目标坐标系。下面的例子是把手臂移动到目标 1，再直线移动到目标 2，然后通过点 1 移动到目标 3（VIA 表示路径点）。

```
MOVE   GOAL1
MOVES   GOAL2
MOVE   VIA1
MOVE   GOAL3
```

（4）编程支撑软件　和计算机语言编程一样，机器人语言要有一个良好的编程环境以提高编程效率。如文本编辑，调试程序和文件系统等都是需要的，没有编程支撑软件的机器人语言对用户来说是无用的。另外根据机器人编程的特点，支撑软件应具有以下功能：

1）在线修改和立即重新启动。

2）传感器的输出和程序追踪。

3）仿真（在模拟状态下测试程序，以进行不同程序的调试）。

（5）人机接口和传感器的综合　在编程和作业过程中，要便于人与机器人之间进行信息交换，以便在运动出现故障时能及时处理，确保安全。而且，随着作业环境和作业内容复杂程度的增加，需要有功能强大的人机接口。

机器人语言的一个极其重要的部分是与传感器的相互作用。语言系统应能提供一般的条件判断结构，如“if... then... else”，“case...”和“while... do...”等，以便根据传感器的信息来控制程序的流程。

在机器人编程中，传感器主要有 3 类：

1）位置检测。用来测量机器人的当前位置，一般由编码器来实现。

2）力觉和触觉。用来检测工作空间中物体的存在。力觉是为力控制提供反馈信息；触觉用于检测抓取物体时的滑移。

3）视觉。用于识别物体，确定它们的方位。

如何对传感器的信息进行综合，各种机器人语言都有它自己的句法。AL 语言为力觉提供了 FORCE（axis）和 TORQUE（axis）等语句。在控制命令中，可把它们规定为条件，如：

```
MOVE barm TO A
```

ON FORCE（z）＞=100*GM DO

STOP

让机器人运动到目标点A，若在运动过程中z轴受力大于或等于100g，则立即停止。

一般传感器信息主要用途是启动或结束一个动作。例如，在传送带上到达的零件可以切断光电传感器，启动机器人拾取这个零件，如果出现异常情况，就结束动作。目前大多数语言不能直接支持视觉，用户必须有处理视觉信息的模块。

（三）VAL语言简述

VAL语言是在BASIC语言的基础上扩展的机器人语言，它具有BASIC式的结构，在此基础上添加了一批机器人编程指令和VAL监控操作系统。此操作系统包括用户交联、编辑和磁盘管理等部分。VAL语言可连续实时运算，迅速实现复杂的运动控制。

VAL语言适用于机器人两级控制系统，上位机是LSI—11/23，机器人各关节则可6503微处理器控制。上位机还可与用户终端、软盘、示教盒、I/O模块和机器视觉模块等交联。

调试过程中VAL语言可以和BASIC语言及6503汇编语言联合使用。

VAL语言目前主要用在各种类型的PUMA机器人以及UNIMATE 2000和UNIMATE 4000系列机器人上。

VAL语言的主要特点是：

1）编程方法和全部指令可用于多种计算机控制的机器人。

2）指令简明，指令语句由指令字及数据组成，实时及离线编程均可应用。

3）指令及功能均可扩展，可用于装配线及制造过程控制。

4）可调用子程序组成复杂操作控制。

5）可连续实时计算，迅速实现复杂运动控制；能连续产生机器人控制指令，同时实现人机交联。

在VAL语言中，机器人终端位置和姿势用齐次变换表示。当精度要求较高时，可用精确点位的数据表示终端位置和姿势。

VAL语言包括监控指令和程序指令两部分。

1. 监控指令（共6种）

（1）定义位置、姿势

POINT　终端位置、姿势的齐次变换或以关节位置表示的精确点位赋值。

DPOINT　取消位置、姿势齐次变换或精确点位的已赋值。

HERE　定义位置、姿势的现值。

WHERE　显示机器人在直角坐标系中的位置、姿势、关节位置和手张开量。

BASE　机器人基准坐标系置位。

TOOL　工具终端相对工具支承端面的位置、姿势赋值。

（2）程序编程

用EDIT指令进入编辑状态后，可使用C、D、E、I、L、P、R、S、T等编辑指令字。

（3）列表指令

DIRECTORY　显示存储器中的全部用户程序名。

LISTL　显示任意个位置变量值。

LISTP　显示任意个用户的全部程序。

(4) 存储指令

FORMAT　磁盘格式化。

STOREP　在指定磁盘文件内，存储指定程序。

STOREL　存储用户程序中注明的全部位置变量名字和值。

LISTF　显示软盘中当前输入的文件目录。

LOADP　将文件中的程序送入内存。

LOADL　把所有文件中指定的位置变量送入系统内存。

DELETE　撤消磁盘中指定的文件。

COMPRESS　压缩磁盘空间。

ERASE　擦除软盘内容并初始化。

(5) 控制程序执行指令

ABORT　紧急停止（紧停）。

DO　执行单指令。

EXECUTE　按给定次数执行用户程序。

NEXT　控制程序单步执行。

PROCEED　在某步暂停、紧停或运行错误后，自下一步起继续执行程序。

RETRY　在某步出现运行错误后，仍自某步重新运行程序。

SPEED　运动速度选择。

(6) 系统状态控制

CALIB　关节位置传感器校准。

STATUS　用户程序状态显示。

FREE　显示当前未使用的存储容量。

ENABLE　用于开关系统硬件。

ZERO　清除全部用户程序和定义的位置、重新初始化。

DONE　停止监控程序，进入硬件调试状态。

2. 程序指令（有6种）

(1) 运动指令

GO，MOVE，MOVEI，MOVES，DRAW，APPRO，APPROS，DEPART，DRIVE，READY，OPEN，PENI，RELAX，GRASP，DELAY。

(2) 机器人位姿控制指令

RIGHTY，LEFTY，ABOVE，BELOW，FLIP，NOFLIP。

(3) 赋值指令

SETI，TYPEI，HERE，SET，SHIFT，TOOL，INVERSE，FRAME。

(4) 控制指令

GOTO，GOSUB，RETURN，IF，IFSIG，REACT，REACTI，IGNORE，SIGNAL，WAIT，PAUSE，STOP。

(5) 开关量赋值指令

SPEED，COARSE，FINE，NONULL，NULL，INTOFF，INTON。

(6) 其他

REMARK，TYPE。

下面是一个程序名为 DEMO 的 VAL 程序。其功能是将物体从位置 1（PICK 位置）搬运至位置 2（PLACE 位置）

```
· EDIT DEMO                启动编辑状态。
· PROGRAM DEMO             VAL 响应。
1）SETI                       N. PARTS = 0
2）100VPICTURE
3）VLOCATE PART，100
4）APPRO                      CAMERA：PART：PICK UP，50
5）MOVES                      CAMERA：PART：PICK UP
6）GRASP                      25
7）DEPART                     50
8）APPRO                      PALLET，50
9）MOVES                      PALLET
10）OPENI
11）DEPART                    100
12）SHIFT                     PALLET BY 5.2，25.4，0
13）SETI                      N. PARTS = N. PARTS + 1
14）IF                        N. PARTS = NE 10 THEN 100
15）STOP                      TASK TERMINATION
```

解释：MOVES PALLET = 直接运动到工件托盘；

DEPART 3 = 沿机器人手臂方向向前移动 3mm；

APPRO = 向目标靠近；

GRASP 14.8，240 = 抓钳合拢并检测，是否抓住了直径 15mm 的零件，如果没有，则抓钳开口 <15，例如 14.8，程序在地址 240 处分支；

OPEN = 抓钳打开。

（四）机器人语言有关的问题

机器人语言在实际应用中普遍存在以下的问题：

1）实际模型和内部模型的误差。计算机中建立起机器人环境的内部模型，由于机器人的工作环境的变化，在程序执行的过程中保持和实际模型完全一致是非常困难的。两个模型之间的差异，常会导致机器人工作时不能到位，以及发生碰撞等问题。另外，机器人本身也存在有误差，这样就给保持实际模型和内部模型间的一致性带来了很大的困难。

2）程序前后衔接的敏感性。机器人语言编程时，单独调试能可靠工作的小程序段，当放在大程序中执行时往往失效。这是由于机器人语言编程时，受机器人的位姿和运动速度的影响比较大。机器人程序对于初始条件（如机械手的初始位置）很敏感，因而，机器人程序前后语句有依赖关系。受机器人精度的影响，在某一地点为完成某一种操作而编制的程序段，当用于另一个不同地点进行同一种操作时，常常需要作适当的调整。

3）误差探测与校正。机器人编程的一个重要方面是如何对这些误差进行探测和校正。

由于机器人感觉和推理能力十分有限，要有效地检测误差常常是很难的。在程序编制阶段，应确定程序中哪些语句可能会失效，对这些语句可进行人机对话和局部测试，一旦检测出误差，就要对误差进行校正。

误差校正可以依靠编程或人工干预来实现，也可以二者结合进行综合校正。因此，如何编程来校正误差，是机器人程序中很重要的一部分。

二、离线编程系统

（一）离线编程系统的特点和要求

早期的机器人主要应用于大批量生产，示教编程可以满足这些机器人作业的要求。随着机器人应用范围的扩大，所完成任务复杂程度的增加，在中小批量生产中，用示教方式编程就很难满足要求，对机器人及其工作环境乃至生产过程的计算机仿真是必不可少的。机器人仿真系统的任务就是在不接触实际机器人及其工作环境的情况下，通过图形技术，提供一个和机器人进行交互作用的虚拟环境。

机器人离线编程（OLP—Off-Line Programming）系统是机器人编程语言的拓广，它利用计算机图形学的成果，建立起机器人及其工作环境的模型，再利用一些规划算法，通过对图形的控制和操作，在离线的情况下进行轨迹规划。机器人离线编程系统已被证明是一个有力的工具，用以增加安全性，减小机器人不工作时间和降低成本等。表 6-3 给出了示教编程和离线编程两种方式的比较。

表 6-3 机器人示教编程和离线编程的比较

示教编程	离线编程
需要实际的机器人系统和工作环境	需要机器人系统和工作环境的图形模型
编程时机器人停止工作	编程不影响机器人工作
在实际系统上试验程序	通过仿真试验程序
编程的质量取决于编程者的经验	可用 CAD 方法，进行最佳轨迹规划
很难实现复杂的机器人运动轨迹	可实现复杂运动轨迹的编程

与在线示教编程相比，离线编程系统具有如下优点：

1）减少机器人不工作的时间。

2）使编程者远离危险的工作环境。

3）使用范围广，离线编程系统可以对各种机器人进行编程。

4）便于和 CAD/CAM 系统结合，做到 CAD/CAM/机器人一体化。

5）可使用高级计算机编程语言对复杂任务进行编程且便于修改程序。

目前的机器人语言都是动作级和对象级语言，编程工作并不轻松。作为高水平的任务级语言系统目前还在研制之中。任务级语言系统除了要求更加复杂的机器人环境模型支持外，还需要利用人工智能，以自动生成控制决策和产生运动轨迹。因此离线编程系统可以看作是动作级和对象级语言图形方式的延伸，是发展动作级和对象级语言到任务级语言所必须经过的阶段。从这点来看，离线编程系统是研制任务级编程系统一个很重要的基础。

离线编程系统不仅是当前机器人实际应用的一个必要手段，也是开发和研究任务级规划的有力工具。通过离线编程可建立起机器人与 CAD/CAM 之间的联系。设计离线编程系统应考虑以下几方面：

1）机器人的工作过程的知识。

2）机器人和工作环境三维实体模型。

3）机器人几何学、运动学和动力学知识。

4）基于前述的软件系统。该系统是基于图形显示的，可进行机器人运动的图形仿真。

5）轨迹规划和检查算法。如检查机器人关节角超限，检测碰撞，规划机器人在工作空间的运动轨迹等。

6）传感器的接口和仿真。以利用传感器的信息进行决策和规划。

7）通信功能。进行离线编程系统所生成的运动代码到各种机器人控制柜的通信。

8）用户接口。提供有效的人机界面，便于人工干预和进行系统的操作。

另外，由于离线编程系统是基于机器人系统的图形模型来模拟机器人在实际环境中的工作进行编程的，因此为了使编程结果能很好地符合于实际情况，系统应能够计算仿真模型和实际模型间的误差，并尽量减少二者间的差别。

（二）离线编程系统的组成

离线编程系统框图如图 6-27 所示，它主要由用户接口、机器人系统的构型、运动学计算、轨迹规划、动力学仿真、并行操作、传感器仿真、通信接口和误差的校正九部分组成。

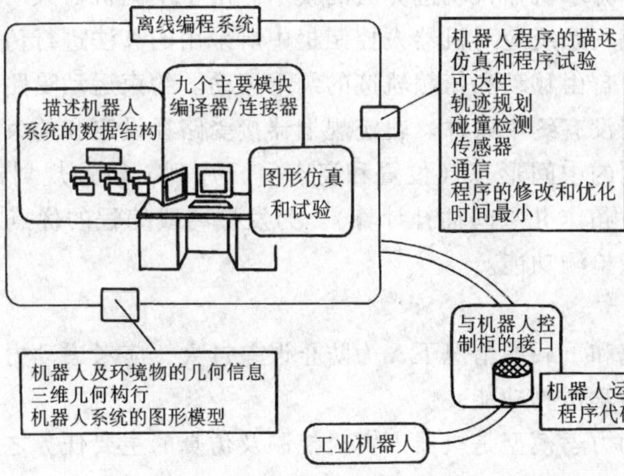

图 6-27　离线编程系统框图

1．用户接口

离线编程系统的一个关键问题是能否方便地产生出机器人编程系统的环境，便于人机交互。一个好的用户接口，可帮助用户方便地进行整个系统的构型和编程的操作。因此，用户接口是很重要的。工业机器人一般提供两个用户接口：一个用于示教编程，另一个用于语言编程。示教编程可以用示教盒直接编制机器人程序。语言编程则是用机器人语言编制程序，使机器人完成给定的任务。目前这两种方式已广泛地应用于工业机器人。

作为机器人语言的发展，离线编程系统应把机器人语言作为用户接口的一部分，用机器人语言对机器人运动程序进行修改和编辑。用户接口的语言部分具有机器人语言类似的功能，因此在离线编程系统中需要仔细设计。另外用户接口的一个重要部分是对机器人系统进行图形编辑。为了便于操作，用户接口一般设计成交互式。

2．机器人系统的三维构型

机器人离线编程的中心是机器人及其工作单元的图形描述。因此，需要构造工作单元中各部件的三维几何模型，直接由CAD共享数据库获取所需要的实体模型是很好的方案。因而，离线编程系统应包括CAD构型子系统或通过接口实现与外部CAD构型系统的联接。

3．运动学计算

运动学计算分为运动学正解和运动学反解。正解是根据机器人运动参数和关节变量求末端位置和姿态；反解则是由末端位姿求输入变量值。离线编程系统应具有自动生成运动学正解和反解的功能。

就运动学反解而言，离线编程系统与机器人控制柜的联系有两种选择：一是用离线编程系统代替机器人控制柜的逆运动学，将机器人关节坐标值传递给控制柜；二是将笛卡儿坐标值输送给控制柜，由控制柜提供的逆运动学方程求解机器人的形态。第二种选择要好一些，因为机器人制造商对具体机器人运动学反解已采取了一些补偿措施，因此在笛卡儿坐标水平上和机器人控制柜传递要好一些。在关节坐标水平上和机器人控制柜传递，离线编程系统运动学反解方程式应做到和机器人控制柜所采用的公式一致。其次是离线编程所采用的可行解准则应和机器人控制柜所采用的一致。

4．轨迹规划

轨迹规划可以理解为求机器人轨迹算法的技术。由于不同机器人厂家所采用的轨迹规划算法差别很大，离线编程系统应对机器人控制柜中所采用的算法进行仿真。

机器人的运动分为自由移动和依赖轨迹的约束移动。约束运动受路径约束、运动学和动力学约束，自由移动则没有约束条件。轨迹规划器接受路径设定和约束条件的输入，并输出起点和终点按时间排列的中间形态（位置和姿态等）序列。轨迹规划器采用轨迹规划的算法（如关节空间插补、笛卡儿空间插补计算）。为发挥离线编程的优点，轨迹规划还应具有可达空间的计算和碰撞检测功能。

5．动力学仿真

机器人工作在高速和重载的情况下，为防止误差过大，应考虑动力学特性。因此，离线编程系统应该具有动力学仿真功能。

快速有效地建立动力学模型是机器人实时控制及仿真的主要任务之一。从计算机软件设计的观点看，动力学模型的建立可分为3类：数字法、符号法和解析法。数字法中所有变量都表示成实数，每个变量占据一个内存，这种方法的计算量大。符号法中所有变量都表示成符号，它可以在计算机上自动进行模型矩阵元素的符号运算，但需要复杂的软件与先进的计算机和较大的内存。为减少内存需要，解析法把部分变量处理成实数，得到较好效果。面向计算机的解析模型算法，可由计算机自动生成机器人的动力学方程。

6．并行操作

在一些情况下会涉及到两台或多台机器人在同一空间中协调作业，而一台机器人工作时，也需要和传送带、视觉系统相配合，因此离线编程系统应能对多个装置工作进行仿真。并行操作是同时对多个装置进行仿真的技术。

在实行过程中，首先对每一装置分配并联和串联存储器。由于一些装置与其他装置是串联工作的，且并联工作装置也可能以不同的采样周期工作，因此常需使用装置检查器，以便对各运动装置工作进行仿真。装置检查器的作用是检查每一装置的执行状态，在工作过程中，它对串联工作的装置统筹安排运动顺序。当并联工作的某一任务结束时，装置检查器可进行整体协调。装置检查器也可以询问时间采样控制器，以决定每一装置的采样时间是否要细分。时间采样控制器与各运动装置交换信息，以求得采样时间的一致。

7. 传感器的仿真

在离线编程系统中，对传感器进行构型以及能对装有传感器的机器人的误差校正进行仿真是很重要的。传感器的仿真主要涉及到几何模型间干涉（相交）检验问题。在这里传感器可分为局部的和全局的两类。局部传感器有力觉、触觉和接近觉等传感器；全局传感器有视觉等传感器。传感器功能可以通过几何图形仿真，如为了获取有关接触的信息，可以将触觉阵列的几何模型分解成一些小的几何块阵列，然后通过对每一几何块和物体间干涉的检查，并将所有和物体发生干涉的几何块用颜色编码，通过图形显示可以得到接触的信息。

接近觉传感器也可利用几何模型间的干涉检查来仿真，此时传感器的几何模型可用一长方体表示，长方体的大小即为传感器所测的范围，将长方体分块，每一块表示传感器所测距离的一个单位，通过计算传感器模型的每一块和外界物体相交的集合，进行接近觉的仿真。

力觉传感器的仿真比触觉和接近觉要复杂，它除了要检验力传感器的几何模型和物体间的相交外，还需计算出二者相交的体积，根据相交体积的大小可以定量地表征出实际力传感器所测的力和数值。

8. 通信接口

在离线编程系统中通信接口起着联接软件系统和机器人控制器的桥梁作用。利用通信接口，可以把仿真系统所生成的机器人运动程序转换成机器人控制器可以接受的代码。

由于机器人所配置的语言视生产厂家不同差异很大，这样就给离线编程系统的通用性带来很大的限制。离线编程系统实用化的一个主要问题是缺乏标准的通信接口，标准通信接口的功能是可以将机器人仿真程序转化成各种机器人控制器可接受的格式。为了解决这个问题，一种办法是选择一种较为通用的机器人语言，然后通过对该语言加工（后置处理）使其转换成机器人控制器可接受的语言。这样做有两个优点：一是便于使用；二是在很多机器人应用的场合时经济上合算。但直接进行语言转化是很复杂的，这主要是由于目前使用的机器人语言种类很多。另外一种办法是将离线编程的结果转换成机器人可接受的代码，这种方法需要一种翻译系统，以快速生成机器人运动程序代码。

9. 误差的校正

由于离线编程系统中的仿真模型（理想模型）和实际机器人模型存在有误差，产生误差的因素主要有如下几方面：

1）机器人关节的制造和安装误差、结构刚度的不足、型号不一致对仿真系统的影响，以及控制器的数字精度。

2）工作空间的影响。在工作空间内，很难准确地确定出物体相对于基准点的方位；外界工作环境（如温度）的变化，也会对机器人的性能产生不利的影响。

3）离线编程系统。这包括离线编程系统的数字精度；实际模型数据的质量。

以上因素，都会使离线编程系统工作时产生很大的误差。例如，常会发生机器人并不处在理想模型所处的位置。如何有效地消除误差，是离线编程系统实用化的关键。目前误差校正的方法主要有两种：一是用基准点方法，即在工作空间内选择一些基准点（一般不少于三点），这些基准点具有比较高的位置精度，由离线编程系统规划使机器人运动到这些基准点，通过两者之间的差异形成误差补偿函数。二是利用传感器（力觉或视觉等）形成反馈，在离线编程系统所提供机器人位置的基础上，局部精确定位靠传感器来完成，装配机器人通常用这种方法来矫正误差。

复习与练习

一、基本概念

1. 使用装配机器人装配有何优点？
2. 使用装配机器人装配必须具备什么样的前提？
3. 简述装配机器人的组成及控制原理和控制方式。
4. 简述机器人视觉系统工作的原理。
5. 离线编程系统有何优点？组成如何？

二、应用

1. 找出下列机器人的工作空间，本题目故意打乱了对应关系，请你拨乱反正（表 6-4）。

表 6-4

装配机器人类型	工作空间
	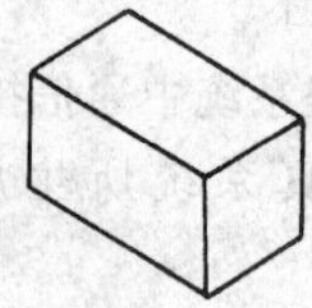
	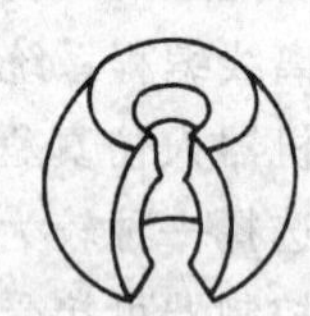

	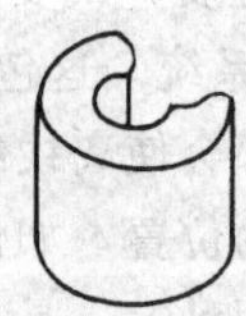

2. 判断下列装配机器人的适用范围［在表 6-5 中填入：合适（好）■；还可以▲；不合适（不好）□］

表　6-5

机器人的运动					
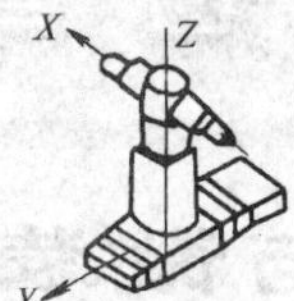3个直线轴		2个直线轴 1个回转轴	1个直线轴 2个回转轴	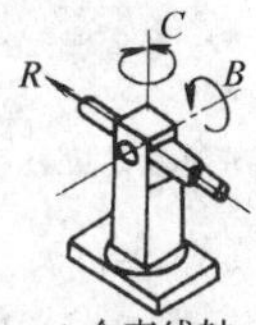1个直线轴 2个回转轴	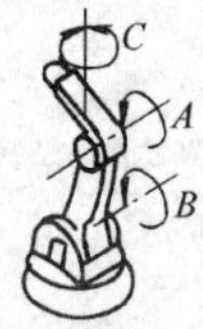3个回转轴
操作复杂的多轴装配					
大零件的装配					
在占地面积相同的情况下具有较大的工作空间					
对外部设备的要求					
节拍时间短					

3. 图6-28是汽车工业发展的实例，请结合该图说明为什么要发展柔性自动化装配。

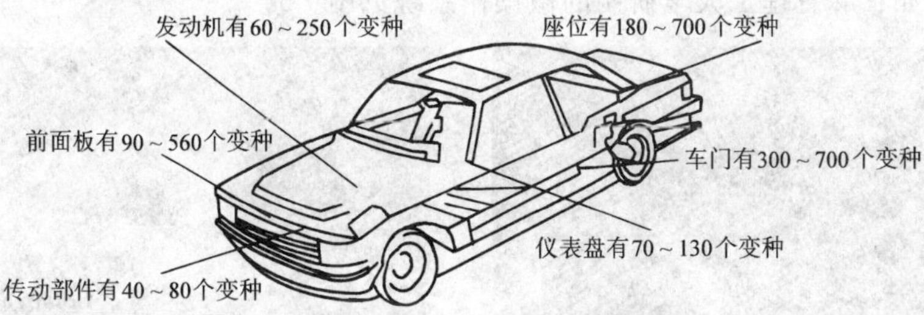

图　6-28

第七章

微机器人与微装配

第一节　微机器人概述

一、微技术及微机电系统的重要性

微技术作为21世纪的关键技术，受到国内外科研机构的重视。由于其广泛应用的可能性，微技术将以某种特殊方式影响人类的将来，因为它的研究领域覆盖人类生活的各个方面，如医疗技术、交通工程、环境工程等。微技术的发展水平关系到国家在国际竞争中的实力。微机电系统将在自动化技术、交通工程、机械制造工程、医疗技术和分析技术等领域得到应用，并对国民经济产生巨大的影响。

根据 kegel 的定义：由微型化的零件组成的，具有独立功能的集成系统称为微机电系统。或者从另外一个角度说：微机电系统是由微型化的传感器、信息加工部件和执行器集合而成的整体。如：麻省理工大学研制的微操作系统见图 7-1。

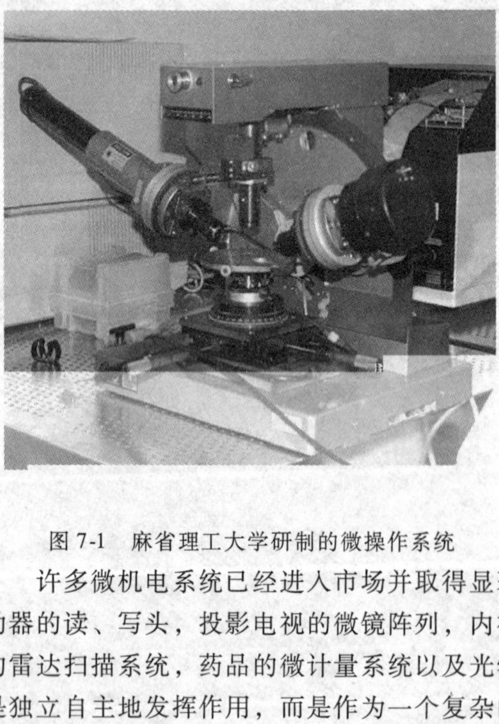

图 7-1　麻省理工大学研制的微操作系统

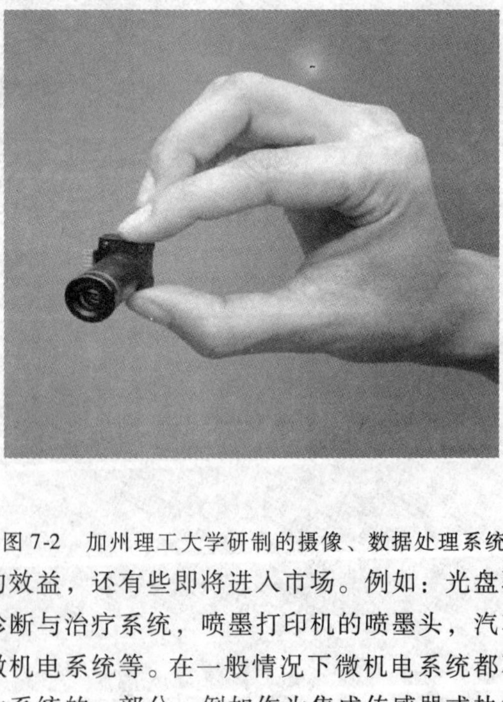

图 7-2　加州理工大学研制的摄像、数据处理系统

许多微机电系统已经进入市场并取得显著的效益，还有些即将进入市场。例如：光盘驱动器的读、写头，投影电视的微镜阵列，内视诊断与治疗系统，喷墨打印机的喷墨头，汽车的雷达扫描系统，药品的微计量系统以及光学微机电系统等。在一般情况下微机电系统都不是独立自主地发挥作用，而是作为一个复杂的大系统的一部分，例如作为集成传感器或执行器，见图 7-2。其应用领域相当广泛。包括：

1）气体或液体的流量传感器。

2）航天器的加速度传感器。

3）车辆的速度传感器。

4）喷墨打印机的喷墨系统。

5）人工耳蜗等 。

微机电系统的制造对象及全部制造过程所包含的技术称为微技术。各种传感器、电子元件及执行器元件、器件如果可以集成到一个微机电系统中，那么制造这些元、器件的过程及技术均属于微技术，微技术的发展和进步对于微机电系统的发展水平至关重要。

微机电系统的实现需要多方面的研究与开发。微技术是相关的众多行业不断地进行产品微型化的成果。它不仅包含微电子技术，还包括机械、光学、声学、流体技术、电磁学、化学以及生物学等诸多学科的微技术。

微机电系统得以实现的重要技术前提包括薄膜技术、微机械技术以及集成光电技术。微器件的制造及微机电系统的集成同样离不开柔性制造及柔性装配技术。微小零件的加工和装配是决定微机电系统的质量和成本的两个重要环节。特别是随着零件尺寸持续不断地微小化，加工和装配过程中一系列新的技术问题和工艺问题有待解决。

二、微机器人的发展及应用

随着纳米技术的迅猛发展，研究对象不断向微细化发展，对微小零件进行加工、调整和检查，微机电系统（MEMS）的装配作业等工作都需要微机器人的参与。在精密机械加工、超大规模集成电路、自适应光学、光纤对接、工业检测、国防军工、医学、生物学，特别是动植物基因工程、农产品改良育种等领域，需要完成注入细胞融合、微细手术等精细操作，这些都离不开高精度的微机器人系统。总之，微型机器人是人们探索微观世界不可缺少的重要工具。

微型机器人也是当今机器人技术的一个重要发展方向。其在许多领域内具有广阔的应用前景。近年来，微电子机械系统及其相关技术的飞速发展（如信息处理和控制电路的微型化、微型系统整体可靠性、微传感器及电磁型超微马达的研制成功）为微型机器人系统的研究奠定了坚实的基础，使得代替人类进行微小作业的机器人正在逐步变成现实，并将在未来形成为一个新的产业。所以有关微机器人的研究开发已成为当代高技术发展中的一个热点，引起了国内外学术界的广泛兴趣。

目前世界上进行研究开发的微机器人有各种形态，如用于医疗、微细管道作业、群微机器人的协调作业及微装配机器人等。美国国家基金会于 1988 年投入 100 万美元支持 8 所大学研究微电子机械系统，美国主要从事显微外科手术、非接触式微细作业方法，微制动器、微传感器、扫描隧道显微镜以及原子力显微镜的研究与探索。日本非常重视微装配机器人系统研究，制定了为期 10 年投资 2.5 亿美元的“微机器人技术研究开发计划”。东京大学、名古屋大学从十几年前就开始研究压电元件驱动的各种无间隙驱动机构及其控制问题。目前，东京大学、名古屋大学、东北大学等也在研究微小物体操作的作业特征和用于微细操作的操作器，以及适于微细作业的遥控作业系统。

瑞士、瑞典、加拿大等国家目前也在积极开展微装配机器人系统的研究工作。瑞士联邦技术研究所（ETHZ）从 1994 年制定了研制用于操作微小物体的微装配机器人计划。其目标是研制至少具有 5 个自由度的微装配机器人系统。借助立体 SEM 在 $1cm^3$ 的工作空间内，以高于 10nm 的位移分辨率操作微小尺寸的物体；该机器人带有装备集成传感器的微装配手，适用于真空和清洁空间。目前已经研制出压电陶瓷驱动的 3 个自由度平面机器人样机。

国际上已有的主要研究包括：日本东京工业大学的纳米机器人系统：可在电子显微镜下完成超大规模集成电路的铝线切割实验；美国国家标准局的柔性支承-压电驱动微调工作台（分辨率 1nm，行程 50μm，用于航天技术中）；日本日立制作所的 3 个自由度微动工作台，用于投影光科技和电子曝光机；日本工程研究实验室、东京大学、长冈技术科学大学分别研制出高精度的六维精密工作台、6 自由度微动机构等；加拿大 McGill 大学研制的遥控纳米机器人，用于生物操作（直线电机、压电元件驱动的平行铰链机构，最高分辨率为 10nm）；瑞典 Uppsala 大学的微操作机器人，在电子显微镜下工作完成 200μm 的硅片切割、熔接和单晶硅微型针的制作等；美国 Sandia 实验室研制了用于 LIGA 零件装配的实验系统，它由 4DOF AMTI 装配机器人、4DOF 精密工作台、微动镊子和长工作空间的显微镜组成，通过遥控操作，可以完成采用 LIFGA 技术加工的微型齿轮的抓取和释放操作；美国华盛顿大学生物机器人研究室研制了用于蛋白晶体操作和处理的微细作业系统；日本东京大学 Mamoru 等人研制了用于微外科手术的机器人微操作系统。

我国的微操作系统和微机器人研究也取得了重要的成果：南开大学的“面向生物工程的微操作机器人系统”，实现了对直径为 12～13μm，厚度小于 5μm 的动物细胞的转基因注射；北京航空航天大学的“面向生物工程的微操作机器人系统”，多次成功地进行了小鼠卵细胞的显微操作实验；中国科技大学的“全光学生物微操作系统”，利用光镊、光刀技术对细小生物细胞和活体进行捕获、移动、切割和细胞选择性融合等作业；哈尔滨工业大学的“微米纳米级位移驱动器”达到 2μm ～5nm 的线位移分辨率，“微操作机器人系统”粗动运动行程 25mm，运动分辨率 1μm；旋转驱动运动行程 180°，运动分辨率 0.01°，长春光机所和大连理工大学的“MEMS 微操作系统”，实现了显微立体成像下的细胞转基因操纵，提高了操作效率与成功率。

三、微型工厂概念

微型元件的装配，如微系统、微机器和集成光学装置，需要新的专用操作装置，这些装置必须有亚微米级的分辨率和精度，且必须具有极高的可靠性。而且，为了适应许多不同的微装配任务必须模块化并具有一定的柔性，于是就提出了微型工厂（Micro/Nanofactory）的概念。

尽管越来越趋向于发展高度集成化的 MEMS 设备，但未来的微系统产品将仍需要装配技术。这将不断要求革新微操作技术和精密装配自动化。

从 20 世纪 90 年代开始，微系统制造业对生产工具（机械和生产线等）微型化的要求越来越紧迫，主要是减少质量、容积、能量消耗，最终减少生产成本。除了这些优点外，避免振动或温度波动等环境干扰的抗干扰性方面，在微系统中都能得到很好的改善。为了降低微小产品制造过程中维持洁净空间所花费的成本，操作者应该站在生产空间之外。在许多文献中，将尽可能多的生产工序集中在一起的紧凑空间叫做微型工厂。微型工厂具有一系列相互协作的微型机械，它们在桌面大小的空间范围内加工和装配复杂的微型设备。微型工厂概念是一项引起多学科研究的理想工程，可极大地促进各学科之间的相互协作。瑞士的 ISR-DMT-EPFL 微技术研究机构提出了一系列研究开发项目，包括：有 3～6 个自由度的超高精度并联机械手系列微型工厂和小型超高精度放电机械微型工厂。该机构提出的微型工厂概念——一个多领域的研究项目，见图 7-3。

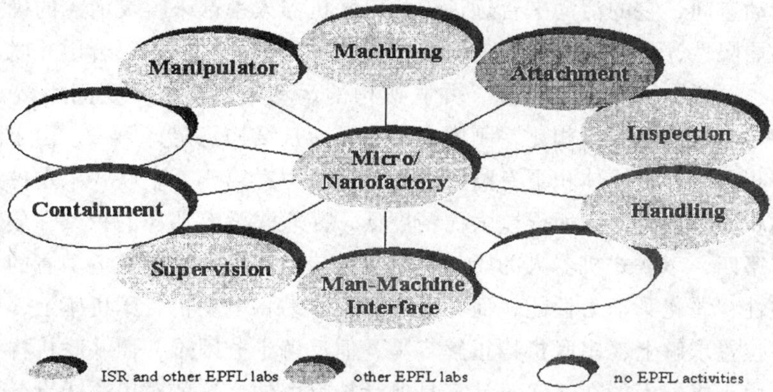

图 7-3　微型工厂：一种多学科研究领域

第二节　微机器人分类

一、分类方法

微型机器和微型机器人被称为 21 世纪的尖端技术之一，这一领域的研究已引起了世界各国的普遍关注。根据不同的要求，发展了各种各样的微机器人，也可有许多分类方法。

（一）按尺寸分类

1）外形 1 ~ 10mm 称为小型机器人。

2）外形 1 ~ 1000μm 称为微机器人。

3）外形 1 ~ 100nm 称为纳米机器人。

（二）按形式分类

按形式可分为 4 种，见图 7-4。

1）仅作业系统 AW 微型化（例如半导体制造装置 STM）。

2）仅定位系统 AP 微型化（例如微操作机器人）。

3）仅移动的作业系统 AW、定位系统 AP 微型化（微移动机器人）。

4）仅移动作业系统 AW、定位系统 AP、控制系统 C 微型化（例如宇宙、海底探查机器人）。

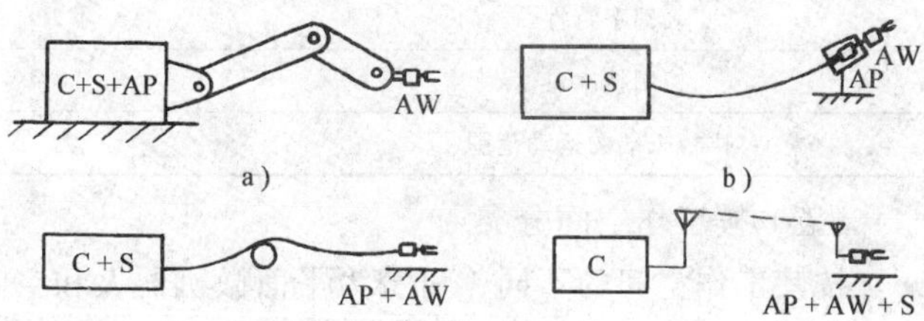

图 7-4　按形式分类

AW—作业系统　AP—定位系统

C—控制系统　S—动力系统

（三）按机能分类

1）微型机器人。这种机器人外形很小，移动精度不要求很高。

2）微操作机器人。这种机器人外形未必很小，但其操作尺度极小，精度很高。

（四）按联接方式分类

微机器人按结构不同，可分为并联机器人和串联机器人。

与应用广泛的串联机器人相比，并联机器人往往使人感到它并不适合用作机器人，它没有那么大的活动空间，它的活动平台远远不如串联机器人手部来得灵活。的确并联机构的工作空间有很大局限性，可是和世界上任何事物一样都是一分为二的，若用并联式的优点比串联式的缺点，也同样令人关注。首先，并联机构的运动平台与机架之间由多条运动支链联接，其末端件与串联的悬臂梁相比，刚度大得多，而且结构稳定；第二，由于刚度大，并联式较串联式在相同的自重或体积下有高得多的承载能力；第三，串联式末端件上的误差是各个关节误差的积累和放大，因而误差大而精度低，并联式没有那样的积累和放大关系，误差小而精度高；第四，串联式机器人的驱动电动机及传动系统大都放在运动着的大小臂上，增加了系统的惯性，恶化了动力性能，而并联式则很容易将电动机置于机座上，减小了运动负荷；第五，在位置求解上，串联机构正解容易，但反解十分困难，而并联机构正解困难反解却非常容易。由于机器人的在线实时计算是要计算反解的，这就对串联式十分不利，而并联式却容易实现。

并联机器人与串联机器人的主要差别见表 7-1。

表 7-1 并联机器人与串联机器人的主要差别

性能指标	串联	并联
工作空间/结构空间之比	大	小
工作空间内的机动性	好	有限
对构件尺寸误差的敏感性	敏感	不敏感
目标质量/运动部件质量之比	小	大
可承受的反作用力	小	大
惯性力	大	小
结构刚度	不好	好
动态特性	不好	好
控制技术难度	小	大
执行末端的运动范围	大	小

（五）按工作空间分类

按其工作空间的不同，可分为平面微机器人和空间微机器人。

1）平面微机器人是在二维空间工作的微机器人，图 7-6 是具有 3 个自由度的平面微机器人。

2）空间微机器人是在三维空间工作的微机器人，图 7-7 是具有 6 个自由度的空间微机器人。

（六）按用途分类

按其用途不同，可分为用于微操作和微装配技术的微型机器人。

微操作技术是指末端工具在一个较小的工作空间内（如厘米尺度）进行系统精度达到微米或亚微米的操作。

微操作机器人（micro manipulating robot）是以亚微米、纳米运动定位技术为核心，在较小空间中进行精密操作作业的装置，可以应用于生物显微操作、微电子制造、纳米加工等领域，将对 21 世纪人类生产和生活方式产生革命性影响，对国民经济建设和国防有重要的意义。

微操作机器人一般按操作对象大小分类：

1）微细作业机器人（$10^{-3} \sim 10^{-6}$m）。

2）超微细作业机器人（$10^{-3} \sim 10^{-9}$m）。

所谓微装配，主要是指对亚毫米尺寸（通常在几微米到几百微米之间）的零部件进行的装配作业。利用集成电路工艺制造微装配系统是未来发展的方向，但目前还有许多问题要解决。

另外，还有一些文献按作业方法及应用领域等方式对微机器人进行分类。按微操作的作业方法分，微操作机器人分移动型和加工型微操作机器人。移动型包括微搬运和排列、微零件的装配；加工型包括微观刻划及微观切割等。按应用领域分，目前微操作机器人分面向医疗、生物工程的接触和非接触机器人微操作系统和面向微机械（MEMS）装配的机器人微操作系统。

二、并联微机器人

（一）并联微机器人的特征

并联机器人的工作盘与底盘通过若干运动链联接，每个运动支链承受的载荷较小，整体结构刚度得以提高，允许的载荷与输出力也随之提高。由于各运动支链相互并联，一条运动支链中某一构件的制造尺寸误差可以得到补偿。由于并联机器人的驱动部分可以安置在底座上，运动部分的质量得以减少，被操作对象的质量与机器人质量之比提高，动力学性能得到改善。由于驱动部分安置在底座上，实现了能量供应部分及信号传递部分与工作空间的隔离，减少了干扰，提高了安全性。

并联机构固有的缺点是：其工作空间与结构空间之比，比串联机器人小得多。工作盘的方向也限制在一个较小的范围。运动副转角的限制又进一步缩小了工作空间与结构空间之比。并联机构的复杂性使得其结构优化和安全运行的难度都增加了。为了监控和避免结构内部构件的冲突和工作空间内的奇异状态必然增加机器人的成本。由于并联机器人构件几何参数之间的复杂关系，为了获得优越的运动学和动力学性能，其结构优化过程就需要较高的成本。这一问题的解决主要依赖于数学理论的研究和计算机技术的发展。

并联机器人因其结构紧凑、设计加工简单、温度灵敏度不高、误差积累及放大小、固有频率高，避免了由震动引起的不可控重复误差等特点，在微机器人中得到广泛的应用。另外，串并联机器人也已经出现。

并联机器人在有一定特殊要求的场合可以发挥其他机器人不可替代的作用。例如，在被限制的小空间里要求很高的定位精度和运动速度，同时又要求较大的操作力。串联机器人，由于其柔性和动作灵活性，适合执行焊接、喷漆等任务。并联机器人由于其较高的刚度，运动速度和精度而适用于医疗技术和微装配。

与传统的串联机器人相比，并联机器人在结构材料方面所投入的成本要少。

（二）典型的并联微装配机器人

并联机器人概念最初由 1978 澳大利亚著名机构学教授 Hunt 提出，到现在已有 20 多年。早期的研究主要以虚拟轴加工机床为应用目的，很少有文献涉及微装配，直到 20 世纪 80 年代末 90 年代初，并联机构用作微装配机器人的优越性才日益得到重视。

随着微驱动技术，特别是记忆合金（Shape Memory Alloy-SMA）驱动和压电驱动技术的发展，以各种应用为目的的并联微机器人系统也被研制出来。

1. 3-PRS 压电驱动并联微装配机器人

如图 7-5 所示是瑞士皇家工学院 Magnani 等研制的具有绕 x、y 轴转动和沿 z 轴方向移动 3 个运动自由度的 3-PRS 压电驱动并联微装配机器人，机构共有 3 条运动支链，每一条支链都是由移动副-柔性转副-柔性球副构成。为了满足无间隙、无摩擦、无滞后传动的要求，所有的运动副均采用柔性铰链。该并联微装配机器人成功的技术关键在于柔性铰链材料的选取和特殊几何形状的设计。在材料选取方面，制造柔性铰链的材料应该允许大的弹性变形而不发生塑性破坏，其弹性极限 σ 与弹性模量 E 之比 σ/E 要尽可能大。关于柔性铰链的几何形状，在铰链的弯曲变形方向应该充分地柔顺（低刚度），在与之垂直的方向应有足够的刚度。二者之比称之为柔顺率，即柔性铰链的几何形状应保证尽可能大的柔顺率。由于柔性铰链是由电火花线切割工艺直接在同一块材料上加工出来的，使得该微装配机器人的结构误差很小。该微装配机器人由高分辨率的压电晶体驱动。它的工作空间指标为：可绕 x、y 轴旋转 ±2.5°，沿 z 轴方向移动 ±5mm。

图 7-5 Magnani 等研制的 3 自由度并联机器人

2. 平面 3 自由度微装配机器人

图 7-6 是德国布伦瑞克工业大学（TU Braunschweig）研制的平面并联机器人，具有两个移动自由度和一个转动自由度，其中图 7-6a 采用微型直线电机驱动，重复定位精度 0.1μm。图 7-6b 采用回转驱动。这种机器人结构简单，运动精确度高，运动范围较大。它只能在平面内运动，主要用于微型机电产品的装配操作。如果工作头本身再增加一个垂直运动自由度，即可在立体空间内运动。

a)　　b)

图 7-6 德国布伦瑞克工业大学研制的平面 3 自由度并联微机器人

a) 直线驱动式 b) 回转驱动式

3. 光纤对接机器人

图 7-7 所示是 Eric Pernette 等研制的用于光纤对接操作的微装配机器人，该机构也由 3 条运动支链构成，但每一支链都是平面副-球副-柔性转副（HSR）的结构形式，其中平面副由具有两个移动自由度的压电元件构成，球副则由插入锥形小孔的针的运动来代替，该微装配机器人有 6 个独立的自由度。它的工作空间为 $4cm^3$。其驱动方式是分别由 3 个可以沿 y、z 向移动的压电直线驱动器驱动的。由 3 个驱动器的平面位置决定执行端的空间位置。该微装配机器人性能指标为：运动分辨率 0.1μm，可绕 y、z 轴旋转 ±2.5°，沿 x 轴方向移动 ±5mm，而理论上来说，在绕 x 轴，沿 y、z 方向的运动范围无限大。实际上其运动范围将受到压电直线驱动器的运动范围的限制。球副由插入锥形小孔的针的运动来代替，可能会引起替代误差。

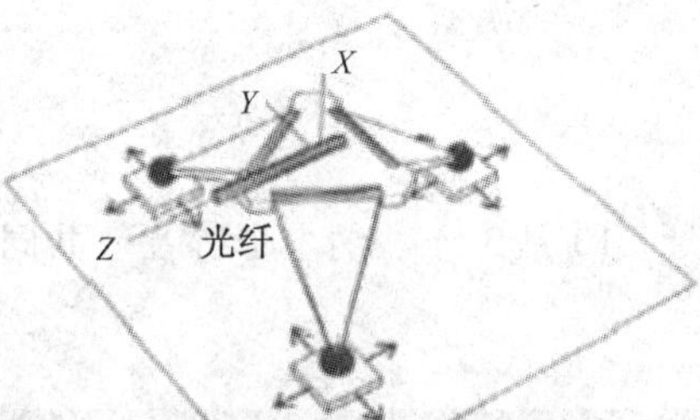

图 7-7　6 自由度光纤对接机器人

4. MEMS 微机器人

由于微细加工技术等半导体集成电路工艺的发展，导致了微机械技术的产生。并由此出现了在微尺度上集成机械和电子系统的微机电系统，针对微机电系统的微装配和微操作研究日益引起国内外研究人员的重视。

麻省理工大学研制出了以亚原子标度进行大规模操作的三腿无线微机器人。这种机器人作为医疗检测仪器使用时，把它拿到样品所在位置，而不是将样品拿到仪器所在位置进行检测，所以人们可以预见许多新的应用，例如：用一群小机器人检测成千上万的生物标本或药品，每个机器人装有不同功能的仪器。在制造业，也可以使用一群小机器人，每个机器人装有一套特殊工具，这种工具能够在亚纳米范围内进行操作，也可以相互协作以纳米精度运动，这些机器人完全独立地在原子尺寸范围内共同工作，执行 MEMS 装配任务。

这样提出的一种机器人就叫做微步行机，见图 7-8，它是一个直径约为 32mm 的微机电系统（MEMS），用压电陶瓷管驱动，执行检测任务。和其他的微型运动机器人不同的是，微步行机执行的任务是高度复杂的，包括从细胞、DNA 到分子和原子范围内的任务，要完成这样的任务，就要求具有一种能够执行嵌入电子的微装配能力，这样的高精度远远超过了目前微机器人的水平。

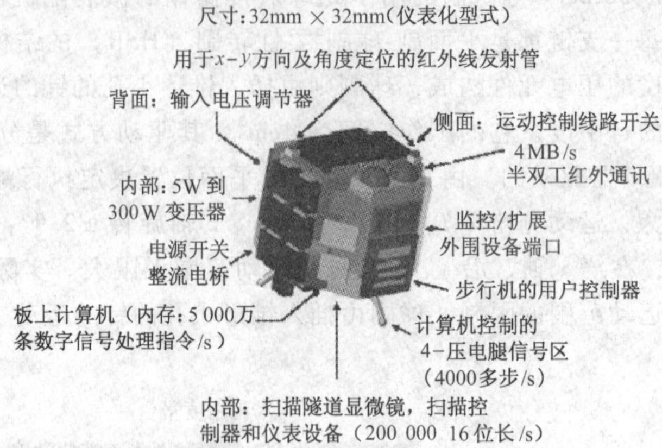

图 7-8 步行者机器人

图 7-9 表示一个具有三腿结构的"纳米步行者"，图 7-10 是 3 个"纳米步行者"共同执行任务。

图 7-9 具有三腿结构的"纳米步行者"

图 7-10 3 个"纳米步行者"共同执行任务

第三节 微驱动器

微型驱动器是开发微型机器人的基础和关键技术之一。它将对精密机械加工、现代光学仪器、超大规模集成电路、现代生物工程、遗传工程和医学工程的发展产生重大影响。在微型驱动器的研究方面，我国的研究成果处于国际先进水平。

从使用角度看，不论哪一类材料都可以分为两大类。一类是结构材料，主要是利用它们的强度、硬度、韧性、弹性等机械性能；另一类是功能材料，主要是利用它们所具有的电、光、声、磁、热等功能和物理效应。形状记忆合金、压电陶瓷和磁致伸缩材料等都属于功能材料。功能材料好象被赋予了某种特殊的“智能”，因此在有的文献中称之为智能材料。

目前，许多国内外专家与学者正致力于利用这些智能材料开发研制微动驱动器。如：以下几种材料和物理现象都可以考虑用于微动驱动器：

1）压电陶瓷。

2）形状记忆合金。

3）磁致伸缩材料。

4）静电力。

下面对这几种驱动方式的特性加以比较（表 7-2）。

表 7-2　各种驱动方式的特性

驱动原理	能量密度 / (J/cm^3)	最大变形率 (%)	最大力密度 / (N/mm^2)	反应时间 /s	动力源
压电	4.8×10^{-4}	0.2	30	10^{-3}	电压
静电	0.4	—	0.1	10^{-3}	电压
形状记忆	10.4	3	150	0.1～1	电流
磁致伸缩	—	0.2	30	—	电流

压电陶瓷在电场作用下发生变形。为此需要很高的电场强度，需要很高的电压（对单层结构需要 1000V 的高压）。由于新技术的采用，压电陶瓷驱动器可以按多层结构制造，即把很多压电陶瓷薄片叠放在一起，片与片之间装有电极。这样一来，只需要 100V 驱动电压。压电陶瓷具有极高的分辨率，通常可达到纳米范围。它可承受很高的工作压力（力密度约 30 N/mm^2），执行速度也极快。其缺点是工作行程很小，只有驱动器长度的 0.2% 。

形状记忆合金有两种不同的金属相，它们可以在不同的温度范围稳定地存在。在温度升高时发生的相变使形状记忆合金恢复记忆的形状。使之升温的最简单的方法是用电流加热。形状记忆驱动的最大优点是变形率大（可以在 3% 以下任意变化）。明显的缺点是在冷却时反应相当慢。

磁致伸缩材料随着周围磁场的变化伸长和缩短。若磁场由电流来产生，而磁场强度与电流强度存在正比关系，因此可以通过改变电流强度来有规律的控制磁致伸缩材料的伸长和缩短。近年来已开发出以 $Tb_{0.27}Dy_{0.73}Fe_2$ 单晶作为核心材料的微驱动器。

静电驱动器的优点是：结构简单而紧凑，自重很轻，被抓取目标的性质对抓取过程没有影响缺点是在切断电源以后电荷只能慢慢地消失，卸载就成了问题，即机械手不能马上释放目标。因此靠静电力抓取的方法被认为不适合微装配。

一、压电陶瓷驱动器

（一）压电陶瓷驱动器概述

对于微操作，需要的夹持力很小。驱动器的高分辨率和高速度的特点则更重要。因此压电陶瓷最适合作为微驱动器。

“Piezo”这个词来源于希腊语，意为“挤压”在外部压力作用下石英材料产生电荷，这种现象被称为压电效应。此后，又证实了当电场作用于晶体时，引起材料变形，称为“逆压电效应”。压电材料可以把电能转换成机械能。当电场作用于压电材料，后者产生精密位移，可用来进行精密定位。压电陶瓷驱动器的应用大大提高了精密定位技术的水平。

在驱动器和传感器领域，锆钛酸铅（PZT）压电陶瓷是最经常使用的材料。PZT 陶瓷在极化处理之前的晶体结构属中心对称立方晶体，表现各向同性。经过极化处理后显示各向异性。在居里温度以下保持压电特性，超过居里温度就失去了压电性。

（二）压电陶瓷驱动器的优点

与其他伸缩材料相比，压电陶瓷驱动器显示出多方面的优越性：

1）借助于固态晶体的压电效应，压电陶瓷驱动器能够以纳米的步长，以很高的频率产生平滑的位移，没有爬行效应。这种微小的位移是借助于电压值的平稳变化产生的且不受门限电压的影响。由于不存在爬行现象，从理论上讲它具有无限高的分辨率。压电陶瓷驱动器的这一特性对于要求精密位移的设备非常重要。

2）压电陶瓷驱动器能够以 10 kHz 以上的工作频率推动重至几吨的载荷，位置分辨率仍可达到要求的精度。

3）它的工作原理如一个电容性负载，产生动作时才消耗电能，静态时只需要极少的能量。

4）其位移源于材料内部离子的重新排列，不存在零件之间的摩擦和磨损，因此不需要润滑。适合高真空和高清洁度的应用场合。

5）它可以在电场作用下产生千分之一的位移，具有非常高的可靠性，即一个 100mm 长的压电陶瓷驱动器可以产生 100μm 的位移。

6）压电陶瓷驱动器的响应时间为微秒级，加速度可以达到重力加速度（$9.8m/s^2$）的 10 000 倍。

7）压电效应依赖于电场，压电陶瓷驱动器既不产生磁场也不受磁场影响。它的这一特性非常适合于不允许磁场存在的应用环境。

（三）压电陶瓷驱动器的分辨率

压电陶瓷驱动器由于没有爬行现象，其分辨率理论上可以达到无限高。正因为这一点，压电陶瓷驱动器可以用在电子显微镜上，推动载物台每次移动的距离小于原子的直径。实际应用中，限制压电陶瓷驱动器分辨率的因素有以下几项：

1）由于放大器的噪声使压电陶瓷驱动器产生不希望的位移。

2）传感器和控制器的灵敏度和噪声影响压电陶瓷驱动器灵敏度和稳定性。

3）机械方面的因素，例如传感器、压电陶瓷驱动器的设计、安装精度及由于予加载荷引起的微摩擦影响压电陶瓷驱动器的分辨率和精度。

（四）压电陶瓷微驱动器的应用

1. 压电定位元件的基本结构

压电陶瓷驱动器的主要部分由多层压电陶瓷薄片重叠而成，每两片压电陶瓷之间有一金属薄片作为电极，允许的最高驱动电压与压电陶瓷片的厚度成正比，压电陶瓷片的厚度约为 0.02～1mm。层叠式结构可以承受很高的压力，显示出很高的刚度，但不能承受大的拉力，所以层叠式结构压电陶瓷驱动器必须予加压载荷。图 7-11 是层叠式压电陶瓷驱动器的结构剖面。

层叠式结构压电陶瓷驱动器在电压作用下的伸长量可由下式计算

$$\Delta L \approx d_{33}\ n\ U$$

式中　d_{33}——膨胀系数（电场方向与极化方向一致）(m/V)；

n——压电陶瓷片的厚度；

U——驱动电压（V）。

2. 压电陶瓷驱动器与微位移放大机构的集成

压电陶瓷驱动器可以与微位移放大机构集成在一起，由此可以把压电陶瓷驱动器的微位移量放大 2～20 倍。微位移放大机构必须是刚性的、无间隙和无摩擦的。传统的机械结构都不能满足要求。

与微位移放大机构集成的压电陶瓷驱动器与普通的压电陶瓷驱动器相比具有以下优点：

1）具有更紧凑的结构。

2）电容量减小（即驱动电流减小）。

3）通过组合式柔性导向系统可以同时实现多轴精密运动。

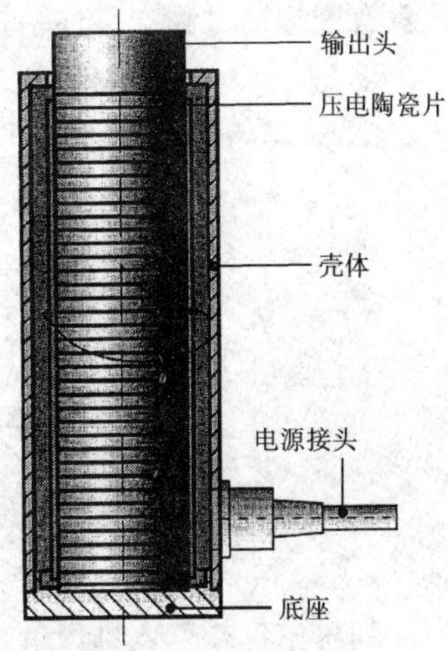

图 7-11　层叠式压电陶瓷驱动器的结构

微位移放大机构设计的主要计算公式如下（所有公式的假设条件是：理想杠杆的刚度无限大而且没有质量，压电陶瓷驱动器与杠杆之间的耦合没有刚度损失，见图 7-12）。

$$k_{sys} = k_0/r^2$$

$$\Delta L_{sys} = \Delta L_0 r$$

$$f_{res-sys} = f_{res-0}/r$$

式中　ΔL——膨胀量（m）；

k_{sys}——杠杆式放大系统的刚度（N/m）；

k_0——原始驱动系统（层叠式压电陶瓷驱动器及铰链）的刚度（N/m）；

r——杠杆的传动比（放大倍数）；

$f_{res-sys}$——放大系统的响应频率（Hz）；

f_{res-0}——原始驱动系统的响应频率（Hz）。

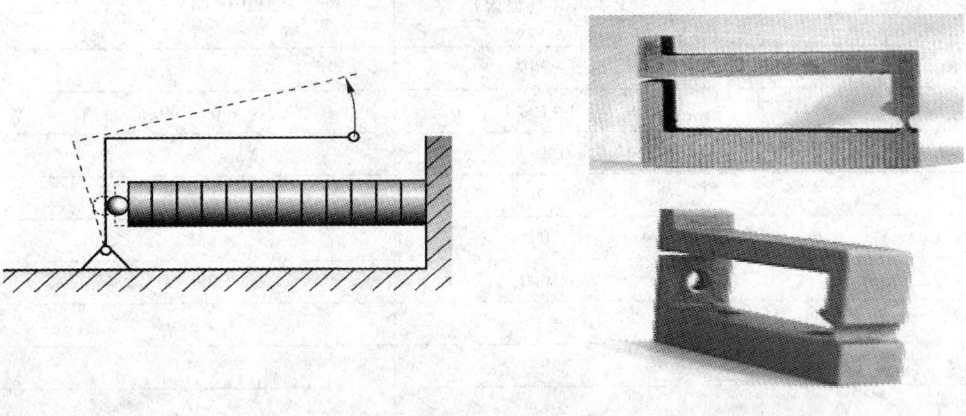

图 7-12　最简单的杠杆式微位移放大机构原理及开发的实物

柔性纳米定位器在分辨率、直线度和平面度各方面优于传统的定位器。当重复定位精度要求 0.5 ~ 0.1 μm 时，传统的机械机构由于存在摩擦磨损无论如何也不能满足要求。柔性铰链的弯曲变形是建立在固体材料的弯曲变形基础上的，由于完全不存在滑动和滚动，是一个没有摩擦的过程。柔性结构对于冲击和振动也不象传统结构那样敏感。

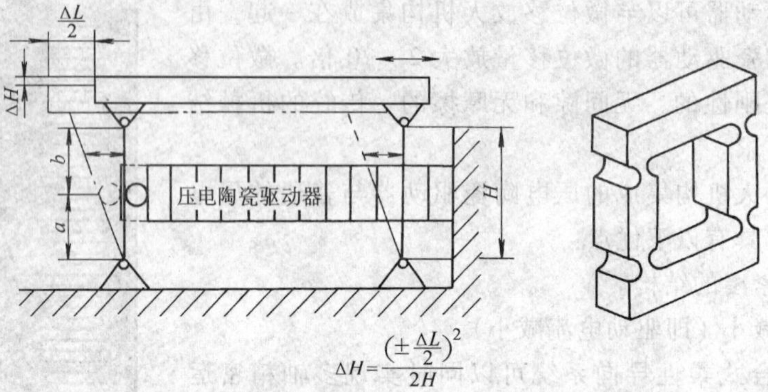

图 7-13　平行四边形式微位移放大机构的原理及实物［放大倍数 $r=(a+b)/a$］

如果微位移放大机构是一个按平行四边形变形的矩形框架，见图 7-13，其输出位移的轨迹是一个圆弧。由此引起 0.1% 的侧向偏离误差 ΔH，误差值可以用下面的公式估算

$$\Delta H \approx (\pm \Delta L/2)^2/2H$$

式中　ΔH ——侧向偏离误差（m）；

$\Delta L/2$——运动距离（m）；

H——圆弧半径（m）。

（五）压电陶瓷驱动器的选型及安装

压电陶瓷驱动器在选型时，应该首先考虑它的最大变位量是否能够满足微机器人的运动范围要求；其次要考虑它的负载能力及驱动电压范围。

下面介绍微操作机器人中常使用的两种压电陶瓷（德国 PI 公司的 P-802.10 和日本 Tokin 公司的 AE0505D16）的主要性能，见表 7-3。

表 7-3　两种压电陶瓷驱动器比较

项目 ＼ 产品	P-802.10（德国）	AE0505D16（日本）
最大变位量/μm	15 ± 20%	11.6 ± 2.0
驱动电压范围/V	0 ~ 100	0 ~ 100
开环分辨率/nm	0.15	—
刚度/（N/μm）	100 ± 20%	—
发生力（封锁力）/N	1500	850
抗拉、压强度/（N/mm^2）	5/1000	100/ -
静电容/μF	1.8 ± 20%	1.4 ± 20%
响应频率/kHz	29	69
阻抗/MΩ	—	10
使用温度范围/℃	-20 ~ +80	-25 ~ 85
尺寸/（mm × mm × mm）	6 × 6 × 18	5 × 5 × 20
价格/美元	111	98

压电陶瓷属脆性材料，所以压电陶瓷驱动器的安装必须十分小心。

1）层叠式压电陶瓷驱动器只能承受轴向压力，剪切力和弯矩都会造成驱动器损坏，应该采取措施加以避免。

2）没有预加压载荷的层叠式压电陶瓷驱动器受拉力时会造成损坏。如果工作环境存在拉力（如动态操作等），应该事先给驱动器预加外部压载荷。

3）层叠式压电陶瓷驱动器安装时必须设置卸荷环节，以免过大的扭矩损坏内部的压电陶瓷。

由此可见，压电陶瓷具有高分辨率、高精度和高速度以及易于控制的优点，因而适合作为微操作机器人的驱动器。其缺点是位移量很小，只有驱动器长度的0.2%。可以采用微位移放大机构予以放大。压电陶瓷驱动器存在滞后现象。可以通过闭环调节电路来消除。

当压电陶瓷驱动器膨胀推动恒定负载发生位移时，变位的零点发生偏移，即压电陶瓷的电压-位移曲线相对于零载荷时的曲线向下平移。当推动弹性负载产生位移时，其位移量总是不能达到零载荷时的名义位移量。位移量的减少取决于压电陶瓷驱动器的刚度与弹性负载的刚度之比。当弹性负载的刚度增加时，压电陶瓷驱动器的位移量减少而膨胀力增加。设计微位移放大机构时需要注意压电陶瓷的这一特性，以免柔性铰链的结构参数或放大机构的放大倍数因选择不当而导致压电陶瓷驱动器被锁住或放大机构输出位移过小。

压电陶瓷驱动器的安装使用必须避免拉力和剪力。

二、形状记忆合金驱动器

近年来，利用形状记忆合金的形状记忆效应原理制作的驱动器在机器人领域中得到越来越多的应用。

（一）形状记忆合金驱动器的特性

形状记忆合金（Shape Memory Alloys）是一种新型的功能材料，其主要特征是具有形状记忆效应，即某些经过变形的金属具有受热后能恢复其变形前形状的能力。在工程应用中，因为记忆合金对温度敏感性高，输出应力大，不仅可以完全替代热偶（双金属条），还可以完成热偶所不能进行的大功率驱动等功能。

与传统的机器人相比，使用记忆合金驱动器的机器人具有两大优势：首先，记忆合金驱动器的功率 E 质量比大，结构简单、轻巧，无噪声、无污染，且可以通过控制电压和通电时间来实现加热控制，这使得在具有相近的动态特性的机器人中，使用记忆合金驱动器者结构相对简单；其次，与传统机器人较复杂昂贵的驱动器件相比，记忆合金驱动器的价格相对低廉。这两点都使机器人更易于实现与维护，也使它更容易应用和推广。

形状记忆合金的种类很多，表7-4列出了3种常用的形状记忆合金的主要性能。由表中看出，TiNi合金抗拉强度最高，寿命最长，变形率和热变形时允许的应力也最大。

（二）国内外研究状况

长期以来，人们总认为只有人和某些动物才有“记忆”的能力。

1951年美国的Lead首先发现Au-Cd、In-Ti合金具有一种所谓“形状记忆”的能力。形状记忆特性是指在制作元件的时候赋予它一定的形状，在较低的温度下，改变它的这种形状，当温度升高的时候它又会恢复到原来的形状。这种奇特的“记忆”本领可以保持相当长的时间，并且重复千万次都准确无误。

1963年美国W. Buehler等人发现Ni-Ti合金也具有形状记忆效应。后来相继开发出这类合金达20多种，包括CuALNi合金、FeMnSi基合金、不锈钢等。1975～1980年，他们对形状记忆合金的形状记忆效应机制以及和形状记忆效应密切相关的相变伪弹性进行了深入的研究。研究发现，凡是具有完全形状记忆效应的合金都具有相变伪弹性效应，有的合金可以实现双程形状记忆效应（Two way shape memory effect），有的可以实现全方位形状记忆效应（All round memory effect），有的可以实现逆向形状记忆效应（Inverse shape memory effect）。还发现TiNi合金等在相变过程中存在着中间相，利用中间相相变的可逆性，不仅大大地缩小了温度滞后，且大幅度地改善了材料的疲劳寿命和记忆效应的稳定性。

表7-4　常用形状记忆合金性能比较表

	单位	TiNi	CuZnAl	CuAlNi
传导值	10^6 s/m	1～1.15	8～13	7～9
工作温度	℃	120	120	170
抗拉强度	N/mm^2	1500	400～700	700～800
可过热度	℃	400	160	300
最大变形率	（%）	5	1	1.2
热变形时允许的拉应力	N/mm^2	250	75	100
最多循环次数	次	100 000	10 000	1 000

我国在形状记忆合金方面的研究起步虽然比较晚，但是起点较高，在材料冶金学方面，特别是实用形状记忆合金的炼制水平，早已得到了国际学术界的公认，在应用开发上也有独到的成果。但是，在形状记忆合金的基础理论和材料科学方面的研究，由于研究条件的限制，距国际先进水平尚有很大的差距。

北京工业大学研制出了以形状记忆合金作为驱动器的微装配机械手，分别由形状记忆合金丝和形状记忆合金弹簧作为驱动器，形状记忆合金弹簧大于形状记忆合金丝的伸缩范围。下面简述这两种微装配机械手的结构及其传动原理。

（三）形状记忆合金丝驱动的微装配机械手

形状记忆合金丝驱动的微装配机械手的结构简图见图7-14。机械手由两根相联的形状记忆合金丝3驱动，当接线柱4、5接入电路，合金丝中有电流通过，温度升高，收缩变短，拉动基体2的 c 部向下运动，通过柔性铰链 b（相当于转动副）改变运动方向带动两侧摆杆 a 向内摆动，带动两个手指1合拢夹持物体。两个手指是通过柔性铰链 e 联接在一起的。断电时依靠弹性两个手指张开，因为基体和手指都是由弹簧钢制成的。接线柱4、5及垫片6与基体绝缘，合金丝外面也装有绝缘套管。接线柱4、5与基体2通过螺纹联接，旋动接线柱可以把形状记忆合金丝预紧。

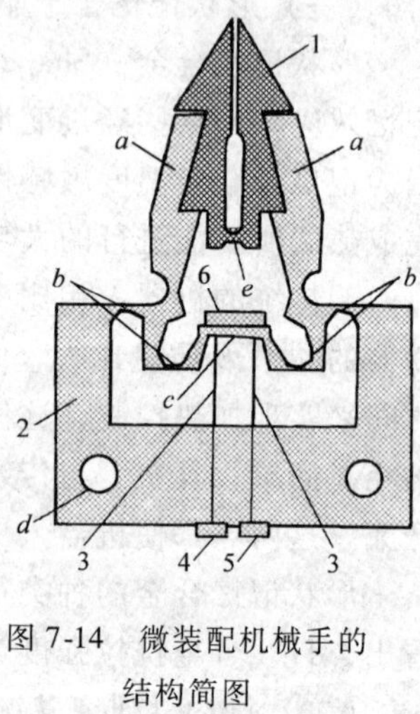

图7-14　微装配机械手的结构简图

机械手配有两套手指，可以更换，以适用于不同的夹持尺寸范围。这种微装配机械手主要应用于动作范围小、要求分辨率高的场合。

这个机械手采用直径0.5mm的TiNi合金丝作为驱动元件，体积小、重量轻、恢复力大，且结构简单、易于控制。

机械手的机构运动及驱动控制原理见图 7-15，机构由 5 个构件（对称配置的构件 1、2、3）和 7 个运动副（对称配置的运动副 a、b、c、d，其中 a 为平动副，其余 6 个为转动副）组成。借助于机构运动简图可以进行机构分析和原理设计，并在此基础上进行结构设计。

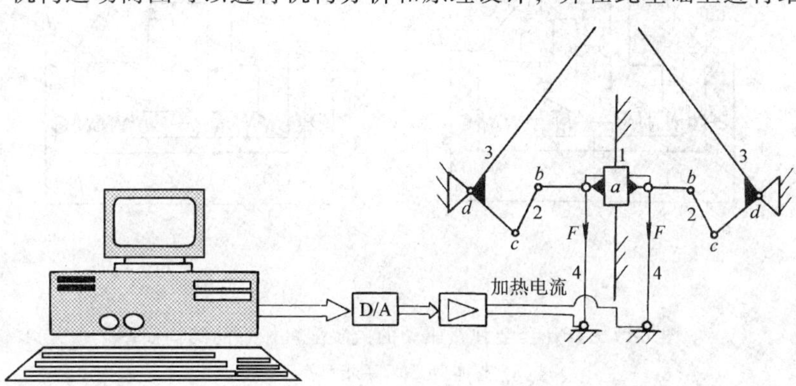

图 7-15　微装配机械手的机构运动及驱动控制原理简图

从控制的角度看，直接通电加热是形状记忆合金驱动器的最好驱动方法。控制系统采用了 A/D、D/A 转换，但由于形状记忆驱动器具有热惯性，它不会产生跳跃式动作。作为闭环控制的反馈信号，也可以采用机械手指端的位置信号。由于一个形状记忆元件既是驱动器，又是传感器和传动元件，所以更容易实现闭环控制。形状记忆驱动器加热时其电阻值发生变化，电阻值的变化就可以作为反馈信号。

（四）形状记忆合金弹簧驱动的微装配机械手

1. 微装配机械手的运动原理

机械手的机构运动原理如图 7-16 所示。构件 a_1、a_2 分别绕铰接点 b_1、b_2 转动，铰接点 c_1、c_2 通过一根杆联接。当左边弹簧收缩时，点 5 绕点 b_1 顺时针转动，带动构件 a_1、a_2 端部合拢。

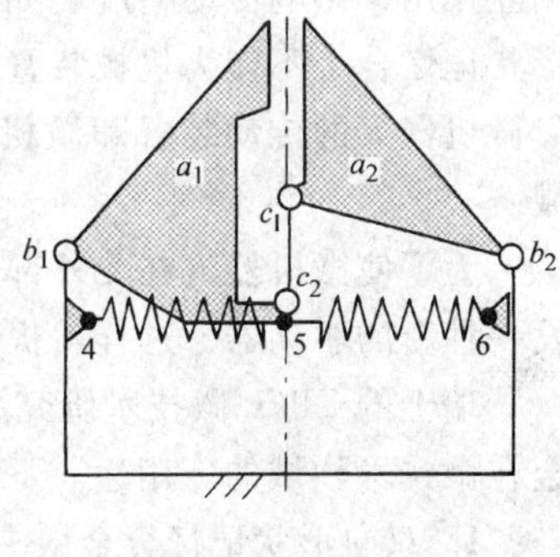

图 7-16　微装配机械手的运动原理简图

当右边弹簧收缩时，点 5 绕点 b_1 逆时针转动，带动构件 a_1、a_2 端部张开。图示为张开状态。

2. 微装配机械手的结构

形状记忆合金驱动的微装配机械手的结构简图如图 7-17 所示。

其中，图 7-17a 是整体型结构。机械手由形状记忆合金弹簧 3 驱动，当接线柱 4、5 接入电路，左边弹簧有电流通过，温度升高，收缩变短，拉动构件 a_1、a_2 向内摆动，带动两个手指 1 合拢夹持物体，同时右边弹簧被拉长。当接线柱 5、6 接入电路，右边弹簧有电流通过，温度升高，收缩变短，拉动构件 a_1、a_2 向外摆动，带动手指 1 张开释放物体。接线柱 4、5 和 6 与机械手基体绝缘。

图 7-17b 所示结构手指可以更换，以适用于不同的夹持尺寸范围。两个手指通过柔性铰接 e 联接并以之为回转中心。与整体型相反，当右边弹簧有电流通过时夹持物体，左边弹簧有电流通过时放开。夹持力恒定，大小取决于柔性铰接 e 的变形弯矩。

（五）形状记忆合金在微技术领域中的应用

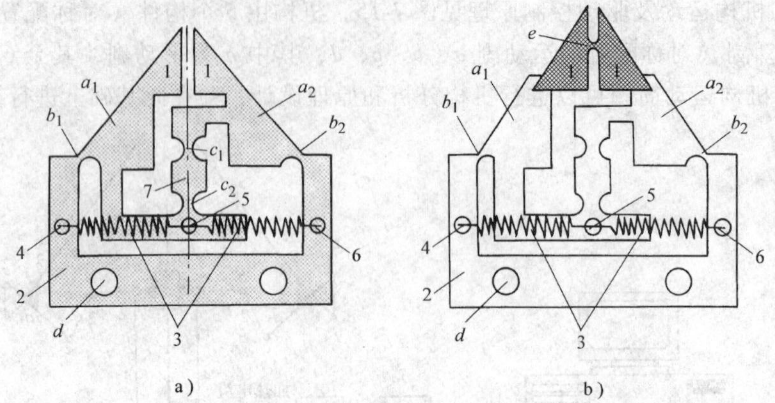

图 7-17 TiNi 合金弹簧驱动的微装配机械手的结构简图

a）整体型 b）手指可换型

在形状记忆合金用在微型设备中的大多数情况下，形状记忆合金材料只用作其中一个组件，形状记忆合金丝、簧片或弹簧通常用作设备的驱动部件。微小零部件装配成微系统存在装配误差，精度难以保证，工艺上很难实现且费用昂贵。另外，零部件之间难以避免摩擦和相互作用，影响传动精度。如果把一个装置的所有功能集成在一块单片形状记忆合金上，即形状记忆合金不作为机械装置的零部件，它本身就是一个机械装置。利用这种技术，可以开发微机器人的传动装置和微机械手的执行机构，这样便为形状记忆合金开辟了新的应用领域。

为了使微机器人在无外部干涉的情况下实现可逆运动，可以利用单片形状记忆合金，开发一种新的驱动器，这样就提供了一个设计微机器人驱动装置的新思路。

瑞士的 EPFL 微技术研究所的 3 个机构间展开了一个合作项目，目的是开发形状记忆合金在微技术领域的新用途。下面是他们的研究项目：

1. 双向形状记忆合金微夹持器

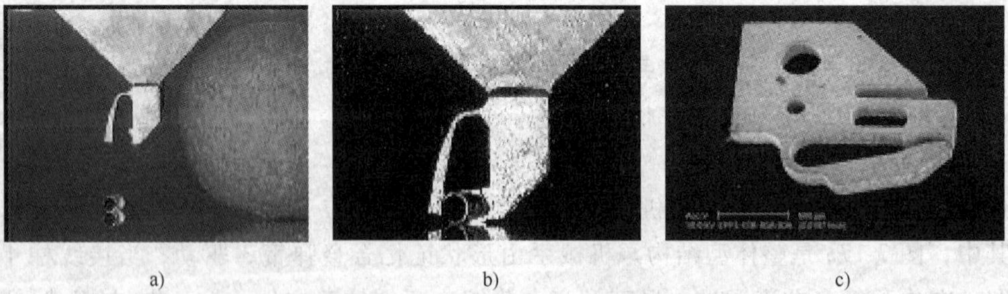

图 7-18 双向形状记忆合金微夹持器

a）微夹持器 b）抓取一个透镜 c）工业样机

在微装配领域，需要能抓取小透镜的微夹持器（直径小于 0.35 mm），见图 7-18。这种微夹持器由单片材料做成（冷轧薄板）。双向形状记忆合金用来获得可逆效应，由热电装置或直接通电加热。通过控制温度变化使形状记忆合金产生 1.5% ~2%（铰链最大允许变形率范围内）的变形率，使微夹持器的手指能够在 160μm 的范围内开合。他们研究测定了微夹持器的手指张开幅度与温度调节范围的对应关系。其中，图 7-18a 是用激光切割出的微夹持器，镶在一个铜板上。被抓取的小透镜位于一个光洁平面上，旁边放了一根火柴（图右边的红色部分），以便对夹持器大小（尺寸小于1mm^2）有一个直观的印象。

2. 整体偏置弹簧微夹持器

图 7-19 所示的是整体偏置弹簧微夹持器。这种微夹持器采取了一种特殊设计，使两片偏置弹簧处于不同的热处理状态，未退火那片弹簧驱动夹持器手指开合，可以容易地实现可逆运动。

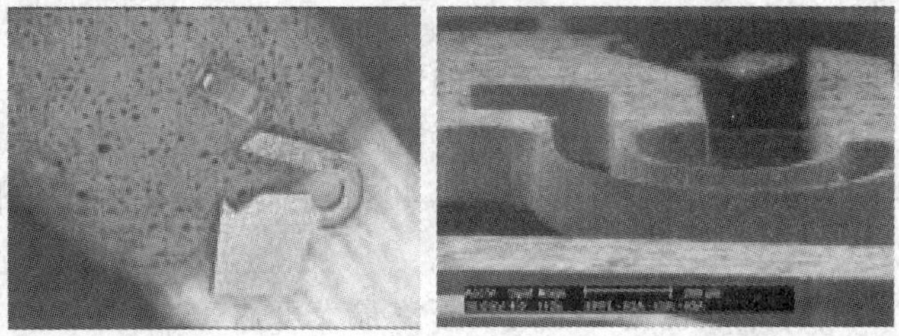

a)　　　　b)

图 7-19　整体偏置弹簧微夹持器

a）整体偏置弹簧微夹持器　b）微夹持器的 SEM 图

3. 形状记忆合金直线运动单元

图 7-20 是一个整体形状记忆合金直线运动单元及其工作原理。

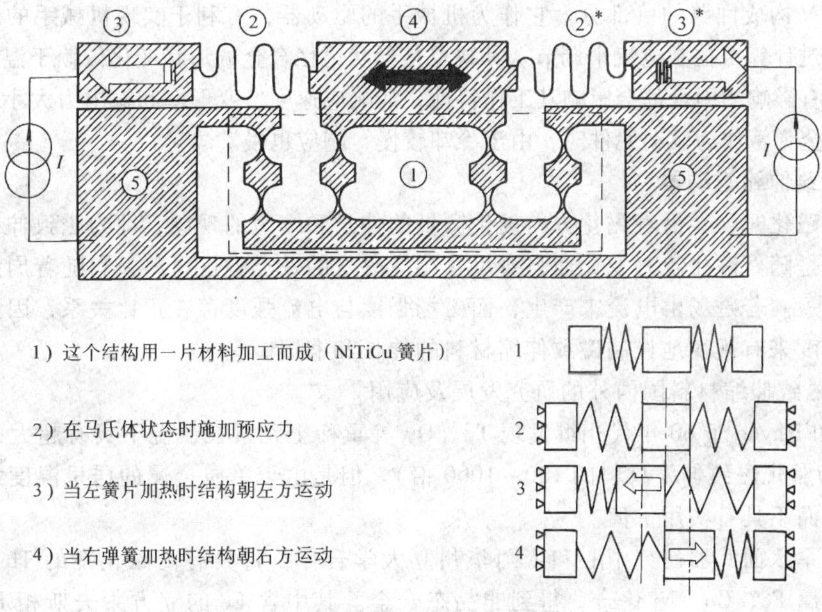

图 7-20　形状记忆合金直线运动单元

1—引导系统　2—板簧驱动器　3—接触垫片和预变形部件　4—运动部件　5—固定部件

图 7-21 表示整体形状记忆合金直线运动单元的应用实例。运动单元设计尺寸为：长 50 mm，宽 17mm；铰链和簧片厚：0. 05mm。

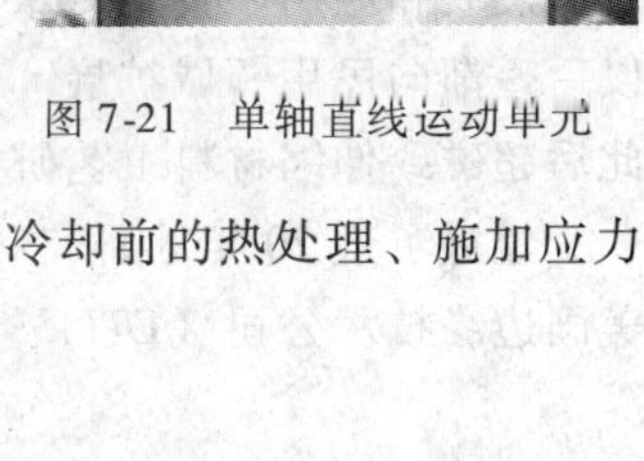

图 7-21　单轴直线运动单元

（六）形状记忆合金驱动器应用中应注意的问题

伴随晶体结构的变化，合金的电阻也发生变化。高温相（规则格子）是立方晶体，晶体格子的变形小。与此相反，马氏体是斜方晶体，较之立方晶体产生了晶格变形，对传导电子的散射作用增大，从而引起电阻增加。若使高温相冷却，原子的热振动减小，电阻降低。由相变引起的电阻变化随合金的种类、冷却前的热处理、施加应力的方法等而不同。

在形状记忆合金驱动的微装配机械手中，形状记忆合金构成回路的一部分，因此，如果用金属作为机械手的本体材料，必须解决绝缘问题，特别是当温度升高，某些绝缘材料失去作用，会引起短路。机械手尺寸越小，绝缘越困难。如果机械手的本体材料采用具有弹性、强度较高、能耐受一定温度的绝缘材料，可以进一步实现机械手的微型化。

形状记忆合金的工作温度越高收缩力越大，但使用寿命缩短。镍钛形状记忆合金的可过热度为400℃，即当温度超过400℃，合金就失去了记忆功能。其合理工作温度应在100～200℃。

TiNi形状记忆合金的变形率最大可达8%。在20～100℃的温度范围内，弹簧的收缩力与温度的关系接近线性。应用中变形率应该限制在3%～4%的范围，否则形状记忆合金的使用寿命将缩短。

与压电陶瓷驱动器相比，用形状记忆合金丝和弹簧驱动微装配机械手，形状记忆合金的优点是变形率大，不需要任何运动放大环节，可以直接驱动机械手。材料本身既是驱动器又是传感器，又构成回路的一部分。它作为机械手的驱动器，有利于实现机械手的微型化，夹持力可以通过计算机控制电流来调节。其缺点是形状记忆合金的形状变化依赖于温度变化，所以对其温度有影响的因素都会影响其工作特性，如响应速度、变形率和输出力大小等。当使用形状记忆合金弹簧作为驱动元件时，由于冷却较慢，响应也慢。

三、磁致伸缩驱动器

物体在磁化时，会沿着磁化方向发生微量的伸长和缩短的现象，即为磁致伸缩现象。磁致伸缩材料是随着磁化状态变化而自身尺寸相应改变的一类磁性材料，它随着周围磁场的变化伸长和缩短。若磁场由电流来产生，而磁场强度与电流强度存在正比关系，因此可以通过改变电流强度来有规律地控制磁致伸缩材料的伸长和缩短。

（一）磁致伸缩材料国内外的研究发展及应用

Clark和Rhyne于60年代相继发现Td、Dy等重稀土元素在低温下具有超大的磁致伸缩系数λ_s（为常规磁致伸缩材料的100～1000倍）。但是由于单质金属的居里温度大多远远低于室温，因而不具备实用价值。

美国海军水面武器研究中心和依阿华州立大学合作，将具有高磁化率的Tb和Dy与磁性过渡族金属Fe、Co、Ni化合，得到非晶态合金。其中含Fe的立方莱夫斯相Rfe_2具有较高的居里温度和很高的伸缩率λ_s。然而，这类二元化合物的各项异性能过高，其易磁化方向与难磁化方向的饱和场相差两个数量级。为了解决这一问题，Clark采用化学结构相似，磁致伸缩符号相同而各向异性常数符号相反的两种或两种以上的Rfe_2型化合物形成互为补偿的伪二元系合金。其中$Tb_{0.27}Dy_{0.73}Fe_2$呈现了磁致伸缩的各项同性，它们在外磁场的作用下产生的伸缩率比传统磁致伸缩材料如铁、钴、镍等磁致伸缩材料大几十倍，比压电陶瓷大5～10倍，被称为超磁致伸缩材料（Giant Magenetostrictive Material）。

从超磁致伸缩材料的出现到商品化大约经过了近20年的时间，主要是制备工艺限制了它的发展和应用。直至1988年市场上才出现小尺寸的棒材供用户试用。开始主要用于军事，以后逐渐向民用领域扩展。到1990年各种规格的包括较大尺寸的棒材开始在市场上出售，此后超磁致伸缩材料工艺研究和应用研究发展都极为迅速。

经过了近20年的研究和发展，目前能大量供应各种尺寸的超磁致伸缩棒料的公司有：美国边缘技术公司（ETI）、瑞典菲罗迪公司（FAB）和英国稀土制品公司（REP）。

此外，在亚洲以日本的发展最为迅速，目前已开始应用于消振、油压、地震探查、声纳等方面，并且已有产品上市。

近年来我国的一些研究小组在材料性能、制备工艺及应用诸多领域中已取得巨大进展，尤其在制备工艺方面有所突破。中国冶金部钢铁研究总院（CISRI）从20世纪80年代开始研究超磁致伸缩材料，至90年代初进入小批量试验生产阶段。其工艺为合金冶炼，区域熔炼等。

（二）磁致伸缩微驱动器的研制

下面以北京工业大学研制的磁致伸缩微驱动器为例，介绍磁致伸缩微驱动器的设计要求及结构。

1. 微动驱动器应满足的技术要求

1）具有较宽的线性工作区。

2）在偏置磁场条件下可以避开场强-应变曲线的非线性区。

3）在驱动磁场（1.59～9.55）$\times 10^4$ A/m 的作用下可以实现工作区的线性控制。

4）可以长时间稳定地工作（电流、温度平稳）。

2. 偏置磁场产生的方式及大小

通过预加偏置磁场，可以避开响应的不灵敏区，改善输出线性。在交流驱动的情况下，预加偏置磁场可以避免倍频现象。

产生偏置磁场的方式有两种：设置直流线圈或永久磁铁。采用永久磁铁，偏置磁场稳定，线圈发热量少；缺点是驱动器体积增加，偏置磁场强度难以调整。采用直流线圈则相反。

永久磁铁应采用 $Nd_2Fe_{14}B$，因为这种材料的饱和磁化强度 M_s 在目前发现的所有永磁材料中最高，采用它在保证高性能的前提下体积最小。

用直流线圈产生偏置磁场，偏磁线圈和驱动线圈既可以采用两个单独的线圈，也可以采用同一个线圈。本项目采用同一个线圈，以减小驱动器体积。

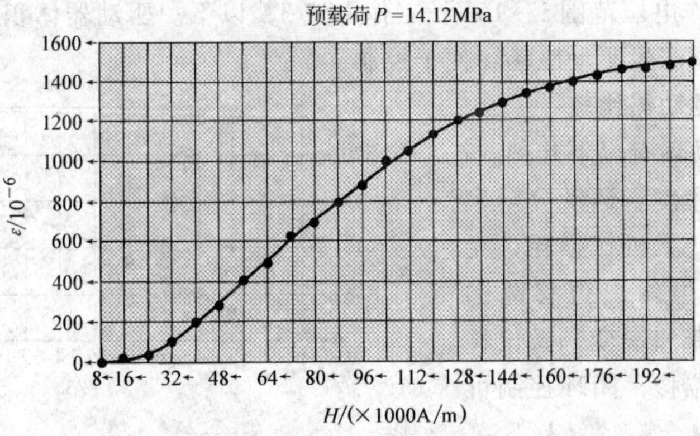

图7-22　GMM材料 $Tb_{0.27}Dy_{0.73}Fe_2$ 的场强-应变曲线（国产材料）

图7-22是驱动器采用的GMM材料 $Tb_{0.27}Dy_{0.73}Fe_2$ 的场强 H-应变 ε 关系曲线，是在外部压载荷 $P=14.12$MPa 条件下作出的。从图中可看出，场强 1.59×10^4 A/m 以下为响应的不灵敏区。因此偏置磁场的场强设计为 1.59×10^4 A/m，驱动线圈的场强设计为（1.59～9.55）$\times 10^4$ A/m，对应该场强范围的输出线性较好。

先调整电流使线圈产生的磁场强度达到 1.59 × 10^4 A/m 作为偏置磁场，设置新的零点。正式驱动时再调整电流使线圈产生的磁场强度在（1.59 ~ 9.55） × 10^4 A/m 之间变化。

3. 驱动器的结构简图

图 7-23 为磁致伸缩微动驱动器结构简图，GMM 棒两端面及其他零件的轴向接触面均经过研磨加工。为了防止线圈在 GMM 棒两端发生磁通散射的边缘现象，在 GMM 棒及线圈两端加磁极端盖。微位移输出头采用铜合金来制造，以免输出头被磁化吸附微小颗粒造成输出误差。

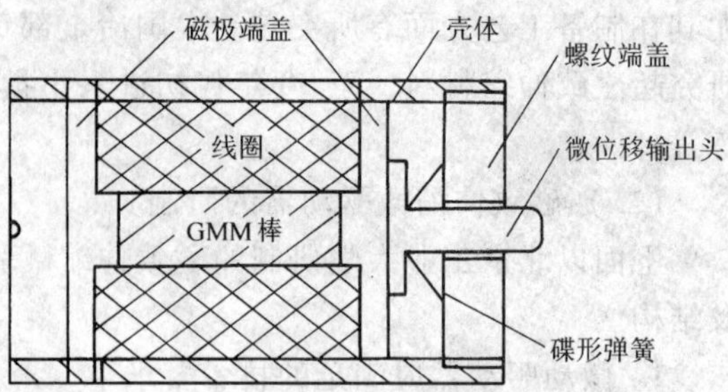

图 7-23 磁致伸缩微动驱动器结构简图

4. 微驱动器达到的技术指标及实验结果

图 7-24 是驱动器的位移输出和力输出实验装置。工作电压范围 1 ~ 15V，工作电流 3A 以下。驱动场强（1.59 ~ 9.55） × 10^4 A/m。图 7-25 是所研制的磁致伸缩微动驱动器的电压 u-输出位移 δ 关系曲线。在实际应用中电压是直接控制量，也是微动驱动器的输入量。

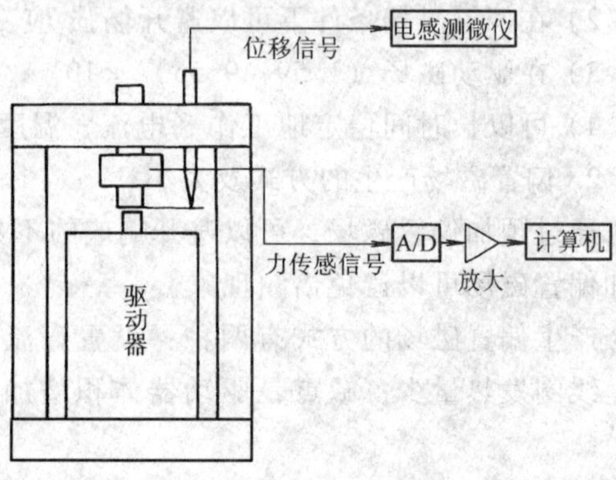

图 7-24 实验装置原理图

由图可看出，在驱动电压 2.5V 以下线性度不好。与 $Tb_{0.27}Dy_{0.73}Fe_2$ 在 1.59 × 10^4 A/m 以下场强-应变特性一致。这一问题已通过预加 1.59 × 10^4 A/m 偏置磁场使其零点偏移得到解决。

实验结果表明，采用国产超磁致伸缩材料 $Tb_{0.27}Dy_{0.73}Fe_2$ 研制的驱动器具有良好的驱动特性。驱动场强 9.55 × 10^4 A/m 时位移输出可达 20μm，分辨率为 0.1μm，线性度约为 4%，静态力输出 1109 N，工作电压范围 1 ~ 15V，工作电流 3A 以下。驱动器体积小，输出力大，工作电压低。用直流线圈产生驱动磁场，便于控制。

四、微机器人常用驱动器比较

微机器人常用的驱动器有以下几种。

压电陶瓷具有结构紧凑、运动分辨率高、响应快、输出力大、无机械损耗、无磁场、无污染等优点，但输出位移范围小，而且存在一定的迟滞和蠕变，微位移放大机构可以放大输出位移，闭环控制可以改善其输出特性。

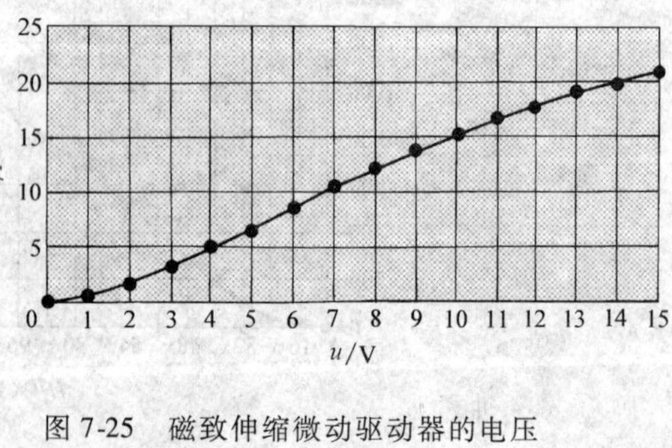

图 7-25 磁致伸缩微动驱动器的电压-输出位移曲线

形状记忆合金具有体积小、重量轻、精度高、动作柔性好、不易受周围环境影响等优点，缺点是响应速度慢。

磁致伸缩材料响应快，输出力大，工作电压低。用直流线圈产生驱动磁场，便于控制。与压电陶瓷和形状记忆合金相比，其缺点是体积较大且输出位移有明显的磁滞后。

尺蠖电机是利用压电效应根据仿生原理研制的一种驱动器，它具有行程大、运动分辨率高、输出力大等特点。但外形体积大，作为微动机器人的驱动器受到空间的限制。

直流电机、步进电机、超声波电机等也可作为微操作机器人的驱动器，其控制方法成熟，运动分辨率高（可达50nm），外形体积较小。

电磁驱动具有原理简单、易实现、动作平稳、响应频率快、动作范围大等优点。同时，它的结构相对复杂，装配精度要求高。

第四节　微定位机构

一、柔性铰链

（一）柔性铰链概述

柔性铰链是近年来发展起来的一种新型的微位移机构，目前被广泛用作微动机器人的主要部件，精密操作的微动机器人的最大特色之一就是应用了柔性铰链。常规运动副所能提供的运动可由铰链的弹性变形来实现，从而获得所需的终端位姿。因此，柔性铰链直接影响着微动机器人的最终操作性能。

由于实际需要的多样性和复杂性，使得其实际结构的几何尺寸不能完全满足传统理论分析的假设条件，因此影响到对其性能的准确分析。

它的特点是无间隙、无摩擦、无需润滑；运动平滑且连续；位移分辨率最高可达1nm；结构紧凑、体积很小，无内热产生、可以承受温度突变、可在真空、失重状态下使用；位移或力可以预知、有保护功能（超载时，柔性铰链可能断裂，以保护其他设备）。采用压电驱动或磁致伸缩驱动，不仅控制简单，而且容易实现亚微米甚至纳米级的精度，同时不产生噪声和发热，可适于各种介质环境工作，是精密机械中理想的微定位机构。其已在航空、宇航、微电子工业部门、精密量测和生物工程领域获得重要的应用。

柔性铰链也有不足之处：输入力（或位移）依赖于材料的弹性模量，而材料的精确弹性模量很难获得；存在洄滞，这是由材料的材质及性能造成的；只能应用于小位移场合；当施加力有所偏斜时，铰链容易失稳；承受载荷较小，如果加工质量不高，容易出现应力集中现象，造成铰链的断裂。

（二）柔性铰链结构、误差及应用

柔性铰链用于绕轴线作复杂运动的有限角位移，这种弹性变形是可逆的。柔性铰链分为单轴柔性铰链和双轴柔性铰链。最普通的形式是绕一个轴弹性弯曲，即单轴柔性铰链。微动平台全部采用单轴柔性铰链。用于微位移机构的柔性铰链位移量（即柔性铰链的变形）比较小，一般是几十微米到几百微米。

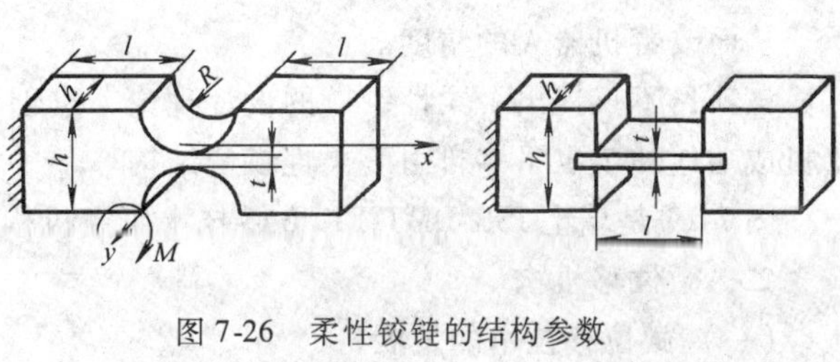

图7-26　柔性铰链的结构参数

图7-26所示的两种柔性铰链中，左边是典型单轴柔性铰链（R）；右边是板形弹簧，某些情况下用来代替典型单轴柔性铰链。t 为单轴柔性铰链最薄处的厚度，R 为相应的半径，板形弹簧的厚度 t 与前者的厚度 t 相等，

板形弹簧的长度 $l=2R$。在弯矩 M_y 作用下，单轴柔性铰链绕 y 轴发生弹性弯曲变形。在弹性弯曲变形的同时铰心也在移动。板形弹簧在弹性弯曲变形时铰心也会移动。其铰心偏移量大于典型单轴柔性铰链。铰心偏移量越大，造成的定位误差越大。

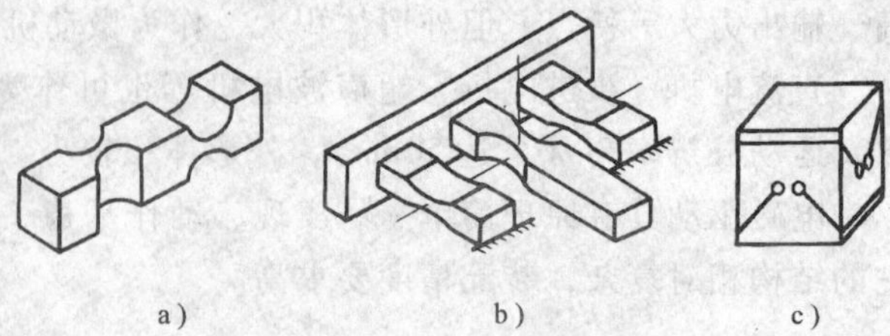

a） b） c）

图 7-27 虎克铰的 3 种结构方式

图 7-27 是柔性铰链虎克铰（T）的 3 种结构形式，它允许两构件有两个相对转动的自由度（$f=2$）。图 7-27a 虎克铰是由两个互成 90°的单轴柔性铰链组成的，这种设计的缺点是两个轴没有交叉，原理上有定位误差。图 7-27b 虎克铰具有交叉轴但结构比较复杂，不容易加工，制造误差比较大。图 7-27c 虎克铰的两个回转轴在空间垂直相交，不存在原理误差，但加工难度也比较大。采用数控电火花线切割机一次安装可以完成全部加工，避免了定位基准不重合引起的加工误差。

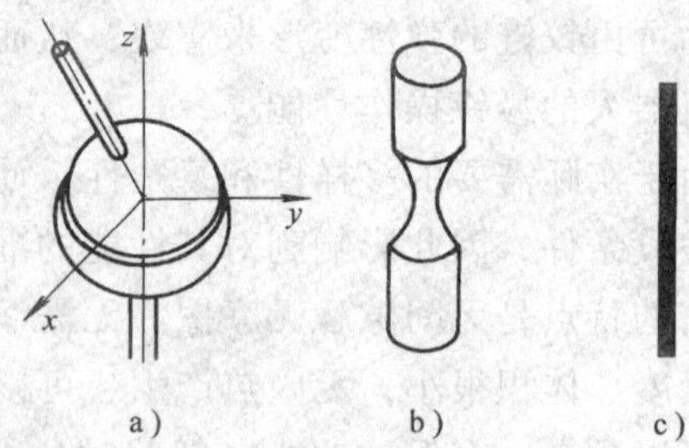

a） b） c）

图 7-28 球面副及其对应的柔性铰链

a）常规球面副 b）柔性铰链球面副 c）钢丝替代球铰链

图 7-28 是球面副（S）及其对应的柔性铰链。它允许两构件绕空间不共面的 3 个轴线作独立转动，有 3 个相对自由度（$f=3$）。图 7-28a 常规球面副结构复杂，制造难度大且存在运动副间隙，不适合用于微操作机器人。图 7-28b 柔性铰链球面副不存在运动副间隙且体积小，适合用于微操作机器人。可以采用外圆切入磨削方法用成型砂轮磨制柔性铰链。柔性铰链球面副用于微操作机器人存在两方面的问题：①制造难度大，当柔性铰链最小直径小于 0.5mm 时，加工过程中容易损坏且精度难以保证；②定位基准的精度难以保证，装配误差较大。所以微操作机器人中的球铰链往往采用图 7-28 c 钢丝替代球铰链。以往认为钢丝替代球铰链的误差可以忽略，理论分析和实验表明，钢丝替代球铰链的误差在有些情况下不容忽略（这里只是理论误差，钢丝的装配误差也比较大），而且钢丝替代铰链在不同的情况下具有不同的替代作用。所以，在微操作机器人结构设计中应避免出现球铰链。

（三）专用于高精度机器人的柔性铰链机械结构

目前，瑞士的 ISR-DMT-EPFL 微技术研究机构研制了专用于高精度机器人柔性铰链机械结构。可以从几个方面改善机器人精度，即机械结构、驱动器、传感器和控制器。该机构主要从改进机械结构的角度，提出用柔性铰链取代传统机器人驱动器使用的滑动轴承和滚珠轴承，从而改善机器人的精度。

该项目不仅提出了柔性铰链的设计理论，也创造了柔性铰链的加工方法，用电火花线切割机成功地加工出了多自由度柔性铰链结构。

图 7-29 是瑞士 ISR-DMT-EPFL 微技术研究机构的一些研究成果。

二、微位移机构

（一）微位移技术的发展

作为精密机械与微装配的关键技术之一——微位移技术，近年来随着微电子技术、宇

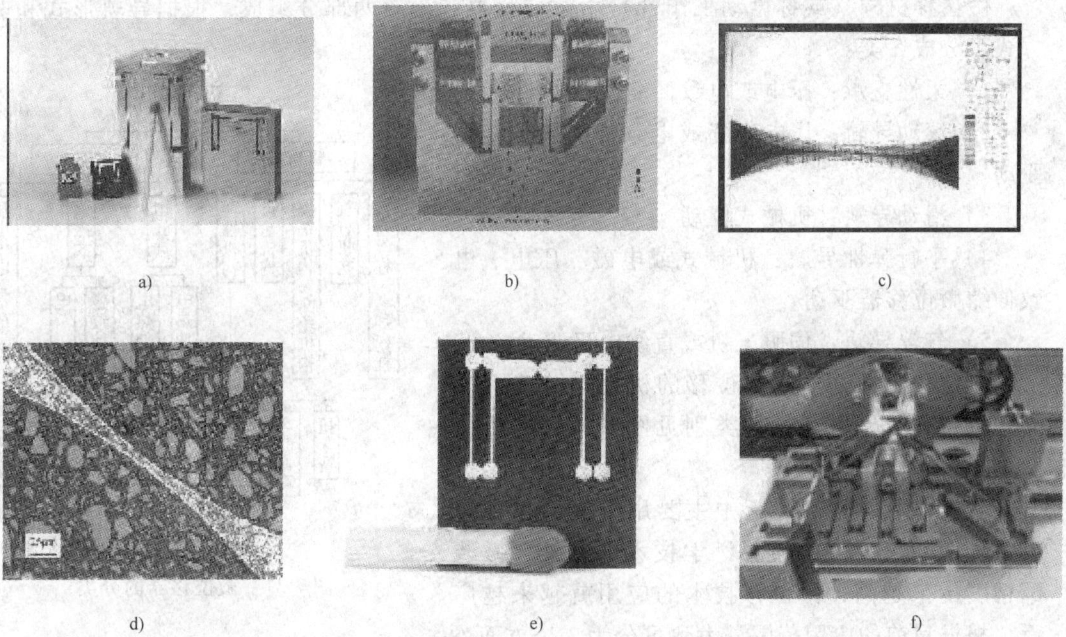

图 7-29　柔性铰链机械结构

a）柔性结构的模型　b）平移过程　c）柔性铰链的有限元模型　d）V 字形钢铰链中部断面图　e）用 4 条 25μm 粗的圆柔性铰链做成的并联弹簧　f）安装在宏机械手上的 X-Y 微机械手

航、生物工程等学科的发展而迅速地发展起来。如用金刚石车刀直接车削大型天文望远镜的抛物面反射镜时，要求加工出几何精度高于 1/10 光波波长的表面，即几何形状误差小于 0.05μm。计算机外围设备中大容量磁鼓和磁盘的制造，为保证磁头与磁盘在工作过程中维持 1μm 内的浮动气隙，就必须严格控制磁盘或磁鼓在高速回转下的跳动。特别是到 20 世纪 70 年代后期，微电子技术向大规模集成电路（LSI）和超大规模集成电路（VLSI）方向发展，随着集成度的提高，线条越来越微细化。256K 动态 RAM 线宽已缩小到 1.25μm 左右，对与之相应的工艺设备（如图形发生器、分步重复照相机、光刻机、电子束和 x 射线曝光机及其检测设备等）提出了更高的要求，要求这些设备的定位精度为线宽的 1/3 ~ 1/5，即亚微米甚至纳米级的精度。

由于定位技术的水平几乎左右着整个制造系统的性能，因此直接影响到微电子技术等高精度工业的发展。例如精密工作台，无论是大行程的精密定位，还是小范围内的对准，都离不开微位移技术。因此，微位移技术成为现代工业部门的共同基础。表 7-5 列举了目前国内外应用微位移技术的部分实例。

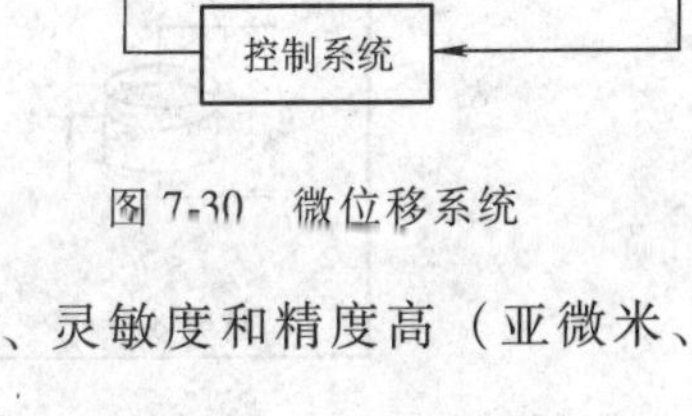

图 7-30　微位移系统

（二）微位移机构的分类及应用

微位移系统（图 7-30）包括微位移机构、检测装置和控制系统 3 部分。微位移机构是指行程小（一般小于毫米级）、灵敏度和精度高（亚微米、纳微米级）的机构。

微位移机构（或称微动工作台）由微位移器和导轨两部分组成，根据导轨形式和驱动方式可分成5类：

1）柔性支承：压电或电致伸缩微位器驱动。

2）滚动导轨：压电陶瓷或电致伸缩微位移器驱动。

3）滑动导轨：机械式驱动。

4）平行弹性导轨：机械式或电磁、压电、电致伸缩微位移器驱动。

5）气浮导轨：伺服电机或直线电机驱动。

微位移器根据形成微位移的机理可分成两大类：机械式和机电式。其类别见图7-31，结构简图见图7-32。

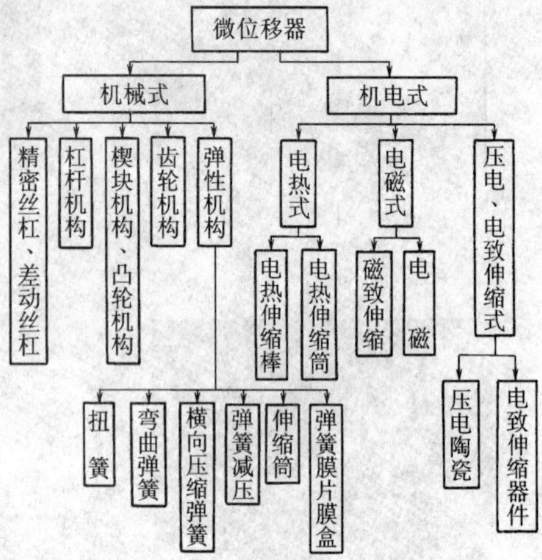

图7-31 微位移器的分类

微位移系统在微装配中主要用于提高整个装配系统的精度，因此随着科学技术的发展，微装配精度越来越高，微位移技术的应用就越来越广泛。根据目前的应用范围，大致可分为3个方面：

1. 精度补偿

精密工作台是高精度精密装配的核心，它的精度优劣直接影响整个系统的精度。当今精

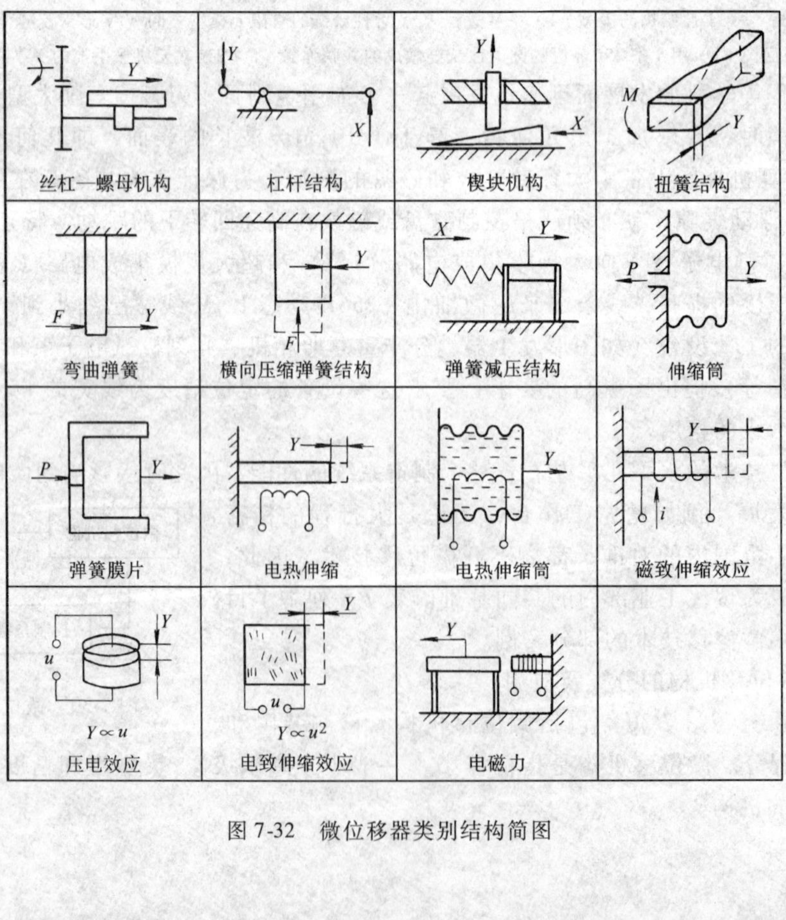

图7-32 微位移器类别结构简图

密装配中的精密工作台正向高速度、高精度方向发展。目前，精密工作台的运动速度一般在 20～50mm/s，最高的可超过 100mm/s，而精度则要求达到 0.1μm 以下。由于高速度带来的惯性很大，一般运动精度比较低，为解决高速度和高精度的矛盾，通常采用粗精相结合的两个工作台来实现，如图 7-33a 所示。粗工作台完成高速度大行程，而高精度由微动工作台来实现。通过微动工作台对粗动工作台运动中带来的误差进行精度补偿，以达到预定的精度。

2. 微进给

微进给主要用于精密机械加工中的微进给机构以及精密微装配中的对准微动机构。图 7-33b 所示的为金刚石车刀车削镜面磁盘，车刀的进给量为 5μm，就是利用微位移机构实现的。

3. 微调

精密设备中的微调是经常遇到的问题。如图 7-33c 所示，左边图表示磁头与磁盘之间的浮动间隙的调整，右图为照相物镜与被照乾版之间焦距的调整。

表 7-5　亚微米级微位移技术

国别	厂　家	导轨形式	驱动方式	行程	分辨率 /μm	位移精度 /μm	自由度	应用设备
美国	HP 公司	滚 珠			0.008	0.016	X-Y	
	NBS	柔性支承	压 电	50μm	0.01		1	电子束曝光机
	Micronix	柔性支承	压 电		0.02		6	
	GCA	弹性导轨	直线电机		0.03		X-Y	X 射线曝光机
	BTL	气浮导轨	静摩擦力			0.1	X-Y	图形发生器
	Yosemite	滚动导轨	伺服马达	100mm	0.01	±0.01	X-Y	分布重复照相机
	Burleigh	滚动导轨	压电尺蠖	25mm	0.01		1,2,3,4	电子束曝光机
日本	日立制作所	柔性支承	压 电	±8μm		±0.05	X-Y	电子束曝光机
		弹性导轨	电 磁			0.1	X-Y	图形发生器
		弹性导轨	电 磁	±20μm	0.01		4	X 射线曝光机
		弹性导轨	电磁、压电	±20μm	0.03	0.1	6	X 射线曝光机
		气浮导轨	楔块、丝杠	2mm	0.03		X-Y	掩膜对准台
中国	上海电器科学研究所	滚珠导轨	压 电	±6.4μm	0.08		Y	图形发生器
	电子工业部 45 所	弹性导轨	电致伸缩	20μm	0.08		X-Y	分布重复照相机
	国防科技大	柔性支承	电致伸缩	20μm	0.1		1	车床微进给
	哈工大	柔性支承	步进电机	20μm	0.01	±0.05	1	车床微进给
	清华大学	滚珠导轨	楔块、丝杠	300μm	0.05	±0.25	X-Y-θ	投影光刻机
		弹性导轨	弹性缩小	10μm	0.01	±0.2	X-Y	
		滚珠导轨	压 电	2μm	0.16		Y	自动分部相机

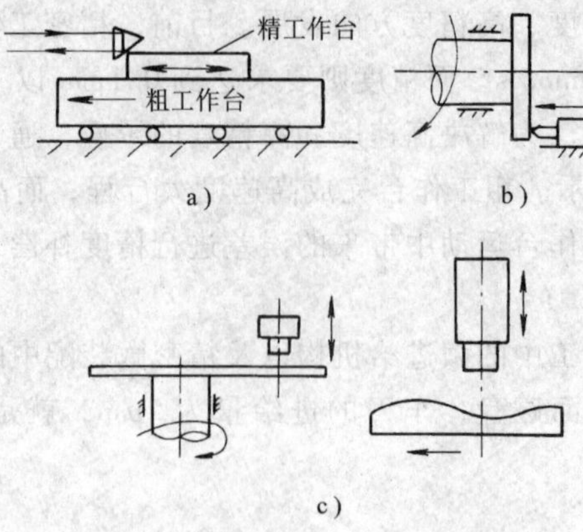

图 7-33 微位移机构的应用
a) 补偿 b) 微进给 c) 微调

第五节 微小目标的抓取技术

一、微装配的特殊性

微小零件的加工和装配是决定微机电系统的质量和成本的两个重要环节。特别是随着零件尺寸持续不断地微小化，加工和装配过程中一系列新的技术问题和工艺问题有待解决。

(一) 微观世界物理规律的探讨

当操作对象的尺度减小到尺度效应明显作用的尺度时，温度、湿度、轻微振动等因素将直接影响操作的进行。微观物体间的作用力主要有范氏力 (Vander Waals Force)、静电力以及液层表面张力等等。对培养液中的细胞进行操作，不但要考虑重力作用，还要考虑浮力、流动力、布朗运动、范氏力、静电力等。

(二) 微装配的技术要求

微机电系统制造过程中除了微小零件的加工以外，微装配是个主要问题。

DIN 8593 对于装配的概念是这样定义的：装配是把零件和（或）部件组合成产品的过程。零件是不可再分的对象，而部件是由两个或两个以上的零件和（或）部件组合而成的对象。

装配过程可以分解为传送、联接、调整和检验 4 个步骤。微装配的对象是大小为几个微米到 10mm 的微小零件。

微装配的核心问题是要求很高的精度。相对于微装配，普通产品的装配可以称之为宏观装配。在宏观装配中，装配力是一个重要因素。在微装配中，表面效应成为主要的问题。主要表现为静电力和黏附力。除了表面效应以外，环境对于微装配也有影响。例如：地面的振动或空气的流动、环境温度的变化、空气中的灰尘都会影响微装配过程。

图 7-34 表示了小零件上的作用力的尺寸效应。零件尺寸越小重力的作用越小，干扰力的作用越大，干扰力包括静电引力、黏附力、铁磁力以及分子之间或原子之间的引力。在小尺寸范围，特别是在小于 1mm 的尺寸范围，零件受到各种力的影响，表现出与宏观尺寸零件不同的特性。在对宏观零件的操作过程中黏附力与重力相比是微乎其微的，但随着零件尺寸减小，黏附力所占比例越来越大。

在微小零件的装配过程中表面效应对装配过程的影响不容忽视。典型的抓取过程是通过操作指与目标的接触来实现的。释放过程则要操作指脱离与目标的接触。对于质量为几克的目标，其上的作用力主要是重力，当操作指张开，目标靠重力落下。当零件或目标直径小于1mm（质量小于10^{-6} kg），重力与惯性力就可能小于表面力。一般情况下表面力的大小与接触面积的大小成正比。这样一来，表面力的作用就可能使零件的释放发生困难。

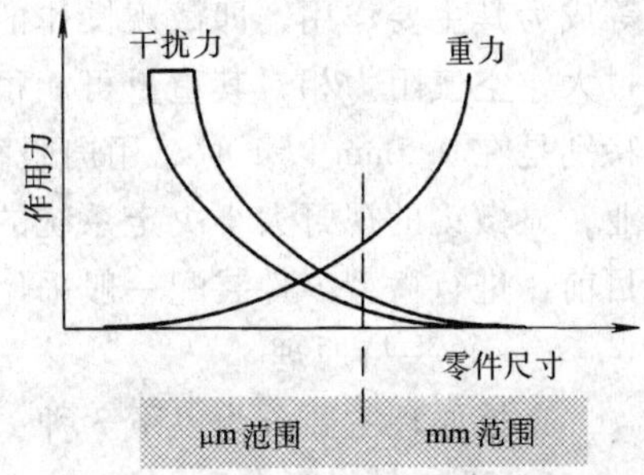

图 7-34　小零件上的作用力的尺寸效应

（三）微装配的特征

1）抓取技术是微装配中的一个大问题。抓取器经常需要伸到可通过性较差的狭小空间进行操作。所以操作器本身的体积应尽可能的小，结构要尽可能的紧凑。被抓取的微小零件的位姿需要借助于图像处理系统来观察。

2）零件的尺寸范围在0.1μm ~10mm之间，装配的精度要求在0.1 ~20 μm之间。因此在微小零件的装配过程中必须精确地定位。

3）随着零件持续的微型化，不仅对于零件的制造环境，对于装配环境的温度、湿度和空气的洁净度都有很严格的要求。

4）微小零件表面积的变化与零件直径的平方成正比，体积和质量的变化与零件直径的立方成正比。零件越小，表面效应越明显。对于微小尺寸零件，其上作用的黏附力和静电力大于重力。

（四）微装配中存在的问题

微装配中存在的问题主要表现在以下几个方面：

1）抓取力引起的损伤：由于接触面积非常小，作用在抓取对象上的微小的力就可能产生很大的压强，以致于损伤敏感零件的表面。尤其是当采用抓钳式工具抓取高敏感零件时极易出现此类问题。尽管真空抓取器等在微电子系统装配中已经得到成功的应用，但是在某些方面，例如真空抓取器吸管端部的形状、微型夹持器端部的形状及夹持力的调整等在实际应用中仍然存在问题。

2）传送过程障碍：微装配技术的一个要点是操作器本身的体积要尽可能地小，结构要尽可能地紧凑。如果抓取器体积较大，必然难以通过狭小的空间，产生传送过程障碍。

3）很高的精度要求：在微小零件的装配过程中必须精确地定位，如果采用手工操作必须借助于适当的显微镜和操作工具，花费较多的时间，而且要求操作者掌握较高的技术。如果采用自动化的微装配系统（以微装配机器人为核心设备），借助于分辨率极高的功能材料（如压电陶瓷）可以实现系统的精确定位。

4）要求洁净的空间：由于装配环境对于零件的表面特性、零件之间的装配关系都有直接的影响，为了保证微装配的精度，对环境要求比较严格。

5）微小零件的表面效应：微装配中一个大问题是由于体积效应和表面效应，微小零件表现出与普通尺寸零件不同的特性，微机械手释放零件时发生了困难。

微装配的实现还有许多问题需要解决，目前只能在实验室里进行。一般情况下还只能借助于显微镜手工进行微装配。由于缺乏自动化的、经济地进行微装配的技术手段，微装配在工业界还没有实现。为此目的进行的技术装备的研究与开发需要昂贵的费用。

二、微小目标的抓取方法

在微装配中，由于抓取对象的几何尺寸小，在操作过程中，静电力、摩擦力、表面张力等成为其主要作用，即微观操作的尺度效应；抓取对象质量小，构造薄弱，因而操作力不宜过大，空气阻力相对其重量可能很大，在进行装配时，还需要释放操作；由于抓取对象小，特别是在0.5mm以下时，用肉眼很难看清其形状、位姿，系统必须配有显微镜实现微细作业，显微镜的视野大小决定系统的作业空间，机构应保证操作对象始终在显微镜的视野中。目前，进行微型零件装配一般采用夹持方法。

（一）夹持原理

夹持原理主要分为以下3种：

1）通过材料耦合。

2）通过形状耦合。

3）通过力耦合。

材料耦合夹持是指通过夹持器与零件之间的黏附力夹持零件；形状耦合夹持是指夹持器要包裹住零件；力耦合夹持则是通过摩擦力、静电力、磁力或流体力夹持零件。在某些情况下几种偶合方式共同起作用。

材料耦合夹持的黏附力属分子力，力很小，适合微装配。这种夹持方式的优点是只需要与零件的上表面接触；缺点是黏结材料可能污染零件表面，另外在释放零件时可能不顺利。

形状耦合夹持由于要借助于形状元素的搭接因而不适合微装配。

力耦合夹持可以借助各种不同的力。其中磁力夹持因夹持设备体积大不适合微装配。静电力夹持原理是依靠夹持器和夹持目标之间的电场执行夹持操作。夹持器结构简单而且可以适应各种几何形状的夹持目标。这种夹持方式的主要问题在于表面力的影响，如果表面力不能消除，夹持目标无法释放。

真空夹持方法的优点是夹持器形状简单；缺点是这种夹持方法没有定心作用，另外，进行微装配时夹持器可能把微小零件当作“灰尘”吸走。

通过摩擦力夹持的方法具有定心作用，能适应不同几何形状和大小的零件，对于环境也没有特殊要求，因而采用摩擦力夹持原理的机械式夹持器广泛用于微装配。

（二）减小或消除表面效应的方法

表面效应包括以下3种：①静电力；②范氏力；③黏附力。

有各种不同的方法来减少表面力。采用球形手指（减小接触面积）可以减小静电力及表面张力，如图7-35所示。作为微夹持器应该尽可能地减小与夹持目标的接触面积，如采用针形手指，以便更容易释放被夹持目标。如果夹持器具有比较多的运动自由度也有助于释放目标，如可以把目标搓至指尖处，就容易释放。比较粗糙的表面可以使范氏力减少。

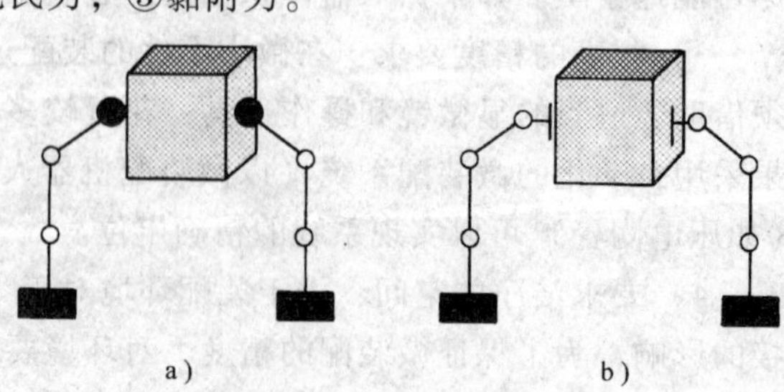

图7-35 夹持器两个手指的类型

a）球形手指 b）针形手指

（三）微装配对夹持器的要求

微装配对夹持器的要求主要在以下 4 个方面：

1）非常高的定位精度。

2）适应非常微小的零件尺寸。

3）适合在洁净空间里操作。

4）由于零件数量少而且没有实现标准化，因而自动化的微装配要求一种夹持器能够适应不同种类的零件。

夹持器的定位精度尤其重要。对于微型机电系统装配对象的尺寸范围，14% 在 100 μm ~1mm 之间；55% 在 1 ~ 10mm 之间。装配对象的尺寸公差范围小于 0.1 μm。微型机电系统的微小化要求夹持系统也要微小化。

在许多情况下，微型机电系统只能在洁净空间里进行装配。任何的润滑剂和材料磨损都会污染环境，所以只有不需要润滑也没有磨损的微装配系统才能满足这一要求。

电子的、机械的和光学的零件的联接往往有特殊的要求，如：

1）满足光的传递。

2）某些要求导电，另外一些又要求绝缘。

3）某些要求导热。

4）某些要求能够承受机械载荷。

因此这些零件的联接需要多种联接技术。另外，为了避免频繁地更换夹持器和联接工具，微夹持器应该具有一定的柔性，即能够适应不同的装配对象。

目前，国内外报道的微小抓取机构的研究成果有中科院长春光学研究所研制的电容式微夹钳、美国哈佛大学研制的对两个碳纳米管加电压形成吸力的微钳、日本的压电式弹性微抓手、聚合胶手指、SMA 驱动机械手、哈尔滨工业大学的压电式微操作机械手和上海交大的可控微型镊子等。

三、微装配机器人的夹持器

（一）微夹持器的发展

1988 年 Kallweit 研制了分别用形状记忆合金及压电陶瓷作为驱动器的微夹持器。由于形状记忆合金的热惯性，因而夹持器完成一个动作周期需要几秒钟。

1990 年 Ando 开发了一种叠片式压电陶瓷驱动器驱动的微夹持器。压电陶瓷驱动器的行程为 4μm，微夹持器的运动范围为 0.2mm。

1996 年 Tanikawa 研制的微夹持器借助于两个相互串联的并联机构，机构由叠片式压电陶瓷驱动器驱动。串-并联式微装配机器人的动作方式与人们使用筷子的动作相似，如图 7-36 所示。一根筷子在食指一边，另一根筷子在大拇指一边。每根筷了有不同的任务，在食指一边的筷子执行夹持、旋转和释放物体的动作。在大拇指一边的筷子起支持作用并带着物体移动。两根筷子的动作有不同的控制规则。当双指微

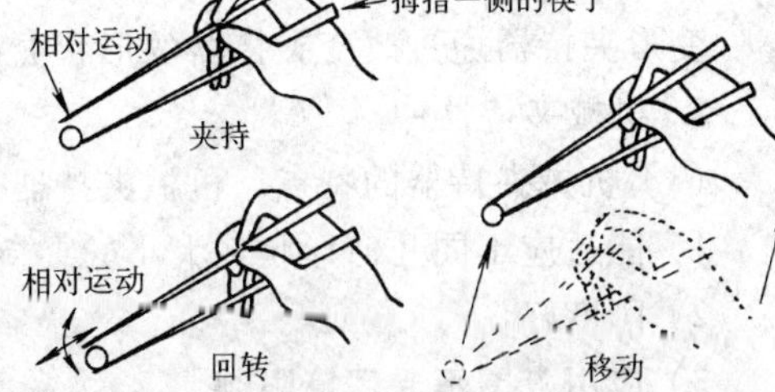

图 7-36　人手使用筷子的动作

装配机器人夹持一个小球旋转时，参数 z、φ 和 ρ 分别表示轴、回转角和回转半径，见图 7-37。

Tanikawa 的微夹持器称为双指微动手。每个手指都具有 6 个自由度。该微动手可以夹起直径为 2μm 的小球并使之转动。该夹持器定位精度可达 0.1μm，工作空间的大小为 130μm × 130μm × 18 μm。

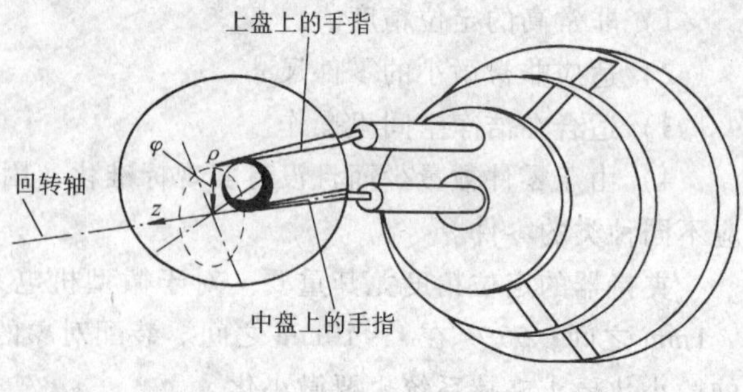

图 7-37 双指微装配机器人的工作坐标系

（二）微夹持器分类及微夹持技术现状

如果单纯的对普通尺寸的夹持器进行改造，减小尺寸、提高精度，微装配的技术问题仍然不能解决。下面对各种夹持器进行分析，讨论其对于微装配的适应性。

1. 真空夹持器

真空夹持器利用空气的负压吸住零件。最简单的真空夹持器只有一个吸头。适用于那些只有一个夹持表面的零件。这种夹持器有两个缺点：①只有夹持器采取一种特殊形状才能有定心作用；②真空夹持器不能在真空环境中使用。

把真空夹持器应用于微装配首先进行的技术改进是使装配过程可视化。例如在透明的吸头上安装 CCD 相机对装配过程监控。

2. 黏附夹持器

黏附夹持器是由一个黏结带在被夹持零件上滚动靠黏附力粘住工件，是一种简单的夹持方式。这种夹持器存在两个问题：一是在释放零件时遇到困难，必须有相应的装置帮助零件脱离黏结带并以正确的姿势落在正确的位置；二是会污染被抓取对象。

3. 磁力和静电夹持器

磁力夹持器要求被夹持对象是铁磁性材料。静电夹持器既可以夹持导体，也可以夹持绝缘体。尽管需要的电压较高，但实际消耗的功率很小。

静电夹持器具有如下优点：①结构简单；②电极上带一个弹性膜可以适应不同几何形状的零件。其缺点如下：①切断电源以后，静电夹持器上的电荷并不马上消失，因此释放零件的速度较慢；②由于静电作用，零件表面容易吸附灰尘，对于洁净空间里进行的微装配是不允许的；③被夹持对象材料的可极化性影响夹持力的大小，夹持器的柔性也因此受到影响。

4. 变形夹持器

变形夹持器通过改变夹持器的形状夹持对象，其由于体积较大而不适于微装配。

5. 机械夹持器

（1）机械夹持器的特点　机械夹持器是最经常使用的夹持器。它具有以下特点：

1）能适应不同几何形状和大小的夹持对象。

2）刚度好。

3）应用范围不受环境限制。

这类夹持器共同的特征是都需要传动部分。传统的机械夹持器不适应微装配，原因在于：

1）传统传动装置难以实现体积微小化。

2）一般情况下传统传动装置都有磨损而不适合在洁净空间应用。

为了使机械夹持器能够在微装配中使用，需要采取两项措施：

1）采用柔性铰链代替传统铰链。

2）采用固体驱动器，如形状记忆合金、压电陶瓷等。

柔性铰链有单轴柔性铰链和复合柔性铰链。最常用的单轴柔性铰链相当于一个转副，复合柔性铰链可以实现转副、滑副、虎克铰和球铰链的功能。柔性铰链可以采用弹性金属材料和非金属材料制造。

与传统铰链不同，柔性铰链可以实现精密的转角和位移，但运动的范围较小。它主要是受材料的弹性极限限制。

（2）机械式夹持器的构成

1）驱动系统。机械式夹持器可供选择的驱动方式有如下几种：①气动；②电磁驱动；③液压驱动；④热能驱动；⑤压电驱动；⑥磁致伸缩驱动；⑦静电驱动。

在微装配中经常采用的有压电驱动、静电驱动和热能驱动（形状记忆合金属于这种驱动方式）。压电驱动器的分辨率可达纳米，静态力密度大（可达 40 N/mm^2），动态响应好。其缺点是应变率低，约为 0.2%。与压电驱动器相比，形状记忆合金的应变率则大得多，约为 3%。而形状记忆合金的动态响应特性不如压电驱动器，尤其是伴随冷却过程的响应比较慢。

气动、磁致伸缩驱动和液压驱动方式不仅驱动器尺寸大，而且容易污染而不适应微装配，气动和热能驱动方式响应都比较慢。

作为固体驱动器的形状记忆合金和压电陶瓷在操作过程中都不发生磨损，因此可以在洁净空间里使用。叠片式压电陶瓷驱动器与形状记忆合金都可以在微型夹持器中采用。压电陶瓷驱动器还具有以下独特的优点：①没有爬行现象，因而其分辨率非常高；②输出力大；③响应频率高；④不存在磁场；⑤节省能量；⑥没有磨损也无需润滑，不会污染环境；⑦可以在接近于绝对零度的温度下工作。

2）传动系统。夹持器的传动系统用来在驱动系统和执行部分传递运动，因此传动系统对夹持器的特性影响很大。表示运动系统的特性的标志有：①夹持器爪的运动轨迹；②夹持力的大小；③传动方式。

根据夹持器爪的运动轨迹，夹持器可以分为单边式、剪式和一些特殊形状的夹持器几种类型。

微装配只需要很小的夹持力，尤其是当微小零件的表面对力的作用非常敏感的情况下；夹持力过大则会造成零件表面损伤。

作为在驱动系统和执行部分传递运动的传动方式有以下几种：螺纹传动、杠杆传动、凸轮传动、齿轮传动和铰链传动。由于微装配需要在洁净空间里进行，传动部分不许有磨损。按照这一原则，只有柔性铰链才适合作为微装配夹持器的传动部件。

3）信息加工系统。信息加工系统用来接受传感器输入的信息（在某些情况下还需要放大），继续传递并进行加工。夹持器信息包括：①夹持器的状态（开、闭）；②夹持任务参数（夹持力和抓取路径）；③夹持目标信息（尺寸、与夹持器的相对位置）。

如果采用压电陶瓷作为驱动器，开环驱动难免存在一定的滞后。可以加入高分辨率的传感器构成闭环电路（伺服控制）以便消除滞后现象。

第六节 视觉技术

一、微机器人视觉技术的重要性

研究表明，人类60%以上的信息是由视觉获得的，可见视觉对于人感知外界环境的重要性。让计算机或机器人具有视觉，是人类多年来的梦想。例如，在机器手上加上一个摄像头构成的手眼系统，可使工业应用更加精细，如弧焊机器人；在移动机器人加上一个或两个摄像头以进行精确定位。至于最近机器人领域研究热点之一的仿人机器人，视觉更是必不可少。视觉还广泛应用在制造业、遥操作、目标跟踪、水果采摘、机器人乒乓、微型足球机器人、管道检测机器人、微生物等领域。可见视觉是机器人得以自主的先决条件。从仿生的观点和实用的观点，双目视觉（Binocular）或立体视觉（ Stereo）是最经济和科学的。因此在机器视觉的研究领域里双目视觉的研究非常活跃。

如何快速而准确地通过视觉从环境中提取目标、识别物体，然后利用视觉反馈的关于环境的信息协调机器人的运动，对微机器人视觉技术提出了更高的要求。

二、机器人视觉的构成

一般地，摄像头能将所感受的光信号转换为相应的电信号，将这种电信号送到电视荧光屏上，便可以呈现摄入的图像。这种图像一般称为视频图像。当摄像头作为机器人的“眼睛”，要把摄入的图像送入机器人的“大脑”——计算机去识别时，首先要解决的问题是如何将视频图像变为计算机能够处理的数字图像，这一过程是由抓图卡完成的。由此可见，机器人视觉是由摄像头、抓图卡和计算机3部分构成的。

目前广泛采用的是固态摄像头，它具有较高的稳定性、可携性和精确性。其中最具代表性的是电荷耦合器件（Charge Coupled Device）摄像头，简称CCD摄像头。

三、图像输入与数字化

CCD摄像头输出信号采用电视标准。每幅图像为一帧，一帧由两个场合成，每场240行，第一场为该帧的奇数行，第二场为该帧的偶数行，这种扫描方式为隔行扫描。

CCD摄像头输出图像有一定的分辨率，这是由于光敏元件是以阵列形式存在的，这样一幅图像被分为$n \times m$份，每份叫一个像素，而图像的分辨率则是$n \times m$。当图像分辨率为640×480时，一幅图像由大约30万个像素组成。

如果感光阵列只能感受光的能量强弱，在摄像机摄取的图像中只能以不同的明暗程度来表征能量级别，这种视频图像是灰度图像；如果感光阵列能够分别感受颜色三基色——红（R）、绿（G）、蓝（B）光的强弱，图像中的各个像素可以用三基色的组合来表示，这种图像便是彩色图像。

视频图像像素是由电信号强弱来表示的，是模拟量。抓图卡完成的主要工作是模拟量/数字量（A/D）转换，使像素信号数字化。一般每个灰度图像的像素用一个字节表示，而每个彩色图像的像素用3~4个字节表示，因此一幅分辨率为640×480的彩色图像要用90~120万个字节来表示，信息量很大。

四、图像处理及目标识别

图像处理和目标识别是影响微机器人整个协调运动过程实时性的关键部分。尽管目前已经有基于 DSP 的专用图像处理芯片，但运用快速、高效的算法和技术，通过软件的方式实现图像处理和目标识别是有效可行的。一方面，通过软件的方式可增加机器人视觉反馈协调系统的柔性，增加系统对不同环境的适应能力；另一方面，能方便处理算法的改进和系统结构的调整。并且，目前计算机的性能已能满足机器人动态视觉反馈协调过程对系统实时性的要求。

（一）工作流程

图 7-38 所示为图像处理及目标识别的工作流程。系统初始化部分的主要工作是分配系统资源，设置图像采集参数（图像大小、分辨率、图像类型等）；然后根据初始化中设置的条件，调用图像采集卡提供的采集函数进行图像采集，得到一帧数字图像。实际得到的图像会因为受到干扰而含有噪声，因而在对图像数据进行处理前要先滤掉噪声，以提高后续处理的准确性。

（二）图像预处理

在视觉系统工作的全过程中，特征提取，图像分割和图像识别是核心工作，为了能使这些工作迅速有效地进行，可以利用系统中图像设备的特有功能，对摄取的图像容量和质量等进行适当调整，这一过程属于图像的预处理。

通常，图像采集方式由“帧”和“场”两种。若“帧”方式下的图像分辨率为 640×480，一幅图像中包含大约 30 万个像素，则“场”方式下的图像分辨率为 640×240，一幅图像中包含约 15 万个像素。可见，“场”方式比“帧”方式信息量减少一半。

（三）特征提取与图像分割

为了使目标从图像背景中分离出来，寻找目标与非目标的差异的过程称为特征提取。它需要计算不同目标的几何特性和拓扑特性，如物体的面积、周长、位置、连通性等。根据不同物体的特征，可以采用各种方法识别物体，然后得到不同目标的形状和位置信息。为了驱动机器人去抓取工作台面上的物体，还需要将目标在图像上的坐标转换到在机器人坐标系下的坐标，这需要涉及摄像机标定的工作。

而为了从图像中将目标和背景相分离，根据所提取的不同目标之间的某些特征差异对图像进行区域划分则称为图像分割，经分割后的图像可直接对目标区域进行处理。最简单图像分割结果就是二值化图像，即将图像中的所有像素划分成目标和非目标两类，对应目标像素的点置为 1，而其他像素点置为 0。许多机器人视觉系统采用颜色分割来区别目标与非目标。

（四）目标定位和形状识别

传统的机器人操作对象通常是事先给定的单一对象，系统缺乏柔韧性（Flexibility）。在实际应用中，往往因为多方面的原因，系统不能预先给定确切的操作对象，在机器人视觉反馈协调运动过程中需要对操作对象进行调整。比如：①由于对实际操作对象认识不完全或者环境的未知性，操作对象的精确模型不能事先描述，视觉系统只能得到一个大致的目标信息模型。这样，视觉反馈可能会对操作目标出现误识别，导致系统发生误操作。由于这类系统

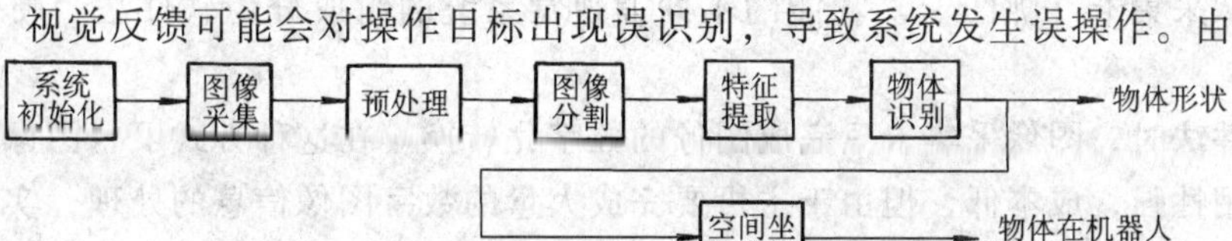

图 7-38　图像处理及目标识别的工作流程图

往往有在线检测和识别目标的能力，视觉系统能够不断加深对环境和目标认识，并对目标的模型不断精确细致。这样，视觉反馈就可能根据不断完善的对象模型检测到新的正确目标，这时就需要机器人放弃原来的目标，转而对新目标进行操作；②有许多的实际应用要求系统对多个对象进行操作，并且这些对象的操作顺序有严格的要求，即不同的目标具有不同的优先级。但是由于受摄像机视场大小的限制以及视觉遮挡的影响，可能一开始高优先级的目标并没有出现，系统只能先对低优先级目标进行操作。而在对低优先级目标进行操作的过程中，高优先级目标可能会出现，这时就需要机器人放弃当前操作对象，转而执行对高优先级目标的操作。这个过程仍需要系统对目标进行在线识别、对机器人的运动进行动态规划。

目标定位和形状识别包括：

1）通过图像标记将各连通分量分开，经图像分割后，与背景和机器人具有不同特征的目标可以从图像中提取出来，为了目标定位和形状识别的方便，需要对图像中的各连通分量进行标记。

2）确定目标在图像中的位置。在对图像中连通分量的标记结束后，不同的目标都被赋予了不通的标记号，可以根据不同的标记号确定物体的中心位置

$$\bar{x}_k = \frac{\sum_{i=0}^{N-1} x_i}{N}$$

$$\bar{y}_k = \frac{\sum_{i=0}^{N-1} y_i}{N}$$

式中 $(\bar{x}_k,\ \bar{y}_k)$——第 k 个物体的中心位置；

$(x_i,\ y_i)$ $(i=0,\ \cdots,\ N-1)$——具有标记号 k 的区域内所有点的图像坐标；

N——该区域内点的个数。

3）利用几何特性进行物体形状识别。根据目标的特征，可以采用各种方法来识别物体。

为了提高实时辨识速度，采用动态窗口和移动网格扫描技术来减少像素的扫描量。所谓动态窗口技术，就是只在运动目标及其周围有限区域内进行搜索，对这些区域以外的图像信息不处理。而移动网格技术是对色标排列图像进行间隔扫描，以求快速搜索到目标上的像素。为避免扫描间隔过大或由于干扰等因素造成目标丢失，可进行多次间隔扫描，形成动态网格图像。

另一种减少动态辨识时间的有效方法是特征目标跟踪法，在特征目标周围进行搜索，以减少图像处理的信息量。

五、视觉系统的3种结构与实现

根据图像采集卡（抓图卡）功能的不同，视觉系统的组成分为软件法、硬件法和软硬件综合法。

采用软件法时，图像采集卡只完成图像的数字化转换。在这种方式下，图像采集卡的结构简单，通用性强，成本低，但由于主机要完成大量的数字图像信息的处理，实时处理的速度难以提高。

采用硬件法时，图像采集卡要完成图像的数字化转换、分析和处理等全部功能，只向主

机传送图像处理的结果。由于大量图像信息的处理都由图像采集卡来完成，减轻了主机的负担，于是成为提高系统的实时处理速度的有力手段。目前，多采用 DSP（Digital Signal Procesing）技术来实现这种方式。图像采集卡上有专用的数字信号处理芯片。采用这种方式，图像采集卡的结构和功能都是根据不同系统的具体要求来设计的，通用性不强，设计的周期较长，设计的成本较高。

采用软硬件综合法时，图像采集卡完成的功能界于前两种方法之间，多在图像处理算法尚不稳定阶段采用。此时的设计原则是尽量在已有采集卡功能的基础上，将计算量大且算法成熟的部分置入 DSP 中，而尚需完善的部分由软件实现。此时实时处理速度也会比软件法显著提高。

六、视觉系统应用实例

（一）基于视觉引导的微装配

MEMS 的发展对自动微装配技术提出了更高的需求，利用视觉伺服技术控制位移和定位，精度可以达到亚微米级。通过用视觉反馈能够解决微领域中现存的许多问题，包括装配设备的热膨胀误差的测量及其补偿，传感器和驱动器的建模标定误差的补偿，使微操作器能够精确操作和控制微型零部件。这种技术使微型零部件得以广泛应用，提出了一种通过部件可见外形估计部件轨迹的算法，利用这种算法提高了微装配的跟踪精度和装配精度。它考虑到了位于光系统景深以外物体的特征外形，用傅里叶光学近似法借助高分辨率光学系统可以模拟微型零部件的外部特征，根据这些特征，利用光流跟踪插值技术估计 MEMS 部件的轨迹，精度可以达到微像素级。

随着 MEMS 的不断发展，对复杂微装配技术的要求越来越高。实践证明，将视觉伺服技术应用到微装配中的微定位表现出明显的优势。由于 MEMS 设备装配要求高度精确地确定部件的位置，传统工业中使用的开环装配设备已不能满足精度要求。然而，实践已证明视觉伺服技术与高分辨率的光学系统结合能获得要求的微精度。这是由于闭环视觉反馈不仅能弥补传感器和控制器动态模型的精度，而且可以解决有关热膨胀和微世界固有的复杂的微观物理学问题。利用视觉伺服传送微型部件的关键，是保持传感器始终跟踪被装配的微部件，使之准确定位。当由于显微镜的景深的局限性，物体被传送到焦点之外时这个问题更加复杂。在传统的视觉伺服应用中，当物体移动时先捕捉对象然后跟踪，在微领域中由于部件移动时目标易散焦，跟踪更加困难。据研究，为了跟踪物体的运动，有必要作基准标。

（二）双指微操作视觉系统的发展

在微操作领域，观察微小目标系统及驱动操纵微小目标体系是很重要的。为了在微机械装配、操作微生物细胞和微外科手术中得到广泛应用，日本 Tanikawa 等合作开发了一个灵敏的微操作系统，其主要目的是用微型手操作几微米大小的微小物体。微操作系统包括驱动操纵微小物体的微型手和用来观察微操作过程的视觉系统。

通过高倍放大技术观察微型手指的运动，放大图像主要采用光学显微镜或扫描电子显微镜（SEM），它的调焦范围是有限的，指尖经常超出视觉范围之外。为了获得微操作指的指尖和微小目标的精确图像，他们提出并开发了一种通过加工 CCD 图像数据自动调焦的视觉系统。

1. 定向微操作视觉系统任务

用高倍光学显微镜或扫描电子显微镜（SEM），由于受焦距范围限制，具有微米级大小的微小物体经常在视觉范围之外。因聚焦范围很小，在焦距范围内很难观察到物体的清晰图像。例如，在显微镜（Olympus 光学公司制作的 IX70）放大 2 000 倍的情况下，调焦范围小于 5μm。在微操作中因短调焦范围造成的困难，可通过下面的方法解决。从显微镜很容易获得二维图像，深度方向的其他信息不能精确检测到，但是如果显微镜有短调焦范围，通过使图像重新变清晰，利用聚焦数据就能精确检测深度方向的位移。

在微操作中要求有较大观察范围和精确定位，这一点可以通过在微操作运动基础上主动对焦来满足。

微操作一般被分成两种运动。一种是抓取，释放和旋转物体的局部运动。在局部运动中，操作是在微型手的指尖附近进行。通过保持焦点位置在指尖上，总能观察到操作过程；另一种运动是定位物体的全方位运动。在全方位运动中，有必要观察操作物体的初始位置及目标位置。如果这两个位置在同一聚焦面上，有一个图像就足够了。如果不在同一聚焦面上，就可能要求两个不同的图像。

当操作者试图把两个物体放在同一聚焦面上时，必须看操作物体的两个图像，并选择理想的位置来放置。

2. 微装配过程的显示方法

为了在微装配过程中容易实现灵巧的运动，需要提供被操作体的两个图像和待放目标点，图 7-39 是一微装配实例。在微小物体定位尺寸小于焦距深度的情况下，首先很容易观察到物体和目标点在 Z 轴上的位置关系；然后，调整物体在 X 轴和 Y 轴的位置使之对准目标点。像图 7-39 那样的插入联接，由于微型杆的长度超出了焦距深度，如果不同时提供操作物体的两个图像和目标点，插入联接就无法完成。

在微装配运动中，操作者希望总能同时观察到两个图像。然而，只使用显微镜的一个物镜不能同时观察两个实时图像。当用微型手操作物体时，应该实时显示操作体的图像，另外，静止图像也能显示目标点的位置。所以，在微装配运动中通过把焦点移到目标点，先获得目标点的静止图像；然后，把焦点移回并保持在被操作物体位置，就可将操作物体的图像实时显示给操作者。通过同时显示实时图像和静止图像，操作者就能同时观察操作物体和焦距深度外的目标点。

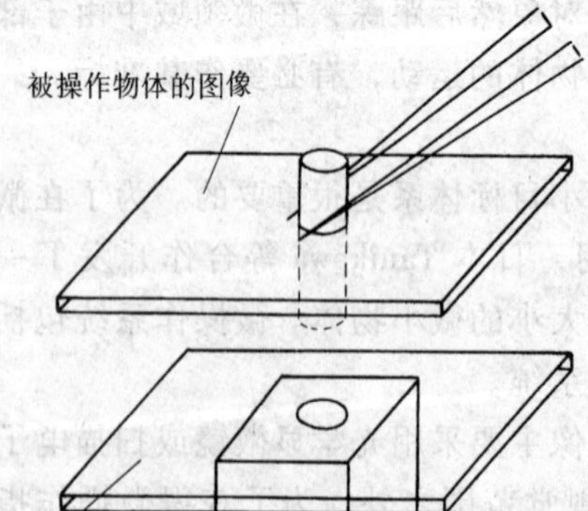

图 7-39 在微型孔里插入微型杆

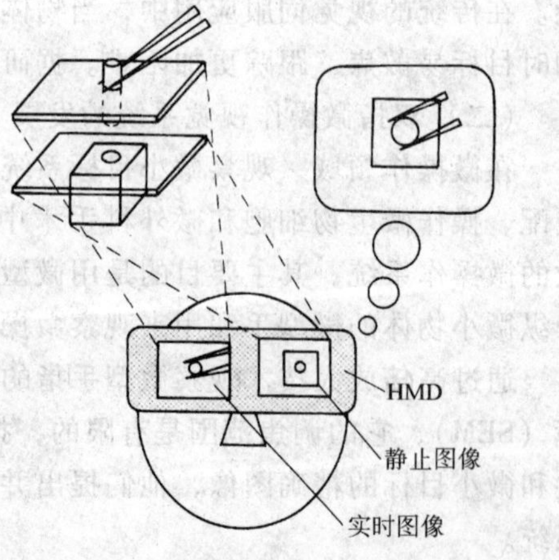

图 7-40 利用 HMD 观察微操作系统

可以简单地应用两个检测器来显示两个图像。然而，当操作微型手时，操作者很难观察两个监测器。如果使用一个显示器观察两个图像，一个图像应该被叠加到另一个图像上。在微装配系统，可用 HMD 来显示一个叠加图像。HMD 有两个显示器，每个显示器可显示给操作者的眼睛不同的图像，并能显示给操作者两种不同的图像。通常，HMD 是利用人眼产生视差的原理，通过分别显示两个图像来达到三维图像的效果。如图 7-40 所示，HMD 在实时图像上附加了一个目标点的静止图像。

利用这个系统，操作者能看到混合图像。但是，由于眼睛疲劳很难长时间连续观察，有必要开发一种能自动显示和识别三维图像的系统。

第七节　控制系统

控制系统是微机器人的关键和核心部分，它类似于人的大脑，控制着微机器人的全部动作，微机器人功能的强弱以及性能的优劣，主要取决于控制系统。

一、微机器人控制技术的发展

微机器人控制技术的发展实际上一直伴随着自动控制技术、计算机技术、微电子技术、电机驱动技术以及传感器技术等相关技术的发展而发展的。

进入 20 世纪 80 年代以后，随着微电子技术的发展，特别是随着微处理器的出现，机器人控制器也发生了革命性的变化：机器人控制器由过去的一个简易控制装置，变成了一个由计算机控制的高性能控制器。它具有良好的人机界面，具有功能完善的编程语言，系统保护状态监控诊断功能日趋完善，对外通信能力进一步加强。

20 世纪 90 年代以后，计算机性能进一步提高，IC 的集成度也越来越高，机器人控制器的功能已变得非常强大，而机器人控制系统的体积却越来越小。此外由于计算能力的增强，过去的模拟控制已全部由数字化控制来代替，并且过去许多由硬件来实现的功能现在也完全可由软件来实现，因此大大提高了系统的可靠性和柔性，同时降低了成本。

二、视觉伺服控制技术探讨

视觉伺服早在 20 世纪 70 年代就受到人们的重视，主要的应用是在工业机器手上配一个摄像头，也称手眼协调。主要目的是基于所谓的图像雅可比矩阵，实现图像空间到关节空间的映射。重要的是要将视觉包括在控制的闭环中，建立起一个数学模型（状态方程），然后再按照传统的控制理论设计控制器。

视觉伺服分为 4 种：①动态基于位置的 LOOK-AND-MOVE 结构；②动态基于图像的 LOOK-AND-MOVE 结构；③基于位置的视觉伺服（PBVS）；④基于图像的视觉伺服(IBVS)。基于位置的运动控制是在世界坐标下进行的，由摄像头获取目标图像，要通过投影模型计算为世界坐标，然后在世界坐标系中进行控制器的设计，如①和③。而视觉伺服是直接在图像坐标系中进行控制器的设计，如②和④。

基于图像的视觉伺服的优点是：①由于不用转换到世界坐标中，降低了计算延时；②不需要对图像进行解释；③消除了传感器建模及摄像机标定带来的误差。其缺点是：因为处理是非线性、高度耦合的，给控制器设计带来了挑战。

（一）基于高精度误差补偿的视觉伺服控制

微操作及微装配是许多尖端科技领域中的关键技术，例如生物工程中的细胞操作、

MEMS技术中的微部件装配、通信领域中的光纤对接、微电子集成电路制造等。其共同特点是被操作对象外形尺寸十分微小（一般为微米级甚至纳米级），要求操作手具有很高的运动精度和分辨率。

为实现高精度，许多特殊的驱动器和机构形式被采用，例如压电陶瓷驱动器（PZT），柔性铰链机构。但由于微操作机构的结构特点和对精度的过高要求，很难找到理想的标定方法和仪器。即使标定实验中得到了满意的结果，但由于机构重力以及温度等环境因素的影响，机构结构参数会随着时间发生微小变化，进而导致运动模型发生变化。为了方便使用，微动机构经常采用简化的运动学模型，以及经常更换操作工具（如在一次细胞操作中需多次更换注射针），都会导致运动模型不准确。为补偿这一误差，视觉伺服控制是一个好的选择。同时，视觉系统为微操作及微装配提供了必不可少的微观世界的观察手段。

为在制造业中提高生产效率降低成本，要求微操作及微装配必须能够实现较高的自动化水平。同时要考虑微观物理量已经超出人的感知范围，以及微观物理现象不同于普通物理，只靠人的遥控操作，很难实现理想的微操作与微装配。这也对自动操作提出了要求。微观世界是一个非结构化的环境，微对象（如细胞）不可能被预先定位在固定的位置上。而视觉系统是实现非结构化环境自动操作的理想外传感器。

国外一些研究机构已开展了视觉伺服在微操作机器人应用方面的研究。日本东京大学的Tomomasa Sato等提出了微操作领域的手眼协调系统，论述了视觉伺服的必要性；瑞士的Pappas研究了基于位置的微操作机器人的视觉伺服控制；美国的Yu Zhou等在微装配视觉伺服中应用了最优控制方法；John T Feddema等介绍了利用CAD图形产生合成图像用于微装配视觉伺服的方法。

（二）显微图像分析和引导技术

微操作机器人一般只有一套显微监视系统，其操作控制方法是由操作者根据显微监视系统输出的图像，通过操纵手柄、指套、键盘等来遥控微操作机器人的运动。将显微视觉作为反馈控制源参与微操作机器人的伺服控制，是最佳解决途径之一。

显微视觉技术是指系统对通过显微镜得到的实施图像进行处理，根据所得到的实时结果自动地对微操作工具的运动进行规划，以达到如同人眼参与的效果。图像数据的采集和处理延时一直是实现视觉伺服控制的主要障碍。为实现视觉实时闭环，提高控制品质与速度，研究视觉控制方案，许多研究机构正努力开发具有系统自标定功能的显微视觉伺服系统。

在面向生物实验的微操作机器人系统中，一个必须解决的问题是微操作工具在垂直于焦平面的方向（z方向）的定位。利用显微镜视觉技术解决的第一个问题是对微操作工具进行纵深方向z轴的标定；另一个问题是自动引导工具末端进入视野，以便进行操作，即当微操作工具在显微镜视野之外时，如何定位到视野中央。要解决这个问题，首先，由图像获取模块与自动调焦模块配合得到一系列操作工具末端图像；其次，利用傅里叶变换对这些图像进行处理而获得最清晰的那幅图像，从而确定焦平面的位置。

微操作机器人系统是一个高度复杂的非线性系统，传递累积误差和超高精度微位姿实时监测的困难，造成建立精确模型设计控制方案和获得准确的手端误差信号进行反馈控制比较困难，所以系统的微运动精度也难以保持稳定（鲁棒性差）。尝试新的控制算法是一条可行之路。

三、微机器人的视觉伺服控制系统应用实例

利用视觉控制系统可以大量获取外界信息，但由于计算机容量及速度所限，所处理的信息往往是有限的。常将视觉控制系统用于判别物体形状和物体之间的关系，也可以用来测量距离、选择运动途径等。无论是光导摄像管还是电荷耦合器件都只能获取二维图像信息。为了获取三维视觉信息，可以使用两台或多台摄像机，也可以从光源上想办法。例如，使用结构光，获得的信息用模式识别的办法进行处理。由于视觉控制系统结构复杂，价格昂贵，一般只用于比较高级的机器人，如高精度的微机器人。在其他情况下，可以考虑用简易的视觉控制系统。光源也不仅限于普通光，还可以使用激光、红外线、X 光、超声波等。

（一）微操作机器人的视觉伺服控制

下面以北京航空航天大学研制的微操作机器人的视觉伺服控制系统为例，介绍微操作机器人系统的视觉伺服控制方法。

1. 微操作机器人的视觉伺服结构

对于微操作机器人系统，适于采用基于图像的动态 look and move 的视觉伺服控制结构。对于基于光学显微镜的微视觉系统，摄像机只能固定安装在显微镜上，无法安装在机构末端执行器上，可以同时观察到目标对象和末端执行器，因此只能是末端点闭环（ECL）系统。

基于图像的视觉伺服系统的被控量为定义在图像空间的图像特征，直接在图像空间消除图像特征的误差，这样就消除了显微摄像系统（包括显微镜和摄像机）的建模和标定误差，减少了对系统标定的依赖。另一方面，对微观世界进行观察必须通过显微成像系统，运动目标只能在图像空间直接确定，不能直接确定在笛卡尔运动空间中的目标。在图像空间直接进行控制，免除了将目标位置和实际位置从图像空间向笛卡尔运动空间的两次转换，减少了计算量。同时，对于微操作系统，运动量相对于机构本体十分微小，运动变换的微分关系容易确定，但对于像由图像空间到笛卡尔空间这样绝对位置的确定是困难的。基于图像的控制结构的缺点是，图像特征的速度通过雅可比矩阵反算为运动速度时。会出现奇异点。但对于微操作机构，由于运动范围非常微小，只要初始位姿选择恰当，就不会出现这个问题。

为实现灵活的微操作，要求机构能够实现三维空间的运动。为了提高机构精度和刚度，以及在扩大运动空间的同时使结构更加紧凑，通常采用三维运动相互耦合的并联机构。这样，微操作机构只有平面内的运动可以依靠视觉伺服进行控制，第三维的运动仍需要依赖准确的运动模型和精确的关节级闭环控制器。同时考虑视觉系统采样频率（约 10Hz）相对于关节反馈控制系统还很低，采用具有较高采样频率的关节控制器（>1 000Hz）可减少采用直接视觉伺服控制而产生的振荡，提高视觉控制器的动态特性。这种具有关节级控制器的视觉伺服被称为动态 look and move 视觉伺服控制。

微操作机器人的视觉伺服结构可用图 7-41 表示，f 为图像特征向量，u 为关节驱动伺服控制器的输入向量。

2. 视觉伺服控制方法

压电驱动器伺服控制器实现速度控制比较困难。在该系统中，关节控制器的输入是压电陶瓷的位置量。采用 PD 调节器与积分环节串联的控制方案，视觉伺服控制器的输出 $u=L$（L 为关节位置向量），这样实际构成了一个 PI 调节器。但由于压电驱动器本身和功率驱动电源都不允许有快速的突升和突降，因此调节器的计算采取两步进行，首先采用 PD 调节器

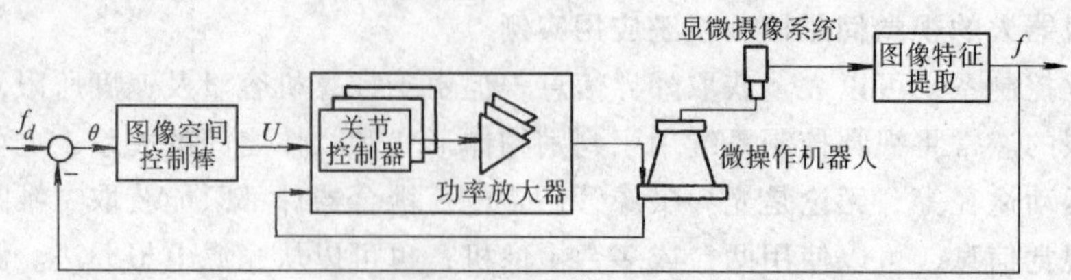

图 7-41 微操作机器人的视觉伺服结构

得到压电驱动器的速度量 u^*，并对其进行限制后，再进入积分环节得到位置量。具体算法如下

step1： $u_k^* = J^+ \ (K_p e_k + K_d \ (e_k - e_{k-1}))$

step2： $if \| u_k^* \|_\infty > v_{\max}$

then $u_k^* = \dfrac{v_{\max}}{\| u_k^* \|_\infty} u_k^*$

else $u_k^* = u_k^*$

step3： $u_k = u_{k-1} + u_k^* T$

其中，$e_k = f_{dk} - f_k$ 为图像特征误差向量，$\| u_k^* \|_\infty$ 为无穷范数，$v_{\max}$ 为压电陶瓷所允许的最大速度，T 为视觉伺服控制周期，J^+ 为雅可比广义逆，K_p 和 K_d 分别为比例和微分系数矩阵。

总之，视觉伺服控制是克服微操作机器人模型误差，实现自动操作的必要手段。基于图像特征的直接 look and move 方式是适于微操作机器人的视觉伺服结构。

对于生物工程等显微操作，平面内的精确运动是主要的。但是，对于要求更高精度的操作，对于 z 向的精确控制是必需的。因此，立体显微视觉伺服是需要进一步研究的课题。在高速情况下，视觉伺服控制会出现严重的振荡，探索更理想的控制规律和系统标定方法也是需要进一步开展的工作。

（二）基于微机器人的微装配站计算机视觉自动控制系统

1. 概述

由若干零部件组成的复杂微系统的装配（混合微系统等）是一项艰巨的任务，必须考虑柔性，高精确度及快速的装配方法。无论是在光学显微镜还是在扫描电子显微镜下观察，具有厘米尺度和至少有 5 个自由度的可移动压电微机器人能够完成各种各样的操作。这个微装配站主要利用机器人自动控制的视觉传感器系统，以及一个控制微装配站工作顺序的软件序列。

混合微系统通常包括若干由不同材料和技术制成的微型部件，这些部件必须按一个或多个步骤精确地安装成一个完善的系统，这样一个系统的装配要求微装配设备有极好的定位精度和柔性。现有设备大而昂贵，如果要实现远程操纵，常靠操作者的手工控制执行具体任务。然而，用几立方厘米大小的微装配机器人就能够解决这个问题。德国的 S. Fatikow 提出了一个基于微机器人的台式微装配工作站（MMS）。在这个站里，柔性微机器人能够在光学显微镜下执行微装配工序，另外也能让微机器人在扫描电子显微镜的真空腔内工作，为这个微装配站开发了各种压电驱动的微机器人，它们能以 10 ~ 20nm 的精度执行操作，且以 2 ~ 3cm/s 的速度传送零件。用视觉和力传感器自动控制这些机器人，就可以把人从直接操纵微小物体的烦躁任务中解放出来。

按照操作任务，机器人可以在 xy 平台上工作，这个平台装在光学显微镜下方或集成进扫描电子显微镜（SEM）的真空腔内。微装配站内的两个显微镜都配备了 RS232 标准界面，通过控制 xy 平台的运动，工作面的每个部分都能进入显微镜的视野。用一个装有若干接口板、大功率电子设备和 AD 转换器的并行计算机系统控制显微镜和微机器人。在 MMS 中有视觉传感器反馈系统，中心计算机用来计划具体装配任务，也提供一个图形用户界面和一个远程操纵界面。根据装配计划系统，确定操作步骤，然后给控制计算机传递相应指令，在控制计算机内，将这些指令分解成确定的指令序列来驱动机器人和其他的 MMS 部件。

2. 微装配站的实现

微装配的任务范围从简单的准备工作，如粘合、画光学标志、清洗目标物体等，到完成微系统的最终装配，包括夹持、传输、定位和夹紧部件。一个设计完善的 MMS 必须能够自动完成这些步骤。这就要求有一个灵敏的控制系统，该系统采用计算机分级控制。

一个智能装配计划系统位于最高控制级，这一级计算机器人和工具的特殊任务分配，以使装配过程不出错误和无冲突运行。目前开发的 MMS 计划系统包含 3 个主模块：系统接口，装配任务计划者和装配执行者。这些模块由知识库支持，这个知识库包含有关任务说明知识、微系统装配模块、现有微机器人和它们所用工具的说明、一个世界模型和通过传感系统获得的目前装配站的状态。用户界面模块允许用户确定一个多用途机器人的环境、帮助用户收集装配数据，以及根据物体、微机器人、工具和它们之间的相互关系，详细说明最初的及预期的最终装配状态。微装配的工艺规划分 3 步完成：首先，产生一幅装配图，包含所有可能的装配顺序；之后，选择最佳顺序，满足给定的最优化原则。工作区的几何图形，以及诸如微机器人及其工具等可利用资源都要在计划阶段考虑到。最后，根据微装配站中微机器人的操作能力，将动作顺序分解成各个局部计划，然后装配执行者再将局部计划分解成单个操作，提供给每个微机器人一系列编译器所用的机器控制语言代码指令。编译器将特殊指令改写到相应的程序和控制算法函数。那么，它充当一个计划和控制级之间的接口。为了自动控制机器人完成执行者的指令，有几种传感器反馈方式。其中一种方式是一个 CCD 照相机和显微镜构成一个局部传感器系统，传输来自显微镜物镜下的微领域视觉信息，能够探测到所操纵的微小目标及机器人工具的位置，并作到精确定位，一个激光测量装置可以加强局部传感器的功能。机器人在工作基座上的粗调定位由一个全局传感系统及一个 CCD 照相机来监控。

粗定位时，在光学显微镜附近放置一个 CCD 照相机是一件很容易的事，而在 SEM 范围内操作时，微机器人的粗定位就有一些问题。期望的方法似乎是将一个光学显微镜和一个 CCD 照相机集成进显微镜真空腔的侧面。某些情况下，微装配任务要求提供机器人夹持器和物体之间相互作用力的信息。要获取这个信息，必须将一个微型力传感器集成到夹持器上。

复习与练习

1. 概述微技术及微机电系统的重要性。
2. 简述微机器人的分类方法。
3. 本章主要介绍了哪几种微驱动器？并分别陈述其优缺点。

4. 柔性铰链有哪几种结构形式？
5. 简述微装配的特征及微装配中存在的主要问题。
6. 试述机器人图像处理及目标识别过程。
7. 试述视觉伺服控制在微装配中的作用。

第八章

装配设备

第一节　概念上的划分

为了描述自动化的装配设备，人们使用了很多概念，其中一个概念叫做“装配设备”。

装配设备就是用来装配一种产品或不同的产品以及产品变种的设备。如果要装配的是复杂的产品就需要若干台装配设备协同工作。

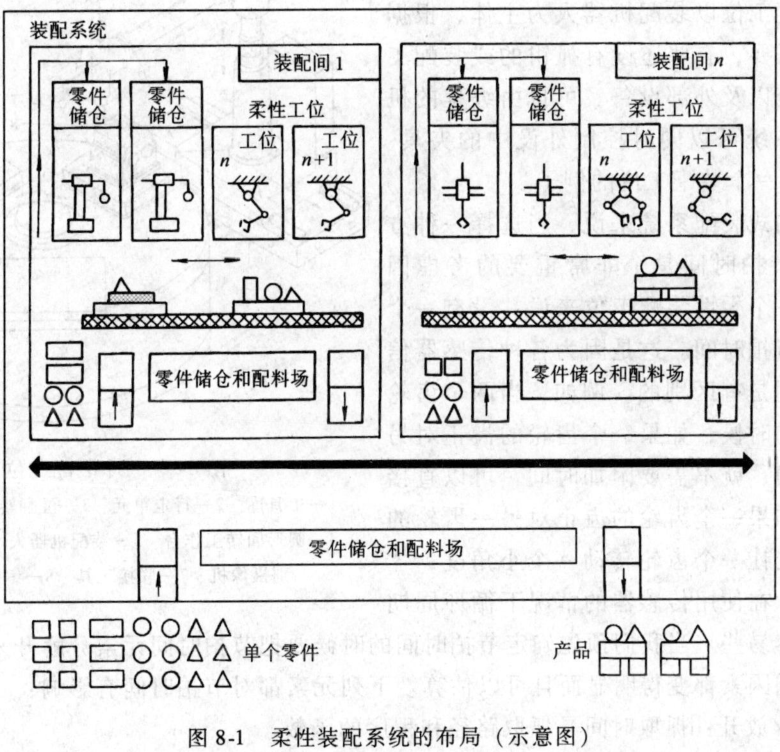

图 8-1　柔性装配系统的布局（示意图）

被装配的对象可能是喷油嘴、白炽灯、录像机；也可能是包括马达、传动箱、离合器等的机动车辆的成套设备。产品的变种对装配设备提出了柔性化的要求。现代化的装配设备都要具有一定柔性，因为产品的变更越来越频繁。企业希望装配设备不经过大的改装就能适应新产品的装配。

装配设备可以大体分为以下几类：

1）装配工位（手工装配、自动装配、柔性装配）。

2）装配间。

3）装配中心。

4）装配系统。

全世界第一台装配设备 1911 年诞生在福特公司。它的出现大大提高了劳动生产率、促进了操作工人的技术专业化。

在装配设备中，传送系统一直发挥着重要的作用。在今天的自动化装配设备中传送系统的投资仍然占总投资的 50%。

图 8-1 所示的装配系统包含了装配工位、装配间、零件储仓、配料场和传送系统。

第二节 装配工位

装配工位是装配设备的最小单位。它一般是为了完成一个装配操作而设计的。自动化的装配工位一般用来作为一个大的系列装配的一个环节。程序是事先设定的。它的生产效率很高，但是当产品变化时它的柔性较小。

柔性装配工位以装配机器人为主体，根据装配过程的需要，有些还设有抓钳的或装配工具的更换系统以及外部设备。可自由编程的机器人的控制系统可以同时控制外设中的夹具。图 8-2 示出了一个装配工位的例子。

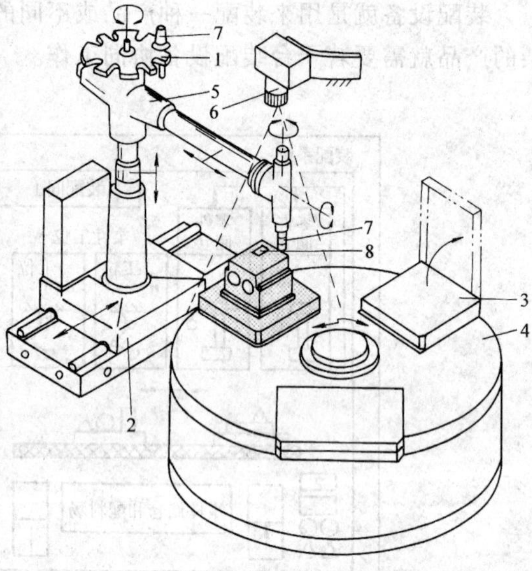

图 8-2 一个装配工位

1—工具库 2—行走单元 3—可翻转式工件托盘 4—圆形回转工作台 5—装配机器人 6—图形识别摄像机 7—联接工具 8—编码标记

对于节拍式装配系统来说，当选择一种方案的时候，节拍时间是个非常重要的考虑因素，而对于一个柔性装配工位来说并没有一个事先规定的节拍时间。这是因为各种传感器信息的反应时间是有区别的。例如，当两个齿轮装配在一起的时候，如果一个齿轮的齿正对另一齿轮的齿槽，就不需要附加时间，可以直接进行装配；如果一个齿轮的齿正对另一齿轮的齿，就必须先让一个齿轮转动一个小角度，才能进行装配。在使用传感器的情况下循环周期的调整要更容易些。当我们预先确定节拍时间的时候要把节拍时间元素分解开来考虑，以使得所有的影响因素都变得明显而且可以估算。下列元素都对节拍时间有影响：

1）抓紧/放开：抓取时间是抓取路径和程序的函数。

2）抓钳更换：所需要的时间取决于更换和锁紧的原理，装配机器人的动力学特性，抓钳库的起动特性。

3）联接：联接时间是联接运动的速度和配合间隙的函数。

4）运动：配合件从备料点输送到联接点所需的时间距离、速度、允许的位置误差（即装配机器人的动态特性）以及配合件的数量的函数。

5）反应时间：传感器系统的反应时间，尤其是费时间较多的图形识别过程所需的时间。

6）检查、控制时间：例如，螺钉开始拧入之前检查螺钉质量是否完好，方向、位置是否正确。

7）等待时间：主要是等待基础件到来的时间。

使用装配机器人的柔性装配的每个装配操作的平均节拍时间在 10～20s。

装配工位应该加入一个大的系统，一种通常的应用模式如图 8-3 所示。这是一种相对独立的模式。在这个运输段里，工件托盘经过旁路送至装配工位。

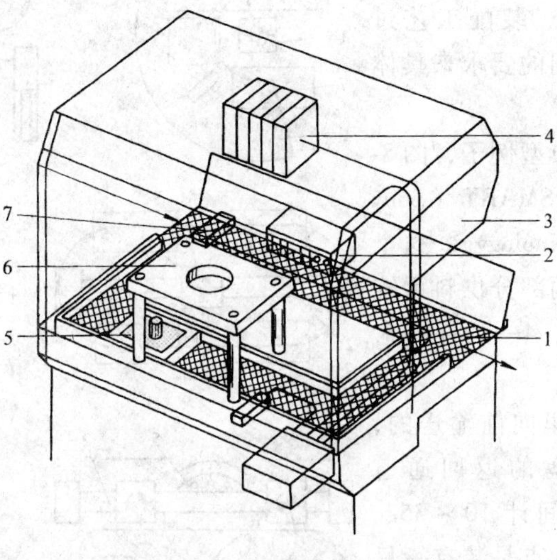

图 8-3　旁路系统模式

1—传送区段　2—显示及操作盘　3—外罩
4—分散控制　5—工件托盘　6—装配单元
的安装位置　7—存在监测传感器

这种模式可以脱离装配设备的主系统单独编程，测试程序然后与主系统联接。这种模式本身构成一个子系统。这种子系统通过内部的工件流系统可以构成一个独立的装配间。

第三节　装　配　间

装配间是一个独立的柔性自动化装配工位。它带有自己的搬送系统、零件准备系统和监控系统作为它的物流环节和控制单元。装配间适合中批量生产的装配工件。“Zelle”（小室、细胞）本来是一个生物学概念，表示构成器官的最小的构造和功能单位，这里借用来表示完成装配操作的基本的结构和功能单位，称为装配“间”。

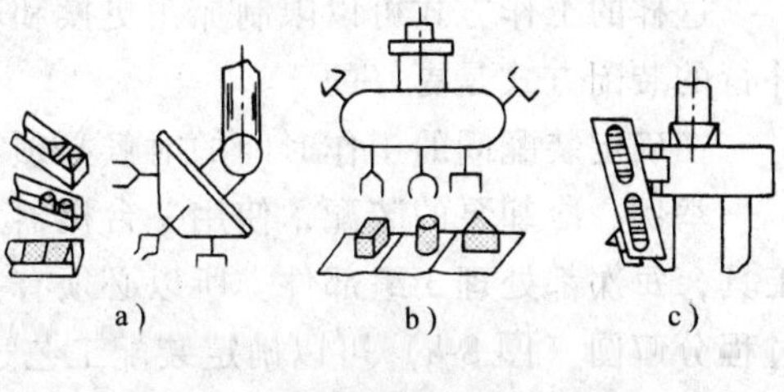

图 8-4　机器人抓钳中的工件序列

a）用转塔式机械手顺序抓取　b）同时抓取一组零件　c）一只机械手与料仓配合顺序抓取

一般来说，一个装配间的中心是一台装配机器人。此外还要有夹具，夹具的位置一般是固定的，以保证整个部件（或一个单元）在一个固定的位置完成全部装配。在这个工作空间里准备好了所有需要装配的零件，机器人使用一只机械手或可更换的机械手以及可更换的装配工具顺序地抓取和安装所有的零件。

也有几台机器人共同工作的装配间。在这种情况下几台机器人的工作空间有可能相交，因而发生干扰或碰撞。一个较好的办法是使用装有若干个抓钳的机械手为各个工位配给零件（图 8-4）。

在更换基础件的时间内机械手同时抓取配合件。在装配间里还可以安置粘结、加热、压力等工作单元。图 8-5 中列举出了装配间设计方案的几个变种。选用哪种方案，要根据产品的类型、装配工艺过程、工作空间和节拍时间的要求来具体考虑。

作为装配间的一个典型例子，图 8-6 示出了 Sony 公司的 SMART（Sony Multi Assembly Robot Technology）。这个装配间的特色在于它的两部分供料系统（2—配合件的备料工段，4—工件托盘的输送工段）。

配合件是装在托盘里向前输送的，所以必须还有一个托盘的返回通道（3）。配合件的联接时间计 10 ~ 35s。这套装配间的一个突出优点是装有一只转塔式机械手，可以一次顺序抓取若干个工件。

现代化的设计方案也往往是“新”与“旧”结合的产物，例如一台装配机器人与一座回转工作台相结合（图 8-7）。装配机器人位于圆形回转工作台的正中，担负几个工位的联接操作。还有一种与之相似的结构变种，其工作台是 NC 控制的，可以正向或反向回转，按产品的批量大小，装配间可以有不同的结构方案，既可以工作台回转一周完成装配，也可以回转两周完成装配。

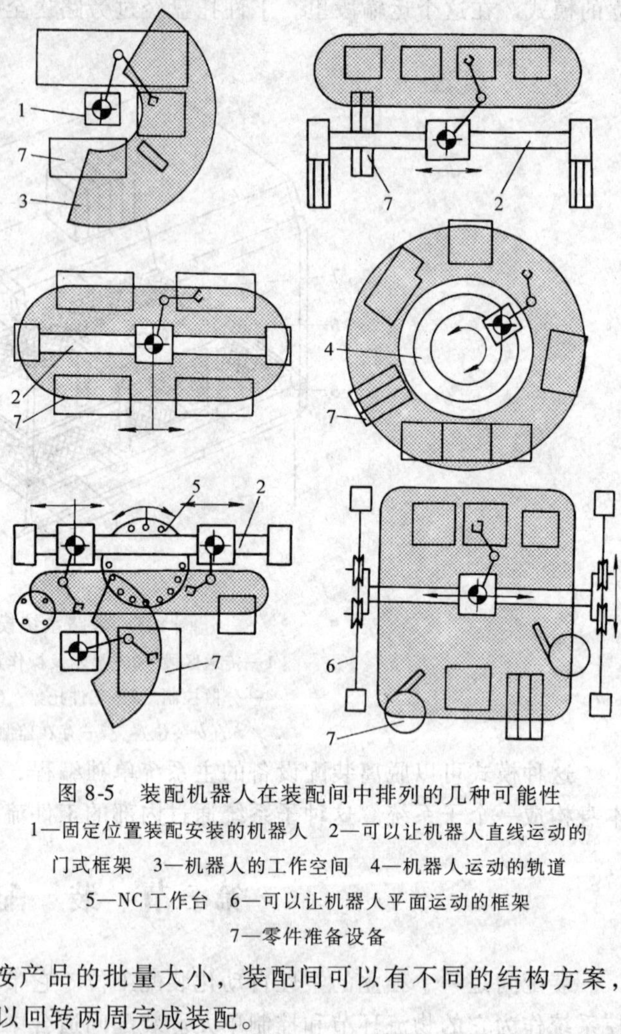

图 8-5 装配机器人在装配间中排列的几种可能性
1—固定位置装配安装的机器人 2—可以让机器人直线运动的门式框架 3—机器人的工作空间 4—机器人运动的轨道 5—NC 工作台 6—可以让机器人平面运动的框架 7—零件准备设备

这样的工作方式可以限制抓钳更换和联接工具更换的频繁性。如果批量较大，当然几路并行的装配方式是更好的。

在确定装配间的工作时间的时候必须首先计算搬送过程的时间。

举例：冷却泵的装配，使用一台机器人，通过压入联接方法。为了避免过于频繁地更换工具，每次都处理 3 组部件。所以必须有一个具有 3 个存放位置的中间储仓。通过做出装配过程分解图（图 8-8）可以确定装配工艺过程，进而确定装配设备的运动过程。

这种情况下的节拍时间 t_T（s）可按下式计算：

$$t_T = 2\left(n_1 t_1 + \frac{1.5 n_2 t_2}{k_1} + \frac{1.5 n_3 t_3}{k_2} + n_4 t_4 2 + n_5 t_5 + n_6 t_6\right) + \sum_{i=1}^{n} t_{Fi}$$

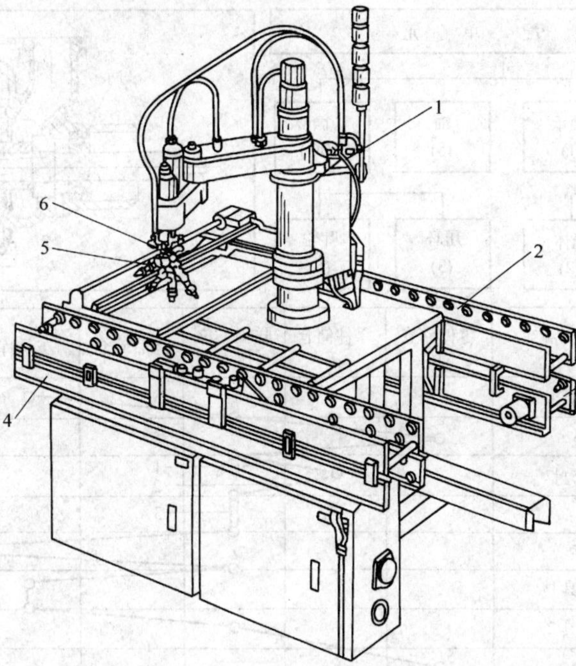

图 8-6　装配间 SMART（Sony）

1—装配机器人　2—配合件的备料工段　3—配合件托盘的返回工段　4—工件托盘（上有基础件）的输送段　5—转塔机械手　6—转塔的回转机构

式中　k_1——更换一次工具处理的工件数；

k_2——更换一次抓钳处理的工件数；

n_1——装配每套产品需要传送的工件数；

n_2——装配每套产品时联接工具更换的次数；

n_3——更换抓钳的次数；

n_4——中间储仓的储备能力（能存放 n 组）；

n_5——回转次数；

n_6——完成的部件（产品）数量；

t_1——一个零件的送料时间（s）；

t_2——一个工具的运送和更换时间（s）；

t_3——一个抓钳的运送和更换时间（s）；

t_4——中间储存的时间（s）；

t_5——一次回转所需的时间（s）；

t_6——存放每件产品所需的时间（s）；

t_{Fi}——联接操作的时间。

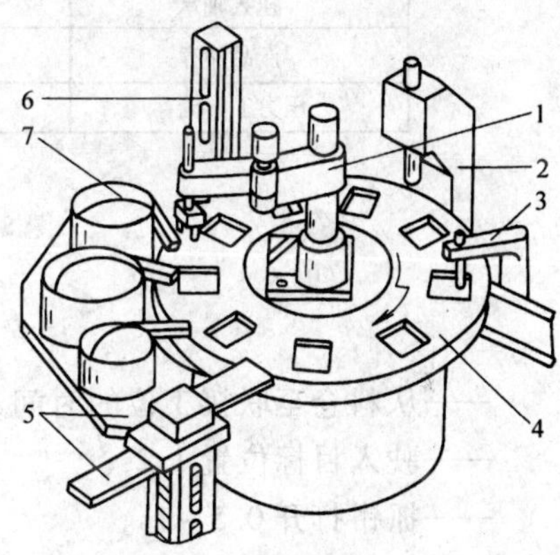

图 8-7　在一座圆形回转工作台基础上构成的柔性装配间

1—SCARA 机器人　2—压入单元　3—输出单元　4　圆形回转工作台　5—备料单元（按产品的要求装备，可以容易地更换）　6—开关控制的料仓　7—振动供料器

需要注意的是有几个时间还要进一步划分：

（1）一个零件的送料时间 t_1

——抓钳闭合时间 0.5～1s；

——把零件从料仓取出的时间 1.2s；

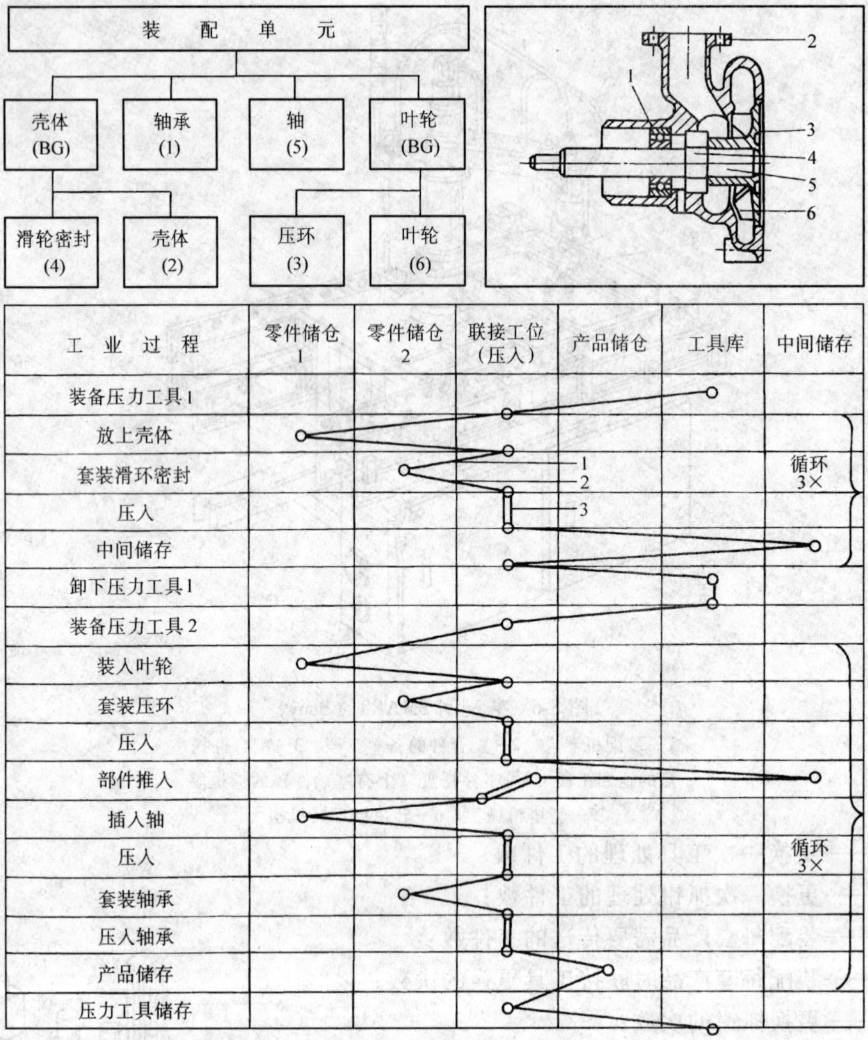

图 8-8 冷却泵的装配过程分解图

BG—部件

1—空行程 2—工作行程 3—联接操作

——从料仓至联接工位的时间，例如 2s（取决于路径）；

——驶入目标位置 1.2s；

——抓钳打开 0.5～1s。

（2）工具的更换时间（不包括工具库和压力机之间的运动）

——驶入工具库 0.8s；

——接受工具 1s；

——离开工具库 0.8s；

——把工具装入压力机 2.6s。

各公司都提供了详细的数据，这样在设备选用的计划阶段就可以根据假定选用的搬送设备算出送料时间，更换抓钳和联接工具的时间等。

第四节　装配中心

装配间和外部的备料库（按产品搭配好的零件，放在托盘上）、辅助设备以及装配工具结合在一起统称为装配中心。储仓往往位于装配机器人的作用范围之外（图8-9），作为一个独立的、自动化的高架仓库。储仓的物流和信息流的管理由一台计算机承担。也可以若干个装配间与一座自动化储仓相联接，组成一套柔性装配系统。

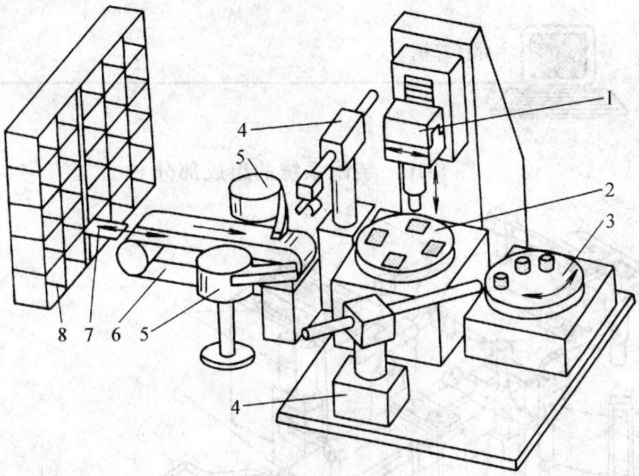

图8-9　装配中心

1—CNC压力（入）单元　2—圆形回转工作台　3—NC回转台
4—装配机器人　5—振动供料器　6—传送带（双路）
7—仓储单元　8—储仓

第五节　装配系统

装配系统是各种装配设备联接在一起的总称（图8-10）。一套装配系统包括物流和信息流，有装配机器人的介入，除自动装配工位之外，还有手工装配工位，装配系统中的设备的排列经常是线形的。特别是当产品的结构很复杂的时候还不能没有手工装配工位。这种手工与自动混和的系统称为混和装配系统。在这种系统中应该注意，在手工工位和自动化工位之间应该有较大的中间缓冲储备仓。

图8-11是一套自动化装配系统的实例。这套系统是用来完成电动机的自动化装配的。

柔性装配系统的设计方案是和丰富的生产经验以及专业化的机械制造技术相结合的。首先必须选择一系列装配要求相似的产品，以便装配系统经过调整或简单的改装就能适应新产品的装配工作。如果一套装配系统不能完成一系列产品的全部装配工作，则应该找出它们相似的共同部分。

装配技术方面的相似性表现在以下几个方面：

1）装配过程的种类和顺序。

2）联接的数量和位置。

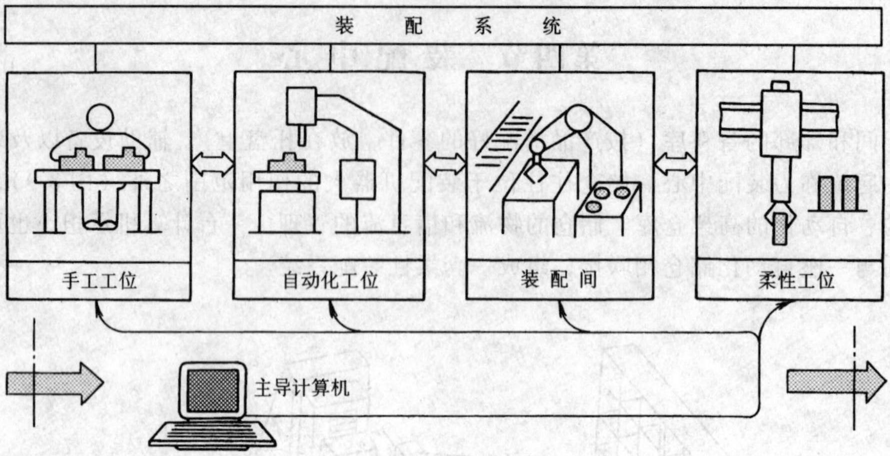

图 8-10 装配系统的组成部分

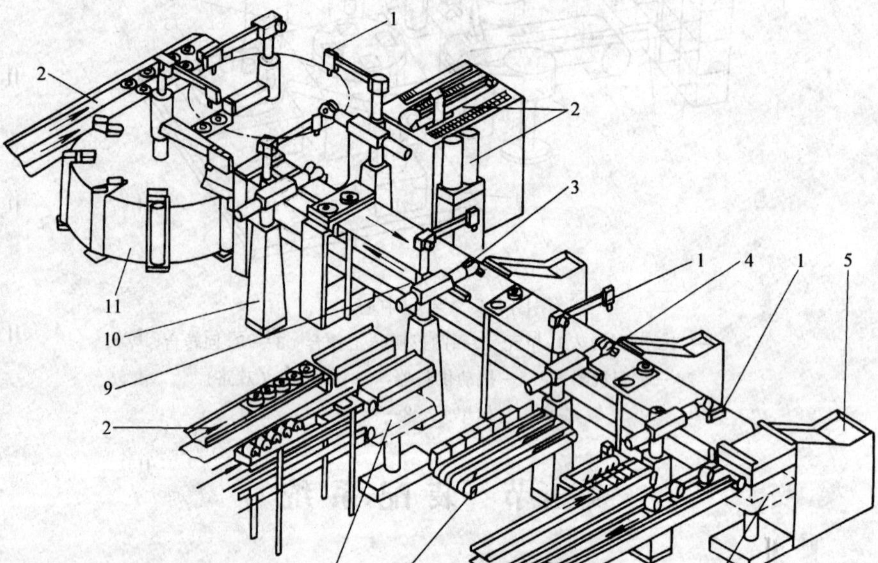

图 8-11 电动机的装配系统

1—可视系统 2—供料系统 3—装配机器人，其上装备着传感器引导的机械手 4—装备着扭矩传感器的机械手 5—控制系统 6—用于基础件托盘返回的下降机构 7—产品输出传送带 8—用于供料托盘返回的下降机构 9—基础件托盘返回传送带 10—装配机器人 11—中间缓冲储仓 12—可编程的送料设备

3）零件的仓储要求和供料要求。

4）大小和质量。

尽管有一定的柔性，装配系统的技术方案还必须与产量相适应。当然装配工艺性好的设计是一个根本的前提条件。

装配系统的所有工位被联接成若干个装配工段，而且每个部分都应该能适应产品变种的要求。工艺方案的设计可以通过以下两种途径来实现：

1）不同的产品变种都通过所有的装配工位。所有的装配工位都具有适应各种产品变种的柔性。

2）某些装配工位是专为特定的产品而设定的。

另外一个重要的问题是：一套大的自动化装配系统如何起动。下面是两种起动方式

1）全系统起动

——半自动起动，例如复杂的装配工位的试起动。

——全自动起动，例如整个圆形回转台式装备设备各部分同时起动。

2）部分设备起动

——一个工段接着一个工段起动，最后一条装配线全线起动。

复习与练习

一、基本概念

1. 什么是装配设备，包括哪些种类？

2. 什么是装配间，由哪几部分组成？

3. 什么是装配中心，由哪几部分组成？

4. 什么是装配系统，由哪几部分组成？

二、应用

画出下面图 8-12 所示的电动机端盖与轴承的装配过程分解图（参考教材图 8-8）。

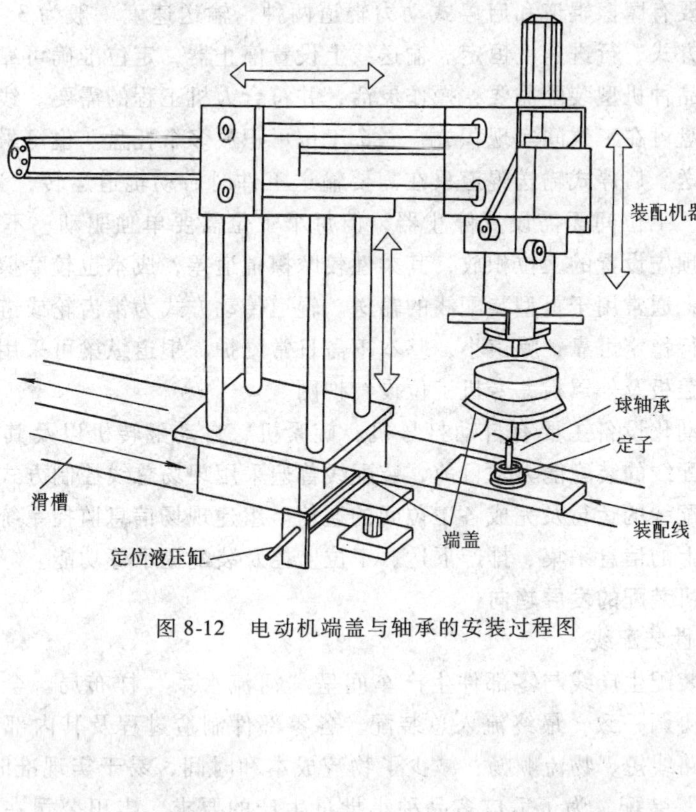

图 8-12 电动机端盖与轴承的安装过程图

第九章

汽车的自动化装配

第一节　发动机装配与装配线平衡

一、概述

发动机是汽车领域技术最密集的关键部件，在汽车发动机装配过程中，由于被装配零件的多样性、工艺的繁琐性，汽车发动机装配线就显得尤为重要。汽车发动机装配线是一个对发动机顺序装配的流水线工艺过程，每个环节的控制都必须具备高可靠性和一定的灵敏度，才能保证生产的连续性和稳定性。

汽车发动机装配线主要包括总装线、分装线、工位器具及线上工具等。在总装线和分装线上，目前国内普遍采用柔性输送线输送工件，并在线上配置自动化装配设备以提高效率。

柔性输送线主要有摩擦辊道和启停式动力辊道两种，输送速度一般为 3 ~ 15m/min。摩擦辊道为连续运行方式，行进速度恒定。输送线上设置停止器，定位准确可靠。发动机托盘的使用，可适应多品种机型装配需要，操作灵活，并符合人机工程的需要。线上可配置装配托盘输送工件，托盘可在工位间实现积放，一个工位可积放多个托盘。也可采用特别处理的辊面实现无托盘输送。启停式输送辊道只在需要输送工件时启动辊道运转，为了启停平稳，通常采用变频电机。工位间无需设置停止器，但每个工位需要单独驱动，不论是否配置托盘，工件只能按照预先设置的工位积放，其柔性较摩擦辊道差，成本也较摩擦辊道高，但使用寿命长、耗能少，通常用于重型装配线的输送。辊道传动方式为锥齿轮或链传动。采用减速电动机驱动，运行稳定可靠，噪声小，基本不需日常维护。辊道纵梁可采用铝合金材料或钢板制成，并敷设盖板及外罩板，专机工位设置护网。

装配线上的自动化设备主要有自动打号机、旋紧机、自动翻转机以及其他专用装配设备，可大大提高装配线的装配能力。目前，装配线普遍采用现场总线控制方式，通过现场分布 I/O 统一控制装配线的运行及完成各工位间的通信。组建现场信息监控系统采用以太网等方式，完成装配线上的信息采集、排产下达、工位监控及装配提示等功能。

二、汽车发动机装配的发展趋向

1. 非同步式柔性装配线

丰田公司的总装配生产线与零部件生产车间呈“河流水系”样布局。全厂同步均衡生产，物流与生产流协调一致，最终流入总装配。各零部件制造过程及其内部没有过量在制品。这种布局物流路线短、物流顺畅，减少了物流成本和时间，易于实现准时生产的目标。装配线实现“混流”装配。为了适应多品种小批量生产的要求，丰田公司在一条生产线上混合生产不同规格的产品。具有一定柔性的 U 形布局的装配生产线（图 9-1）取代了具有单一功能的装配线。

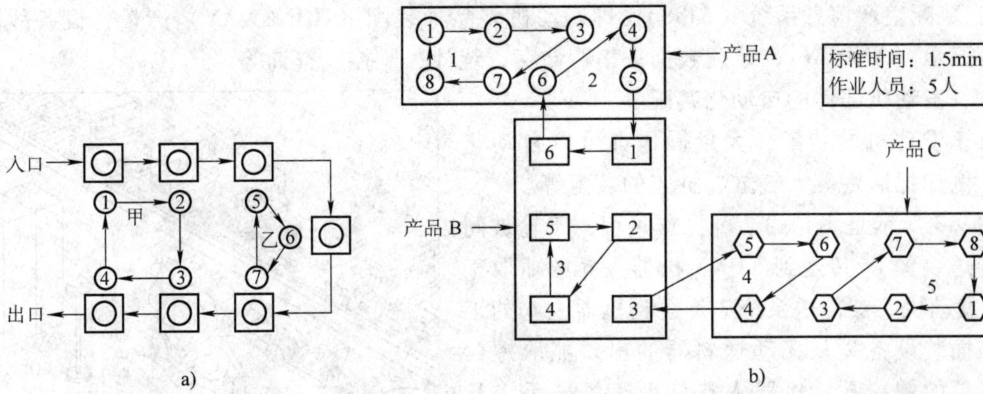

图 9-1　U 形生产线布局

a）U 形生产线　b）U 形生产线联合布置

2. “零缺陷”高质量装配

采用大量检测工序，作到即装即测，本工序的装配质量在紧接着的下道工序就进行检测，不合格的马上修理，合格后才能流到下一道工序去，保证装配质量为“零缺陷”。检测项目（图 9-2）包括：

（1）力矩检测　采用电子旋紧工具，实现全过程的力矩控制。

（2）防错检测　运用图形技术进行防错检测，如用摄像机来检查活塞是否装反，锁块装配是否到位，连杆瓦有否错漏装等。

（3）摩擦力矩检测　缸体装曲轴后和装活塞连杆总成后以及缸盖装凸轮轴后的摩擦力的检测。

（4）泄漏检测　短发动机的油道系统和长发动机的水道系统的泄漏检测，对柴油机来说还有燃油系统的泄漏检测。

（5）压装力及位置精度检测　缸套压入缸孔及凸轮轴衬套压入缸体等，在压装过程中的压装力及位置精度用传感器来检测和监控。

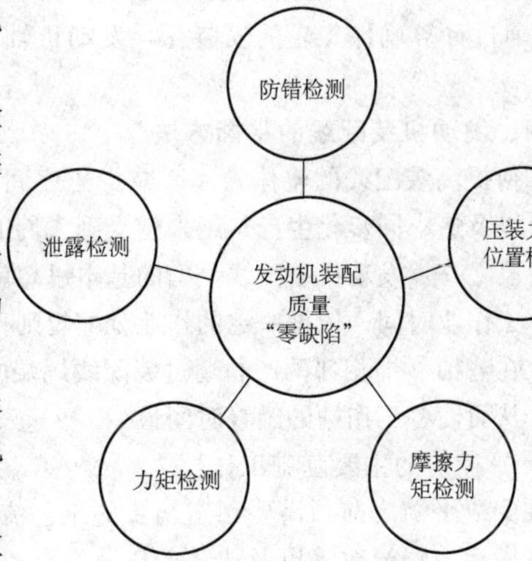

图 9-2　“零缺陷”的高质量装配

3. 柔性自动化装配

采用“人 + 自动化”的精益自动化原则。人难以达到质量、效率、一致性以及体力劳动等非常繁重的装配工序，采用机器人柔性自动化装配。包括：

1）用机器人装配气门、气门锁块、凸轮轴等。

2）用机器人的双轴自动旋紧机（用于主轴承盖及连杆等）。

3）用机器人自动涂胶。

4. 装配信息管理系统

全部装配工作采用信息化管理，通行的信息管理系统有：

1）装配质量信息管理系统（AQIS）。即电子代码系统（STATEC 系统）。

2）装配生产信息系统（APIS）。即发动机多品种装配（HONEWAY）产量，设备故障、停机等显示（ANDON），装配数据采集、储存、统计、监控、查询等。

三、发动机部件的自动化装配

汽车发动机的装配，大量操作都可以自动化进行，例如把活塞装入气缸、缸盖的装配等。

图 9-3 所示是飞轮的装配操作过程，飞轮被间歇式传送装置 12 传送到 KUKA 机器人 6 的抓取工位 1。发动机 5 被传送系统 7 传送到机器人 6 的工作区。插装设备 2 从振动送料器的出口抓取螺栓插入飞轮的螺栓孔，机器人 6 借助于机械手 3 从传送装置上抓取飞轮移动到飞轮的安装孔与轴头中心对准并推入。螺栓安装工作头 4 旋紧螺栓，把飞轮紧固在发动机 5 的轴头上。然后机器人臂回到起点位置，重复下一个工作循环。为了保证安装孔的准确定位，摄像头 9 用来扫描轴头的位置，摄像头将信号传送到控制单元 10，控制系统 8、11 通过计算确保飞轮的安装孔与发动机轴头同轴。

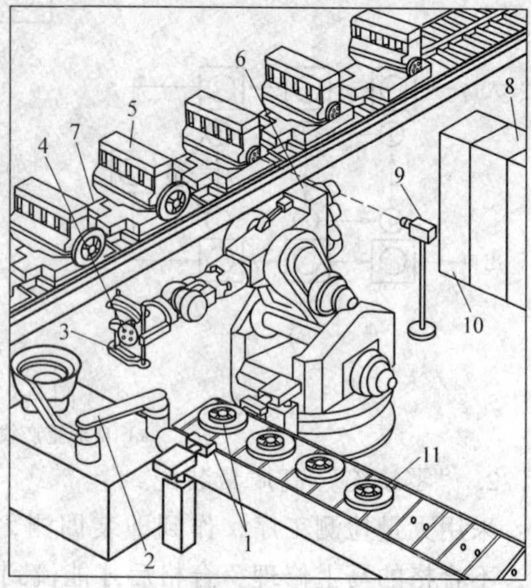

图 9-3 汽车发动机飞轮的自动化装配

1—抓取工位 2—插装设备 3—机械手 4—螺栓安装工作头 5—发动机 6—机器人 7—传送系统 8、11—控制系统 9—摄像头 10—控制单元 11—间歇式传送装置

四、发动机装配线的平衡方法

如何提高装配线的整体效率，减少工序间的在制品，以及追求同步化生产，越来越受到人们的重视。对装配线进行平衡就是实现这一目标的主要手段之一。发动机装配线平衡的基本思想就是根据对改善后的工艺流程所测得的各作业单元的手工作业时间，依据一定的作业分配规则，将所有基本作业单元分派到各个工位，以使每个工位在节拍（即相邻两产品通过装配线尾端的间隔时间）内都处于繁忙状态，完成最多的操作量。从而使各工作站的闲置时间最少。

1. 平衡前的主要基础工作

装配线平衡之前，需要制定初步的工艺流程。然后对工艺流程分别进行程序改善、动作改善、搬运与物流改善以及初步的作业组合改善。改善的目的是为了消除工艺流程中存在的各种不合理现象，减少浪费。

一台发动机一般有 300 个以上的零部件，如果作业单元划分得过细，会使整个平衡过程十分复杂；划分得过粗，又使平衡难以进行。为简便起见，可以将一连串逻辑上不可分割，而且必须由同一人在同一工位完成的系列动作单元组合在一起，作为一个作业元素进行研究。如将螺栓，平垫圈、弹簧垫圈装配在某一部件上，三者只能在同一工位上连续完成装配。因此该部件加上各种紧固件的装配可视为同一作业元素。

完成各作业元素的时间，可以采用秒表测时，也可以采用预订时间标准（PTS）法确定。秒表法的优点是方便快捷；缺点是必须根据作业者的熟练程度以及作业条件选定评比系数，评比系数的选定具有一定的主观性。PTS 法的优点是不受作业熟练程度和评比者主观性的影响，但时间花费大。在现有的 40 多种 PTS 法中，由于模特法简练，且易于掌握，在汽车发动机行业使用最为广泛。

装配线作业元素优先图给出了装配过程的可能步骤及各步骤之间的内在逻辑关系。优先图上作业元素间的先后顺序关系又可看作为一种前接和后接关系。例如，装曲轴前，必须先卸下瓦盖，装上主轴瓦后，才能装曲轴。卸瓦盖、装主轴瓦、装曲轴二者之间就产生了一种逻辑关系。卸瓦盖是装曲轴的前接，装主轴瓦是装曲轴的前接，装曲轴是装主轴瓦的后接。

2. 各种约束条件的建立

发动机装配线上的约束主要有以下几种：

(1) 位置约束　是指作业必须在某一特定位置上完成的限制。发动机上的零部件总是位于某一特定位置。因此，零部件的装配作业元素总是与发动机特定的一个或几个装配状态相对应。

(2) 固定设备或工具约束　是指在装配作业中，有些作业需要使用一些固定设备或专门工具才能完成。发动机装配线的工具约束主要有某些固定的旋紧和力矩检测设备等。

(3) 清洁—油污约束　是指有些特别的装配作业需要作业人员以清洁的手或工具进行，如发动机上各种轴瓦的装配、活塞连杆总成的装配等。要尽可能避免将清洁作业元素和油污作业元素分配给同一工位。

(4) 疲劳作业约束　是指在装配作业中有个别作业，虽然作业时间不一定长，但强度较大，操作员容易疲劳。如正时齿轮室座、离合器壳、飞轮齿环总成等的装配就受疲劳约束。平衡时要尽量避免将两个或两个以上的疲劳作业元素分配给同一工位。

3. 发动机装配线的平衡方法

20 世纪 60 年代 Tonge Kilbridge 和 West 同时提出了启发式平衡搜寻法。近年来又有研究者对该方法提出改进并加以发展。其中有 Thomopoulos 的平衡搜寻法。

Thomopoulos 平衡搜寻法特别适合对单一型有约束装配线采用计算机线平衡系统进行运算。其主要步骤为：首先将所有的作业元素按照一定的优先规则进行排序，制成一张“SORT”表，然后按照一定的搜寻规则依次对“SORT”表上的元素进行搜寻。该方法的主要缺点是计算工作量很大。尤其是当作业元素很多时，SORT 表的制作以及后面的搜寻工作量十分巨大。由于在实际工作中对装配线进行平衡时，多采用手工方法，有必要结合实际对 Thomopoulos 平衡搜寻法进行改进。

发动机装配线的平衡具有以下典型特征：

1）一般在平衡时，装配线的主工艺流程已经确定，也就是发动机的装配状态的变化顺序已经确定，主要作业内容（主要总成件的装配）必须在某确定的装配作业区间内进行。

2）其优先图一般以直线型特征为主，复杂的网络关系特征不明显。这样在进行平衡时，就可以按装配状态依次分段考虑，从而大大简化平衡过程。

因此，在发动机装配线进行平衡时，可以 Thomo-poulos 平衡搜寻法的基本原理和思路为基础，通过改进尽量减少计算过程和搜寻步骤，以求在实际工作中运用 Thomopoulos 平衡搜寻法进行发动机装配线的手工平衡搜寻。

4. 某发动机装配线平衡问题的解决

某厂有一条发动机装配线，由于产品改型，需要对装配线进行重新规划，采用人工平衡法结合软件仿真解决装配线平衡问题㊀，步骤如下：

㊀ 杨召凯，刘德忠．发动机装配生产线平衡问题研究．第九届切削与先进制造技术学术会议，2007. 8.

1）列出发动机装配生产线现有各个工序和相应的工作时间。从表 9-1 中可以得到总的装配时间 $T=2275$s。最后一个装配单元——发动机转线没有算在整个装配过程中，因为这一个装配单元对发动机整个装配过程没有影响。

表 9-1 各装配单元的工作时间

编号	装配单元说明	装配单元时间/s	编号	装配单元说明	装配单元时间/s
1	填票	60	23	装机油盘衬垫	30
2	缸体上线	40	24	装机油盘总成	150
3	拆主轴瓦盖	60	25	装液压气门挺杆	40
4	装缸体螺堵	30	26	装缸盖衬垫，密封缸盖水道孔	30
5	装主轴承衬瓦	60	27	装缸盖总成	60
6	装曲轴及半圆键	50	28	装摇臂和推杆	90
7	装主轴承瓦盖	70	29	测量气门机构间隙	180
8	装凸轮轴	30	30	装节温器总成	30
9	装正时链条和链轮	50	31	装电动风扇温控开关	20
10	装甩油环	30	32	装气门室罩总成	90
11	装正时链条涨紧器	30	33	装加油口盖，快速盘车	40
12	装前盖总成	60	34	装水泵总成，盘车	120
13	装减振器	40	35	发动机编码	60
14	装曲轴后油封	20	36	装火花塞	60
15	装飞轮总成	70	37	装冷却液温度传感器	10
16	装离合器总成	60	38	装曲轴箱通风接头	30
17	缸孔涂油	20	39	装机油压力传感器	40
18	装活塞连杆总成	70	40	装点火线和分离器总成	60
19	装连杆盖	60	41	装节气门拉索导向支架总成	5
20	复紧连杆瓦盖，测量轴向间隙	120	42	装机油滤清器接头	30
21	转动曲轴	30	43	发动机转线	60
22	装机油泵和进油管总成	40			

2）预估生产节拍 P。生产线上生产两件产品之间的间隔或产品在各工作站间每移动一次所需的间隔称为生产线的节拍时间，它是流水线生产组织的重要依据。该装配线实际工作站数 N 为 15，则 $P=T/N\approx 152$s。

3）对原有工位重新规划，使每个工作站时间尽量接近 152s。表 9-2 和表 9-3 是规划后的两个方案，表 9-3 将工作时间长的工序分配到两个工作站。

4）对两个方案进行分析：

方案一：生产线平衡率 $=\dfrac{2275}{15\times 180}\times 100\% = 84.3\%$。

采用 eM-Plant 软件进行仿真分析，得到各工作站的工作效率，如图 9-4 所示。

方案二：生产线平衡率 $=\dfrac{2275}{15\times 160}\times 100\% = 94.8\%$。

通过 eM-Plant 软件进行仿真分析，可得各工作站的工作效率，如图 9-5 所示。

表 9-2　第一种规划方案

<table>
<tr><th>编号</th><th>装配单元时间/s</th><th>工作站时间/s</th><th>编号</th><th>装配单元时间/s</th><th>工作站时间/s</th></tr>
<tr><td>1</td><td>60</td><td rowspan="3">160</td><td>23</td><td>30</td><td rowspan="2">140</td></tr>
<tr><td>2</td><td>40</td><td>25</td><td>40</td></tr>
<tr><td>3</td><td>60</td><td>24</td><td>150</td><td rowspan="2">180</td></tr>
<tr><td>4</td><td>30</td><td rowspan="3">140</td><td>26</td><td>30</td></tr>
<tr><td>5</td><td>60</td><td>27</td><td>60</td><td rowspan="2">150</td></tr>
<tr><td>6</td><td>50</td><td>28</td><td>90</td></tr>
<tr><td>7</td><td>70</td><td rowspan="3">150</td><td>29</td><td>180</td><td>180</td></tr>
<tr><td>8</td><td>30</td><td>30</td><td>30</td><td rowspan="3">140</td></tr>
<tr><td>9</td><td>50</td><td>31</td><td>20</td></tr>
<tr><td>10</td><td>30</td><td rowspan="4">140</td><td>32</td><td>90</td></tr>
<tr><td>11</td><td>30</td><td>33</td><td>40</td><td rowspan="2">160</td></tr>
<tr><td>12</td><td>60</td><td>34</td><td>120</td></tr>
<tr><td>13</td><td>20</td><td>35</td><td>60</td><td rowspan="3">150</td></tr>
<tr><td>14</td><td>40</td><td rowspan="3">130</td><td>36</td><td>60</td></tr>
<tr><td>15</td><td>70</td><td>38</td><td>30</td></tr>
<tr><td>17</td><td>20</td><td>39</td><td>40</td><td rowspan="5">145</td></tr>
<tr><td>16</td><td>60</td><td rowspan="2">130</td><td>37</td><td>10</td></tr>
<tr><td>18</td><td>70</td><td>40</td><td>60</td></tr>
<tr><td>19</td><td>60</td><td rowspan="2">180</td><td>41</td><td>5</td></tr>
<tr><td>20</td><td>120</td><td>42</td><td>30</td></tr>
<tr><td>21</td><td>30</td><td rowspan="2">140</td><td rowspan="2">43</td><td rowspan="2">60</td><td rowspan="2"></td></tr>
<tr><td>22</td><td>40</td></tr>
</table>

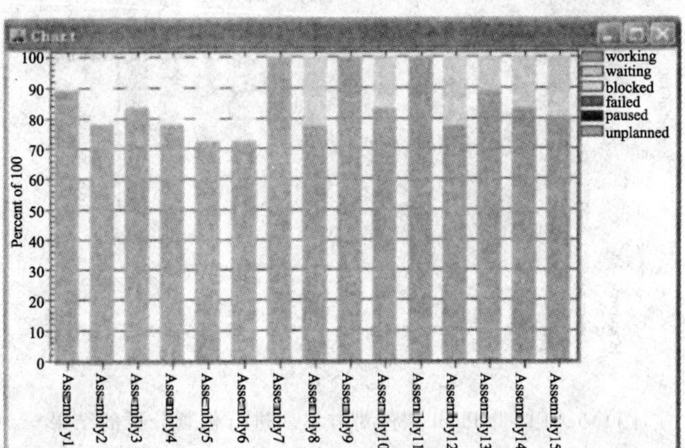

图 9-4　用 eM-Plant 软件对方案一进行仿真分析的结果

表 9-3 第二种规划方案

<table>
<tr><th>编号</th><th>装配单元时间/s</th><th colspan="2">工作站时间/s</th><th>编号</th><th>装配单元时间/s</th><th colspan="2">工作站时间/s</th></tr>
<tr><td>1</td><td>60</td><td colspan="2" rowspan="3">160</td><td>23</td><td>30</td><td rowspan="4">290</td><td rowspan="2">145</td></tr>
<tr><td>2</td><td>40</td><td>24</td><td>150</td></tr>
<tr><td>3</td><td>60</td><td>25</td><td>40</td><td rowspan="2">145</td></tr>
<tr><td>4</td><td>30</td><td colspan="2" rowspan="3">140</td><td>26</td><td>30</td></tr>
<tr><td>5</td><td>60</td><td>27</td><td>60</td><td colspan="2" rowspan="2">150</td></tr>
<tr><td>6</td><td>50</td><td>28</td><td>90</td></tr>
<tr><td>7</td><td>70</td><td colspan="2" rowspan="3">150</td><td>29</td><td>180</td><td rowspan="4">320</td><td rowspan="2">160</td></tr>
<tr><td>8</td><td>30</td><td>30</td><td>30</td></tr>
<tr><td>9</td><td>50</td><td>31</td><td>20</td><td rowspan="2">160</td></tr>
<tr><td>10</td><td>30</td><td colspan="2" rowspan="4">160</td><td>32</td><td>90</td></tr>
<tr><td>11</td><td>30</td><td>33</td><td>40</td><td colspan="2" rowspan="2">160</td></tr>
<tr><td>12</td><td>60</td><td>34</td><td>120</td></tr>
<tr><td>13</td><td>40</td><td>35</td><td>60</td><td colspan="2" rowspan="3">150</td></tr>
<tr><td>14</td><td>20</td><td colspan="2" rowspan="3">150</td><td>36</td><td>60</td></tr>
<tr><td>15</td><td>70</td><td>38</td><td>30</td></tr>
<tr><td>16</td><td>60</td><td>39</td><td>40</td><td colspan="2" rowspan="5">145</td></tr>
<tr><td>17</td><td>20</td><td colspan="2" rowspan="3">150</td><td>37</td><td>10</td></tr>
<tr><td>18</td><td>70</td><td>40</td><td>60</td></tr>
<tr><td>19</td><td>60</td><td>41</td><td>5</td></tr>
<tr><td>20</td><td>120</td><td colspan="2" rowspan="2">150</td><td>42</td><td>30</td></tr>
<tr><td>21</td><td>30</td><td>43</td><td>60</td><td colspan="2"></td></tr>
<tr><td>22</td><td>40</td><td>290</td><td>145</td><td></td><td></td><td colspan="2"></td></tr>
</table>

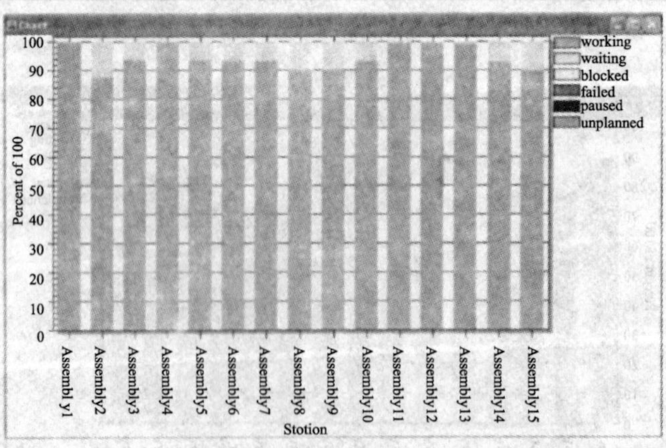

图 9-5 用 eM-Plant 软件对方案二进行仿真分析的结果

方案一中生产周期是 2700s，等待时间是 425s，生产率最低的工作站效率只有 72.2%，15 个工作站中有 10 个生产率在 85% 以下，浪费现象十分严重。方案二中产品加工周期是 2400s，等待时间是 125s，生产率最低的工作站效率是 87.5%，15 个工作站中只有 1 个的生产率在 90% 以下，生产浪费现象得到了极大的缓解。

通过对比，发现无论是生产线平衡率还是各工作站的工作效率，方案二都优于方案一，并且接近于最佳水平，可以作为最佳方案执行。

第二节　整 车 装 配

一、汽车装配线的发展

1. 最早的汽车装配线

1913 年 10 月 7 日，亨利·福特在密执安州海兰帕克的汽车制造厂建立了一条活动装配线，大大提高了生产效率。福特用一条 60m（250ft）长的装配线传送汽车，工人们沿线装配零件，装配线按稳定节拍移动，每个工位只执行一种装配任务，一台汽车在不到 3h 内就制造出来。这项革新大大提高了生产效率，1914 年就生产出近 25 万辆汽车。图 9-6 所示是 1923 年福特汽车的装配线。

2. 最先进的装配生产线

宝马轿车生产厂在涂装线和装配线之间建立了高架立体库，那里存放有近千辆已经完成涂装工序的 1 系列和 3 系列的宝马轿车车架。当总装线上收到新的装配工作指令时，在高架立体库中就有颜色和车型完全符合要求的车架被电动传送装置运送到总装线上，再被冲压上车架的编号，就开始进入总装生产工序了。

图 9-6　福特汽车 1923 年的装配线

（1）广泛采用数字控制技术　所有的汽车零部件也都被运送到专门的供应中心等待进入装配生产的物流系统中。新的需求指令到达时，大型的部件用叉车、小型的零部件用专用的运输工具被运输到装配生产线上，或者被运送到预装生产工位上。宝马 3 系列轿车采用模块式设计，在预装工位完成模块装配，它可以节省总装配线上的空间。

宝马 1 系列和 3 系列轿车是在一个装配线上进行装配生产的。长度达 4000m 的装配生产线全部采用了数字式三维控制方式。例如，1 系列轿车的全部装配生产过程都可以在显示器上进行模拟，高效率的物流控制系统，保证了畅通无阻的装配生产过程。

（2）符合人体工程学的自动化装配线　整个装配线的设备都按照最先进的人体工程学标准进行了优化，在随行式装配输送带上，装配工人与被装配的车辆按相同的速度运动着，车架和零件供应装置的位置可以任意调节，装配工人可以在每一个装配工位按照自己的习惯和舒适性自由地进行调节。轿车驱动系统与车架的安装过程中已大量采用机器人自动化的操作（图 9-7），并且在连接过程中自动完成工作记录，在出现错误时及时向操作者发出错误警报。

雷根斯堡的宝马轿车生产厂采用全自动的装配方式将汽车的发动机与变速器连接在一

起。在装配过程中，共有6台摄像机用来监控装配生产工程，其中3台摄像机安装在机器人的手臂上，机器人按照工艺文件规定的旋紧力矩将发动机与变速器精确、可靠地安装在一起。

图9-7 宝马汽车装配线

车内安装座椅的操作是自动完成的，机器人首先对车架座椅的安装部位进行测量，然后精确地进行自动化安装。装配线中的灌装工位，以前是手工操作，目前实现了半自动化，灌装工位可以灌装冷却液、车窗清洗液和制动液等。

（3）线外的模块式装配 线外的模块式装配可以避免在装配线上形成大量的库存。例如汽车的座椅可以在供应中心完成全部的组装工序，并对关键部位进行组装质量的检验，然后才按照生产节拍准确地进入装配生产线进行装配。汽车车门在离开高架立体库时单独地进行部件组装，然后在汽车装配线上安装到车架上。在雷根斯堡的宝马轿车生产厂中，共有约1/3的安装任务是在装配线外完成的。其他的大型模块式部件，如座椅、保险杠等，都由供应商完成组装。发动机也由专门的制造厂事先装配好。

二、新型汽车装配线的特点

总装配是汽车生产的最后一道工序。装配过程中以紧固零部件为主，还有粘接、镶嵌、压入以及加注汽车所需的各种液体、产品质量检验等工序，有时还要根据用户意向选装。新型汽车装配线最大限度地减轻工人的作业强度、提高劳动乐趣和生产率、保证产品质量。近年来随着汽车结构进一步复杂化，车型及零部件品种增多，对装配线提出新的要求。研究人员在作业强度、自动化方式、作业环境等方面进行了研究与开发。

1. 减轻作业强度

随着汽车品种的多样化，装配作业变得复杂化。在旧的装配线上组装越来越多的零部件，势必会造成工位杂乱，产品质量也不易保证。研究人员对每个工作项目进行了系统工程设计。首先把装配作业项目按车辆的功能分类，明确作业目的与产品功能的关系。制定合理的装配顺序，针对车辆功能制定合理的作业方针，落实到实际装配作业工作中，作业项目由指定的作业人员完成，以保证装配质量。为了减轻作业强度，首先对作业强度进行定量评价，排定减轻作业强度的优先顺序。将原来长达1 000m的装配线按车辆功能划分成若干条线，由专门人员负责每条线，确保产品质量。

2. 提高自动化水平

通过自动化保证产品质量，减轻作业强度，开发直接用于汽车装配线中的自动化设备。装配人员与自动化设备共同作业，同时装配人员又是自动化设备的管理者。发动机和轮胎的安装作业强度大，实现了自动化，既减轻作业强度，又保证了装配质量。

3. 改善作业环境

通过将终检线分开，使用低噪声工具等方法，有效地降低了噪声。此外，车间内的墙壁、地板改造成明快的色调，给人以舒适的感觉。图 9-8 所示的是德国德累斯顿厂的大众汽车总装配线。

图 9-8　大众德累斯顿厂的总装配线

三、车轮的自动化装配

手工装配车轮是总装线最繁重的工种，采用自动化装配不仅减轻工人的劳动强度，而且可以提高效率，保证质量。图 9-9 所示的是车轮的自动装配过程。车身 11 被传送链 5 送到车轮装配工位并准确定位。车轮 4 被另外一条传送链传送到装配机器人 6 的工作区。装配机器人将完成两个装配动作：机器人臂 10 抓起车轮送向车轴并准确定位；机器人臂前端的螺母旋紧装置完成车轮与车轴的连接。

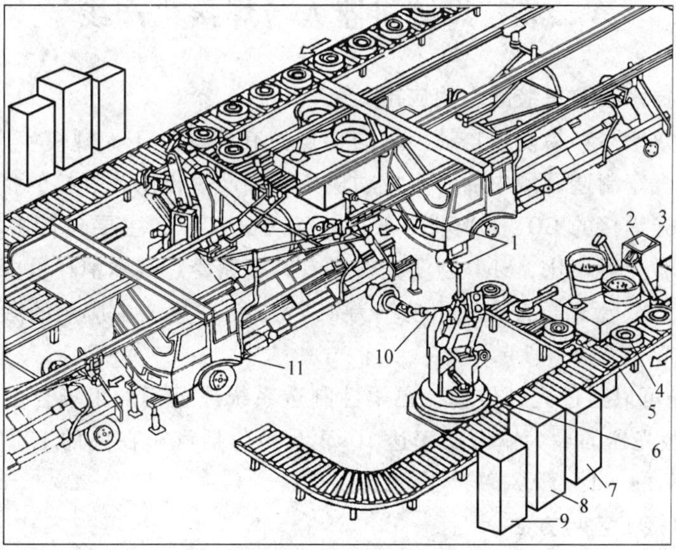

图 9-9　车轮的自动化装配

1—摄像头　2—料仓　3—振动送料器　4—车轮　5—传送链

6—装配机器人　7、8、9—控制单元　10—机器人臂　11—车身

螺母从料仓 2 进入振动送料器 3，一个专用的机械臂将螺母从振动送料器的出口取走并准确地放入车轮上的沉孔内。为了确保车轮与车轴的准确定位，机器人手臂上安装了摄像头 1，摄像头与控制单元 7 ~ 9 连接，摄像头扫描车轮上的安装基准，信号传回控制单元，保证车轮与车轴中心对准。车身两侧的机器人和传送系统分别完成一侧的车轮装配。

由于电动工具噪声更低，自动化程度更高。汽车装配越来越多地使用电动工具代替气动工具。图 9-10 所示的是，用电动力矩扳手来拧紧螺母，全套装置可以自动调整空间坐标位置，使原本劳动强度最大的车轮安装工序变得轻松。旋紧力矩不受操作者身体状况的影响，而是由设备精确控制，装配质量得到保证。

图 9-10　用电动力矩扳手旋紧螺母

第三节　焊接机器人与焊接生产线

一、激光焊接技术在汽车装配中的应用

激光焊接生产效率高和易实现自动控制的特点使其非常适于大规模生产线和柔性制造。其中，激光焊接在汽车制造领域中的许多成功应用已经凸现出激光焊接的特点和优势。

用于大熔深激光焊接的 CO_2 激光器一般以连续方式工作，主要包括快轴流和 Slab 型两种类型。同快轴流激光器相比，Slab 型激光器具有结构紧凑、气体消耗量少、维护成本低的特点。目前世界上 CO_2 激光器最大输出功率为 45kW，工业生产中应用的激光器输出功率范围约在 700W ~ 12kW 之间。

Nd：YAG 激光可以通过光纤传输，在柔性制造系统或远程加工场合更具有适应性。目前国外 Nd：YAG 激光器的最大输出功率达 10kW，而包括汽车在内的工业生产中应用较多的则是 3kW 和 4kW 的 Nd：YAG 激光器。

1. 新型激光焊接工艺与方法

（1）双/多光束焊接　双/多光束焊接的提出最初是为了获得更大的熔深、更稳定的焊接过程和更好的焊缝成形质量，其基本方法是同时将两台或两台以上的激光器输出的光束聚焦在同一位置，以提高总的激光能量。后来，随着激光焊接技术应用范围的扩大，为减小在厚板焊接，特别是铝合金焊接时容易出现气孔倾向，采用以前后排列或平行排列的两束激光实施焊接，这样可以适当提高焊接小孔的稳定性，减少焊接缺陷的产生几率。

（2）激光—电弧复合焊　激光—电弧复合焊是近年激光焊接领域的研究热点之一。该方法的提出是由于随着工业生产对激光焊接的要求，激光焊接本身存在的间隙适应性差，即极小的激光聚焦光斑对焊前工件的加工装配要求过高。此外，激光焊接作为一种以自熔性焊接为主的焊接方法，一般不采用填充金属，因此在焊接一些高性能材料时对焊缝的成分和组织控制困难。而激光—电弧复合焊集合了激光焊接大熔深、高速度、小变形的优点，又具有间隙敏感性低、焊接适应性好的特点，是一种优质高效焊接方法。其特点在于：

1）可降低工件定位要求，间隙适应性好。

2）有利于减小气孔倾向。

3）可以实现在较低激光功率下获得更大的熔深和焊接速度，有利于降低成本。

4）电弧对等离子体有稀释作用，可减小对激光的屏蔽效应，同时激光对电弧有引导和聚焦作用，使焊接过程稳定性提高。

5）利用电弧焊的填丝可改善焊缝成分和性能，对焊接特种材料或异种材料有重要意义。

激光与电弧复合焊的方法包括两种，即旁轴复合焊和同轴复合焊。旁轴激光—电弧复合焊方法实现较为简单，但最大缺点是热源为非对称性，焊接质量受焊接方向影响很大，难以用于曲线或三维焊接。而激光和电弧同轴的焊接方法则可以形成一种同轴对称的复合热源，大大提高焊接过程稳定性，并可方便地实现二维和三维焊接。目前，对旁轴复合焊的研究较多，而同轴复合焊的还处于研究阶段。在复合焊的应用方面，许多汽车制造商正将其用于新型汽车的制造。例如，在进行汽车车身拼焊时，利用3kW的Nd：YAG激光焊接1.2mm和0.7mm厚的拼板时焊接速度最高为4.0m/min，采用复合焊后最大速度可达7.4m/min，而允许的对接坡口间隙从原来的0.05mm提高到0.15mm。国内近年来也开始了激光—电弧复合焊的初步研究。

2. 焦点位置控制

图9-11是某CO_2激光焊接焦点位置的双闭环控制系统示意图。整个系统包括数控激光焊接机床（CNC）、特殊设计的激光焊炬以及检测控制系统。焊接喷嘴—工件距离可以通过上下调节焊炬位置实现，而聚焦透镜位置则由电动机驱动在焊炬内独立上下运动，实现焦点位置的调节。检测系统由电荷传感器（PCS喷嘴）和装在喷嘴侧面的光学传感器（PS传感器）组成。焊接过程中，根据检测到的PCS信号变化，系统可以自动调节喷嘴至工件表面距离，保证在焊接过程中保持喷嘴—工件距离恒定；同时根据PS信号调整聚焦透镜的位置，用于补偿因热透镜效应引起的焦点位置波动，使焦点位置始终处在最佳焦点位置范围。

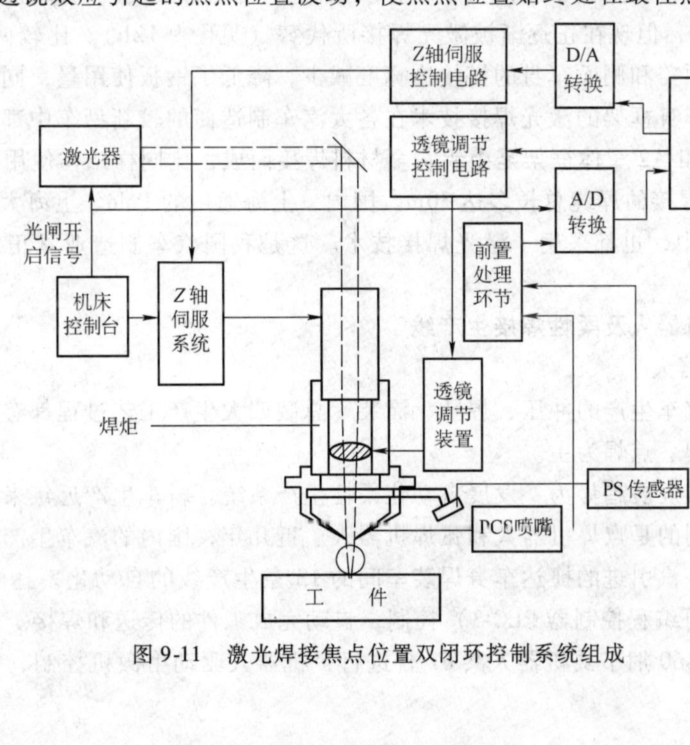

图9-11　激光焊接焦点位置双闭环控制系统组成

3. 激光焊接在汽车制造中的典型应用

汽车制造领域是当前工业生产中最大规模使用激光焊接技术的行业，从汽车零部件生产到车身制造，激光焊接已经成为汽车制造生产中的最主要焊接方法之一。总体上讲，激光焊接在汽车制造中的应用主要包括三个方面。

（1）汽车零部件的激光焊接　激光焊接在汽车制造中的应用始于变速箱的齿轮焊接，由于采用了激光焊接，焊接后的齿轮几乎没有焊接变形，不需要焊后热处理，而且焊接速度大大提高，因此很快得到了应用。国外到目前为止，激光焊接已经在汽车零部件生产中得到非常广泛的应用，包括尾气排放系统（进气歧管、排气管、消声器等）、变速箱双联齿轮、减振器储油缸筒体、滤清器、车门铰链等。国内汽车领域应用激光焊接主要有变速箱齿轮和减振器储油缸筒的焊接。

（2）激光拼焊技术　激光焊接在汽车制造中应用最为成功，同时效益最为明显的一项技术就是汽车车身的拼焊技术。激光拼焊的目的是为了降低车身质量，即在进行车身的设计制造时，根据车身不同部位的性能要求，选择钢材等级和厚度不同的钢板，通过激光裁剪和拼焊技术完成车身某一部位的制造。激光拼焊技术具有下列优点：减少零件和模具数量；缩短设计和开发周期；减少材料浪费；最合理使用不同级别、厚度和性能的钢板，减少车身重量；降低制造成本；提高尺寸精度；提高车身结构刚度和安全性。

德国大众最早于1985年将激光拼焊用于Audi车型底盘的焊接，日本丰田于1986年采用添丝激光焊的方法用于车身侧面框架的焊接。北美大批量应用激光拼焊技术是在1993年，当时美国为了提高美国汽车同日本汽车的竞争力而提出了2mm工程。到目前为止，世界上几乎所有的著名汽车制造商都大量采用了激光拼焊技术，所涉及的汽车结构件包括车身侧框架、车门内板、挡风玻璃窗框、轮罩板、底板、中间支柱等。

（3）汽车车身激光焊接技术　激光焊接在汽车制造中的另一个重要应用是汽车车身框架的激光焊接，其中一个典型例子就是汽车车身顶盖与车身侧板的焊接。传统的焊接方法为点焊，如图9-12a所示，但现在正逐渐被激光焊接所代替（见图9-12b）。比较两者可以看出，采用激光焊接后，顶盖和侧面车身的搭接边宽度减少，降低了钢板使用量，同时提高了车体的刚度。目前这种车身框架的激光焊接技术在各大汽车制造商的较新型车中都得到了非常广泛的应用，例如Audi A2车体框架是由铝合金材料焊接而成，比同样结构使用钢材可减少重量43kg，其中激光焊接的焊缝总长多达30m。国内，上海通用的Polo、上海大众Passat车型和一汽Bora的制造中，也都采用了激光焊接技术。这是我国汽车制造业真正使用激光焊接技术的一个重要标志。

二、汽车焊接机器人及柔性焊接生产线

1. 汽车焊接机器人

工业机器人在汽车生产的冲压、焊装、涂装、总装四大生产工艺过程都有广泛应用，其中应用最多的以弧焊、点焊为主。

汽车工业的焊接发展趋势为：发展自动化柔性生产系统。轿车生产近年来大规模地使用了机器人。主要使用的是点焊机器人和弧焊机器人。近几年，国内的汽车生产企业非常重视焊接的自动化。如一汽引进的捷达车身焊装车间的13条生产线的自动化率达80%以上，各条线都由计算机（可编程控制器PLC-3）控制，自动完成工件的传送和焊接。焊接由R30型极坐标式机器人和G60肘节式机器人共61台进行，机器人驱动由微机控制，数字和文字显

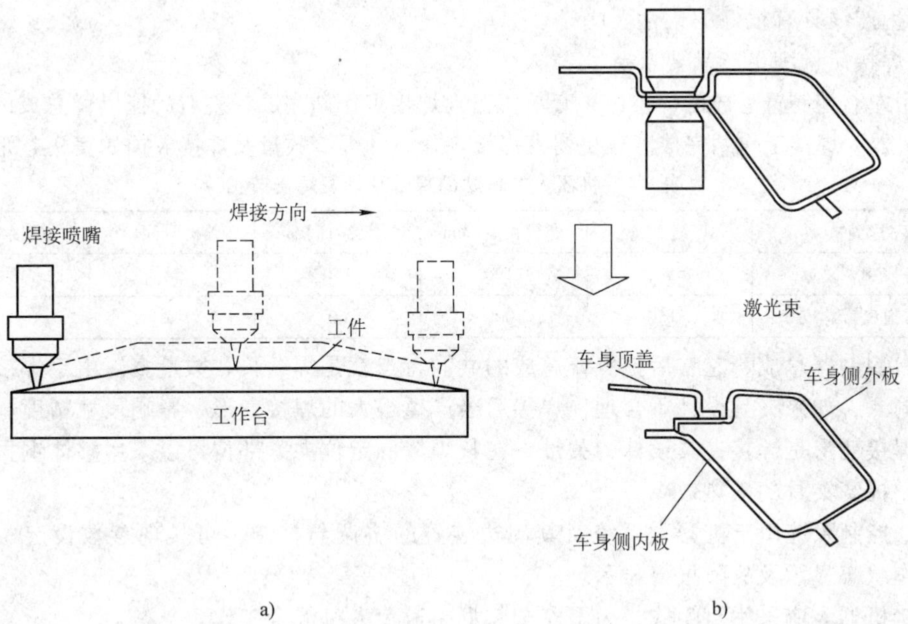

图 9-12　汽车车身顶盖与侧面激光焊接代替点焊

a）点焊　b）激光焊

示，磁带记录仪输入和输出程序。机器人的动作采用点到点的序步轨迹，具有很高的焊接自动化水平，既改善了工作条件，提高了产品质量和生产率，又降低材料消耗。汽车焊接机器人主要是承担车身焊装线、汽车总装线。

2. 柔性焊接生产线

某机器人焊接生产线主要用于轿车底盘件的左右控制臂总成、左右后拖曳臂总成的焊接，工件如图 9-13、图 9-14 所示。在选择生产线的设备时主要考虑以下几个方面：

1）满足生产纲领。

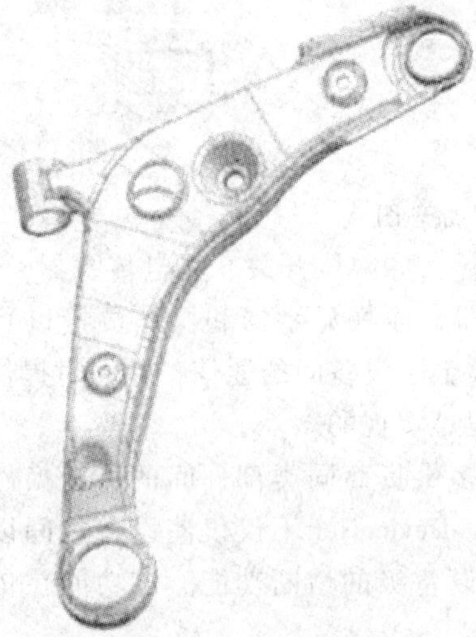

图 9-13　控制臂总成

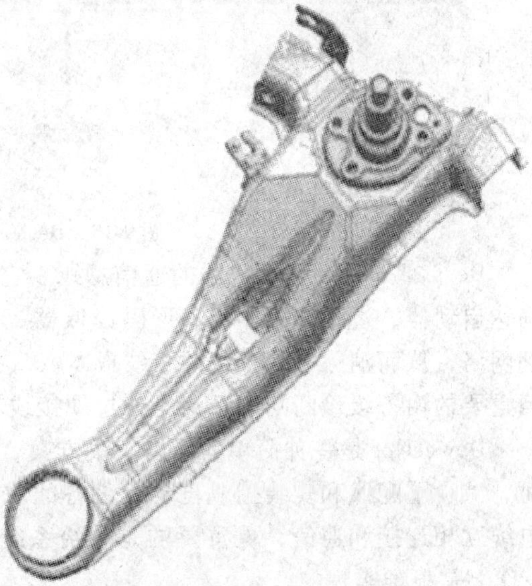

图 9-14　后拖曳臂总成

2）生产线具有很好的柔性。

3）焊接质量满足产品要求。

其中左右控制臂总成的焊接由 4 套单机器人焊接工作站完成，左右后拖曳臂总成的焊接由一套双机器人焊接工作站完成。各机器人焊接工作站的焊缝数量及焊接节拍如表 9-4 所示。

表 9-4 机器人工作站的焊缝统计及焊接节拍

工件名称	焊缝数量	焊缝长度/mm	焊接时间/s	辅助时间/s	焊接节拍/s
左/右控制臂总成	8	1196	150	54	204
左/右拖曳臂总成	8	1000	60	42	102

左右控制臂总成、左右后拖曳臂总成的共同特点就是焊缝长、数量多。由于焊接时有大量的热输入，如果夹具设计不合理，焊接后会产生很大的焊接变形，影响尺寸精度。因此如何控制焊接变形是焊接夹具设计的关键。在长焊缝的定位夹紧部位可以采用整体铜材，并通水冷却，提高夹具的散热效果。

PLC 控制系统用于机器人系统及其周边装置的协调与控制，可实现参数设定、系统编程、工作状态显示及故障报警显示。

焊接机器人应采用封闭式，为了安全起见，避免人机混合工作。

第四节 汽车装配线的控制

DeviceNet 现场总线是工业控制网络技术——NetLinx 的底层网络（其原理见图 9-15），具有开放、低价、可靠、高效的优点，特别适合于高实时性要求的工业现场的底层控制。现已有国际标准 IEC62026—3: 2000，IDT 和我国国家标准 GB/T18858. 3—2002《低压开关设备和控制设备　控制器-设备接口（CDI）等 3 部分：DevileNet》。

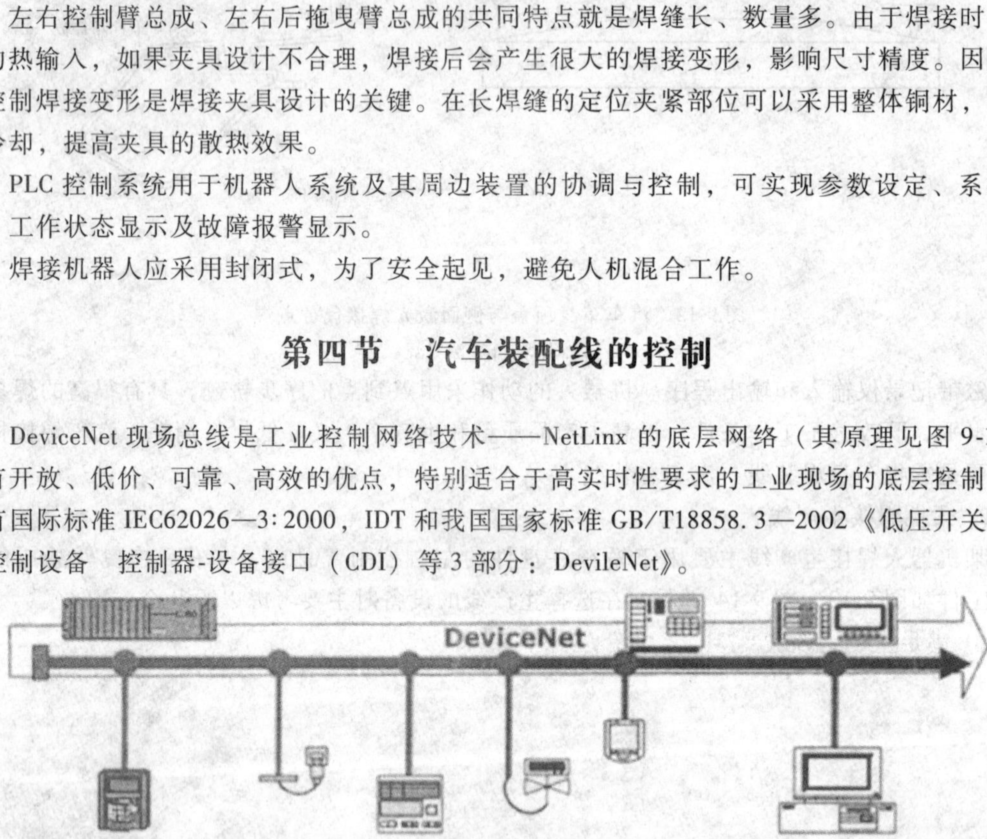

图 9-15 DeviceNet 现场总线原理图

DeviceNet 是一种低成本的通信总线。它将工业设备（如限位开关、光电传感器、阀组、马达启动器、过程传感器、条形码读取器、变频驱动器、面板显示器和操作员接口）连接到网络，从而消除了昂贵的硬接线成本。直接互连性改善了设备间的通信，并同时提供了相当重要的设备级诊断功能，这是通过硬接线 I/O 接口很难实现的。

DeviceNet 是一种简单的网络解决方案，它在提供多供货商同类部件间的可互换性的同时，减少了配线和安装工业自动化设备的成本和时间。DeviceNet 不仅仅使设备之间以一根电缆互相连接和通信，更重要的是它给系统所带来的设备级的诊断功能。该功能在传统的 I/O 上是很难实现的。

DeviceNet 可用于汽车焊接生产线、总装生产线。DeviceNet 网络上连接的输入设备有按钮、急停开关、接近开关、光电开关、行程开关等，输出设备有指示灯、控制阀、变频器等。系统通过 ControlNet 实现不同 PLC 之间的通信，完成在中央控制室的监视、控制、故障报警、管理信息交换等功能。

整车装配线的工艺非常复杂，主要控制功能有工艺急停、与其他设备连锁等；主要设备有底盘打号机、天窗装配机械手、涂胶机械手、装配机械手、风挡玻璃涂胶机器人、驾驶系统控制模块、动力总成、检测装置等。

所有现场生产设备的工作状态、工作参数、故障信息等均通过 DeviceNet 网络传送至位于中控室的控制器；控制器对现场生产设备实施的各种控制也是通过 DeviceNet 网络进行的。系统中连接到 EtherNet 上的监视计算机应用组态软件 RSView32，以丰富的文字、形象的图形显示各生产设备的运行状态、运行参数、自动弹出故障报警画面、记录故障点、调出相关的控制程序及电控图样，也可进行生产信息的自动记录、统计管理等，并可将报警信息（故障点、故障原因、故障时间等）传送至维修部门的远程终端上，而且可通过连接到 EtherNet 上的控制器控制生产线的起停、改变控制参数等。系统可以通过远程 I/O 在控制柜上安装人机接口，用于显示生产设备的工作状态、工作参数、调节控制参数等。

现场的所有信号通过 DeviceNet 网络实时传输到控制器，控制器控制信号也通过 DeviceNet 网络传输到现场设备中，DeviceNet 网络的构建是整个控制系统的基础，其构建步骤如下：

1）进行总体规划，合理布线。

2）将 DeviceNet 网络节点设备连接到网络上。

3）安装通信软件 RSLinx 和网络组态工具软件 RSNetworx for DeviceNet 或 DeviceNet Manager。

4）给将要添加到 DeviceNet 网络上的每个设备分配节点地址并设备正确的通信波特率。

5）将编程终端（计算机或专用编程设备）连接到网络上（通过计算机通信板卡或外置通信模块）并建立通信，即在 RSLinx 下配置 DeviceNet 驱动程序：DeviceNet Driver。

6）通过网络（DeviceNet 或上层网络 ControlNet、EtherNet）配置 DeviceNet 设备运行参数，如设备的 I/O 数据触发方式、设备 I/O 报文的大小及设备本身的运行参数。

7）将设备配置参数下载到节点设备和 DeviceNet Scanner 中，并保存到网络组态工具软件的配置文件中。

复习与练习

一、基本概念

1. 试述汽车发动机装配的发展趋向。
2. 列举两种发动机装配线平衡方法并说明应用这种方法的特点和步骤。
3. 按照自己的理解试述丰田公司倡导的“自动化”的实质。
4. “工作小组”这种组织形式发挥了什么样的作用？
5. 新型的汽车装配线具有什么特点？
6. 轿车制造中为什么大量采用焊接工艺？
7. 激光焊接与其他焊接方法相比有什么特点？它主要控制什么参数？

二、应用

1. 画出活塞、连杆、活塞销装配在一起的装配过程示意图。
2. 参观轿车总装配线，了解哪些环节采用了工业机器人，并说明机器人的类型和它是怎样工作的。
3. 检索国家标准 GB/T18858.3—2002 并了解构建 DeviceNet 网络的步骤。

第十章

可靠性及可用性

第一节　可靠性指标

一套装配设备在选择料仓和供料系统时就规定了它的自治时间（即不需人工干预的自动工作时间），如2h，尽管在这个时间范围内还有可能发生意外的功能干扰。

可靠性标志着一套装配设备各方面性能的总和，即在规定的时间内和给定的条件下完成预定的装配任务的可用性。

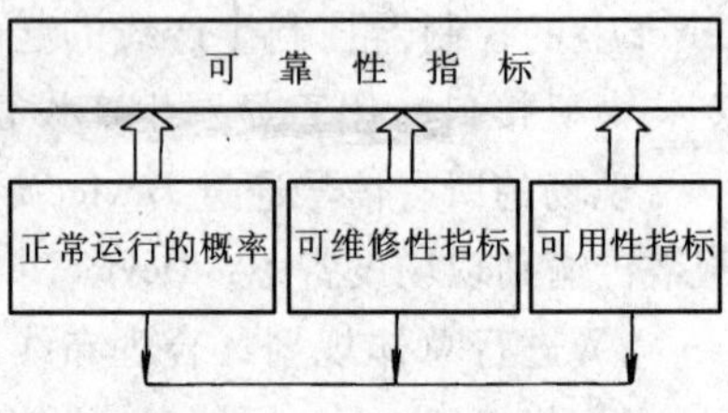

图10-1　可靠性指标

由图10-1看出，装配设备的可用性取决于正常运行的概率和可维修性。可维修性是指一台装配设备维修或维护的难易程度。

可靠性包括以下的特征：可通过性、可检查性、可更换性、标准化程度、可监测性、选用修理工艺性好的元件、容易调整等。

下面解释几项具体的指标：

1）平均运转时间MTBF（Mean Time Between Failure），即装配机械的无故障运转时间。

$$\text{MTBF} = \frac{\sum_i \text{TBF}_i}{n_R}$$

式中　n_R——停机次数；

TBF(Time Between Failure)——无故障运转时间。

2）平均修理时间MTTR（Mean Time to Repair）。

$$\text{MTTR} = \frac{\sum_i \text{TTR}_i}{n_R}$$

式中　TTR（Time to Repair）——修理时间。

3）理论可用性V。

$$V = \frac{\text{MTBF}}{\text{MTBF} + \text{MTTR}}$$

柔性装配设备的可用性指标应该大于90%，各组成部分的可用性指标应达到99%，起码不低于97%。例如平均运转时间MTBF：

1）对于CNC自动化车床MTBF=150~200h。

2）对于CNC机床（机械）在连班工作中的无故障运行时间为MTBF=500h。

3）对于机器人MTBF=500h。

造成故障停机的原因，对于机器人来说经常是由于电机故障，尤其是机械手驱动电机故障，电缆被拖断等原因。

人们当然想知道，故障对装配设备的效率究竟有什么影响，对此可以采用图 10-2 所示的计算图表，这个图表依据下列参数：

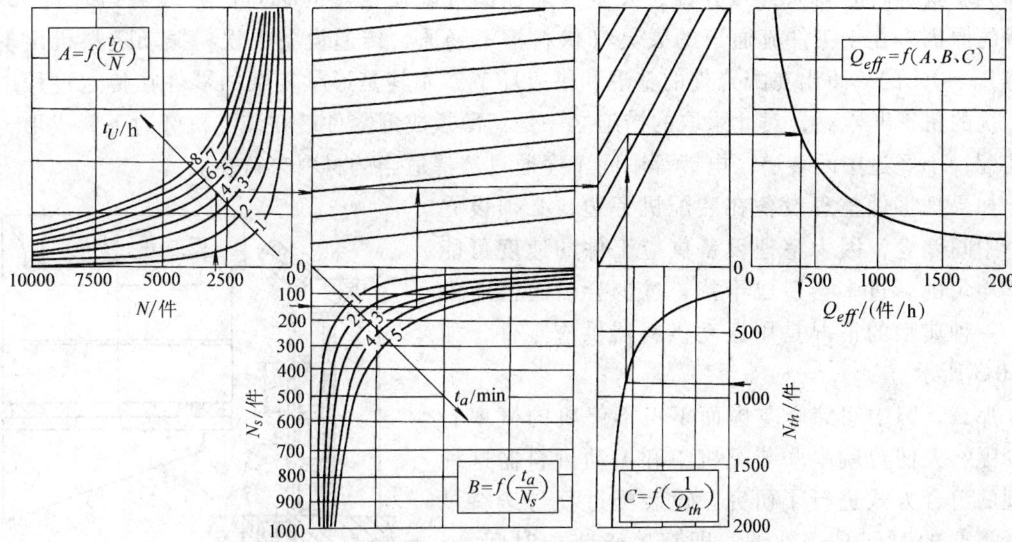

图 10-2　装配设备效率计算图（工位之间固定联接）

1）改装时间 t_u(h)。

2）每次改装后的批量 N(件)。

3）两次故障之间所装配的平均件数 N_s。

4）每次故障停机的平均时间 t_a(min)。

5）理论装配效率 Q_{th}(件/h)。

计算图 $A=f\left(\frac{t_u}{N}\right)$表示批量 N 和改装时间 t_u 的函数。当改装时间越短和批量 N 越大时，对 A 的影响越不显著。

计算图 $B=f\left(\frac{t_a}{N_s}\right)$表示停机的影响函数。

计算图 $C=f\left(\frac{1}{Q_{th}}\right)$从理论效率 Q_{th} 出发，理论效率又与装配机械的结构有关。当然理论效率是达不到的。

用计算图可以近似地求出实际的装配效率。可以发现，理论效率 Q_{th} 的提高对提高实际效率 Q_{eff} 作用不大。而可靠性的提高和改装时间的减少对提高实际效率作用较大。

例题：

一台装配机械的理论效率 Q_{th} 为 900 件/h，批量 N 为 3 000 件，每次改装所需的时间 t_u =4h。这台机器平均每装配 150 件（N_s）出现在一次故障，停机 4min(t_a)，故障排除重新运转。这台装配机械的实际效率 Q_{eff} 是多少？

沿着图 10-2 中箭头所指示的方向从计算图 A 中 3000 件对应的点开始，经过计算图 B 和

C 最终到计算图 Q_{eff} 求出这台装配机械的实际效率是 350 件/h。效率损失如此之大原因是什么呢？第一是批量太小（只有 3 000 件），第二是改装所需时间太长（长达 4h）。这个计算图也可以倒着用，从要求的实际效率出发。反求其他指标。

对于自动化装配设备的正常运转时间和故障停机时间的研究发现，自动化装配设备的真正的无干扰运转时间只有几分钟，大多数干扰都可以在很短的时间排除（平均时间 30s）。干扰的原因多在于工件流通道的失灵（供料槽不畅通，传递设备失误，振动送料机出现干扰等）。80% 的故障出在配合件的整理和供应环节。尤其是形状复杂的零件在传送过程中出现干扰的机率非常高，对此采取的措施之一是：薄板成形零件就在装配机旁边下料成形，立即装配，不经过中间转递。电镀等中间工序通过选择适当的材料来避免。

如果把零件整理设备在装配机旁边，必须设立一个中间储仓，因为整理设备供应工件的速度可能是不均匀的。过多会造成干扰，过少会引起供应中断。一种典型的情况是用振动供料器供应零件，如图 10-3 所示。

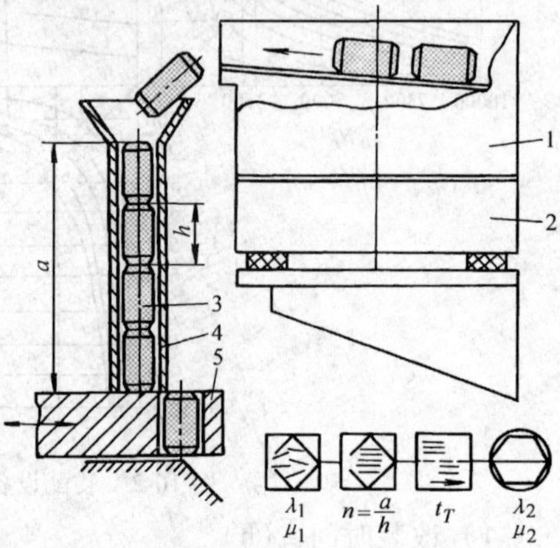

图 10-3 设在装配机旁边的供料设备
1—带有整理设备的料仓 2—振动运动的驱动部分 3—配合件 4—盒式中间储仓 5—配料器

那么，因中间储仓空虚而不得不停机的概率有多少呢？人们曾就串联装配机组和振动供料器这种典型的组合方式进行了研究。设装配过程与送料过程所需要的时间是一致的，即都等于节拍时间 t_T。由于振动供料器的工作方式是不均匀的，可能有偶然的间断（造成中断时间为 t_a），这种间断可以自动排除或由外部干预排除。这种间断造成的结果可以用两个时间的比值来表示

$$E_0 = \frac{t_a}{t_T}$$

式中 t_a——平均中断时间（振动送料器的中断时间 t_{a1} 和装配机的中断时间 t_{a2} 的平均值）。其中

$$t_a = \frac{t_{a1} + t_{a2}}{2}$$

盒式中间储仓的存储能力 f（图 10-3）同样可以用来表示，不过这里所说的存储能力还不是存储量。

$$f = \frac{a}{hE_0}$$

还需要另外一个比值 ρ

$$\rho = \frac{\lambda'_2}{\lambda'_1}$$

间断率 λ_1（对于振动送料器）和 λ_2（对于装配机）还要作进一步修正。因为平均中断时间是 t_a，经过修正的间断率分别为 λ'_1 和 λ'_2

$$\lambda'_1 = \frac{t_{a1}\lambda_1}{t_a}$$

$$\lambda'_2=\frac{t_{a2}\lambda_2}{t_a}$$

间断率 $\lambda(t)$ 是指一个系统在规定的不间断运行的时间范围内发生间断的概率。

中间储仓空虚的概率 P_0

$$P_0=\frac{1}{1+\rho+\rho^2+\cdots+\rho^r}$$

由于中间储仓缺少零件而关闭装配机的概率 P_a

$$P_a=(1-A_1)P_0$$

式中　A_1——振动送料器的可用率。

$$A_1=\frac{1}{1+\lambda_1 t_{a1}}$$

例题：

一台装配机的节拍时间为 4s，每 5min 出现一次干扰，每次排除干扰需要 30s。振动送料器每 2min 发生一次堵塞，可是 10s 可以自动排除堵塞。中间储仓容有 15 个零件。由这些已知条件，可以算出

$$\lambda_1=1/2\text{min}=0.5\text{min}^{-1}$$

$$\lambda_2=1/5\text{min}=0.2\text{min}^{-1}$$

$$t_a=(t_{a1}+t_{a2})/2=(10\text{s}+30\text{s})/2=20\text{s}$$

$$\lambda'_1=t_{a1}\lambda_1/t_a=10\text{s}\times0.5\text{min}^{-1}/20\text{s}=0.25\text{min}^{-1}$$

$$\lambda'_2=t_{a2}\lambda_2/t_a=30\text{s}\times0.2\text{min}^{-1}/20\text{s}=0.30\text{min}^{-1}$$

$$E_0=t_a/t_T=20\text{s}/4\text{s}=5$$

$$f=a/(h\cdot E_0)=15/5=3$$

比值 $\rho=\lambda'_2/\lambda'_1=0.3/0.25=1.2$

空仓概率 P_0 达

$$P_a=1/(1+\rho+\rho^2+\Lambda\Lambda\rho^r)=1/(1+1.2+1.2^2+1.2^3)=0.186$$

振动送料器可用率 A_1

$$A_1=1/(1+\lambda_1 t_{a1})=1/(1+0.5\text{min}^{-1}\times0.166\text{min})=0.923$$

因空仓而关机的概率

$$P_a=(1-A_1)P_0=(1-0.923)\times0.186=0.0129$$

考虑装配机和振动送料器两方面的因素，得到每小时生产能力（即实际装配效率）Q_{eff}：

$$Q_{eff}=\frac{1}{t_T}(A_2-A_2P_a)$$

式中，装配机的可用率 $A_2=1/(1+\lambda_2 t_{a2})=1/(1+0.2\text{min}^{-1}\times0.5\text{min})=0.909$

实际装配效率 $Q_{eff}=\dfrac{1\text{件}\times3600\text{s}}{4\text{s}\times1\text{h}}\times(0.909-0.909\times0.0129)=807.5\text{件/h}$

最后我们作一个对比：

理论效率 $Q_{th}=3600/4=900$ 件/h

如果中间储仓足够大，可以认为 $P_a=0$

即　$Q=\dfrac{1}{t_T}A_2=\dfrac{1}{t_T}\left(\dfrac{1}{1+\lambda_2 t_{a2}}\right)=\dfrac{1\text{件}\times3600\text{s}}{4\text{s}\times1\text{h}}\times\left(\dfrac{1}{1+0.2\times0.5}\right)=818.2\text{件/h}$

在上面的计算例题中只考虑了一台装配机的可用率，实际上在一套装配设备中所有的工位（装配、检验、供料）都有一个可用率的问题。除此以外还有零件的质量问题。尽管被顺利地送到装配工位，但由于质量问题而不合用的零件，同样会降低装配效率。考虑这些因素，人们提出了装配机械的可靠性 R（Reliability）的概念。

$$R = x^m y^n$$

式中 m——自动化装配工位的数量；

n——被自动传送的零件数量；

x——装配工位的可靠性；

y——零件供应过程的可靠性及零件质量的可靠性。

先前人们提出的“可靠性”的概念，今天演变成为“幸存概率”。

例题：

一台装配机有 10 个工位，每个工位的幸存概率为 99.5%。假定有 8 个零件被输送，平均每 1 000 个零件中有一个不合格零件。问整个装配机的幸存概率是多少？

$$R = 0.995^{10} \times 0.998^{8} = 0.94$$

装配机的可用率的提高，首先依赖于自动化装配工艺性好的零件设计，以及零件的加工质量和供货的清洁度；其次是零件料仓尤其是中间储仓的排列和定位。如果料仓的功能不完备，人们称之为联接损失。装配过程可能存在以下几种情况：

1）迟缓的：一个空的装配工位等待零件到来，因为来自料仓的零件托盘的运动速度过低。

2）中断：空装配工位等待零件，中间储仓空虚。

3）封闭：因中间储仓过满而封闭，某一装配工位得不到零件。

对此可以采取以下的相应措施：

1）改善设备的可维修（护）性，例如可及性、可检查性、可更换性、标准化程度、可监测性、选用便于维修的零件、设备的可调性等。

2）从技术方面采取措施抵消或减少干扰，尤其是通过自动化装配工艺性好的零件质量减少干扰发生的可能性。

3）采用自动化的传感器监测和错误诊断技术。

4）采用运动单元、特别是装配机器人的无碰撞引导技术。

5）使用托盘传送配合件并配备缓冲料仓，以使物流的可靠性达到95%以上。

6）通过使用托盘以及其上安置的视觉传感器提高过程的安全系数。

第二节 监控系统

自动化的装配系统在经过一定阶段的“助跑”以后进入相对稳定阶段，质量稳定可靠。但是如果有调节误差或有缺陷的零件没有被发现，也会出现装配干扰。所以过程监测对于装配系统来说也是很重要的。在复杂的自动化系统中，75%的停机时间用来进行错误诊断。在重要的设备上都要安装错误诊断—指示系统。

下列的环节都需要监控：

1）装配过程（零件是否存在，零件的质量、联接的质量、装配单元功能是否正常）。

2）工艺设备（设备安全、碰撞识别、温度、力和转矩等）。

3）传送系统的堵塞监控（料仓的最少/最多、开/关控制）。

对于零件是否存在的监控可以采用3种方法：

1）在一个确定的位置逐个地检查。

2）由抓钳里内装的传感器监控。

3）在供料系统或托盘储仓时检查。

第一种方法最可靠，第三种方法最简单。第二种方法被认为是最佳的办法。因为所有要装配的零件都要经过抓取和搬送。内装传感器的抓钳可以回答下面的询问：

1）是否抓到零件？　是/非。

2）是否放下了零件？　是/非。

3）零件角度是否正确（当抓钳可以指示转角）？　是/非。

4）联接方向是否正确？　是/非。

在装配机上，所有装配干扰的75%是由零件的缺陷引起的。这可能是不允许的毛边、切断的痕迹、塑料件或压铸件的浇口或冒口、不合格的几何尺寸。当传感器检测到一个不合格的零件，下一个装配工位必须被关闭，否则会引起干扰或发生事故。由此引起的这个工位的效率损失可以由下式表示

$$Q_1 = z - z\left(1 - \frac{f}{100}\right)p$$

式中　f——有缺陷零件的百分数；

p——到达一个联接单元的工件个数；

z——节拍数。

如果由此引起整个装配设备的停机，还会引起更大的效率损失 Q_2。图10-4表示的是工件流的监控对装配设备的影响。

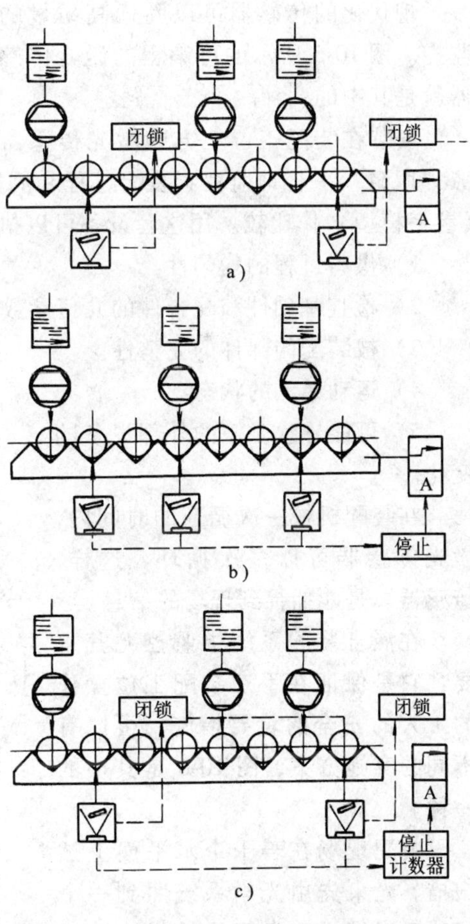

图10-4　工件流的监控对装配设备的影响

a）控制系统不关闭整套装配设备，只封锁后续的装配操作　b）立即关闭整套装配设备　c）封锁后续的装配工位，当发现多数个不合格零件时关闭整套装配设备

装配机械的监控从原则上可以分为两种：

（1）发现干扰立即停机原则　当监控设备确认发生了干扰，立即令装配设备停机。然后由诊断系统查明干扰的种类和发生的地点（图10-4b）。当干扰排除，装配设备恢复运转。停机现象相对比较频繁，引起生产率明显的降低。这种方式从经济上看是不可取的。

（2）故障存储—关机原则　当装配设备的某一位置出现故障时，并不立即关闭全套装配设备，后续的装配工位还可以盲运行（图10-4c）。在自动或人工排除故障之后恢复全套设备运行，而且在监控系统中留下一个记录。当紧接着又出现故障时自动

关闭整套设备。这种监控方式被称为“两罪并罚”原则。

在这种故障存储系统中起主要作用的是故障记录器（档案室）。这一存储系统同时在出口处兼管产品质量好坏的记录。

这种指示故障、关掉机器的做法按今天的要求自然不是最理想的。更好的办法是能够自动地排除故障，如同在供料系统中使用的方法那样，把不符合要求的零件辨认出来并自动地用压缩空气把它吸走。

现代化的传感器可以胜任高质量的监控。图 10-5 所示的可编程的激光传感器就是其中的一种。

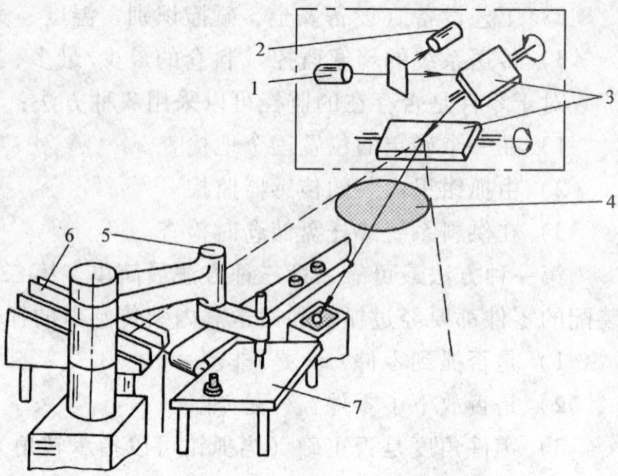

图 10-5　用可编程的激光传感器监控柔性装配间的运转情况

1—激光管　2—光电传感器　3—可编程的扫描镜　4—探测范围　5—装配机器人　6—零件储仓　7—装配工位

安装在装配工位上方的激光传感器像“眼睛”一样地监视着装配过程和周围的环境。反射光经过处理与事先建立的亮度模型（参考模型）作比较。用这套设备可以执行以下的监控功能：

1）供料过程的均匀性。

2）检查基础件和配合件的几何参数。

3）被装配的部件的完整性。

4）运动单元的状态。

5）可能导致碰撞的外部设备的变化。

在装配机械一次循环的时间内，激光传感器可以多次循环。这样，传感器总是能捕捉到现场的信息。

在混合装配系统中监控尤其重要，它是保证在手工装配工位操作的工人的安全的重要措施。可以有不同的实施方案，图 10-6 是其中的一种。

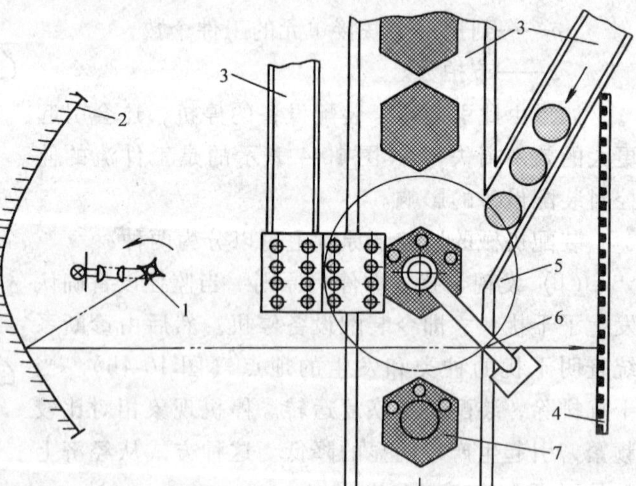

图 10-6　设有监控系统的装配工位

1—回转镜　2—抛物面反射镜　3—传送带　4—含有光电二极管的接受板　5—机器人的工作空间　6—装配机器人　7—装配好的部件

装配现场在若干个水平面上被扫描。光束先由光学系统照到一个回转反射镜上，经回转反射镜 1 反射到抛物面反射镜 2，然后以平行光束扫描装配现场。投影落到含有光电二极管的接受板 4 上。机器的控制系统不断地访问接受板并把获得的数据加工整理与事先建立的模型比较。当控制系统认定有碰撞的危险就令机器人停止运动。

复习与练习

一、基本概念

1. 什么叫可靠性？

2. 什么叫可用性？它与什么因素有关（以什么参数表示）？

3. 如何监控配合件是否存在？有几种监控方式？各有何特征？

二、应用

应用图 10-2 求给定条件下的实际装配效率 Q_{eff}。

条件：理论装配效率 Q_{th} 1 000 套/h，批量 $N = 4\ 000$ 套，改装时间 $t_u = 5$h，平均无故障连续装配件（套）数 $N_s = 150$，每次故障停机 4min。

参 考 文 献

[1] Hesse S. Montagemaschinen [M]. Würzburg: VOGEL. 1993.

[2] Hesse S. Grippers and their applications [M]. Esslingen: Festo AG & Co. 1998.

[3] Hesse S. Rationalization of Small workpiece feeding [M]. Esslingen: Festo AG & Co. 2000.

[4] Hesse S. Sensors in Production Engineering [M]. Esslingen: Festo AG & Co. 2001.

[5] Hesse S. Modular Pick-and-Place Devices [M]. Esslingen: Festo AG & Co. 2000.

[6] Hesse S. Clamping with compressed air and vacuum [M]. Esslingen: Festo AG & Co. 2001.

[7] Hesse S. 99 Examples of Pneumatic Applications [M]. Esslingen: Festo AG & Co. 2000.

[8] Hesse S. GRIPPER TECHNOLOGY [M]. Esslingen: Festo AG & Co. 1996.

[9] 毕树生，宗光华. 微操作机器人系统的研究开发 [J]. 中国机械工程，1999，10 (8)：1024 ~ 1027.

[10] 孙立宁，周兆英，龚振邦. MEMS 国内外发展状况及我国 MEMS 发展战略的思考 [J]. 机器人技术与应用，2002. (1)：2 ~ 4.

[11] 蔡自兴. 机器人学 [M]. 北京：清华大学出版社，2000.

[12] 孙立宁，孙绍云，荣伟彬，蔡鹤皋. 微操作机器人的发展现状 [J]. 机器人，2002，24 (2)：184-187.

[13] 薛实福，李庆祥. 精密仪器设计 [M]. 北京：清华大学出版社，1991.

[14] 赵姝颖，佟国峰. 机器人视觉子系统. 微型足球机器人的设计与开发讲座 [R]. 讲座之四：26-28.

[15] 王天然. 机器人 [M]. 北京：化学工业出版社，2002.

[16] 赵玮，宗光华，毕树生. 微操作机器人的视觉伺服控制 [J]. 机器人，2001，23 (2)：146-151.

[17] 蔡鹤皋，孙立宁，安辉，张涛. 微型机械和微机器人的发展状况 [J]. 仪器仪表学报，1995，16 (1)：38-41.

[18] 熊有伦. 机器人技术基础 [M]. 武汉：华中科技大学出版社，1996.

[19] 张铁，谢存禧. 机器人学 [M]. 广州：华南理工大学出版社，2001.

[20] 朱世强，王宣银. 机器人技术及其应用 [M]. 杭州：浙江大学出版社，2001.

[21] 徐国华，谭民. 移动机器人的发展现状及其趋势 [J]. 机器人技术与应用，2001 (3)：7-14.

[22] 李嘉，王纪武，陈恳，张伯鹏. 并联微机器人的逆动力学 [J]. 机器人，2000，22 (2)：89-95.

[23] 夏春林，丁凡，路甬祥. 超磁致伸缩材料驱动器实验研究 [J]. 电工技术学报，1999. (8)：14-16.

[24] 贾振元，杨兴，郭东明，侯璐景. 超磁致伸缩材料微位移执行器的设计理论与方法 [J]. 机械工程学报，2001 (11)：46-49.

[25] 高有辉，周谦莉，祝景汉. 稀土-铁大超磁致伸缩材料 [J]. 金属功能材料. 1994 (1)：16-21.

[26] 杨世铭. 传热学基础 [M]. 高等教育出版社，1991. 23-24.

[27] 夏春林，丁凡，陶国良. 超磁致伸缩电-机械转换器热变形补偿实验研究 [J]. 中国机械过程. 1999 (5)：563-566.

[28] 甘鸿仁. GMM 磁性材料检测报告 [R]. 广东新会市大光明电力总公司特种材料研究室，1999.

[29] 刘德忠，许意华，费仁元，宇惠平，王　波. 柔性铰链放大器的设计与加工技术 [J]. 北京工业大学学报，第 27 卷 第 2 期 2001 (6)：161-163.

[30] 刘德忠，费仁元，任英. 形状记忆合金丝驱动的微型机械手 [J]. 制造技术与机床，2001 (9)：23-24.

[31] 刘德忠. 端面磨削时力和温度的测量 [C]. 中国高校切削与先进制造技术研究会第六届年会, 1998. 11, 机械工业出版社, 1999. 4, 121-125.

[32] 习文明, 吴洪涛, 朱剑英. 微装配技术的发展现状 [J]. 机械科学与技术, 2002, 21 (6): 861-865.

[33] 刘德忠, 费仁元, 甘鸿仁. 磁致伸缩微动驱动器的研制 [J]. 北京工业大学学报, 2002, 28 (4): 405-408.

[34] Weck M, Petersen B. High precision positioning sage for microassembly purposes [A]. Symposium on Desion, test, and Microfabrication of MEMS and MOEMS [C]. SPIE. 1999, 3680: 734-739.

[35] Breguet J M, Henein S. Mericio R, Clavel R. Monolithic piezoceramic flexible structures for micromanipulation [C]. Proc. of the 9th int. Precision Engingeering Seminar, 1997: 397-400.

[36] 费仁元, 许意华, 刘德忠. 两级串并联微动机器人的研制 [J]. 中国学术期刊文摘, 2001, 7 (2), 242-244.

[37] 许意华, 刘德忠, 费仁元, 潘新文. 3-PTT 并联微操作机器人工作空间分析 [J]. 机械科学与技术, 2003, 22 (1), 102-104.

[38] 许意华, 刘德忠, 费仁元, 潘新文. 3-PTT 并联微操作机器人机构误差分析 [J]. 北京工业大学学报, 2002, 28 (2), 129-133.

[39] 朱江红. 低速球轴承摩擦力矩的分析研究 [J]. 导弹与航天运载技术. 2000 (6): 20-25.

[40] McCollum M D, Hamonic. B F, Wisen O B Transduce for sonic and Ultrasonic [M]. New York: Technomic, 1990.

[41] Clark A E. Ferromagnetic Materials [C], Vol. Wohlfarth, E P. (Ed.) Amstadam: north-Holand, 1980. 342-350.

[42] Tamio TANIKAWA, Tatsuo ARAI, Yoshiyuki HASHIMOTO. Development of Vision System for Two-Fingered Micro Manipulation [C]. Proc. IROS 97 1997 IEEE: 1051-1056.

[43] TanikawaT, Arai T. Development of a Mikro-Manipulation System having a Two-Fingered Mikrohand [J], IEEE Trasactions on Robotics and Automation, Vol. 15. No. 1. February 1999.

[44] Fearing, R S. Survey of Sticking Effects for Micro Parts Handling [C]. in: IEEE/ RSJ International Conference on Intelligent Robots and Systems - Human Robot Interaction and Cooperative Robots. Vol. 2. Pittsburgh, Pensyfania, USA. 1995, S. 212-217.

[45] Hesselbach, J. und Thoben, R. Entwicklung eines Parallelroboters für die Mikromontage [R]. FH Brandenburg - 2. Workshop Mechatronik.

[46] Hesselbach,J. und Pittschellis, R. Greifer für die Mikromontage [J]. wt-Produktion und Management 85 (1995) 595-600 © Springer. Verlag 1995.

[47] Kallweit, A. Miniaturgreifer nach biologischem Vorbild [R]. Tu Dresden 1988.

[48] Ando, Y, Sawada, H, Okazaki, Y, Ishikawa, Y, Kitahara, T, Tatsue, Y, Furunda, K Development of Micrgrippers [R]. In: Reichl, H. (ed.), Microsystem Technologies, Springer 1990, S. 844-849.

[49] Tanikawa, T. and Arai, T. Develoment of Mikro Manipulation System with Two-Finger Mikro Hand [C]. Proc. IROS 96, 0-7803-3213-X/96/ $ 5.00 © 1996 IEEE.

[50] Hensche, F. Miniaturgreifer und montagegerechtes Konstruieren in der Mikromechanik [C]. Forschr. Ber. VDI Reihe 1, Nr. 242. Düsseldorf. VDI-Verlag 1994.

[51] Pitschellis, R. Mechanische Miniaturgreifer mit Formged chtnisantrib [C]. Forschr. Ber. VDI Reihe 8, Nr. 714. Düsseldorf. VDI-Verlag 1998.

[52] Fluitman, J H J Micro Actuator Principles [C]. Proc. 5th Int. Conf. On New Actuators, Bremen, 26-28 Juni, 1996, S. 23-28.

[53] VDI 2740. Greifer für Handhabungsger te und Industrieroboter [C]. Hrsg. Verin Deutscher Ingenure, 1992.

[54] B Mukundakrishnan, B Vikramaditya, B J Nelson. Design for visually guided microassembly [3834-01] [C]. PROCEEDINGS OF SPIE, Volume 3834, 1999: 2-10.

[55] S Fatikow, A Buerkle, J Seyfried. Automatic control system of a microrobot-based microassembly station using computer vision [3834-02] [C]. PROCEEDINGS OF SPIE, Volume 3834, 1999: 11-22.

[56] Tomomasa Sato, Takayuki, Kameya, Hideki Miyazaki, Yataro Hatamura, Hand Eye System in Nano Manipulation World [C]. Proceedings of the 1995 IEEE International Conference of Robotics and Automation, 1995: 59-65.

[57] Ion Pappas, Alain codourey. Visual Control of a Microrobot Operation under a Microscope [C]. Proceedings of the 1996 IEEE/RSJ International Conference on Intelligent Robots and Systems, Osaka, Japan, 1995: 993-1000.

[58] Yu Zhou, Brandley J Nelson, Barmeshwar Vikramaditya. Fusing Force and Vision Feedback for Micromanipulation [C]. Proceedings of the 1998 IEEE International Conference on Robotics & Automation. Leuven, Belgium, May 1998: 1220-1225.

[59] John T Feddema, Ronald W Simon. CAD Driven Microassembly and Visual Servoing [C]. Proceedings of the 1998 IEEE International Conference on Robotics & Automation. Leuven, Belgium, May 1998: 1212-1219.

[60] Seth Hutchinson, Gregory D Hager, Peter I Corke. A Tutorial on Visual Servo Control [C]. IEEE Transactions on Robotics and Automation, 1996, 12 (5): 651-670.

[61] Dezhong Liu, Yihua Xu and Renyuan Fei. Study of an Intelligent Micro Manipulator [C]. Proceedings of the Ninth International Manufacturing Conference in China, Aug. 16-17. 2000. Hong Kong, Volume Ⅱ: 323-326.

[62] Dezhong Liu. Micromanipulator or with Memory Alloy Spring [C]. ISAMT/2001 Proceedings of International Symposium of Advanced Manufacturing Technology, Oct. 27-29. 2001. Nanjing: 539-541.